中國典籍與文化論叢

第二十二輯

全國高等院校古籍整理研究工作委員會
《中國典籍與文化》編輯部

CHINESE CLASSICS & CULTURE
ESSAYS COLLECTION

鳳凰出版社

U0720796

圖書在版編目（ＣＩＰ）數據

中國典籍與文化論叢. 第22輯 / 駢宇騫等著. -- 南
京：鳳凰出版社，2020.12
ISBN 978-7-5506-3378-0

Ⅰ．①中… Ⅱ．①駢… Ⅲ．①古籍－中國－文集②中
華文化－文集 Ⅳ．①K203-53

中國版本圖書館CIP數據核字（2020）第250962號

書　　　名	中國典籍與文化論叢（第二十二輯）	
主　　　編	安平秋	
著　　　者	駢宇騫 等	
責 任 編 輯	王　劍	
裝 幀 設 計	姜　嵩	
出 版 發 行	鳳凰出版社(原江蘇古籍出版社)	
	發行部電話025-83223462	
出版社地址	江蘇省南京市中央路165號,郵編:210009	
出版社網址	http://www.fhcbs.com	
照　　　排	南京凱建文化發展有限公司	
印　　　刷	江蘇揚中印刷有限公司	
	江蘇省揚中市大全路6號，郵編：212212	
開　　　本	787毫米×1092毫米　1/16	
印　　　張	17.25	
字　　　數	369千字	
版　　　次	2020年12月第1版	
印　　　次	2020年12月第1次印刷	
標 準 書 號	ISBN 978-7-5506-3378-0	
定　　　價	68.00圓	

(本書凡印裝錯誤可向承印廠調換,電話:0511-88420818)

目　録

《毛詩》經注文本衍化中鈔、刻本的消長與融合

孫巧智

【提　要】　本文以《毛詩》經注系統的衍化爲核心，討論了中、日兩國鈔本和刻本文獻在競争中互相融合的過程和各自特點。論文前半部分討論中國的情況，首先梳理了鈔本和刻本的分野與消長過程，並在此基礎上重新審視《毛詩正義》作爲鈔本替代品對於刻本系統的修正完善所發揮的作用。論文後半部分討論日本的情況，通過對五山本、静嘉堂本、慶長本的文本分析，歸納出日本實踐中的兩種形式——"拼合式"和"融合式"，它們同樣體現了鈔本文獻利用的經驗智慧。

【關鍵詞】　毛詩　中日比較　版本　校勘

一、引　言

　　鈔本和刻本這兩個概念，原本表示文獻在書寫方式上的區别，但隨著近些年研究的不斷深入，它們的内涵也得到擴大，逐漸成爲文本系統的代名詞。静永健在《鎌倉與京都——以日藏舊鈔本之文本異同爲中心》一文中對"舊鈔本"的定義進行補充説明時説："判斷是否爲舊鈔本的標準，並不在於其是否爲筆寫之鈔卷或鈔本，更爲重要的是其本文所屬系統之底本是否曾被刊刻。這是因爲刊刻之時一般會對底本進行文字校勘，而經過文字校勘被出版的文本則永遠無法再回歸到舊鈔原貌。而對於文獻研究，弄清楚文本之遞變，澄清鈔本時代與刊本時代之文字異同至關重要。因此，我們應該將刊本之重鈔本排除於舊鈔本這一範疇之外，以免引起概念上的混淆。"①實際上就是將"舊鈔本"等同於"鈔本系統"。這一補充定義已經觸及到了鈔本系統和刻本系統得以區分的關鍵，那就是"刊刻之時對底本進行的文字校勘"，對於包括《毛詩》在内的儒家正經而言，這一節點就是五代國子監之刻印《九經》。

　　五代國子監校刻《九經》，本質上是一場"定本化"的活動，而文獻每一次"定本化"的實踐，都有成爲兩種文本系統分界節點的可能。五代的這次刻印

---

① 　静永健撰，陳翀譯《鎌倉與京都——以日藏舊鈔本之文本異同爲中心》，收入劉玉才、潘建國主編《日本古鈔本與五山版漢籍研究論叢》，北京大學出版社，2015年，頁8、9。

活動之所以能夠最終構成鈔本系統和刻本系統的分野，還是要得益於印刷技術所帶來的巨大而徹底的推動力和影響力。但是，印刷術畢竟不是完美無缺的，刊刻和刷印過程難免會帶來一些訛誤。同時，作爲經書首印本的五代監本，其校定質量是否令人滿意，也言人人殊。因此，刻本需要不斷被校勘修正，而鈔本也就得以作爲刻本自我完善的資料而進入刻本系統。這便是鈔本系統和刻本系統從分化到融合的過程。

中日交流歷史悠久，而書籍正是其中最重要的載體之一，從渡海而來的歸化人，再到遣唐使、禪僧，伴隨著他們的行迹，中國本土流行的文獻形式也傳到了日本，因此日本也相應地經歷了一個經書文本從鈔本到刻本的變遷過程，並且還在這一過程中孕育出了一些不同於中國本土的融合實踐，正可以與中國經驗互相補充借鑒。對中、日兩國鈔本和刻本的融合情況進行比較研究，不僅能夠多方面地展示經書流傳和衍化的具體過程，也有助於今人用更加客觀的眼光去看待和評價五代時期《九經》刊刻的這一“定本化”事件，在鈔本文獻日益被重視的當下，爲人們帶來文本應用和整理方面的指導和啓示。

二、鈔本與刻本的分野

五代國子監刻印《九經》①，爲儒家經典雕版刊刻之始。後唐長興三年(932)，在宰相馮道、李愚的倡導下，國子監開始校正並刻板《九經》，共歷經四朝二十二載，至後周廣順三年(953)方才功成。因刊刻始於長興年間，所以五代國子監本《九經》也被稱爲“長興板本”。《册府元龜》卷六〇八《學校部·刊校》記載：

> 先是，後唐宰相馮道、李愚重經學，因言漢時崇儒，有三字石經，唐朝亦于國學刊刻。今朝廷日不暇給，無能別有刊立。常見吳蜀之人鬻印板文字，色類絕多，終不及經典。如經典校定，雕摹流行，深益於文教矣。②

確定官學基本文獻的標準文本，有利於人才選拔和國家文化統一，歷來深受統治者重視，五代時馮道、李愚等人倡導刻印《九經》也不例外，只不過，他們選擇借助當時相對成熟的科技——雕版印刷術來進行傳播，而非傳統鏤刻石碑供人摹抄的方式。

在文本內容方面，新印板《九經》也突破了唐石經僅刻單經白文的前例，採取了最通行的經注本形式。《五代會要》卷八《經籍》記載：

> 後唐長興三年二月，中書門下奏：“請依石經文字刻《九經》印板。”敕：

---

① 實乃《九經三傳》，即王弼注《周易》、孔安國傳《尚書》、鄭玄箋《毛詩》、鄭玄注《周禮》、鄭玄注《儀禮》、鄭玄注《禮記》、杜預集解《春秋經傳集解》、何休注《春秋公羊經傳解詁》、范寧注《春秋穀梁傳集解》、唐明皇御注《孝經》、何晏集解《論語》、郭璞注《爾雅》，北宋翻刻經數相同。

② ［宋］王欽若等編纂，周勛初等校訂《册府元龜》(校訂本)卷六〇八《學校部·刊校》，鳳凰出版社，2006年，頁7018。

"令國子監集博士儒徒,將西京石經本,各以所業本經句度抄寫注出,子細看讀,然後顧召能雕字匠人,各部隨帙刻印板,廣頒天下。如諸色人要寫經書,並須依所印敕本,不得更使雜本交錯。"①

五代監本《九經》的經文部分以唐石經文字爲本,注文則委官新勘驗加入。《册府元龜》卷六〇八《學校部·刊校》又云:"敏於經注長於《詩傳》,孜孜刊正,援引證據,聯爲篇卷,先經奏定,而後雕刻。"②可見《詩經》注文部分的校勘,應該是由田敏負責的。經有舊定本而注無,這意味著參與校勘的博士儒徒們需要首先確定一個注文的定本。從來源看,刻本歸根結底也來自鈔本。五代監本作爲經書首印本,最初也不過是一種被選擇並整理的鈔本,但是,在今天缺乏實證的情況下,我們卻也很難斷言五代的博士們在確立注文定本的過程中究竟做出了哪些不是來自於當時的那些鈔本、而是完全基於自己意志的全新修改。

通過比勘《毛詩》現存鈔本和刻本文獻③,可以發現二者之間的確存在一個明顯區別,那就是注文句末虛詞的有無,即在鈔本系統中,傳箋句末多"之""也""者"等虛詞,而刻本系統往往沒有。尤其是連續多組單詞訓詁中,鈔本系統於每組訓詁結尾都有"也"字,而刻本系統或每組皆無"也"字,或只於最後一組訓詁以"也"結尾。如《唐風·蟋蟀》"無已大康,職思其居"句毛傳,刻本系統作:"已,甚。康,樂。職,主也。"而敦煌本、《考文》古本、東洋本作:"已,甚也。康,樂也。職,主也。"於前兩組"已甚""康樂"下亦有"也"字。這一現象不僅在《毛詩》一經内存在,也同樣出現於《周易》《尚書》等經書之中④,所以應該是五代國子監在刻印《九經》時對經書文本進行的統一處理。但即便如此,也不能説這種刪略虛詞的做法就完全是五代監本的獨創。北齊顏之推《顏氏家訓·書證》云:

"也"是語已及助句之辭,文籍備有之矣。河北經傳,悉略此字,其間字有不可得無者,至如"伯也執殳""於旅也語""回也屢空""風,風也,教

① [宋]王溥《五代會要》卷八《經籍》,上海古籍出版社《歷代會要彙編》本,2012年,頁128。
② [宋]王欽若等編纂,周勛初等校訂《册府元龜》(校訂本)卷六〇八《學校部·刊校》,頁7018。
③ 本文利用的《毛詩》鈔本系統文獻包括敦煌本(中華書局《敦煌經部文獻合集》整理本,2008年)、東洋本(中華書局《日藏詩經古寫本刻本彙編》影印本,2016年)、《考文》古本(山井鼎撰,物觀補遺《七經孟子考文並補遺》,國家圖書館出版社影印本,2016年)、蜀石經([清]王昶《金石萃編》卷一二二《毛詩石經殘本》,江蘇古籍出版社《歷代碑誌叢書》本,1998年,頁678—685)等;《毛詩》刻本系統文獻包括中國國家圖書館藏宋刻巾箱本《毛詩故訓傳》(北京圖書館出版社《中華再造善本》影印本,2003年)、中國國家圖書館藏宋刻《監本纂圖重言重意互注點校毛詩》(北京圖書館出版社《中華再造善本》影印本,2003年)、臺灣故宮博物院藏宋刻《纂圖互注毛詩》(臺灣故宮博物院影印本,1995年)、足利學校藏南宋刊十行本《毛詩注疏》(汲古書院影印本,1974年)。
④ 例如,在《敦煌經部文獻合集》的《周易注》《尚書注》校勘記中,就有很多刊本無而敦煌本有的句末虛詞。另外,《七經孟子考文並補遺》於《周易》《尚書》等用足利學校藏古本校勘,校記亦每多虛字。由此可見,在敦煌本、日鈔本與宋刻本對校查看虛字有無方面,《周易》《尚書》與《毛詩》的結果大體一致。

也”，及《詩傳》云“不戢，戢也；不儺，儺也”“不多，多也”。如斯之類，儻削
此文，頗成廢闕……又有俗學，聞經傳中時須“也”字，輒以意加之，每不得
所，益成可笑。①

可見，至少從南北朝開始，經籍中的“也”字就處在不穩定的狀態之中，其中既
有河北之學對它的“删略”，也存在俗學的“臆增”。到唐代，同樣不乏删略句末
虚詞的例子，如《毛詩正義》和《御注孝經》。《毛詩正義》，其標起止用字皆不出
“也”字，釋義引文則依據文氣通貫與否選擇出或不出②，雖然不一定遵照注文
原文，但也没有影響讀者的閱讀體驗。《孝經》唐明皇注，《日本訪書志》著録一
部寬政十二年(1800)源弘賢模刻的享禄卷子本《唐玄宗開元注孝經》，楊守敬
認爲它“真唐人之遺”，其解題云：“此本注脚較石臺每多‘也’字，兩本雖有初
注、重注之分，不應違異若此。”③這樣看來，唐代官本中其實就已經出現了删
略句末虚詞的嘗試。因此，五代監本删略虚詞，可能直接沿襲自一部已經略去
虚詞的底本，也可能只是繼承了唐代官本的傳統而自行删略，但無論如何，五
代監本最終做出了這樣的選擇，不僅規避了各個鈔本之間虚詞數量和位置不
一的紛亂現象，也在一定程度上減少了版面和工作量④，是可以理解的。

　　此外，《毛詩》刻本和鈔本兩個系統在個別用字上還存在差異，即現存宋刻
本在某些文字上保持一致，卻與各鈔本不同，如《邶風・柏舟》傳“汎汎，流皃”，
刻本系統重“汎”字，敦煌本、《經典釋文》、《毛詩正義》不重；《邶風・緑衣》箋
“責之以本末之行”，刻本系統無“之”字，敦煌本、《考文》古本有；《邶風・匏有
苦葉》“我猶獨待之”，刻本系統無“猶”字，敦煌本、《考文》古本有，蜀石經有
“猶”而無“獨”。但這一現象究竟是沿襲自作爲底本的鈔本，還是出於監本校
勘，或是後代翻刻所致，今五代監本不存，也就不得而知了。

　　雕版印刷的優勢十分明顯，便於進行快速且準確的大批量生産，因此，作
爲一種權威且便利的版本，五代監本深刻影響了宋代以降的各類官私刻本。
張麗娟云：“自五代國子監首次刊刻經注本，到北宋翻刻五代國子監本，過去紛
繁傳抄、衆本紛紜的局面被完全改變，監本經書成爲國家標準教科書文本，頒

---

　　①　［北齊］顔之推撰，王利器集解《顔氏家訓集解》卷六《書證第十七》，中華書局，2013 年，頁 527。
　　②　如上述《蟋蟀》毛傳例，孔疏標起止曰“傳已甚康樂職主”，三者皆無“也”字，同樣，《鄭風・緇
衣》鄭箋“造爲也”例，毛傳“蔪大也”例，《叔于田》毛傳“甲鎧也”例，《大叔于田》毛傳“叔之從公田也”例
等，孔疏標起止皆無“也”字。而在《唐風・山有樞》毛傳“婁亦曳也”例中，雖然標起止無“也”字，但釋
義中稱“故云婁亦曳也”，可見正義所依據的經注本是有“也”字的，疏文中“也”字出不出現，所依據的
是孔疏自己的文氣，此例中“故云婁亦曳也”因在整段疏文的最後，所以“也”字得以保留。而在同詩
“洒灑也考擊也”例中，標起止同樣無二“也”字，但後文孔疏校勘云：“今定本云‘弗鼓弗考’，注云‘考，
擊也’，無‘亦’字，義並通。”起碼説明“考擊”後是有“也”字的。由此可見，標起止出文中有無也字，與
經注的實際情况並不一致，當具體分析。
　　③　［清］楊守敬《日本訪書志》卷二“唐玄宗《開元注孝經》一卷”，北京圖書館出版社《日本藏漢籍
善本書志書目集成》第 9 册，2003 年，頁 125。
　　④　島田翰認爲：“及刻書漸行，務略語辭以省其工，併不可無者而皆删之，於是蕩然無復古意矣。”
（島田翰撰，杜澤遜、工曉娟點校《古文舊書考》卷 “《春秋經傳集解》二十卷”，上海古籍出版社，2014
年，頁 61）

賜各地學校、書院,發各路代售,許士民納錢摹印。其後各地民間經書版本漸出,底本皆沿襲國子監本。南宋各地州縣官府、學校所刻經注本等,亦莫不源自監本。可以說國子監本經書是經書版本系統的最初源頭,其重要性自是不言而喻。"①與刻本欣欣向榮、推陳出新的生動態勢相反,鈔本文獻卻漸趨萎靡,在這一此消彼長的變化中,統治者對其官方定本的推動無疑起到了十分重要的作用。例如,五代監本在頒行之初即強調"如諸色人要寫經書,並須依所印敕本,不得更使雜本交錯",其結果也是顯著的,"所貴經書廣布,儒教大行"②。入宋之後,監本同樣深受重視,北宋國子監不僅繼承了五代的書板繼續刷印,還在舊書板年深訛闕時對其進行了翻刻③。

對官方定本的推廣總是和對民間舊本的抵制相伴而生的,雙管齊下,寫本遂湮滅無傳。南宋晁公武《〈石經考異〉序》云:

> 公武異時守三榮,嘗對國子監所模長興板本讀之,其差誤蓋多矣。昔議者謂太和石本授寫非精,時人弗之許,而世以長興板本爲便。國初遂頒布天下,收向日民間寫本不用,然有訛舛,無由參校判知其謬,猶以爲官既刊定,難於獨改。由是而觀,石經固脫錯,而監本亦難盡從。④

晁公武的話反映出時人對監本流布的反思,雖然官方定本號稱由專經碩儒精加校勘,但也不能保證萬無一失,更何況還有多次翻印翻刻帶來的後續訛誤,但作爲刻本之祖本,監本在鈔本缺失的情況下也更無他本可資參校。五代乃至兩宋監本所面臨的這一困境並非個例,而是首次印刷品普遍存在的問題。"早期印刷者,在將文本印刷之時,傾向於給予印刷文本一種權威和永久性,事實上它們在絕大多數情況下是不配得到的。古典作家文本的首印本,通常並不比印刷者隨便選作底本的人文主義者抄本的一個謄抄本好多少,只是一個現存抄本的印刷形式的複製本。這個文本的複製,一版接一版,只有很小的改動,很快就確立了一個通行本;雖說並未禁止對通行本進行零星的改進,但是慣性的力量和保守主義使得我們很難捨棄通行本,選擇一個全新的文本。"⑤當然,監本還不至於像引文中說的那麼不堪,事實上,我們還是應該對五代諸儒們的校勘整理工作給予充分的肯定,因爲他們的確修正了鈔本由於抄寫特性所產生的參差和隨意,形成了一個足以滿足文教需求,又兼具實用性和普及

---

①　張麗娟《宋代經書注疏刊刻研究》,北京大學出版社,2013年,頁54。

②　[宋]王欽若等編纂,周勛初等校訂《册府元龜》(校訂本)卷五○《崇儒術》,頁535。

③　《詩經》重刻在北宋真宗大中祥符七年(1014),《景德群書漆板 刊正四經》云:"祥符七年九月,又并《易》《詩》重刻板本,仍命陳彭年、馮元校定。"([宋]王應麟《玉海》卷四三,江蘇古籍出版社·上海書店影印本,1987年,頁814下)此前已有《尚書》等四經重刻,《景德國子監觀群書漆板》云:"(景德二年,1005)九月,國子監言《尚書》《孝經》《論語》《爾雅》四經字體訛缺,請以李鶚本別鏤,命杜鎬、孫奭校勘。"(同書卷二七,頁534下)此四經翻刻五代監本(即所謂"李鶚本"),則《易》《詩》當亦然。

④　[宋]范成大《石經始末記》,見[明]曹學佺《蜀中廣記》卷九一,臺灣商務印書館影印文淵閣《四庫全書》第592册,1983—1986年,頁482上。

⑤　L. D.雷諾茲、N. G.威爾遜著,蘇傑譯《抄工與學者:希臘、拉丁文獻傳播史》,北京大學出版社,2015年,頁215。

性的新版本,它其中的差誤也不見得比任意一個舊鈔本更多。當然也應當承認,自監本形成一些定式以來,就很難再出現任何繞過它而依據鈔本重新整理的嘗試了,這其中固然不乏"慣性的力量和保守主義"的因素,但更重要的原因恐怕在於,在没有新理論和新需求的情况下,監本已經是十分自足的了①。

面對刻本訛駁的狀况,政府也曾採取過藉助寫本進行校勘的措施,北宋程俱《麟臺故事》中就記載了一次利用祕閣古本校勘《漢書》的行動,其書卷二中"校讎"條云:

> 景祐二年(1035)九月,詔翰林學士張觀等刊定《前漢書》《孟子》,下國子監頒行。議者以謂前代經史皆以紙素傳寫,雖有舛誤,然尚可參讎。至五代,官始用墨版摹《六經》,誠欲一其文字,使學者不惑。至太宗朝,又摹印司馬遷、班固、范曄諸史,與《六經》皆傳,於是世之寫本悉不用。然墨版訛駁,初不是正,而後學者更無他本可以刊驗。會祕書丞余靖建言《前漢書》官本差舛,請行刊正,因詔靖及王洙盡取祕閣古本對校,踰年,乃上《漢書刊誤》三十卷。至是改舊摹版以從新校。然猶有未盡者,而司馬遷、范曄史尤多脱略,惜其後不復有古本可正其舛繆者云。②

雖然文中並没有明確説"祕閣古本"就是前代的舊寫本,但從語境來看理應不錯。在雕版印刷盛行的大背景下,北宋的學者們已經意識到了寫本對刻本所能起到的補正作用,而且在條件允許的情况下,也用寫本對刻本進行校勘。同時,從這個例子也可以看出,雖然寫本在民間的收藏和流傳逐漸萎靡③,但官

---

　　　①　蜀石經各經底本的變遷正從一個側面證明了五代監本逐漸增强的影響力。蜀石經在孟蜀廣政年間鐫石者,只有《孝經》《論語》《爾雅》《周易》《毛詩》《尚書》《儀禮》《禮記》《周禮》《左傳》(前十七卷,後十三卷入宋續刻)十經,其中除最後一經《左傳》外,其餘九經皆無證據表明它們與五代監本有直接關係,且《毛詩》《周禮》還具有明顯的寫本特徵。從時間上看,五代監本《九經三傳》自後唐長興三年(932)啓動,至後漢乾祐元年(948)完成除《周禮》《儀禮》《公羊》《穀梁》外諸經(《五代會要》卷八《經籍》,頁129),又至後周廣順三年(953)全部校刊完成並奏進朝廷(《册府元龜》卷六〇八《學校部·刊校》,頁7018)。相比之下,蜀石經之雕刻,曾宏父《石刻鋪叙》卷上云:"益郡石經肇於孟蜀廣政,悉選士大夫善書者,模丹入石。七年甲辰(944),《孝經》《論語》《爾雅》先成,時晋出帝改元運。至十四年辛亥(951),《周易》繼之,實周太祖廣順元年。《詩》《書》《三禮》不書歲月。"(乾隆四十七年[1782]《知不足齋叢書》第10集,頁5a)雖然曾宏父没有説明蜀石經開刻的確切年歲,但其從廣政初期即開始刻三經,當無疑問,而《周易》等傳統五經之雕刻,則要晚至廣順年間。蜀石經這一獨特的雕刻順序以及與五代監本錯開的雕刻時間,值得玩味。如此一來,我們也就能够理解蜀石經小字以寫本爲底本的原因了,除了當時監本初流通,還未經過時間檢驗之外,更重要的原因恐怕在於政權並立的政治考量。但等到孟蜀再雕刻《左傳》之時,就已經服從於五代監本的影響之下了。王天然云:"毋昭裔在主持最後一經《左傳》的鐫石工作時,很可能直接利用了五代監本作爲小字部分的底本。"(王天然《孟蜀石經性質初理》,《中國典籍與文化》2015年第2期,頁70)至於入宋後所刊之《公羊》《穀梁》《孟子》,就更是毫無疑問地以監本系統爲底本了(王天然《宋蜀石經性質蠡測》,《中國典籍與文化》2018年第2期,頁4—13)。

　　　②　[宋]程俱撰,張富祥校證《麟臺故事校證》卷二中,中華書局,2000年,頁290。

　　　③　本文所言民間寫本萎靡情况是就正經注本而言。正經注本與其他經史著作以及子部、集部作品在刊刻規模和流傳影響上都存在較大區别。馬楠亦云:"《遂初堂》著録版本書集中在九經正史類,很大程度上反映了北宋與南宋初期書籍的刊刻情况。"其文中所列之經部鈔本書亦不含正經注本(馬楠《陳振孫藏書之鈔本考》,《文史》2017年第3輯,頁108—111)。

方機構仍然有必要保存和收藏一些有價值的寫本文獻，以備不時之需。因此，保守推測，北宋時期寫本文獻或許依然不時地以校勘成果的方式零星地參與到刻本系統的衍化之中。

南渡之後，御前圖籍散亡殆盡，政府從民間廣求遺書，力圖恢復三館儲藏，雖然頗見成效，但其中十三經的舊寫本數量恐怕不容樂觀。私人藏書之中，南宋初年藏書家尤袤編寫的《遂初堂書目》是我國現存最早的版本目録，其“經總類”著録的十三經版本，除蜀石經拓本外，其餘皆是杭本、舊監本、京本、高麗本、江西本這類刻本，並無寫本①。而在中央、地方官學、私人的校勘和刊刻實踐中，也幾乎没有鈔本文獻的身影。南宋寧宗嘉定十六年（1223）毛居正奉詔刊正經籍，校勘成果集結成《六經正誤》一書，其卷三《毛詩正誤》所提及的參校本有興國本、紹興注疏本、建安本（或稱建本）三種，皆爲刻本，其中紹興注疏本即後世所謂“越刻八行本”，而興國本、建安本應該都是經注本。官刻之善本，如興國軍本《春秋經傳集解》，據其後所附嘉定九年（1216）興國軍學教授聞人模所撰刊書跋語稱，此新板《春秋》“乃按監本及參諸路本而校勘其一二舛誤”②；咸淳九年（1273）撫州本之修補，據南宋黄震《修撫州六經跋》可知，也是“用國子監本參對整之”③。私刻之善本，如余仁仲本和廖瑩中本，同樣也是以刻本參校爲主，余仁仲本《春秋公羊經傳解詁》所附紹熙二年（1191）余仁仲刻書識語云：“《公羊》《穀梁》二書，書肆苦無善本，謹以家藏監本及江浙諸處官本參校，頗加釐正。”南宋末年賈似道館客廖瑩中刻《九經》，“凡以數十種比校，百餘人校正而後成”④，所列參校本二十三，除唐石經、後晉天福銅活字本外，其餘亦皆雕版刻本。從這些版本自述的校刻情況來看，雖然當時鈔本文獻中蜀石經刻石猶在，拓本也在流通，但在經書的實際刊印過程中，蜀石經卻並未得到足夠的重視，其間雖不乏像晁公武《石經考異》、張淏《石經注文考異》這樣的專門考異之作和程公説《春秋分記》透露出的部分校勘，但總的來説，蜀石經的接受度顯然不如監本，晁公武《郡齋讀書志》云：“石經《周禮》十二卷。右僞蜀孫朋吉書。以監本是正，其注或羡或脱或不同至千數。”⑤一句以“監本是正”，就很能代表時人對蜀石經小字注文的大致態度了。因此可以説，到南宋時期，主要還是以刻本系統內部衍化爲主了。

二十世紀初敦煌文獻發現，使得國內寫本長期缺失的狀況有所緩解⑥，也促使當時的學者們開始關注刻本和寫本之間的異同，如羅振玉《敦煌古寫本毛

---

①　［宋］尤袤《遂初堂書目》經總類，中華書局，1985 年，頁 1。

②　［宋］聞人模《跋》，見杜預集解《春秋經傳集解》，日本宮內廳藏南宋興國軍學刊本。

③　［宋］黄震《慈溪黄氏日抄分類》卷九二《修撫州六經跋》，北京圖書館出版社《中華再造善本》影印元後至元三年（1337）刻本，2005 年，頁 34b。

④　［宋］周密《癸辛雜識》後集《賈廖刊書》，中華書局，1988 年，頁 86。

⑤　［宋］晁公武撰，孫猛校證《郡齋讀書志校證》卷二，上海古籍出版社，1990 年，頁 70。

⑥　此前，乾嘉時期山井鼎、物觀《七經孟子考文並補遺》就已傳入國內，並刻入《四庫全書》，可是當時學者對其中古本的接受和使用還是有所懷疑。詳情可參沈相輝《〈十三經注疏校勘記〉對〈考文〉古本的利用及其不足》，《歷史文獻研究》2019 年第 1 期，頁 363—379。

詩校記》、劉師培《敦煌新出唐寫本提要》等。但是由於時代和局勢的限制,這些萌芽並未發展到實際的經書刊刻活動中,而此後敦煌經學文獻的研究,也只是側重於敦煌本自身特點和價值方面,在經書整理出版領域,鈔本系統文獻的應用一直是比較薄弱的。尋求二者的有效交融和互補方式,仍是尚待探討的課題。

三、鈔本缺失下的另闢蹊徑

昔陳垣先生提出校法四例,有對校、本校、他校、理校[①]。前文所述,多以同書之不同寫本和刻本互校,是典型的對校法。但經典文獻與一般文獻相比,構成層次要複雜得多,校勘方法和校勘材料也更加多樣。以《毛詩》爲例,則至少有經、傳、箋、音義、疏五個層次。對於經注本《毛詩》刻本而言,作爲經文底本的《唐石經》仍在,必要時可以取準,而且《釋文》中的經文異文也較多,對校資料相對豐富。相比之下,傳、箋兩個注文的校勘,所能獲得的對校資料就少一些,但是卻也存在一個十分特殊又不可多得的他校材料,那就是《毛詩正義》。

《毛詩正義》能成爲傳箋校勘的重要他校材料,是由它的性質和體例決定的,因爲它不僅注解經文,也同時分別對傳、箋進行疏解。阮元《刻七經孟子考文并補遺序》:"故經文之存於今者,唐開成石經、陸元朗《釋文》、孔沖遠《正義》三本爲最古。"[②]《毛詩正義》成於初唐,又本於隋朝劉焯、劉炫所作《義疏》,自然反映了隋唐鈔本之面貌。《毛詩正義》中可能提供傳箋鈔本時代異文的部分可大致分爲五類:

(1)標起止。包含《毛詩正義》在内的《五經正義》,最早都是疏文單行本,爲了説明疏文對應的是哪段經注,就需要在解釋之前做出説明,取被解釋經注的前兩個字與後兩個字,構成"某某至某某"的形式,置於疏解之前。這些文字被稱爲"標起止"或"出文"。標起止因爲直接使用原文,所以是可信度較高的異文材料。

(2)釋經義。《毛詩正義》體例,每章内先釋經再釋注。釋經時以毛傳和鄭箋對經文的解釋爲本,毛、鄭有分歧時則先毛後鄭,根據毛傳釋經以"毛以爲"起頭,根據鄭箋釋經以"鄭以爲"起頭。正因爲《正義》在釋經時以傳箋對經文的解釋爲基礎,所以往往會使用一些傳箋原文用語,但有時也會對它們稍作改變,因此,這一部分異文在可信度方面要相對弱一些。

(3)釋傳、釋箋。《毛詩正義》體例,釋經後再對傳、箋中有必要解釋的部分進行疏解。同第2類異文一樣,釋傳或釋箋通常會以原文用語爲基礎,但有時也會稍變其文,所以可信度也較弱。

①　陳垣《校勘學釋例》卷六《校法四例》,中華書局,1959年,頁144—150。
②　[清]阮元《揅經室集》一集卷二《刻七經孟子考文並補遺序》,中華書局,1993年,頁43。

（4）直接引用。此類異文是釋傳、釋箋部分中出現的特殊情況。正義釋傳、箋之時，有時會引用其他詩篇或同一詩篇其他章中的句子，而這些被引的句子就可能包含異文。此外，正義還會在解釋完一段傳箋後，以"故曰某某"的形式，來說明自己是針對哪句話進行的解釋，雖然本意只是爲了使疏文和經注部分結合得更緊密，但因爲是直接引用，所以也是可信度較高的一類異文。

（5）校勘。《毛詩正義》中還有一些專門的校勘文字，說明當時所見的定本、俗本、《集注》中的異文。這些異文因爲直接來源於對校，相當於校勘記，所以是十分可信的資料。

以上五類異文可信度由高到低排序爲：（5）＞（1）＞（4）＞（2）＝（3）。但需要注意的是，以上五類疏文所提供的異文並不必然一致，事實上，它們經常是不一致的，除了已經解釋過的可信度因素之外，更主要的原因需要追溯到《毛詩正義》的編纂過程。《毛詩正義序》云：

> 其近代爲義疏者，有全緩、何胤、舒瑗、劉軌思、劉醜、劉焯、劉炫等，然焯、炫並聰穎特達，文而又儒，擢秀幹於一時，騁絶轡於千里，固諸儒之所揖讓，日下之所無雙，其於作疏内特爲殊絶。今奉敕删定，故據以爲本。然焯、炫等負恃才氣，輕鄙先達，同其所異，異其所同，或應略而反詳，或宜詳而更略。準其繩墨，差忒未免；勘其會同，時有顛躓。今則削其所煩，增其所簡，唯意存於曲直，非有心於愛憎。①

可知，《毛詩正義》是以當時質量較高的二劉義疏本爲基礎，又經過孔穎達等人删削增補而成的，這意味著《毛詩正義》中起碼包含兩個部分，一是二劉舊疏，二是唐人改增。能够確定出自唐人手筆的，只有《正義》中的校勘部分，但是從它對定本、俗本、《集注》的利用來看，似乎所據經注底本並非定本。據程蘇東研究，唐人對二劉舊疏的删定是十分粗疏和不完全的②，這使得《正義》呈現出多種文本層次糾纏混雜在一起而難以辨識的面貌。因此，比較穩妥的方法就是，既注明異文具體出自哪一部分，又將它們綜合起來看待。

《五經正義》在唐高宗永徽四年（653）三月一日修改完畢，"頒于天下，以爲定式"③。因爲《五經正義》最初以單疏本形式流傳，因此讀者在使用和閱讀的過程中，發現疏文與自己使用的經注本有所不同，也是很自然的事情；而到南宋注疏合刻出現之後，不同來源的經注和疏文結合在一起閱讀，其間的文字不同就更容易引起注意了。但是，以不同類型的疏文校正經注（特别是注文）並付諸刊刻實踐中，也不是一蹴而就的，在這一過程中，毛居正《六經正誤》、廖瑩中《九經總例》和阮元《十三經注疏校勘記》，可以看作是對疏文不同利用方式的三個代表性成果。

---

① 《毛詩正義》，北京大學出版社繁體本，2000 年，頁 4。
② 程蘇東《〈毛詩正義〉"删定"考》，《文學遺産》2016 年第 5 期，頁 83—94。
③ ［宋］王應麟撰，武秀成、趙庶洋校證《玉海藝文校證》卷八《唐五經正義 五經義訓 義贊》，鳳凰出版社，2013 年，頁 377。

　　前文提到，紹興注疏本是毛居正在校勘中使用的參校版本之一，而從《毛詩正誤》中的舉例來看，毛居正之所以將紹興注疏本這一注疏合刻本納入參校本之列，可能不只是取納其中的經注部分，而是也同時利用了其中的疏文資料。《毛詩正誤》"以疏校注"共有兩例，現引如下：

　　　　《邶風·谷風》"涇以渭濁，湜湜其沚"箋云："涇水以有渭，故見涇濁。湜湜，持正貌。喻君子得新昏，故謂己惡也。己之持正守初，如沚然不動搖。"正義曰："婦人既言君子苦己，又本己見薄之由。言涇水以有渭水清，故見涇水濁，以興舊室以有新昏美，故見舊室惡。本涇水雖濁，未有彰見，由涇渭水相入而清濁異，言己顔色雖衰，未至醜惡，由新舊並而善惡別，新昏既駮己爲惡，君子益憎惡於己，己雖爲君子所憎惡，尚湜湜然持正守初，狀如沚然不動搖。"又曰："此以涇濁喻舊室，以渭清喻新昏。"又曰："涇水言以有渭，故人見謂己濁，猶婦人言以有新昏，故君子見謂己惡也。見謂濁，言人見謂己涇之濁，由與清濁相入故也。定本：'涇水以有渭，故見其濁。'《漢書·溝洫志》'涇水一碩，其泥數斗'，潘岳《西征賦》云'清渭濁涇'是也。"觀此，則箋所謂"故見涇濁"當作"故見其濁"，作"渭"字誤明矣。然《釋文》乃作渭字，云："舊本如此。作'謂'者後人改耳。"陸德明與孔穎達同時，獨不知定本作"其"字邪？今不敢改"渭"作"其"，唯取正義之説表而出之，使後學知舊本"渭"字之誤……《大雅·韓奕》"韓侯顧之"注："顧之，猶顧道義也。"疏云："以君子不妄顧視，而言'韓侯顧之'，則於禮當顧，故云'曲顧道義'，謂既受女以出門及升車授綏之時，當曲顧以道引其妻之禮義，於是之時則有曲顧也。本或'曲'爲'回'者，誤也。定本、《集注》皆爲'曲'字。"《釋文》："曲顧，一本作'回顧'。"非也。"曲"今作"猶"者，蓋"曲"誤爲"由"，"由"又轉爲"猶"，則不復可以理推矣，當改作"曲"。以諸本皆誤，未有善本可證，姑仍其舊而具《正義》《釋文》所辯於此，使學者知之。①

在《邶風·谷風》的例子中，毛居正共引用了三段正義，它們分別來自於釋經"涇以至我後"、釋"傳涇渭至濁異"、釋"箋涇水至喻焉"三個部分。但是，這些文字其實並沒有對毛居正最後的異文判斷帶來多大幫助，因爲他判斷的依據仍然是正義中的"校勘"異文（即第5類）。也就是説，毛居正認爲，正義云定本作"故見其濁"，所以"其"就是正字，而諸本作"渭"字是錯誤的。《大雅·韓奕》的例子也遵循了同樣的邏輯，雖然引用了釋"傳祁祁至道義"的疏文，但最後還是因爲"定本、《集注》皆爲'曲'字"，而判定"曲"是正字，還構建出了一條從"曲"到"猶"的誤字衍化鏈條。不過，雖然毛居正依靠正義"校勘"異文獲得了間接的版本依據，但仍然選擇了極爲謹慎的態度，只在《考異》中提醒讀者注意，而沒有直接更改底本。同時，這兩個例子也反映出，此時毛居正還沒有區分《毛詩正義》內部層次的意識，只是自然地認爲與《正義》相搭配的經注文本

①　［宋］毛居正《六經正誤》卷三《毛詩正誤》，清《通志堂經解》本，頁3、4、15。

就是校勘部分所提及的"定本"。他這樣考慮其實也不是完全沒有道理，一來定本、《正義》皆爲官本，二者之間存在可能的聯繫也是自然的；二來《正義》校勘多稱定本爲是，俗本爲非。

但是，隨著學者們對於"定本"身份辨析的不斷深入，《正義》和定本的關係也變得複雜起來，到阮元《校勘記》時，就已經相信《正義》多從俗本而非定本了。臧庸《毛詩注疏校纂序》亦云："孔沖遠撰《正義》時，所據有定本、俗本、《集注》本。今考俗本，乃世俗通行，未經改竄，爲最善，孔氏多所從之。定本爲唐貞觀間奉勑校定之官本，私改甚多，孔所不從，而每稱定本爲是，斥俗本爲非，蓋因奉敕删定，不便議官本之失耳。"①臧庸、阮元之所以得出這樣的判斷，主要還是在於他們意識到了第 5 類校勘異文與前四類異文之間存在的矛盾。以上述《谷風》爲例，《校勘記》云：

> 小字本、相臺本同。案，《釋文》云"舊本如此，一本'湄'作'謂'，後人改耳"。考此箋云"故見謂濁"，下云"故謂己惡也"，二"謂"字義同。《正義》云"涇水言以有湄，故人見謂己濁，猶婦人言以有新昏，故君子見謂己惡也。'見謂濁'言人見謂己涇之濁"，是《正義》本亦作"謂"，當以一本爲長。又云"定本'涇水以有湄，故見其濁'"，此定本之誤，《正義》所不從。而毛居正《六經正誤》反以爲是，失之矣。《考文》古本作"其"，采《正義》，一本作"見其清濁"，則更誤。②

阮元從正義"釋箋"的文字中得出了正義本作"謂"字的判斷，但是這一判斷卻與《正義》"校勘"所云定本作"其"字不符，針對這一矛盾，阮元給出了"定本之誤，正義不從"的解釋。從這個例子可以看出，阮元與毛居正相比，不僅在異文使用的類型上更加豐富，還對它們的層次進行了初步區分。

與毛居正校勘使用注疏合刻本一樣，南宋末年廖瑩中刊刻《九經》，也將它作爲重要的參校版本，這些信息保留在廖瑩中爲説明其《九經》編刻體例而撰寫的《九經總例》之中。《九經總例》今雖不傳，但其内容基本完整地保存在了元岳浚《相臺書塾刊正九經三傳沿革例》（以下簡稱《沿革例》）中③，所以可藉此研究廖氏本當時的刊刻情況，據《沿革例》"書本"云：

---

① 〔清〕臧庸《拜經堂文集》卷二《毛詩注疏校纂序》，《續修四庫全書》第 1491 册，頁 529。
② 〔清〕阮元總纂，顧廣圻分校《毛詩注疏校勘記》，北京大學出版社，2014 年，頁 54。
③ 張政烺《讀〈相臺書塾刊正九經三傳沿革例〉》云："《相臺書塾刊正九經三傳沿革例》向皆以爲岳珂所作，事既無據，而按其内容則又《廖氏世綵堂刊正九經》之《總例》，除卷之前後相纂岳氏略有增附外，大抵保全原文，無所加減……廖氏《總例》貫穿《九經》，綜其互異，分類舉例辨證，頗爲精審。岳氏仿刻《九經》兼及《總例》，存以爲證，更無竄改，故所增《公羊傳》《穀梁傳》《春秋年表》《春秋名號歸一圖》各條，皆附於卷末，並著明補刻原委，不以相亂。如云：'廖本無《年表》《歸一圖》。今既刊《公》《穀》，并補二書，以附經傳之後。'《春秋》《公羊傳》《穀梁傳》《年表》《名號歸一圖》四書，廖刻本無，《總例》中所未及，岳氏特補著之，而於書本、字畫、音釋、句讀諸端皆悉效廖氏法，精細不苟……《沿革例》中之《總例》七則，即其全書之主要部分，乃廖氏世綵堂《九經總例》原文，岳氏未能有所增損於前，明白可見。自來學者習焉不察，概以歸諸相臺，並以屬之岳珂，訛以傳訛，不復研究。"（《張政烺文史論集》，中華書局，2004 年，頁 168—171）

今以家塾所藏唐石刻本、晋天福銅板本、京師大字舊本、紹興初監本、監中見行本、蜀大字舊本、蜀學重刊大字本、中字本、又中字有句讀附音本、潭州舊本、撫州舊本、建大字本(自注:俗謂無比九經)、俞韶卿家本、又中字凡四本、婺州舊本,併興國于氏、建余仁仲凡二十本,又以越中舊本注疏、建本有音釋注疏、蜀注疏,合二十三本,專屬本經名士反覆參訂,始命良工入梓,固自信以爲盡善。①

廖瑩中在介紹所用版本時將注疏合刻本和單經白文本、經注本分別介紹,表明二者在性質和用法上有所區別。

在“注文”條中,更詳細地記載了廖瑩中對於疏文的具體運用案例。《沿革例》“注文”條云:

諸本於經正文尚多脱誤,而况於注。間有難曉解者,以疏中字微足其義……如《詩·角弓》“教猱升木”,注云“若使之必也”,依疏增一“能”字,爲“必能也”,意始明。如《思齊》“神罔時怨,神罔時恫”,箋云“無是怨恚其所行者,無是痛傷其所爲者”,諸本皆無“其所爲者”四字,惟建大字本有之,及考疏,則曰:“神明無是怨恚文王其所行者,神明無是痛傷文王其所爲者。”以此明箋文舊有“其所爲者”四字而諸本傳寫逸之也。今從建大字本,意始明。此類甚多不悉舉。②

《小雅·角弓》的例子中,廖瑩中據以增加“能”字的疏文爲“猱之性善登木,今教之使登,必能登木矣。又喻塗之性善附著,以之塗物,必著矣”③,屬於正義釋經“毋教至與屬”的部分,而《大雅·思齊》一例中引用的疏文,同樣屬於正義釋經“惠于至家邦”的部分。從這兩個例子可以看出,與毛居正《毛詩正誤》只據第5類“校勘”取捨異文且“辯而不改”的保守做法相比,廖瑩中更加大膽地參考了第2類“釋經義”中提供的異文綫索,可以説是一個進步。但是,廖瑩中的問題也在於他的大膽,《思齊》因爲同時具備對校文本依據,所以校勘結論比較準確,但是《角弓》的增字就略顯粗率了,因爲疏文接下來釋“傳猱獶至附著”引王肅之説云:“教猱升木,必也,如以塗之,必著。”又釋“箋毋禁至則進”云:“以猱之性善登木,泥之性善著物,因其所善而教用之,故言‘必也’。”④正表明正義本此箋作“必也”,而不是像廖瑩中理解的那樣作“必能也”。

對此,阮元《校勘記》進行了充分的反駁:

小字本同,閩本、明監本、毛本同;相臺本無“之”字,“必”下有“能”字。案,相臺本誤也。《沿革例》云“依疏增一‘能’字”。考此正義云“必能登木矣”,乃自爲文,非其本注有“能”字也。下箋云“其著亦必也”,二“必”字義

① [元]岳浚《相臺書塾刊正九經三傳沿革例》,日本國立國會圖書館藏清嘉慶二十年(1815)汪氏刊本,頁3。
② [元]岳浚《相臺書塾刊正九經三傳沿革例》,頁5—6。
③ 《毛詩正義》,人民文學出版社影印日本杏雨書屋藏南宋刊單疏本,2012年,頁270上。
④ 《毛詩正義》,人民文學出版社影印日本杏雨書屋藏南宋刊單疏本,頁270下。

同。《正義》引王肅云“教猱升木必也”，又云“因其所善而教用之，故云必也”，皆可證。《沿革例》讀《正義》誤耳。[①]

與前述《谷風》例中修正《六經正誤》的誤讀一樣，此處《校勘記》同樣展示出了自己對正義多種類型異文强大的掌控能力。可以説，在以疏文校傳箋的實踐方面，從毛居正《六經正誤》只據第 5 類“校勘”判定異文，到廖瑩中《九經總例》參考第 2 類“釋經義”尋找綫索，是一次進步，因爲相對於第 5 類異文而言，第 2 類異文是隱藏在“釋義”這一主要目的背後的版本信息，更不容易被發現。而阮元《校勘記》與兩位前輩相比更可以稱得上是後出轉精，他在不同類型異文運用的廣度和深度上都達到了很高的水平，同時也認識到了第 2 類異文可能引起的誤解，雖然其中有些校勘結論仍可商榷，但是他在“以疏校注”這一方法上所取得的成就卻是不容否認的。

總體而言，這種通過紬繹疏文釋義而獲得經注異文的“另闢蹊徑”的做法，主要應用於不同刻本對校已有差異的情況下，或是原文不甚通暢而無對校異文之時，故廖瑩中云“間有難曉解者，以疏中字微足其義”，阮元《校勘記》同樣也是先出對校異文，再引正義之文以資判斷。換句話説，正義作爲次級他校資料的特殊性，決定了它不能成爲像其他同書刻本一樣平等的參校資料。因此，由疏文提供的鈔本異文，只能對刻本系統起到一定的補充作用，而無法動搖刻本的主導地位。

四、日本鈔刻文獻拼合與融合的實踐

與中國國内自五代起經書刻本産生而導致鈔本逐漸消亡的情況不同，在一衣帶水的日本，鈔本文獻卻得到了更加長久的傳承，以清原、中原家族爲代表的明經學家們對此功不可没，他們繼承學寮明經道，潛心鑽研經典之學。倉石武四郎《日本中國學之發展》稱：“這些學者的工作就是校訂代代相承的經書正文，並根據《正義》《義疏》以及《釋文》等資料領悟經義，再附上適當的日文讀法。最初校注時，他們將遣唐使帶回的古寫本以及由這些古寫本轉抄而來的各家秘藏本與之進行對照。而自平安末年起，隨著宋版的傳入，明經家們也開始把宋版列入校對的對象之中，比如《臺記》中就有近衛天皇康治元年（1142）藤原賴長獲得宋版《周易正義》一事的記載，最終形成了重宋版勝於古寫本的風氣。”[②]其中，對《詩經》傳承影響最大的當屬清原家。經過幾代人的努力，清原家不僅形成了一套成熟且系統的訓點讀法，也擁有著承載這套讀法並用以講習的讀本。正如倉石武四郎所言，清原家讀本也經歷了一個從源自唐寫本的“家本”到宋刻本的轉變，而這也正意味著刻本在與鈔本的博弈中所取得的勝利。

清原家源自唐寫本的家本，現在没有實物留存下來，但是，我們可以從兩

①　［清］阮元總纂，顧廣圻分校《毛詩注疏校勘記》，頁 334。
②　倉石武四郎講述，杜軼文譯《日本中國學之發展》，北京大學出版社，2013 年，頁 45、46。

部分資料來推測其大體面貌。其一是清原宣賢寫定本《毛詩》中旁録的家本異文。清原宣賢寫定本現存兩部,即藏於日本大東急紀念文庫之"久原本"與藏於静嘉堂文庫之"静嘉堂本",據米山寅太郎研究,静嘉堂本基本忠實轉抄了久原本,同時也出於實用性考慮對久原本中的不必要處進行了省略①。清原宣賢寫定本是清原宣賢以南宋刊本爲底本,校以清原家本和其他宋刊本而形成的新版本,其上"摺無(本有)""本無""本乍某"可以被作爲家本異文看待。其二是足利學校遺迹圖書館所藏的《毛詩》經注本寫本,即山井鼎、物觀《七經孟子考文並補遺》(以下簡稱《考文》)中所謂"古本"。足利學校藏《毛詩鄭箋》鈔本共兩部,現在一般沿用吉川幸次郎在《東方文化研究所經學文學研究室〈毛詩正義〉校定資料解説》②中對它們的編號來進行稱呼,其中被吉川氏稱作"足利甲本"者較早,七行十四字書寫,但缺卷十一、十二、十七至二十這 6 卷;另一部"足利乙本"則稍晚,九行二十字書寫,保存完整。從《考文》古本透露出的足利本信息來看,足利本與静嘉堂本著録的家本異文大多没有矛盾,但卻與敦煌本之間的差别較大,再結合當時的經書傳授實踐,可以推測足利本與清原家本之間可能存在一定的淵源關係。倉石武四郎《日本中國學之發展》云:"《周易》等經書在當時似乎有江家與菅原家兩種訓點本,而足利學校採用的則是菅家訓點本以及繼承了菅家訓點的清家(即清原家)訓點本。而從現存的足利學校藏本可知,當時的清家時不時地責難(足利)學校,認爲他們的訓點有悖於清家的師法家傳,爲此學校一直在孜孜不倦地努力向師法家傳靠攏。"③由此可見,既然足利學校在傳授經書時使用了清原家的訓點本,那麽足利學校藏的這兩部鈔本,就很可能來源於早期的清原家本。

　　清原家本在以傳寫方式流傳的同時,也積極地參與到雕版或活字印刷的活動之中。清原家本作爲《毛詩》日鈔本系統的代表與宋刻本文獻進行融合的實踐,可以分爲"拼合式"和"融合式"兩種,以下分别論述。

(一) 拼合式:五山本

　　五山本是指在 13 至 14 世紀由鐮倉和京都五山的僧侣們覆刻的漢籍,它們的底本往往是日本古鈔本或宋元刊本,因而具有較高的文獻價值。五山本《毛詩鄭箋》現有多部存世,它們基本屬於同一版④,今以早稻田大學所藏島田

---

　　①　米山寅太郎《解題》,《毛詩鄭箋》,汲古書院影印静嘉堂文庫藏清原宣賢鈔本,1992 年,頁 414、415。

　　②　此文最初刊於 1943 年 1 月的《東方學報・京都》,題名"毛詩正義校定資料解説",後收入《吉川幸次郎全集》(筑摩山房,1968 年),今有王孫涵之譯文,載《國際漢學研究通訊》第 17 期,北京大學出版社,2019 年,頁 97—115。

　　③　倉石武四郎講述,杜軼文譯《日本中國學之發展》,頁 71。

　　④　劉玉才《解題》云:"此本《毛詩鄭箋》二十卷,已知現有日本宫内廳書陵部、早稻田大學、静嘉堂文庫、成簣堂文庫、建仁寺兩足院、臺北故宫博物院存藏,據筆者目驗的宫内廳書陵部、早稻田大學、静嘉堂文庫藏本和成簣堂文庫藏本書影判斷,均左右雙邊、有界、半葉六行十六字,當屬同一版刻。宫内廳書陵部藏本爲初版印本,書志學者據其書風推斷爲南北朝時期刊本,書中有室町末期寫入的乎古止點及訓點。早稻田大學藏本有調整頁次、改刻版心頁碼之處,當爲訂正修補再印本,静嘉堂本似更爲後印。"(《毛詩鄭箋》,北京大學出版社影印早稻田大學藏五山本,2018 年,頁 1174)

翰舊藏本爲對象説明之。

　　據筆者考察，五山本《毛詩鄭箋》以《邶風·凱風》爲界，前後所屬不同的文本系統①。以《邶風·擊鼓》和《邶風·凱風》這兩篇相連的詩歌爲例，將五山本與現存《毛詩》宋刻本和《考文》古本對校，可以獲得三類異文：A 類是五山本同於《考文》古本且異於刻本系統的異文，B 類是五山本同於刻本系統且異於《考文》古本的異文，C 類是與刻本系統不同，同時也與《考文》古本不同或《考文》未出現的異文。詳見表一。從表中可以明顯看出，在《擊鼓》一詩中，A 類異文爲 14 條，明顯多於 B 類異文的 4 條；而在《凱風》詩中，有 13 條 B 類異文，卻没有 A 類異文。這説明，五山本在《凱風》之前的文本屬於清原家本一脈的鈔本系統，而之後的文本則屬於宋刻本系統。

表一：五山本《毛詩鄭箋》文本對照表

五山本	《考文》古本	刻本系統	類型	備注
邶風·擊鼓				
成其伐事也	同	無也字	A	敦煌本作以成事
以和其民人也	同	無人也二字	A	敦煌本同刻本
魯隱公	同	無公字	A	正義同刻本，敦煌本兼有
四年也	同	無也字	A	敦煌本同古本
用兵謂其治兵	無對應	無其字	C	
治兵之時也	同	無之字	A	敦煌本作謂治兵時之者也
治兵之時也	同	無也字	A	敦煌本作謂治兵時之者也
勞苦之甚者也	同	無者也二字	A	敦煌本無者字
或脩治漕城	無對應	治作理	C	敦煌本、清原家本作治
【經】平陳宋	無對應	宋前有與字	C	五山本漏刻
公孫文仲也	無對應	公前有謂字	C	敦煌本、清原家本無謂字
平陳於也	無對應	於後有宋字	C	五山本漏刻
平陳於也	同	無也字	A	敦煌本同古本
仲字也	同	仲前有子字	A	正義同刻本，敦煌本兼有

---

　　①　筆者最初在閲讀五山本《毛詩鄭箋》的過程中，首先意識到前後注文的風格有所不同，因此便進一步採取了抽樣調查和逐詩排查相結合的方式對其分界綫進行確定，同時對分界綫前後的文本特徵進行歸納梳理。具體而言，《凱風》之前，五山本注文中的"也"字明顯多於刻本系統，而且"也"字的出現位置也與《考文》古本也大體一致；而《凱風》之後，五山本注文中的"也"字與刻本系統基本保持一致。此外，在實義異文方面，《凱風》之後，五山本中也有少量與刻本系統不合卻合於《考文》古本的異文，但它們多出現在刻本原文意思稍顯晦澀之時，且頻率較之前大爲降低，應該只是據鈔本校勘所致。因此，可以確定，五山本在《凱風》之前的底本屬於鈔本系統，而且是與《考文》古本、清原家本一脈的鈔本系統文本，《凱風》之後的底本則屬於宋刻本系統。本文此處僅列《擊鼓》《凱風》這兩篇相鄰詩歌的比較結果，以便更加直觀地顯示五山本前後底本的區別。

五山本	《考文》古本	刻本系統	類型	備注
與陳蔡從之	之下有也字	無之字	C	敦煌本之作也
憂心忡忡然也	同	無也字	A	敦煌本同古本
不與我歸	無對應	歸後有期字	C	清原家本無期字
兵凶事	下有也字	同	B	敦煌本同刻本
豫憂也之	也之作之也	無也字	C	敦煌本無之字
今於何處乎	無對應	處作居	C	疑五山本誤改
於何居乎	無對應	居作處	C	疑五山本誤改
喪其馬乎也	同	無也字	A	敦煌本同古本
山木曰林	曰作爲	同	B	敦煌本同刻本
當於山林下	無對應	林下有之字	C	正義標起止有之字
近得也	同	也作之	A	敦煌本也上有之字
相存救也之	無對應	無之字	C	
俱免於難	俱免於患難也	同	B	釋文、敦煌本同刻本，敦煌一本於難作患難
傷之至也	一本同	無至也二字	A	敦煌本作傷之者
洵遠	下有也字	同	B	敦煌本同古本
亦傷之也	同	無也字	A	敦煌本同古本
邶風·凱風				
【序】而成其志	而作以	同	B	敦煌本同刻本
成其志者	成上有以字	同	B	敦煌本同刻本
自責之意	下有也字	同	B	
樂夏之長養	樂夏物之長養也	同	B	敦煌本作樂夏之長也，一本作樂夏之長養萬物
棘難長養者	下有也字	同	B	
棘猶七子之也	無對應	無之字	C	敦煌本有之字無也字
【經】母劬勞	無對應	母下有氏字	C	五山本漏刻
夭夭盛貌	下有也字	同	B	
聖當作叡	無對應	叡作聖	C	疑五山本誤改
有益於浚	下有也字	同	B	
七子不能如也	也上有之字	同	B	
睍睆好貌	下有也字	同	B	
顏色說也	說上有和字	同	B	敦煌本同刻本

五山本	《考文》古本	刻本系統	類型	備注
好其音者	好上有載字	同	B	敦煌本同刻本，一本同古本
興其辭令順也	以興其辭令和順也	同	B	敦煌本同刻本，一本作其和順也
以言七子不能如也	如下有此之二字	同	B	

雖然通過文本對校的方法能夠對五山本前後的文本系統進行區分，但是卻不足以還原這一現象背後真實的形成過程，也就是説，五山本前半部分的鈔本特徵，究竟是以鈔本爲底本的原因，還是以刻本爲底本，但是忠實吸納了對校鈔本所有異文的結果，這一歷史過程是無法由已知現象而倒推得知的。但是，通過分析五山本對不同類型異文的吸收態度，卻有助於更加深入地了解刊刻者的想法。首先，在對待句末虛詞的態度上。中國國内自五代刊刻《九經》大量删落句末虛詞以來，雖然間或有以鈔本文獻對校或據正義校勘的情況出現，但卻都不約而同地遵循監本做法，而没有選擇恢復鈔本中原本的虛詞，因此，這些刻本雖然文字互有異同，但在絕大多數句末虛詞的使用上，卻還是保持了高度的一致性。但五山本卻與它們不同，對於鈔本較刻本多出的虛詞，尤其是句末"也"字，基本採取了全盤吸收的態度。其次，在異文正誤或優劣的選擇方面，《考文》古本和刻本系統之間存在的異文，絕大多數没有嚴格的正誤之分，但是卻會對文意表達的清晰程度有所影響，一般來説，《考文》古本的文字表達更加直白，易於理解，五山本也對它們進行了吸收。這兩類異文的處理反映出五山本在刊刻之初對鈔本的偏好。

這一論斷也可以找到一些旁證，那就是五山本的版式和用字。五山本雖然是版刻印刷，但是在樣式上卻與日本古鈔本別無二致，而在字體字形方面，俗字的使用也十分普遍。將五山本《毛詩鄭箋》與正平版《論語集解》做一對比，就會發現一些更加有趣的現象。日本儒書的刊行，公認較早的是正平版《論語集解》，它共有雙跋本、單跋本、無跋本三種，據武内義雄《正平版論語源流考》考證，大阪圖書館所藏雙跋本爲正平祖版，而此版末尾刊記透露，正平版並非初刊，而是模刻舊版的一種覆刻本，其原版刊行時間大約在元應、元亨之際(14世紀20年代左右)①。這部《論語集解》所依據的底本爲清原教隆(1199—1265)寫定本，在版式上也採取了日本古鈔本舊式，而且其末尾刊記稱："學古神德楷法日下逸人貫書。"説明其版乃學古神德之楷書的日下一隱士名貫者所書。古神德乃奈良朝寫經生之名，可知日下逸人貫所擅長的應該是深受唐代書法影響的奈良書體。除正平版《論語集解》外，日下逸人貫書寫上

---

①　武内義雄著，俞士玲譯《正平版論語源流考——本邦舊鈔本論語的兩個系統》，收入劉玉才主編《從鈔本到刻本：中日〈論語〉文獻研究》，北京大學出版社，2013年，頁384—423。

板的和刻本還有元應刊本《產經》與元亨刊本《古文尚書》①，可見他的書風在當時應該是相當受歡迎的一種。五山本的字形、書風與之接近，而且前半部分也同樣與清原家本有淵源關係，如果由此進行大膽推測，或許五山本底本的拼合特徵，正表明它的刊刻處在正平版《論語集解》和五山版《春秋經傳集解》之間，也就是和刻儒籍底本從鈔本到刻本的過渡時期。

　　但是，雖然五山本在刊刻初期存在著某種對鈔本的偏好，卻沒能貫徹到底，其餘大約十分之九的詩篇，都仍然基本遵循了刻本的用字系統。《毛詩鄭箋》之所以沒能像《論語集解》一樣全從鈔本，主要原因可能還是二者面臨的宋刻本情況不同。到南宋時，《論語集解》單集解本在中國國內已無流傳，但是在日本卻有世代相傳的古鈔本，其質量顯然要優於摘録注疏而成的宋刻本，自然應當被選作刊刻底本。但是《毛詩鄭箋》卻一直都有質量不錯的宋刻單行本流傳，除影響最大的監本外，還有撫州本、興國軍本這些官刻善本。如此一來，只需要對宋刻善本加以校訂，補充部分鈔本異文，就足以成爲一部優秀的版本來加以使用了。事實上，五山本《凱風》之後的部分，正是採取了這種做法，在以宋刻本爲底本的情況下，吸收了部分使文意變得更加直白的鈔本異文（雖然它們不一定是完全正確的），例如《小雅·六月》序"出車廢則功力缺矣"，敦煌本、刻本系統皆作"力"，五山本、《考文》古本"力"作"臣"；"下不得其所"，五山本、《考文》古本、清原家本"下"下有"民"字，而敦煌本、刻本系統皆無；毛傳"言先教戰然後用師"，五山本、《考文》古本"教"下有"民"字，敦煌本、刻本系統、正義皆無之。

（二）融合式：静嘉堂鈔本與慶長活字本

　　五山本前後文本系統歸屬不同的"拼合式"做法，無論是别有用意還是受到客觀條件限制（如當時獲得的宋刻本缺少前半部分），都只能算作一種十分特殊的情況，而鈔本和刻本結合更加普遍的形式，還是當屬静嘉堂本的"融合式"，即將宋刻本作爲底本，同時在正文旁邊著録包括家本在内的參校本異文②。静嘉堂本旁注中可以被視作家本異文的有三類：第一類是某字"摺無"，其言下之意即"摺無本有"，表示家本較刻本底本多出的字；第二類是某字"本無"，表示家本較底本缺少的字；第三類是某字"本乍"，"乍"即"作"，表示家本與底本不同的字。同時，静嘉堂本對於家本異文的著録，有三點需要注意：其一，不録古今字、異體字類型的異文；其二，虛詞如"之""而""也"等異文，在不

---

① 島田翰撰，杜澤遜、王曉娟點校《古文舊書考》卷三"《論語集解》十卷"，頁249。
② 雖然静嘉堂本並未對自身所用底本和參校本做出説明，但作爲其轉抄來源的久原本上卻有清原宣賢本人的題記，其第一卷卷末題記云："永正九年(1512)七月廿日，以唐本終書寫之功，加朱墨點，以證本令校合了。"宣賢所稱"唐本"，據米山寅太郎考證，即宋高宗、孝宗時代的南宋刊本(米山寅太郎《解題》，《毛詩鄭箋》，汲古書院影印静嘉堂文庫藏鈔本，頁414、415)。

影響句意的情況下一般不予著録①；其三，不以刻本之正誤作爲家本異文著録之標準。前兩點比較好理解，故不再贅述，謹就第三點略作説明。

"不以刻本之正誤作爲家本異文著録之標準"的意思是，静嘉堂本不像前文所述廖瑩中刻本一樣，僅在刻本文字不通順時參考正義，以尋找可能存在的異文綫索，而是在刻本文字和鈔本文字都可以講通的情況下，對二者都予以保留。這樣做的好處在於，既保存了刻本底本的原貌，又能提供家本異文，方便讀者自由判斷、自由選擇。例如，《邶風·柏舟》箋"不能度其真僞"，静嘉堂本於"度"字下云："知，摺無。"今按《考文》古本、五山本有"知"字，敦煌本、蜀石經、刻本系統無。又如箋"而任小人"，静嘉堂本於"任"字下云："用，摺無。"今按《考文》古本、五山本、蜀石經有"用"字，敦煌本、刻本系統無。又如《邶風·緑衣》詩序之箋"轉作緑"，静嘉堂本於"轉"前云："今，摺無。"今按《考文》古本、五山本、蜀石經有"今"字，敦煌本、刻本系統無；再如箋"諸侯夫人祭服之下服"，静嘉堂本於"下"字下云："服，摺無。"今按《考文》古本、五山本有"服"字，敦煌本、刻本系統無，蜀石經作"祭服爲之下"。這些家本和刻本之間的不同，並没有給文意帶來實質性的影響，也很難斷定哪一方必然正確而另一方必然錯誤，静嘉堂本對二者同時保留，可以説是一種比較穩妥的做法。

但是，有時候静嘉堂本著録的家本異文，會與《正義》或《釋文》産生矛盾。例如《邶風·柏舟》箋"言己德備而不遇，所以愠也"，静嘉堂本於"愠"下云："怒，摺無。"今按蜀石經、刻本系統無"怒"字，敦煌本作"而愠"。正義釋經"我心至可選"云："今不見用，故已所以怨。"②可見正義釋箋之"愠"字爲"怨"義，而非作"怒"解，故静嘉堂本於"愠"下出一"怒"字，不僅不合於正義，也實違背鄭箋原義。再如箋"衣之不澣，則憤辱無照察"，静嘉堂本於"憤"下云："亂垢，二字摺無本有。"今按蜀石經有"亂垢"二字，敦煌本、刻本系統無。《釋文》出條目作"憤辱"，正義釋經"日居至奮飛"云："衣不澣，憤辱無照察，似己之憂，煩憤無容樂。"③可知《釋文》《正義》皆無此二字。"亂垢"二字實與"憤辱"語義重複，《説文·心部》云："憤，亂也。"《儀禮·士昏禮》"今吾子辱"箋云："以白造緇曰辱。"是"憤"即"亂"，"辱"有"垢污"之意，因此可能是後人學習時寫在一旁的注釋之文。雖然如此，清原宣賢也並没有捨棄這些家本異文，還是忠實地加以著録，這表明《正義》《釋文》也並非宣賢校勘的取準對象。

静嘉堂本將家本異文録於宋刻底本之上，而非將宋刻異文録於家本之上的做法，其實已經表明此時刻本的重要性超越了家本，静嘉堂本雖然出自清原

---

① 静嘉堂本著録的家本異文中一般不含此類虚詞，但這並不意味著清原家本本身没有這類文字，而更可能只是清原宣賢在校勘時出於實用性目的進行了篩選。王曉平《日本詩經學史》在講述静嘉堂本的訓讀特點時稱："遇到當解爲虚字的字，則注明'不讀'，這也是和中國讀法不同之處。在中國，雖然是虚字，但也是必須讀出來的，不能視其爲無；而到了日本，由於其没有實在意義，就可以不發聲。如《日月》中的'日居月諸'，'居'字和'諸'字，便均注明'不讀'，即表明此二字不讀，亦無解。"（學苑出版社，2009年，頁83）宣賢不録虚字異文的校勘取捨原則或許也是受到了這種訓讀特色的影響。

② 《毛詩正義》，北京大學出版社繁體本，頁136。

③ 《毛詩注疏》，北京大學出版社繁體本，頁137。

宣賢之手,但這一轉變的發生卻未必始自宣賢。在此可以參考清原家讀本《論語》的三次變遷:教隆寫定本爲一變,但教隆本仍然採取了以累家之家本爲本,以摺本異字爲旁注的形式;賴元寫定本爲二變,與教隆本不同,賴元本本文多有依摺本校改而以古本異文附爲旁注者;宣賢寫定本爲三變,在賴元本的基礎上得另一宋本再次合校①。《毛詩》的情況或許也與之類似,在宣賢之前,清原家族內部就已經出現了偏重宋本的迹象,宣賢重新校正寫定,也不過是順勢而爲。從清原宣賢選擇著録的家本異文類型可以看出,宣賢捨棄了家本在形式上的鈔本特徵,而保留了它更具價值的内核,這一選擇對於《毛詩》此後的講習和普及而言,都無疑是更加便利的。與此同時,家本仍然保持了它作爲平等對校文本的地位,而不是退居爲在刻本不通或彼此有異時藉以參考的輔助資料。總而言之,静嘉堂本對家本的處理方式,既做到了"定主次",又能够"存異同",是一種實用且靈活的做法。

　　静嘉堂本和久原本雖然在裝幀形式上一個是卷子本,一個是册子本,有所不同,但是它們都是手抄書寫的,並非印刷制作,因此可以採取這種"底本式"旁録異文的靈活方式,但如果要刷印出書,出現異文的地方就必須在刻本和家本之間做出選擇,以"定本式"成果展現出來,慶長活字本正是這樣一個例子。慶長活字本《毛詩鄭箋》以清原宣賢寫定本爲底本活字排印而成,它對家本異文的吸納方式,可以看作是静嘉堂本"融合式"適用於印刷需求的一種變形。

　　將慶長活字本與静嘉堂本進行比較,可以看出慶長活字本對家本異文的吸納遵循了兩個原則,即"寧有"和"寧古"。"寧有"原則是指:當刻本和家本一方有某字而另一方無時,慶長本傾向於遵從有的一方。一般來説,家本較刻本多字的情況更加常見,所以容易誤認爲慶長本從家本取字,但事實上,當家本無字而刻本有時,慶長本也會與家本不一致,而選擇遵從刻本。如《邶風·日月》序,慶長本作"以至困窮之詩也",静嘉堂本於"之詩"處云:"二字本無。"《邶風·終風》"得而止之",静嘉堂本"而"字"本無",慶長本有。《邶風·擊鼓》"子仲字也",静嘉堂本"子"字"本無",慶長本有。《邶風·匏有苦葉》"賢與不肖",静嘉堂本"與"字"本無",慶長本有。"舟人之子",静嘉堂本"子"字"本無",慶長本有。"寧古"原則是指:在刻本和家本字數一致卻用字不同的時候,慶長本往往取同於家本。如《小雅·皇皇者華》箋"見忠信之賢人,則於是訪問求善道",刻本底本"是"作"之",静嘉堂本"之"字旁注:"是,本乍。"慶長本從家本作"是"。《小雅·谷風》箋"今女已志達而安樂",刻本底本"已"作"以",静嘉堂本"以"字旁注:"已,本乍。"慶長本從家本作"已";傳"朋友相率而成",刻本底本"率"作"須",静嘉堂本"須"字旁注:"須,本乍。"慶長本從家本作"率"。

　　總體而言,在日本,儒典傳本的流行在很大程度上取決於明經博士家的選擇,而鈔本之所以相對而言具有較高的地位,也是因爲它們在一定程度上象徵

　　① 武内義雄著,前士玲譯《正平版論語源流号——本邦舊鈔本論語的兩個系統》,收入劉玉才主編《從鈔本到刻本:中日〈論語〉文獻研究》,頁417。

了博士家的家學傳統,雖然在後來宋刻、宋學傳入的衝擊之下,博士家也不得不在解説和版本方面做出一些適應潮流的改變,但依然不能放棄也沒有放棄世代傳承的淵源,這無疑對鈔本文獻的使用和保存十分有利。清原家本和宋刻本融合的過程,也同時是鈔本和刻本兩個系統博弈的過程,雖然最終鈔本還是落於下風,但這樣的結果也再次證明了刻本系統的自足性。家本和刻本之間的異文,在多數情況下只是表達層面上略有區別,並不會干擾對整首詩主旨的理解。因此,從這個意義上講,《毛詩》刻本化的行动基本上算是成功的,而這也正是刻本系統能够長盛不衰的根本原因所在。

五、結　語

典籍從抄寫到印刷的發展,不僅意味著文獻的外在傳播方式發生了轉變,更帶來了不同的文本閱讀和衍化特點,促進了學術觀念的變化。印刷術作爲一種先進且實用的科學技術,依靠其在速度和成本方面的優勢以及官學力量的推動,迅速佔領巾場,成爲經典文本傳播的主流。但與此同時,遭受排擠的傳統鈔本文獻也不斷地以不同的方式參與到刻本文獻的再生產之中,爲刻本系統的自我完善注入新的血液。無論是在中國還是日本,刻本和鈔本都在彼此博弈的過程中逐漸融合著,但是,由於具體國情不同,中、日兩國在鈔本和刻本融合時也呈現出不同的特點。

首先,在可利用的鈔本文獻多寡上,以監本爲起始和代表的刻本系統的流行最終導致了鈔本文獻在中國本土的消亡,而經典校勘也就相應地經歷了從鈔本零星參與到以刻本系統內部衍化爲主的轉變。在鈔本缺失的情況下,利用《毛詩正義》中保存的鈔本異文綫索就成了一種曲綫救國的方案,但《正義》中的異文類型多樣,需要細加甄別,因此多數情況下僅在刻本對校有異或原文不通時用之資證。相比之下,源自隋唐寫本的明經博士家讀本是日本傳統儒典講習的主要來源,因此得以穩定和持續地流傳,雖然此後在舶來宋版的衝擊下,鈔本的地位有所下降,但還是以主要參校本的身份活躍於校勘和印刷活動之中。

其次,在對待鈔本文獻的態度上,對鈔本和刻本任何一方的側重或忽視會直接影響此類文獻的留存數量,同時,文獻多寡也會反過來影響人們對這些文獻的接受程度。中國國內長期刻本主導而鈔本缺失的狀況,使得人們對那些沒有經過國內有序傳承的鈔本文獻都抱持著一種謹慎的保守態度,無論是四庫館臣和阮元對《考文》古本價值認識的矛盾和反復,還是對敦煌文獻區域性和私人性品質的討論,都説明了這一點。而在日本,鈔本所擁有的明經博士家背景無疑成爲其可信性和可靠性的最佳證明,反而是刻本在初期獲得博士家認可還經歷了一個過程。不過,近代以來,通過和唐、蜀石經以及《釋文》《正義》這些傳世寫本系統文獻的相互印證,《考文》古本和敦煌本也終於得到了更加客觀的定位。

當然,中、日兩國在鈔本和刻本融合過程中的一些共同傾向也是不容忽視的。比如,在對句末虛詞的處理上,中日雙方可以説都最終犧牲了虛詞。這一選擇是可以理解的,一方面,虛詞没有實際的意義,在一般情況下不影響對文本含義的解讀,另一方面,除了連續多組單詞訓詁中每組皆以"也"字結尾這一普遍規律外,其餘句末虛詞的出現位置和具體用字在不同鈔本文獻之間是經常有差異的①,進行統一化規範化的處理有一定難度。此外,在校勘材料和校勘方法上,中日兩國也都使用了"以疏校注"的方法,中國的情況已見前文,日本則如静嘉堂本和足利甲本,其旁注中都有"正作某"形式的異文,而且從王曉平《日本詩經要籍輯考》所摘録的足利甲本 19 條異文②來看,甲本對 5 種類型的正義異文都有所涉③,但是需要注意的是,這些異文不能保證一定直接出自《毛詩正義》的疏文部分,因爲從《小雅·蓼蕭》的例子來看,甲本"正義"的來源似乎是注疏合本④,因此所謂"正作某",也有可能出自注疏合刻本中的經注部分,這樣一來,就只能算作對校,而非他校了。

　　中日兩國刻本和鈔本的博弈中,刻本都取代鈔本佔據了主導地位,刻本的最終勝出,其實有著更深層次的原因。孫少華曾在《鈔本時代的文本抄寫、流傳與文學寫作觀念》一文中提出"公共資源"説,來解釋鈔本多樣性的原因,即:"任何抄寫、刊刻者之所以能夠據己意改變文本文字,就是因爲他們認爲這些古書已經成爲一種'公共資源',學者有權利對其進行文字選擇和改變;同時,他們自己整理的古書,也可以被後人視作新的'公共資源',重新被整理和改變。"⑤經書與文學文本相比,它作爲"公共資源"的時代早已過去,從唐代由官方校定文字形成定本,又編纂《正義》統一闡釋開始,鈔本能夠自由發揮的空間就已經受到了限制,而五代將《九經》雕版印刷,只不過是在"定本化"的道路上

---

① 究其原因,很大程度上是出於抄寫美觀的考慮。張涌泉《敦煌寫本文獻學》第十五章"雙行注文齊整化"第三節"增添字詞或符號"對此有專門論述,可參看(甘肅教育出版社,2013 年,頁 510—516)。

② 王曉平《日本詩經要籍輯考》,學苑出版社,2019 年,頁 92、93。

③ 如足利甲本《小雅·菀柳》"曷予靖之"旁注:"正作害。"今單疏本、十行本正義標起止即作害,此用第 1 類"標起止"者。甲本《小雅·鼓鐘》"鼓鐘鏘鏘"旁注:"正作將。"今單疏本、十行本正義云"鼓擊其鐘而聲將將然",與甲本所言一致,此用第 2 類"釋經義"者。甲本《小雅·楚茨》"或剥或烹"旁注:"正作亨。"今單疏本、十行本正義"釋經義"云"或亨煮之","釋傳"亦作亨。此兼用 2、3 類者。甲本《小雅·小明》"日月方奥"旁注:"正作奥。"今單疏本、十行本此句無疏,但前句疏中有云:"下章'日月方奥,傳曰'煖',即春温,亦謂二月。"與甲本所言相符,此用第 4 類"直接引用"者。甲本《小雅·六月》"言周室微而復興,美宣王之北伐也"旁注:"或本有此注,定本集注並無。"今單疏本、十行本正義云:"定本此序注云:'言周室微而復興,美宣王之北伐也。'案集本及諸本並無此注。"與甲本不符,當是甲本誤抄,但利用的材料屬於第 5 類"校勘"。

④ 足利甲本《小雅·蓼蕭》"既見君子,我心寫矣"毛傳作:"我心寫矣,輸寫其心。"且傳文"我心寫矣"下欄外加注:"四字無正義。"王曉平對此旁注的解釋爲:"即正義無'我心寫矣'四字。"今案:此句經文無對應之孔疏,而且其他地方也没有引用過這裏的傳文,因此,單從疏文來看,其實無法判斷《毛詩正義》所依據的經注底本是否有此四字,這樣一來,甲本"四字無正義"的判斷就只能來自於一部包含經注的《毛詩》經注合刻本,而在十行本《毛詩注疏》中,傳文的確無此四字;各經注本亦無之。

⑤ 孫少華《鈔本時代的文本抄寫、流傳與文學寫作觀念》,《早期文本的生成與傳播》第 1 輯,中華書局,2017 年,頁 98、99。

採取了新的形式而已。

由於刻本在與鈔本的博弈中取得了主導地位，所以後來二者之間的融合，也主要是圍繞鈔本融入刻本展開的，但實際上，刻本反過來影響鈔本的事例也是有可能存在的①，而在鈔本和刻本各自的系統内部，也都有著屬於自己的衍生變化。可以說，文本只要還在使用，就永遠停止不了變化的步伐。但是，歷史的經驗也促使今人反思，是否存在一個可以回歸的完美定本？在刻本系統内部互校的實踐中，蘊含著回歸五代監本的願望，而鈔本文獻的加入，也似乎帶來了導向鄭玄箋詩定本的可能。求真的路途没有盡頭，偶爾也需要回應實用的訴求，在求真和實用之間找到微妙的平衡，恐怕還有一段很長的路要走。

（附記：本文草成之後，曾先後得到北京大學中文系劉玉才教授、臺灣大學中文系彭美玲教授、"中研院"中國文哲研究所盧啓聰博士審閱指正，謹志謝忱！）

【作者簡介】孫巧智，北京大學中國語言文學系古典文獻專業 2018 級博士研究生，研究方向爲《詩經》學及古典文獻學。

---

① 據李霖研究，北宋國子監在校勘唐鈔《毛詩正義》時，對它作了一系列核對引文、調整文句、更改用字的工作。（李霖《日藏古寫本〈毛詩正義·小戎〉〈兼葭〉校議——北宋官校〈五經正義〉管窺之二》，《魏晉南北朝隋唐史資料》2018 年第 1 期，頁 188—214）北宋國子監始刊《五經正義》時，五代《九經》經注本已經流行，因此，校勘它們所作的這些工作，其中與傳、箋相對應的部分，不能完全排除受到當時的經注本影響的可能。

《禮記正義》校讀叢札①

郜同麟

【提　要】　本文以八行本《禮記正義》爲底本，參考了殿本、阮本，對其中無法讀通的内容提出了一些校勘意見，指出了《禮記正義》行文和傳刻中的一些規律，並對齊召南、浦鏜、段玉裁、阮元、吉川幸次郎等人的部分校勘不當之處做了駁正。

【關鍵詞】　禮記　禮記正義　校勘

《禮記正義》内容來源複雜，既有孔穎達等人的撰作，又有沿襲自皇侃、熊安生的舊疏，還有長孫無忌等人的修訂。《禮記正義》在成書後，經歷了三百多年的傳抄，方在宋初由官方刊刻。這些情況都造成了該書中文字錯訛較多，許多内容無法讀通。清代以來，齊召南、浦鏜、阮元等一大批學者對該書做過校勘工作，但仍有部分問題没有解決，并且這些學者在校勘過程中又造成了新的問題。筆者在研讀《禮記正義》過程中對前人校勘的内容有一些不同意見，並發現了一些新問題，現羅列於下，以就正於方家。

本文所據《禮記正義》無特殊説明的均引自北京大學出版社 2014 年影印日本足利學校舊藏南宋紹熙三年兩浙東路茶鹽司刊本（簡稱“足利本”），並參考了乾隆四年武英殿校刊本“十三經注疏”（簡稱“殿本”）和中華書局 1980 年影印阮元校刻“十三經注疏”（簡稱“阮本”）。

1. 《曲禮上》篇名疏：“‘禮記’者，一部之大名。‘曲禮’者，當篇之小目。既題‘曲禮’於上，故著‘禮記’於下，以配注耳。‘鄭氏’者，姓鄭，名玄……”浦鏜謂“禮記者”上脱“禮記鄭氏注”五字，云：“案疏云‘禮記者，一部之大名’云云，即疏此五字也，與《儀禮》例同。”②

按：浦鏜説極是，疏“‘禮記’者”以下即疏“禮記鄭氏注”五字。然據黄丕烈影抄單疏本《儀禮注疏》，並無“儀禮鄭氏注”五字，而是分别於兩段疏前有“儀禮”“鄭氏注”出文，并且每段疏以“釋曰”起首。《四部叢刊》影印《左傳正義》單

---

①　筆者曾有《淺談寫本文獻學在傳世文獻校勘中的作用——以〈禮記正義〉爲例》（《中國經學》第 21 輯）、《〈禮記正義〉校讀記》（《版本目録學研究》第 9 輯）兩文。本文是就二文之外新發現的部分問題所寫的札記。

②　［清］沈廷芳《十三經注疏正字》，《景印文淵閣四庫全書》第 192 册，臺灣商務印書館，1983 年，頁 574。

疏抄本亦有"杜氏"出文，後以"正義曰"引出釋"杜氏"之疏。《四部叢刊》影印單疏本《尚書正義》亦出"虞書""孔氏傳"，並分別以"正義曰"引出疏文。以此例之，似"'禮記'者"前當有"禮記　正義曰"數字，"'鄭氏'者"前當有"鄭氏注　正義曰"數字。

2.《曲禮上》"夫禮者，所以定親疏，決嫌疑，別同異，明是非也"，孔疏："'決嫌疑'者，若妾爲女君期，女君爲妾若報之則太重，降之則有舅姑爲婦之嫌，故全不服，是決嫌。疑者，孔子之喪，門人疑所服，子貢曰：'昔者夫子喪顏回，若喪子而無服，喪子路亦然。請喪夫子若喪父而無服。'是決疑也。"殿本《考證》齊召南以爲"決嫌疑者"當作"決嫌也"。浦鏜亦改"疑者"二字爲"也"①。《校勘記》："惠棟挍宋本'嫌'下有'也'字，無'疑者'二字，是也。衛氏《集説》同。"②

按：足利本、潘本、殿本、阮本均作"決嫌疑者"，是各本同，惠棟非見別本。此處"疑者"二字不誤，而"若妾"上或當脱"嫌者"二字。齊、惠、浦、阮諸家斷句有誤，"疑者"當屬下讀。自"若妾"至"是決嫌"釋"決嫌"，自"疑者"至"是決疑也"釋"決疑"。孔疏出經義後多或重揭一二字單獨作釋，如：

《曲禮上》"道德仁義，非禮不成"，孔疏："'道德仁義，非禮不成'者，道者，通物之名；德者，得理之稱；仁是施恩及物，義是裁斷合宜。"

《曲禮上》"僚友稱其弟也"，孔疏："'僚友稱其弟也'，僚友，同官者也。弟者，事長次第之名。"

《曲禮上》"若非飲食之客，則布席，席間函丈"，孔疏："云'若非飲食之客'者，飲食之客，謂來共飲食者。"

此類之例極多，不煩再舉。然今本多或脱其重揭之字，部分可據古本或他書所引補正，如：

《曲禮上》"車驅而騶，至于大門"，疏："'至於大門'者，君最外門，謂車行至外門時也。""君最外門"是釋"大門"，單疏寫本"者"下正多"大門"二字。

《曲禮上》"毋嗷應，毋淫視，毋怠荒"，孔疏："'毋怠荒'者，謂身體放縱，不自拘斂也。"《儀禮經傳通解》卷十引作"怠荒，身體放縱……"③，蓋今本疏"謂"上脱"怠荒"二字。

《檀弓下》"五日官長服"，鄭玄注："官長，大夫士。"孔疏："'五日，官長服'者，大夫、士也。亦服杖也。"《文獻通考》卷一二〇引疏，作"官長，大夫、士也"④。

《喪大記》"黼荒，火三列，黻三列"，鄭玄注："皆所以衣柳也。"孔疏："云'皆所以衣柳也'者，謂木材。將此帷、荒在外衣覆之，故云'皆所以衣柳'。"呂祖謙《家範·葬儀》引此文云："在旁曰帷，在上曰荒，皆所以衣柳也。柳者，謂木材。

① 《十三經注疏正字》，《景印文淵閣四庫全書》第 192 册，頁 575。
② ［清］阮元編《禮記注疏校勘記》，《清經解》第 5 册，上海書店，1988 年，頁 635。
③ ［宋］朱熹、黃榦《儀禮經傳通解正續編》，北京大學出版社，2012 年，頁 307。
④ ［元］馬端臨《文獻通考》，中華書局，1986 年，頁 1085。

將此帷荒在外而衣覆之。"①是孔疏"謂木材"三字上當脱一"柳"字或"柳者"
二字。

　　無古本可校者,則可以例推之,如:

　　《曲禮上》"客踐席,乃坐",孔疏:"'客踐席'者,猶履也。"浦鏜謂"猶"上當
脱"踐"字②。

　　《曲禮上》"毋放飯,毋流歠",孔疏:"'毋流歠'者,謂開口大歠,汁入口如水
流,則欲多而速,是傷廉也。"疑"謂"上脱"流歠"二字。

　　《曲禮上》"言不惰",孔疏:"'言不惰'者,惰訛不正之言。"浦鏜謂"者"下脱
一"惰"字③。

　　《祭義》"及良日,夫人繅,三盆手",孔疏:"'三盆手'者,猶三淹也。手者,
每淹,以手振出其緒,故云'三盆手'。"疑"猶三淹"上脱"三盆"二字。

　　實際上,這一現象可能在寫本時代就已比較普遍,如:

　　《曲禮上》"車上不廣欬",孔疏:"'車上不廣欬'廣,弘大也。欬,聲欬也。"
單疏寫本即脱"廣"字。

　　《曲禮上》"顧不過轂",孔疏:"'顧不過轂'者,車轂也。"單疏寫本同,據文
意"車"上當有"轂"字。

　　《曲禮上》"塵不出軌",孔疏:"'塵不出軌'者,軌,車轍也。"單疏寫本"車
轍"上脱"軌"字。

　　3.《曲禮上》"爲人子者,居不主奥",孔疏:"主,猶坐也。奥者,室内西南
隅也……常推尊者于閑樂無事之處,故尊者居必至奥也。"潘本、阮本"至"作
"主"。

　　按:此處作"至"、作"主"雖均可通,但可能皆非是,今疑當作"坐"。"坐"
"至"草書稍似,足利本或因此致誤。

　　《禮記正義》之例,在釋經字後串講文義之時,往往以訓詁字代經字,如:

　　《曲禮上》"童子不衣裘裳",孔疏:"衣猶著也。童子體熱,不宜著裘。"前釋
"衣"爲"著",後即稱"著裘"。

　　《曲禮上》"以袂拘而退",孔疏:"袂,衣袂也。退,遷也。當埽時卻遷,以一
手捉帚,又舉一手衣袂以拘障於帚前,且埽且遷。"串講經義時正以"衣袂"代
"袂",以"遷"代"退"。

　　《曲禮上》"若有告者曰'少間,願有復也'",孔疏:"間,謂清閑也。復,白
也。卑者正侍坐於君子,而忽有一人來告君子云:欲得君子少時無事清閑,已
願有所白也。"亦以"清閑"代"間",以"白"代"復"。

　　此類之例極多,不煩再舉。今本中多有此類誤改,少數可據古本稍窺原
貌,如:

────────

①　［宋］吕祖謙《家範》,《吕祖謙全集》第 1 册,浙江古籍出版社,2008 年,頁 328。

②　《十三經注疏正字》,《景印文淵閣四庫全書》第 192 册,頁 578。

③　《十三經注疏正字》,《景印文淵閣四庫全書》第 192 册,頁 581。

《曲禮上》"步路馬，必中道"，孔疏："此謂單牽君馬行時。步猶行也。若牽行君之馬，必在中道正路，爲敬也。"單疏寫本"牽行"作"行"。今按，孔疏前云"步猶行也"，故釋經"步路馬"爲"行君之馬"，單疏本當是。

又有今本不誤，而學者誤作校勘者，如：

《曲禮下》"馳道不除"，孔疏："除，治也。不治，謂不除於草萊也。"浦鏜校次句作"不除，謂不治其草萊也"①。今按，孔疏既釋"除"爲"治"，故易經文"不除"作"不治"，今本不誤，而浦氏誤校。

4.《曲禮上》："三飯，主人延客食胾，然後辯殽。"鄭玄注："先食胾，後食殽，殽尊也。凡食殽，辯於肩。食肩則飽也。"孔疏："案《特牲》《少牢》云，初食殽，次食脊，次食骼，後食肩，是辯於肩也，故云'食肩則飽'也。鄭云：'舉，前正脊，後肩，自上而卻，下綷而前，終始之次也。'案鄭云，是先食脅脊，次食骼。食骼竟，又屈食脅脊，竟乃食肩。"

殿本考證齊召南曰："按《特牲饋食》，初舉肺脊以授尸，尸三飯告飽，注曰：'禮一成也。'佐食舉幹，尸又三飯，注曰：'禮再成也。'舉骼，尸又三飯，注曰：'禮三成也。'舉肩，注曰：'不復飯者，三三，士之禮大成也。舉先正脊，後肩，自上而卻下，綷而前，始終之次也。'此應云'初食脊，次食幹，次食骼，後食肩'。"吉川幸次郎："此句似有譌。或云據下疏'殽'當作'脅'，聲近之譌。案，改作'脅'，猶與《儀禮》不合。"②

按：齊召南之説是，唯此處不必刪"食殽"。疑當作"初食殽食脊，次食幹，次食骼，後食肩"，謂初食殽之時食脊，而後食幹、骼、肩。後人據文例於"食脊"前妄補"次"字，又因"次食"重複出現而誤脱"次食幹"一句，遂致今貌。古書中多有因求上下一律而誤衍文字的情況，黃丕烈影刻嚴州本《儀禮·士冠禮》"乃醴賓以壹獻之禮"，鄭玄注引《內則》："飲重醴清糟，稻醴清糟，黍醴清糟，粱醴清糟。"其首"清糟"二字亦因文例而衍。

吉川幸次郎引或人改"殽"爲"脅"殊非，但前揭疏末句確有可疑。如齊召南所説，《儀禮·特牲饋食禮》中，初食脊，次食幹，次食骼，後食肩。前揭疏云"先食脅脊"，"脅"即幹，不當在"脊"前。又云"食骼竟，又屈食脅脊"，但無論《特牲饋食禮》還是《少牢饋食禮》，食骼後均無"食脅脊"的儀節。孔疏不當疏漏如此，疑此處當作："先食脊，竟乃食脅，次食骼，食骼竟，又屈食肩。"然無實據，姑備一説。

5.《曲禮上》"招搖在上"，鄭玄注："招搖星在北斗杓端。"孔疏："《春秋運斗樞》云：'北斗七星，第一天樞，第二旋，第三機，第四權，第五衡，第六開陽，第七搖光。第一至第四爲魁，第五至第七爲標。'案此搖光則招搖也。在下云端者，明魁以上爲首，標則以下爲端也。"齊召南云："'標'字當作'杓'，此引《天官書》及《漢志》文也。又'標則以下爲端'，亦當作'杓'。"

① 《十三經注疏正字》，《景印文淵閣四庫全書》第 192 册，頁 586。
② 吉川幸次郎《禮記注疏曲禮篇校記》，《吉川幸次郎全集》第 21 卷，筑摩書房，昭和五十年(1975)，頁 615。

按：《檀弓上》“不爲魁”下疏引《春秋運斗樞》正作“杓”。然《曲禮》疏作“標”未必誤。《史記索隱》引《春秋運斗樞》亦云“第一至第四爲魁，第五至第七爲標”①。《藝文類聚》卷一亦引此文，“標”作“摽”②，則又“標”之譌形。《説文·木部》：“杓，枓柄也。”③是“杓”爲《説文》本字，“標”則“杓”之借字。

6.《曲禮下》“不蚤鬋”，疏：“蚤，治手足爪也。鬋，剔治鬚髮也。吉，則治翦爲飾，凶，故不翦也。”《士虞禮》曰‘蚤翦’，謂爪翦鬚也。”吉川幸次郎：“‘爪’上疑脱‘治’字。”④

按：疏“爪翦鬚”不可通，當有脱文。《儀禮·士喪禮》：“蚤揃如他日。”鄭玄注：“蚤，讀爲爪，斷爪揃鬚也。”⑤《曲禮》疏即用《儀禮》經注，“爪”前蓋脱“斷”字。

7.《曲禮下》“大夫見於國君，國君拜其辱；士見於大夫，大夫拜其辱；同國始相見，主人拜其辱”，孔疏：“‘大夫’至‘其辱’辱，謂見他國君也。故《聘禮》云公在門左拜，是拜其辱也。‘士見於大夫，大夫拜其辱’者，謂平常相答拜，非加敬也……‘同國始相見，主人拜其辱’者，前是異國，此明同國。”足利本此段在一節之中，阮本則以此句開頭獨立爲一節，本節疏首出文爲“‘大夫’至‘相答拜也’”，後有“正義曰”⑥。浦鏜校，謂“辱謂”之“辱”當爲“君”字之誤。

按：浦氏之校蓋據《儀禮經傳通解》，彼文“辱”正作“君”⑦。但此處作“君”恐亦未必是。疏中被釋字往往直接截取經文，但經中有“國君”，並無單獨的“君”字。

《禮記正義》卷五單疏寫本殘卷中出文往往較長，大多摘取完整的句子。這些出文在八行本中已多被改作“某某至某某”的形式，至十行本則幾乎全部修改。另外，《禮記正義》於經文一大節又可分成若干小節，單疏寫本於小節之疏開頭的出文往往僅摘取小節首句，後往往有“正義曰”三字。在八行本和十行本中，往往大幅删改出文，並删除“正義曰”。如：

《曲禮上》“逮事父母則諱王父母”，單疏本疏：“‘逮事父母則諱王父母’正義曰：逮，及也……”足利本則作：“‘逮事’至‘父母’逮，及也……”阮本作：“‘逮事王父母’者，逮，及也……”

《曲禮上》“龜爲卜”，單疏本疏：“‘龜爲卜’正義曰：解卜筮所用也。龜處筮後，是龜覆於筮。‘筴爲筮’者，筮在龜前爲決也。”足利本作：“‘龜爲’至‘踐之’解卜筮所用也……”阮本以“龜爲卜”以下爲獨立一節，其疏作：“‘龜爲’至‘踐之’○正義曰：解卜筮所用也……”

① ［漢］司馬遷《史記》，中華書局，1959 年，頁 1291—1292。
② ［唐］歐陽詢《藝文類聚》，上海古籍出版社，1982 年，頁 11。
③ ［漢］許慎《説文解字》，頁 122。
④ 《禮記注疏曲禮篇校記》，《吉川幸次郎全集》第 21 卷，頁 653。
⑤ 《十三經注疏》，中華書局，1980 年，頁 1134。
⑥ 《十三經注疏》，頁 1259。
⑦ 《儀禮經傳通解正續編》，頁 180。

　　單疏寫本小節疏開頭的出文兼具標示小節起始和領起下之疏文的功能，但八行本和十行本删改之後①，使得這一出文僅具標示起迄的作用，也使其後的疏文無對應的完整經文。以前揭"龜爲卜"條爲例，因已出"龜爲卜"，故下"龜處筮後"云云之前不需再出。但八行本、十行本均將此出文改爲起迄，使後之疏文没有著落。浦鏜謂"所用也"下脱圈及"龜爲卜者"四字②，其説雖不確，但同樣發現了此處確有問題。

　　回到"大夫見於國君"條，從前述單疏寫本的體例看，此處之疏當本作："'大夫見於國君，國君拜其辱'正義曰：謂見他國君也。"衛湜《禮記集説》引孔疏作"'大夫見於國君'，謂見他國君也"③，猶存半句經文，差可讀通。但後世既改前出文爲起迄形式，致使"謂見他國君也"一句没有主語。故後世或補"辱"字，或補"君"字，其實皆非。從下文"'士見於大夫，大夫拜其辱'者，謂平常相答拜"及"'同國始相見，主人拜其辱'者，前是異國，此明同國"例之，亦可知"謂"前原無他字，其主語乃是整句經文。

　　8.《曲禮下》"措之廟，立之主，曰'帝'"，孔疏："鄭云：'周以栗，漢書前方後圓。'《五經異義》云：'主狀正方，穿中央，達四方。天子長尺二寸，諸侯長一尺。'"

　　按：孔疏所引"鄭云"不見於今三禮鄭玄注，吐魯番67TAM363：8/1寫卷存《論語·八佾》鄭注，亦無此文。今不知此"鄭云"何所出，但其文不可通，定有大量脱誤。又所引《五經異義》與《公羊傳·文公二年》何休注完全一致，亦有可疑。《祭法》"天下有王，分地建國"下疏："宗廟之主所用之木，案《異義》：'今《春秋》公羊説，祭有主者，孝子之主繫心。夏后氏以松，殷人以柏，周人以栗。又《周禮》説，虞主用桑，練主以栗，無夏后氏以松爲主之事。許君謹案：後（從）《周禮》説。《論語》所云，謂社主也。'鄭氏無駁，從許義也。其主之制，案《漢儀》：'高帝廟主九寸，前方後圓，圍一尺。后主七寸。'文二年'作僖公主'，何休云：'主狀正方，穿中央，達四方。天子長尺二寸，諸侯長一尺。'此是木主之制也。"今疑前揭《曲禮》疏當本如《祭法》疏之貌，今本訛脱嚴重，致不可讀。

　　9.《曲禮下》"天子當宁而立，諸公東面，諸侯西面，曰朝"，疏："若然，《周禮》天子有射朝、燕，《儀禮》諸侯有燕朝也，射雖無正朝，當與天子同，則天子、諸侯皆三朝也。"殿本考證齊召南曰："按此不可句，當是'燕'下有'朝'字，而刊本脱之。前引《射人》，則《周禮》射朝之明文。引《太僕》，則《周禮》燕朝之明文也。"吉川幸次郎："'燕朝'下似當更有'正朝'二字。"又，"'也射'二字似當作'射朝'。"④

　　按：二氏之説似有理，但均不可通。《曲禮》疏前文釋三朝之義，三朝爲燕朝、治朝、外朝。治朝中亦可行賓射，故又稱"射朝"。依吉川氏所校，則三朝爲

　　①　從殘存的後八卷《禮記正義》單疏刻本來看，這種删改從單疏刻本就已開始。
　　②　《十三經注疏正字》，《景印文淵閣四庫全書》第192册，頁583。
　　③　［宋］衛湜《禮記集説》，《通志堂經解》第12册，江蘇廣陵古籍刻印社，1996年，頁402。
　　④　《禮記注疏曲禮篇校記》，《吉川幸次郎全集》第21卷，頁661。

燕朝、射朝、正朝。但正朝即治朝，《玉藻》"朝服以日視朝於內朝"，鄭玄注："此內朝，路寢門外之正朝也。"因此正朝與射朝同處，不當與射朝、燕朝並列爲三朝。若依齊召南所補，則僅有射朝、燕朝二朝，仍不成三朝之數，且下句亦不能讀通。

　　疑前揭《曲禮》疏實論三朝之位，而非三朝之處。前文云"其外詢衆庶之所，經雖無文，亦當與天子同其位，無三公及諸侯，當同《燕禮》《大射》之位"，正論外朝之位，故此處又論燕、射及正朝之位。但前揭疏錯訛、脫漏嚴重，已不能明其義。《周禮‧射人》"掌國之三公、孤、卿、大夫之位，三公北面，孤東面，卿、大夫西面"，鄭玄注："凡朝、燕及射，臣見於君之禮同。"賈公彥疏："云'凡朝、燕及射，臣見於君之禮同'者，以《儀禮》內諸侯有燕朝及射朝，不見正朝；《周禮》內天子有射朝與正朝，不見燕朝。諸侯射朝與燕朝位同，則天子燕朝亦與射朝位同，則諸侯正朝亦與射朝位同。是天子諸侯三朝各自同，故鄭引《儀禮》，見天子諸侯互見爲義耳。"①賈疏所謂"不見正朝""不見燕朝"均指正朝、燕朝之位，"則諸侯正朝亦與射朝位同"前似脫"天子正朝與射朝位同"一句。疑《曲禮》疏亦與之義近，但已有較多脫文。今擬其文作："若然，《周禮》天子有射、朝，無燕，《儀禮》諸侯有燕朝也，與射位同；諸侯雖無正朝，當與天子同：則天子、諸侯皆三朝同也。"

　　10.《檀弓上》"瓦不成味，木不成斫"，鄭玄注："'味'當作'沫'。沫，靧也。"孔疏："'瓦不成味'者，味猶黑光也。今世亦呼黑爲沫也。瓦不善沫，謂瓦器無光澤也。'木不成斫'者，斫，雕飾也。木不善斫。鄭注云'味當作沫，沫，靧也'，靧謂靧面，證沫爲光澤也。"浦鏜謂"鄭注云"至"光澤也"二十字"當續前'瓦不成味'疏下"②。

　　按：浦校似非，今疑"鄭注云"以下本爲釋注之疏，"靧也"下脫"正義曰"三字耳。單疏寫本中釋注之疏出文多稱"注云……"，八行本以下則用陰文"注"字標識，但偶有誤用陽文且保留"云"字者，如《王制》"歲二月，東巡守，至于岱宗"，鄭玄注："岱宗，東嶽。"八行本疏："注云'岱宗，東嶽'正義曰：嶽者何？嶽之爲言桷也，桷功德也。"除刪改"注云"之外，八行本還多刪單疏本出文後的"正義曰"三字。八行本所刪者以釋經之疏爲主，釋注之疏出文後的"正義曰"一般保留，但亦或有誤刪者。如《曲禮上》"於其國則稱名"，鄭玄注："君雖尊異之，自稱猶若臣。"八行本疏："［注］'君雖尊異之，自稱猶若臣'者，案《玉藻》云……"八行本既前未空格，未將"注"改作陰文，保留了"云"字，又誤刪"正義曰"，則此處釋注之疏似於經疏中隨文作釋者，故浦鏜疑當續前"瓦不成味"疏之後也。

　　這種將釋注之疏誤作隨文作釋的還有一些例子，如：

　　《王制》"用器不中度，不粥於市"，鄭玄注："用器，弓矢、耒耜、飲食器也。"

　　①　《十三經注疏》，頁845。
　　②　《十三經注疏正字》，《景印文淵閣四庫全書》第192册，頁599。

孔疏:"'用器,弓矢、耒耜、飲食器'者,《既夕禮》文。《既夕》敦、杅之屬即飲食器也。"此處則並"注云"亦删,完全失去了釋注之疏的形式。

11.《檀弓下》"弁絰葛而葬,與神交之道也",鄭玄注:"天子、諸侯變服而葬,冠素弁,以葛爲環絰。"孔疏:"以葛以弁絰連文,故云葛環絰。"浦鏜:"'與'誤'以'。"[1]

按:"與""以"音近,寫本中多或通用,敦煌寫本中其例極多。伯 3883 號《孔子項託相問書》:"小兒答曰:'天地相却万万九千九百九十九里,其地厚薄,以天等同。'"伯 3833 號"以"作"與"。斯 133 號背《秋胡變文》:"董永賣身葬父母,天女以之酬恩;郭巨埋子賜金,黄天照察。"伯 2999 號《太子成道經》:"大王告其儔人:'朕生一子,以世間人有殊。'""以"皆當讀作"與"。伯 3849 背《佛説諸經雜緣喻因由記》:"見魚肚飽,与刀開腹,得一兒子。"伯 2324 號《難陀出家緣起》:"世尊与他心惠明,遥觀見難陀根性熟,便即教化。""与"皆當讀作"以"。此類之例極多,無須再舉。《禮記正義》在寫本時代蓋亦多如此作,後世鏤之書板則多改從正字。寫本用"以"用"與"本無一定之規,各本亦互有參錯,如:

《曲禮下》"天子有后,有夫人,有世婦,有嬪,有妻,有妾",鄭玄注:"妻,八十一御妻,《周禮》謂之女御,以其御序於王之燕寝。"孔疏:"凡后妃以下,更與次序而上御王於五寝之中也。"阮本"與"作"以"。

《檀弓下》"既畢獻",鄭玄注:"畢獻,獻賓與君。"孔疏:"知'獻君與賓'者,以杜蕢此事……"阮本"以"作"與"。

《王制》"天子、諸侯祭因國之在其地而無主後者",孔疏:"必應封夏之後,但不知名杞與否。"阮本"與"作"以"。

《王制》"有虞氏皇而祭",鄭玄注:"天子皮弁,以日視朝也。"孔疏:"云'天子皮弁,以日視朝也'者,《玉藻》文。引之者,證天子與諸侯朝服之别。"阮本"與"作"以"。

《禮運》"我欲觀夏道",孔疏:"我欲行夏禮,故觀其夏道可成與不。"阮本"與"作"以"。

《郊特牲》"三獻之介,君專席而酢焉",鄭玄注:"來聘,主君饗燕之。"孔疏:"案《燕禮記》云'若與四方之賓燕……'""與",敦煌伯 3106 號《禮記正義》寫卷同,阮本作"以"。

《郊特牲》"取膟膋燔燎,升首",孔疏:"祝更取膟膋及蕭,與黍稷合燒之。"阮本"與"作"以"。

《少儀》"童,曰'聽事'",孔疏:"雖往適他喪,不敢與成人爲比方。"阮本"與"作"以"。

《深衣》篇名疏:"其《詩》之'麻衣'則與此别,彼謂吉服之衣也。""與",單疏本同,阮本作"以"。

《射義》"射者何以射,何以聽",孔疏:"'何以聽'者,言何以能聽此樂節,使

與射中相合?""與",單疏本同,阮本作"以"。

除"以""與"異文外,還有"以""及"異文,或即後人因"以"字不通而改者,如:

《檀弓下》"人死,斯惡之矣",孔疏:"以上明辟踊之節,以下明飾喪及奠祭之事。"阮本"及"作"以"。

《禮器》"天子之豆二十有六",鄭玄注:"則凡致饗餼,堂上之豆數亦如此。《周禮》公之豆四十,其東西夾各十有二。"孔疏:"其陳于堂上及東西夾,此鄭以意量之。"阮本"及"作"以"。

12.《王制》"上農夫食九人",孔疏:"《司徒》上地家十人,此云'上農夫食九人'者,謂上中之地亦爲上地,即上農夫,不言上上者,欲取九人,當下士禄,亦與《司徒》不異也。"《校勘記》:"衛氏《集説》'十'作'七',是也。浦鏜校云:'七誤十。'"①

按:浦鏜及《校勘記》之説非是。孔疏上文引《周禮·小司徒》經注後云:"如鄭此言,上地家七人者,爲中地之上;家六人者,謂中地之中;家五人者,謂中地之下。此推之……則上地之上,家十人;上地之中,家九人;上地之下,家八人。是則有九等,從十人而以至於二人。"則此處孔疏"《司徒》上地家十人"者,非引《小司徒》"上地家七人"原文,而是指據《小司徒》上地之上家十人,以與《王制》"上農夫食九人"相對照。故下文云:"不言上上者,欲取九人,當下士禄。"正以"上上"作對比。衛湜既訛"十"作"七",浦鏜又不解疏意,妄據《周禮》改疏文,非是。

13.《王制》"古者公田藉而不税",孔疏:"但不知諸侯郊内十夫受十一夫之地若爲作制耳,或畿外地寬也,一夫受百一十畝之地,與畿内異也。""作制",阮本作"周制"。

按:足利本是。若爲,猶"如何",中古文獻中習見。斯610號《啓顔録》:"越公楊素戲弄侯白云:'山東人多仁義,借一而得兩。'侯白問曰:'公若爲得知?'""若爲得知",即"如何得知"。伯3833號《王梵志詩·代天理百姓》:"一時截却項,有理若爲申。""若爲申",即"如何申"。斯1725號《大唐吉凶書儀》:"問曰:四海爲書,既無婦人之封,未知須制書題,若爲題也?""若爲題",即如何題寫。例多不舉。《禮記正義》中亦有此例,《禮器》"天子之豆二十有六",疏:"但不知堂夾若爲陳列。""若爲陳列"即"如何陳列","若爲",亦與"但不知"相配。後人蓋不知"若爲"此義,誤讀"若"爲假設代詞,又妄改"作"爲"周"。

14.《月令》"孟春之月",鄭玄注:"日月之行,一歲十二會,聖王因其會而分之,以爲大數焉。"孔疏:"計之日月實行一會唯二十九分過半,若通均一歲會數,則每會有三十度九十六分度之四十二,是以分之爲大數也。"

按:孔疏"二十九分過半"之"分"字當誤。此處孔疏計算日月運行的單位是"度",亦即太陽一日所行度數。言"分"者均爲分數,如下文"三十度九十六

① 《禮記注疏校勘記》,《清經解》第5册,頁664。

分度之四十二”即是。是“二十九分過半”之“分”當爲“度”或“日”字之誤。“二十九日（度）過半”爲月亮一周期太陽運行的度數，而“三十度九十六分度之四十二”則爲一年三百六十五度四分度之一劃爲十二等分的結果。

15.《月令》仲秋“是月也，日夜分，雷始收聲”，鄭玄注：“辰角見，九月本也。天根見，九月末也。”孔疏：“《國語》皆謂朝見，以今管曆驗之亦然。”

按：孔疏“管曆”義不可通，疑當作“官曆”。

16.《文王世子》“宗人授事，以爵以官”，鄭注：“以官，官各有所掌也，若司徒奉牛，司馬奉羊，司空奉豕。”孔疏：“案《周禮》司徒奉牛牲，司馬奉羊牲。其‘司空奉豕’無文，此云知奉豕者，案《周禮》雞人屬宗伯，羊人屬司馬，故此云‘司馬奉羊’。犬人屬司寇。案《五行傳》云：‘牛屬土，雞屬木，羊屬火，犬屬金，豕屬水。’司空冬官，其位當水，故鄭注《周禮》‘司空奉豕與’。案《五行傳》‘馬屬火’，而《周禮》司馬羞馬牲者，以其主馬，故特使供之。此注直云奉牛、奉羊、奉豕者，據諸侯三卿以言之，故不云雞、犬及馬。”

按：《周禮·天官·小宰》“以官府之六聯合邦治：一曰祭祀之聯事”，鄭司農注：“大祭祀，大宰贊玉幣，司徒奉牛牲，宗伯視滌濯、涖玉鬯、省牲鑊、奉玉齍，司馬羞魚牲、奉馬牲，司寇奉明水火。”鄭玄注：“奉牲者，其司空奉豕與？”[1]又《周禮·夏官·大司馬》：“喪祭，奉詔馬牲。”[2]是據《周禮》，司馬奉馬牲，而非羊牲。前揭《文王世子》疏云“案《周禮》司徒奉牛牲，司馬奉羊牲”之“羊”當爲“馬”字之誤，蓋因鄭注“司馬奉羊”而誤。《禮記》疏在“此云知奉豕者”之後，先明何以“司馬奉羊”，亦義不可通。因此，疑前揭《禮記》疏首句當作“案《周禮》司徒奉牛牲，司馬奉馬牲，其‘司空奉豕’無文。此云知奉羊、奉豕者……”

17.《文王世子》“至于賵、賻、承、含，皆有正焉”，鄭注：“正，正禮也。”孔疏：“云‘正，正禮也’者，謂庶子之官正之以禮，非訓正爲禮也。”

按：如果孔氏所見鄭注如今貌，不當有誤解“訓正爲禮”的可能。疑孔氏所見鄭注不重“正”字，僅作“正禮也”三字。故或誤讀爲“正，禮也”。

18.《玉藻》“大夫拜賜而退”，孔疏：“大夫往拜，至於門外，告君之小臣，小臣受其辭，入以白君。小臣亦入，大夫乃拜之。拜竟則退，不待白報，恐君召進答己故也。”

按：“亦”當讀作“一”。前文已云小臣“入以白君”，此處又稱“小臣亦入”，義不可通。“小臣一入，大夫乃拜之”，義謂小臣剛入，大夫即拜，拜竟即退。敦煌寫本中多用“亦”作“一”。斯 2073 號《廬山遠公話》：“樹神亦見，當時隱即神鬼之形，化一個老人之體，年侵蒲柳，發白葉（桑）榆，直至庵前，高聲‘不審和尚’。”斯 2144 號《韓擒虎話本》：“衆人亦見，便知楊堅合有天分，一齊拜舞，叫呼萬歲。”伯 2418 號《父母恩重經講經文》：“縱見惡人心裏喜，亦逢善者却生嗔。”“亦見”“亦逢”之“亦”皆當讀作“一”。此類之例至夥，不煩再舉。

---

① 《十三經注疏》，頁 653。
② 《十三經注疏》，頁 840。

19.《玉藻》"盛氣顚實揚休"，鄭注："盛身中之氣，使之闐滿其息，若陽氣之休物也。"鄭注"休"，撫本作"付"，阮本作"躰"，殿本又作"體"。

按：孔疏云："休，養也。言軍士宜怒其氣，塞滿身中，使氣息出外呴勃，如盛陽之氣生養萬物也。"則其所據本鄭注正作"休"。蓋"休"一誤爲"体"，後又轉誤作"躰""體"矣。

20.《喪服小記》"男子免而婦人髽"，孔疏："男子之免乃有兩時而唯一種，婦人之髽則有三別。"《禮記子本疏義》"兩"作"多"。

按：《喪服小記》疏前文云："'免而以布'者，此謂爲母與父異者也。亦自小斂後而括髮，至尸出堂，子拜賓事之時，猶與爲父不異。至拜賓竟後，子往即堂下之位時則異也。若爲父，此時猶括髮而踊，襲絰帶，以至大斂而成服。若母喪，於此時則不復括髮，乃著布免，踊而襲絰帶，以至成服。"下文又云："若成服後，男或對賓必踊、免。"下文又引崔氏云："其齊衰以下，男子於主人括髮之時則著免，故《士喪禮》'小斂，主人髺髮，衆主人免'是也。"又《喪服小記》下文云："諸侯弔，必皮弁錫衰。所弔雖已葬，主人必免。"疏："凡五服，自大功以上爲重，重服爲免之節，自始死至葬，卒哭後乃不復免也。小功以下爲輕，輕服爲免之節，自始死至殯，殯後不復免，至葬，啓殯之後而免，以至卒哭，如始死。"是男子著免之時有多種：母喪，小斂後即堂下位至大斂成服，主人免；齊衰以下衆主人，始小斂至成服，於主人括髮時免；大功以上，自成服至既葬，對賓弔則免；大功以上，既葬而諸侯弔則免。是男子免有多時，《正義》作"兩"當誤。"多""兩"草書略似，或因此而誤。

21.《喪服小記》"齊衰三月，與大功同者繩屨"，鄭注："雖尊卑異，於恩有可同也。"孔疏："禮法有常，乘權而降，在尊既爲深，故宜有異也，所以衰服殊；而爲恩情處爲淺深矣，故有可同也。所以同其末，屨以表恩而不同也。"《校勘記》："閩、監、毛本'末'作'麻'，'而'作'無'。"[1]

按：孔疏末句不可通，然依閩、監、毛本更不通。孔疏之意，喪服中衰服爲"本"，故齊衰、大功不同；屨則爲"末"，故可同。所謂"同其末"，正指前句"爲恩情處爲淺深矣，故有可同也"。然鄭注云"恩有可同"，孔疏亦云"故有可同"，則末句疏"屨以表恩而不同"顯誤。疑"不同"當作"可同"。

22.《樂記》"《咸池》，備矣"，鄭玄注："《周禮》曰'大咸'。"《釋文》出"大咸"，云："一本作'大卷'。"[2]

按：前經云"《大章》，章之也"，鄭玄注："《周禮》闕之，或作'大卷'。"若此注一本作"《周禮》曰'大卷'"，則與上文矛盾。疑《釋文》所見鄭注前文無"或作大卷"四字。

23.《樂記》"天子夾振之而駟伐"，孔疏："案《聖證論》王肅引《家語》而難鄭云：'六成而復綴以崇其爲天子，此《家語》之文也。'馬昭申鄭意云：'凡樂之

---

① 《禮記注疏校勘記》，《清經解》第 5 册，頁 725。
② ［唐］陸德明《經典釋文》，中華書局，1983 年，頁 196。

作,皆所以昭天子之德,豈特六成之末而崇之乎?'孔晁又難馬昭云。天子夾振用舞之法在於經典,今謂天子夾振,此經之正文,又親舞摠干。具如熊氏之説,此則經典之證也。"

按:孔晁難馬昭當主王肅"天子"從上讀之説,"天子夾振用舞之法在於經典"以下實申鄭義,斷非孔晁之説。疑"難馬昭云"以下脱去孔晁原文,而"天子夾振用舞"以下或又張融等輩難孔申鄭之説。又下文云"具如熊氏之説,此則經典之證也",可知熊氏舊疏大量引經典中"天子夾振用舞之法"。但今本疏中並未引用熊文,"具如"二字無所指。今疑此處本爲熊氏舊疏,但已被大量删削,致文意不通。

24.《樂記》"武王克殷反商,未及下車,而封黄帝之後於薊,封帝堯之後於祝,封帝舜之後於陳;下車而封夏后氏之後於杞,投殷之後於宋",孔疏:"案《周本紀》云……又云:'乃封紂子禄父……及封黄帝之後於薊,封帝堯之後於祝,封帝舜之後於陳,大禹。'與此同。"齊召南《考證》:"'大禹'下當有'之後於杞'四字,誤脱耳。"

按:齊召南之補是,但孔疏此處未必爲脱文,可能原爲"云云"或省代符,後世脱落省代符,故致脱文。《學記》"大學始教,皮弁祭菜"下疏引《文王世子》"春官釋奠于其先師,秋冬",下少"亦如之"三字,亦屬此例①。

25.《雜記上》"載以輲車",鄭玄注:"廟中有載柩以輴之禮,此不耳。"孔疏:"此是蜃之制也。上下通用,在路載柩也。輲車之制,亦與蜃車同,但不用輻爲輪。天子、諸侯殯皆用之,故《檀弓》云'天子蕢塗龍輴'……"《校勘記》引段玉裁云:"'爲輪'下疑脱'輴'字。"②

按:依段校,此疏仍不可通。上文已云"輲車則蜃車也",此文又稱"輲車之制,亦與蜃車同,但不用輻爲輪",前後矛盾。且前文已稱蜃車用輇,不用輻輪,此處稱輲車"但不用輻爲輪",則似蜃車用輻輪,亦不可通。浦鏜改"用輻爲輪"之"輻"爲"輇",較是。"輲車"之"輲"當爲"輴"之誤。"輴車之制,亦與蜃車同,但不用輇爲輪",謂輴車與蜃車(輲車)之制大略相同,但不用輇(無輻者)爲輪。如此,則"爲輪"下亦不需再補"輴"字。孫希旦《禮記集解》引孔疏正如此改。

26.《雜記上》"君訃於他國之君,曰'寡君不禄,敢告於執事'",孔疏:"杜以爲《禮記》後人所作,不正與《春秋》同,杜所不用。"

按:孔疏"杜所不用"疑當作"今所不用"。《禮記正義》言"不用",皆據鄭注或孔疏本身。言鄭玄"不用"者,如《曲禮上》"外事以剛日",鄭注引《春秋傳》:"甲午,祠兵。"孔疏:"其祠兵之文,鄭所不用。"《王制》"諸侯之於天子也,比年一小聘,三年一大聘,五年一朝",孔疏:"是鄭以歲聘、間朝文無所出,不用其義也。"《禮運》"何謂四靈",孔疏:"或以脩母致子,康成所以不用也。"《玉藻》"玄端而朝日於東門之外",鄭注:"天子廟及路寢皆如明堂制。"孔疏:"以此故,鄭

---

① 詳參拙文《淺談寫本文獻學在傳世文獻校勘中的作用——以〈禮記正義〉爲例》。
② 《禮記注疏校勘記》,《清經解》第 5 册,頁 741。

皆不用,具於鄭《駁異義》也。"言孔疏"不用"者,如《檀弓下》"子、卯不樂",鄭玄注:"紂以甲子死,桀以乙卯亡。"孔疏:"鄭司農注《春秋》以爲五行子卯自刑,非鄭義也,今所不用也。"《曾子問》"君薨而世子生",孔疏:"其《春秋》三傳世子之例煩而不要,今所不用也。"《樂記》"鼓鼙之聲讙",孔疏:"皇氏……妄取五方之義,棄其五器之聲,背經違注,曲爲雜說,言及於數,非關義理,又無明文,今並略而不用也。"此類之例至多,不煩再舉。《禮記正義》全書除此處外並無言他書"不用"某義者,是此處"杜所不用"當有誤。

27.《雜記上》"大夫爲其父母兄弟之未爲大夫者之喪,服如士服",孔疏:"馬昭答王肅同:'《雜記》云:"大夫爲其父母兄弟之未爲大夫者之喪,服如士服。"是大夫與士喪服不同者,而肅云無等,則是背經說也。鄭與言禮。'"《校勘記》:"惠棟校宋本作'曰',此本'曰'誤'同',閩、監、毛本同。"①

按:阮本據惠棟校宋本改"同"爲"曰",其說當是。然此處"鄭與言禮"一句仍不可解,疑或當作"鄭言合禮",或有脫誤。

28.《雜記上》"大夫附於士,士不附於大夫,附於大夫之昆弟",鄭玄注:"大夫之昆弟,謂爲士者也。"孔疏:"若大夫昆弟全無　者,其孫雖士亦得祔之,故前文云'大夫祔於士',是孫之尊可以祔祖之卑也。"

按:孔疏"全無"以下,足利本原空一格,十行本系統則無。若作"若大夫昆弟全無者",則當從經"無昆弟則從其昭穆"之義,亦即鄭注所謂"從其昭穆中一以上,祖又祖而已",謂附於高祖之士。那麼下句"其孫雖士亦得祔之"則全不可解。浦鏜據《續儀禮經傳通解》於"無"下補"士"字②,則此段文意可解,謂祖爲大夫,孫爲士,士不附於大夫,可附於大夫之昆弟爲士者;若大夫之昆弟全無士,而孫之士可附於爲庶人之從祖,因"孫之尊可以祔祖之卑"。

29.《喪大記》"弔者襲裘,加武帶絰,與主人拾踊",孔疏:"然熊氏以武上加絰,與帶帶文相妨,其義未善。兩家之說,未知孰是,故備存焉。"

按:"帶帶"不可通,浦鏜改次"帶"字爲"之"③,或是。寫本文獻中,"之"字多或被錯認作重文符④。刻本文獻中,此類之例亦復不少,《左傳·昭公七年》"好以大屈",杜預注:"宴好之賜。"《御覽》卷五三九引杜注誤作"宴好好賜"⑤。此處"帶帶"當亦本作"帶之",後人誤以"之"爲重文符而轉錄作"帶帶"。

30.《喪大記》"君喪,虞人出木、角,狄人出壺,雍人出鼎,司馬縣之",孔疏:"'雍人出鼎'者,雍人主亨餁,故出鼎也。所以用鼎及木者,冬月恐水凍,則鼎漏遲遲,更無準則,故取鼎煖水,用虞人木爨鼎煮之,故取鼎及木也。"

按:漏水計時者爲壺,鼎僅取其煖水,非用鼎以漏。故孔疏"鼎漏"當有誤,疑當作"壺漏"。

① 《禮記注疏校勘記》,《清經解》第5册,頁741。
② 《十三經注疏正字》,《景印文淵閣四庫全書》第192册,頁716。
③ 《十三經注疏正字》,《景印文淵閣四庫全書》第192册,頁725。
④ 詳參張涌泉師《敦煌寫本文獻學》,甘肅教育出版社,2013年,頁386—387。
⑤ [宋]李昉《太平御覽》,中華書局,1960年,頁2443。

31.《祭法》"大夫立三祀",孔疏:"然鄭注《曲禮》大夫五祀爲夏、殷法,注《王制》大夫五祀是有采地者,鄭何以知然?《曲禮》文連於'大夫五祀',故知非周,而《王制》立七廟,故是周禮。以彼推此,'大夫三祀'則周諸侯之大夫無地者也。"

按:此疏辯"大夫立五祀"之異同,謂或爲夏殷法,或爲周時有地大夫。所考對象爲"大夫立祀",而稱"《曲禮》文連於'大夫五祀',故知非周",則明顯邏輯不通。疑"大夫五祀"當作"天子五祀"。《曲禮下》:"天子祭天地,祭四方,祭山川,祭五祀,歲徧……大夫祭五祀,歲徧。"稱天子立五祀,與《祭法》天子立七祀不同,故可以得出《曲禮下》非周法的結論。且下句稱"《王制》立七廟",無主語,若此句作"天子五祀",則可統於下句,句意亦更明白曉暢。《曲禮下》鄭玄注云:"此蓋殷時制也。"孔疏:"以天子、諸侯、大夫同云'祭五祀',既無等差,故疑殷時制也。"亦與《祭法》疏邏輯一致,可證。

32.《祭義》"濟濟者,容也遠也",鄭注:"容以遠,言非所以接親親也。"孔疏:"或'容'爲'客'字,則是義遠,何須云'容以遠'?又'客以自反'與'容以遠'相對,一字爲'容',一字爲'客',未之有也。"阮本"客以自反"之"客"作容"。

按:疑孔疏"容以遠"之"容"皆當作"客","客以自反"之"客"當作"容",足利本誤乙。《釋文》"容也遠也"之"容"作"客",且云:"下'客以遠'同。"[1]是當時有作"客"之本。又孔疏"或'容'爲'客'字,則是義遠",謂"客"本有遠義,何須再云"以遠"。是此處當作"客以遠"。"容以自反",各本未見有作"客"者,且孔疏既稱"相對",不應再用異字,是此處當作"容以自反"。蓋後世先因鄭注誤"客以遠"之"客"爲"容",又因"一字爲'容',一字爲'客'"之疏改"容以自反"之"容"爲"客"。

33.《祭義》"及祭之日,顏色必溫,行必恐,如懼不及愛然。其奠之也,容貌必溫,身必詘,如語焉而未之然",孔疏:"'行必恐,如懼不及愛然'者,言孝子色必溫和,行必戰恐,其形貌如似畏懼不及見親之所愛然。止由如是言。'心貌必溫,身必詘'者,言孝子設奠及酳之時,容貌溫和,身形必卑詘。"

按:疏"止由如是言"一句不可通,且經文作"容貌必溫",疏作"心貌必溫",亦當有誤。疑"止"字本爲重文符,"由"通"猶","言"則當在空格後,"言"與"心"則恐爲"容"字草書一字誤作二字。

"止"字俗書多作"Ⅴ"(見伯2007號《老子化胡經》),草書則作"Ｃ"(見智永《真草千字文》),與重文符極爲相像。故重文符有誤作"止"的可能。

"由"通"猶",敦煌寫文中用例極多。伯3197號《捉季布傳文》:"其時周氏聞宣敕,由如大石陌心珍(鎮)。""由如"即"猶如"。伯2539號《天地陰陽交歡大樂賦》:"尚由縱快於心,不慮泄精於腦。""尚由"即"尚猶"。伯2348號《天尊爲一切衆生説三塗五苦存亡往生救苦拔出地獄妙經》:"向者説此五念,爲諸衆生顯説此經,由恐未解。""由恐"即"猶恐"。此類之例極多,不煩再舉。《禮記

---

[1]　《經典釋文》,頁203。

正義》中亦多有此例,如《雜記下》"束五兩",孔疏:"今謂之匹,由匹偶也。"《哀公問》"不廢其會節",孔疏:"會由期也。"《孔子閑居》"天降時雨,山川出雲",孔疏:"此譬其事,由如天將降時雨,山川先爲之出雲。""由"皆當讀作"猶",其例極多,不煩再舉。後世多或改"由"爲"猶",故各本由、猶歧出。如:

《檀弓》"事君,有犯而無隱",孔疏:"故《傳》云:'張趯有知,其猶在君子之後乎?'"阮本"猶"作"由"。

《樂記》"嗟歎之不足,故不知手之舞之、足之蹈之也",孔疏"言雖復嗟歎,情猶未滿",阮本"猶"作"由"。

《鄉飲酒義》"節文終遂焉",鄭注:"終遂,猶充備也。"足利本孔疏引鄭注"猶"作"由",阮本則作"猶"。

"猶如"之"猶"多或作"由",而"因由"之"由"則不可作"猶"。但後世刻本多或改"由"爲"猶",致有誤改者,如:

《禮運》"故謀用是作,而兵由此起",孔疏:"三王之時,每事須兵,兵起煩數,故云'兵由此起'也。"阮本"由"誤作"猶"。

《哀公問》"昔之用民者由前,今之用民者由後",鄭玄注:"由後,用下所言。"阮本"由"誤作"猶"。

"然猶如是",《禮記正義》多有此訓,如《檀弓上》"子則然,無常人",孔疏:"然猶如是也。"《檀弓上》"曰然",孔疏:"然猶如是也。"《檀弓下》"禮道則不然",孔疏:"然猶如是也。"類似之例極多,不煩再舉。

34.《孔子閑居》"弛其文德",鄭玄注:"弛,施也。"《釋文》出"弛施也",云:"皇本作'施,布也。'"

按:疑經文本作"施",鄭玄注"弛,施也"可能也是在經文誤作"弛"後的妄改,或誤以旁校字爲鄭玄注。弛、施形近易訛[1]。此引《詩經·周頌·江漢》,彼作"矢其文德"。《爾雅·釋詁下》:"矢,弛也。弛,易也。""弛"恐怕也是"施"字之誤。郝懿行《爾雅義疏》釋此條云:"弛者,施之叚音也。"[2]其說正是。

35.《中庸》"上祀先公以天子之禮",鄭玄注:"先公,組紺以上,至后稷也。"孔疏:"案《司服》云:'享先王則衮冕,先公則鷩冕。'以后稷爲周之始祖,祫祭於廟,當同先王用衮,則先公無后稷也。故鄭注《司服》云:'先公,不窋至諸盩。'若四時常祀,唯后稷及大王、王季之等,不得廣及先公,故《天保》云:'禴祠烝嘗,于公先王。'是四時常祀但有后稷、諸盩以下,故鄭注《天保》云:'先公,謂后稷至諸盩。'此皆盡望經上下釋義,故不同。或有'至'字,誤也。"

按:孔疏"或有'至'字,誤也"一句不可解,若指《禮記》鄭注"組紺以上后稷也"完全不可通。今疑孔疏所引《詩經·天保》鄭箋當本無"至"字,"或有'至'字,誤也"一句乃就《天保》鄭箋而發,應在"此皆盡望經上下釋義"之上。孔疏稱"四時常祀但有后稷、諸盩以下",《中庸》云:"周公成文、武之德,追王大

---

① 詳參拙文《淺談寫本文獻學在傳世文獻校勘中的作用——以〈禮記正義〉爲例》。
② [清]郝懿行《爾雅義疏》,上海古籍出版社,1983年,頁228。

王、王季。"大王爲諸盩之子,王季爲諸盩之孫,是"諸盩以下"均已被追王,故當爲"先王"。是《中庸》疏稱"四時常祀但有后稷、諸盩以下","先公"僅"后稷、諸盩"二位而已。據此,則其所引《天保》鄭箋當作"先公,謂后稷、諸盩",方能證成前文。作疏者見當時《毛詩》有作"后稷至諸盩"之本,故稱"或有'至'字,誤也"。

36.《表記》"情疏而貌親,在小人則穿窬之盜也與",孔疏:"言情疏貌親,而心不慤實,恒畏於人,譬之於細小人,則穿窬之盜也。許慎《説文》云。穿窬者外貌爲好而内懷姦盜,似此情疏貌親之人外内乖異,故云'穿窬之盜也與'。"

按:"説文云"以下之文不見於今《説文解字》。桂馥《説文解字義證》於"窬"下引此疏後云:"案本書無此文,或出《淮南》注。"①今按,將"穿窬者外貌爲好而内懷姦盜"一句獨立出來實不可通。穿窬即穿房入户而爲盜,無所謂"外貌爲好"。《論語·陽貨》:"色厲而内荏,譬諸小人,其猶穿窬之盜也與?"集解引孔安國云:"爲人如此,猶小人之有盜心也。"是此句亦僅喻小人有盜心而已。因此,無論許慎《説文解字》還是《淮南子》注,似皆不當有此語。"穿窬者外貌爲好而内懷姦盜"恐怕即孔疏對經文"情疏而貌親"的附會之語,前引《論語》下皇侃疏云:"小人爲盜,或穿人屋壁,或踰人垣牆,當此之時,外形恒欲進爲取物,而心恒畏人,常懷退走之路,是形進心退,内外相乖,如色外矜正而心内柔佞者也。"②亦與經文相附會。今本《表記》疏則脱孔疏所引《説文》之文。《儒行》"篳門圭窬",孔疏云:"圭窬,門旁窬也,穿牆爲之,如圭矣,故云'圭窬'。《説文》云:'穿木爲户。'"其引《説文》與今本"穿木户也"差異不大。則《表記》疏所脱者蓋即"穿木爲户"或"穿木户"一句,因兩"穿"字相同,而誤脱其中之文。

37.《緇衣》"《尹吉》曰:'惟尹躬天見于西邑夏,自周有終,相亦惟終。'"鄭注:"尹吉,亦《尹誥》也……伊尹始仕於夏,此時就湯矣。"孔疏:"以鄭不見古文,謂言《尹誥》是伊尹誥成湯,故云'此時就湯矣',與《尚書》同。"

按:孔疏似當作"與《尚書》不同"。《緇衣》所引見《古文尚書·太甲》。僞孔傳釋篇名云:"戒太甲,故以名篇。"是據僞孔傳,此文爲伊尹戒太甲之文,而鄭玄以爲伊尹誥成湯之文,是兩者不同。今本孔疏作"與《尚書》同",當有誤。

38.《奔喪》"於三哭猶括髮、袒、成踊",鄭玄注:"《雜記》曰:'士三踊。'其夕哭從朝,夕哭不括髮,不袒,不踊,不以爲數。"孔疏:"彼文'三踊',夕無踊,唯稱三踊,此云三哭而不踊,故知夕雖哭而不踊,故數夕哭,但云'三哭'。"

按:鄭注稱"不以爲數",而疏稱"故數夕哭",顯然矛盾。疑孔疏當作"此云三哭而踊,故知夕雖哭而不踊,故不數夕哭,但云'三哭'",今本誤將"數"上之"不"誤乙於"三哭而"之下。經文稱"西鄉哭,成踊……於又哭括髮、袒、成踊,於三哭猶括髮、袒、成踊",是"三哭而踊"之義。又據《喪服小記》稱"三日五

---

① [清]桂馥《説文解字義證》,中華書局,1987年,頁645。
② [梁]皇侃《論語義疏》,中華書局,2013年,頁458。

哭",此唯云"三哭",則是"不數夕哭",亦正與鄭注"不以爲數"相合。

39.《間傳》"兼服之服重者,則易輕者也",鄭注:"凡下服虞、卒哭,男子反其故葛帶,婦人反其故葛絰。其上服除則固自受以下服之受矣。"孔疏:"但經文據其後喪初死得易前喪之輕,注意明也後既易以滿,還反服前喪輕服,故文、注稍異也。"

按:孔疏"注意明也後既易以滿"一句不可通。浦鏜以爲"也後"當"後喪"之誤①,孫希旦《禮記集解》改作"注意則謂後喪服滿",改動益大。且依鄭注意,後喪既虞、卒哭即男子反其故葛帶,婦人反其故葛絰,不待服滿,孫説亦非是。

竊疑"也"字誤衍。"後既易以滿"即指後喪既易,而所易之服已滿,故還反前喪之服。如"齊衰之葛與大功之麻同",齊衰之喪既虞卒哭後去麻服葛,遭大功之喪初死,則服大功之麻以兼齊衰之葛。大功喪既虞卒哭後則其麻絰"已滿",本當受以小功衰、即葛,但輕於齊衰之受,故"還反服前喪輕服",還服齊衰受服。後人蓋於此處不能讀通,而誤讀"注意明"爲一句,從而妄補"也"字,致上下文意更加不暢。

40.《聘義》"孚尹旁達,信也",鄭注:"孚,讀爲'浮'。",孔疏:"案《字林》云:'玶,玉別名。''玉'旁'孚'也,此讀爲'浮'者,取浮見於外,非《字林》玶玉之名也。"

按:孔疏既引《字林》"玶"字之釋,則其所見經文本作"玶"。《玉篇·玉部》"玶"字條下:"玶筍,玉采色。《禮記》云'孚尹旁達',鄭玄曰:'讀如浮筍也。'"②則恐顧野王所見《禮記》亦作"玶"。今本《禮記》經注皆作"孚",孔疏亦因經文被改,轉失原貌。

【作者簡介】郜同麟,中國社會科學院文學研究所副研究員,研究方向爲經學文獻和敦煌文獻。

① 《十三經注疏正字》,《景印文淵閣四庫全書》第 192 冊,頁 763。
② ［梁］顧野王《宋本玉篇》,北京市中國書店,1983 年,頁 20。

陳澔《禮記集説》的負評及其與《欽定禮記義疏》關係述論

楊晉龍

【提　要】　此文立基於"回到歷史現場"的實證研究模式,從"經學傳播"的角度探索明清士人及清代官書負面批評陳澔《禮記集説》等的實情,並分析陳澔《集説》與乾隆《欽定禮記義疏》的關係和清朝繼續以陳澔《集説》立於學官的可能原因。透過"外部研究"的歸納統計的方法,確定明清兩代除《四庫全書總目》等官書外,另有 26 位士人批評陳澔《集説》之缺失與不足。《欽定禮記義疏》正文徵引 488 條陳澔《集説》,412 條屬止面肯定的引述。清朝官書承認陳澔《集説》引導初學者學習的功能,《欽定禮記義疏》實爲增補陳澔《集説》"經術"解説的不足而編輯,兩書是互補和一體的關係,此亦清代續立陳澔《集説》於學官之故。研究成果除提供相關有效的證據外,並證實明清兩代官學之承繼關係,對學術史與經學史的研究者,或當有協助進一步思考的功能。

【關鍵詞】　陳澔　雲莊禮記集説　欽定禮記義疏　經學史　官方經學明清

一、前　言

　　傳統中國自從設置科舉考試制度以來,朝廷爲了解決"經義"考試和策論作答等,涉及經書義理解讀的"評量公平"標準的問題,以及"教化百姓"統一思想倫理的需要①,同時還因爲基於"經稟聖裁,垂型萬世。删定之旨,如日中天,無所容其贊述"的"尊經"立場;以及"聖不可知,知以典籍之所傳"的"崇聖"

---

　　* 此文曾以《惡評與實際:陳澔〈禮記集説〉與清代〈欽定禮記義疏〉關係研究》之名,先發表於 2017 年 10 月 20—21 日在臺北外雙溪由東吳大學及香港浸會大學主辦的"第十屆'中國經學國際學術研討會'";再於 12 月 7 日發表於南港"中研院"中國文哲研究所例行學術討論會。感謝蔣秋華學長、張素卿學妹、楊玉成研究員及其他學者們不吝提供睿見,使得此文不明之處得以修正,論文標題更因避免誤解而修正,謹此誌謝。

　　① 例如乾隆帝下令編輯《四庫全書》,即強調收録書籍"勵臣節、正人心"的功能;強調詩文要"有關世道人心者"的内容等等,此當是歷代朝廷編輯書籍的共同目的。[清]永瑢等編纂,王伯祥斷句《四庫全書總目·聖諭》(北京:中華書局,1965),卷首,頁 3、頁 7。

理由①，於是在絕對尊重“經”的前提下，遂有朝廷編輯儒家經典文本及解説標準本之類的官編書籍出現，例如唐代編輯的《五經正義》。朝廷編輯此類書籍最主要的目的，當是引導學習和建構評量標準，本非呈現學術創新研究的成果。在這個“引導初學”而非“研究創新”的基本前提制約下，故而編輯之際並不特別注重研究深化和學術創發的表現，反而是教育引導、倫理教化等方面啓蒙導正的功能價值，纔是此類書籍主要關注的層面。

官方編輯的經學專著，除難以見其原貌的宋朝《三經新義》之外②，其他見存的如唐朝《五經正義》、明朝《五經大全》和清朝“御纂”諸經等，雖然解説之際都是直接面對經典，其中也確實有直接針對“經”文而重新註解者③，但絕大多數是以選擇既有的解經成書爲底本，然後蒐輯集結既有相關研究成果爲輔的綜合性書籍。換言之，官方認同或編輯的經學專著，大致上多先以流傳的某家解説爲宗旨，再選擇該家或同源的解經專著爲底本，並統合與該家解説精神主旨相同或相近，且有助於更清楚表明該家解説内容的古今諸家相關解説爲輔助，編輯成爲一部思想統一而内容來源多方的“大雜燴”之作，這也就是清朝的皮錫瑞（1850—1908）會有“官修之書，多剿舊説”之論的原因④，再者之所以會出現所謂“科舉之文，名爲發揮經義，實則發揮註意”的情況⑤，蓋即因此之故。官書此種解説形式，依照一般訓詁學“經”“傳”“疏”等三級制的解經分類，這類書籍大致可歸入“疏”類，雖名爲直接針對“經”書解説，實則還是以針對“傳”的解説爲主。

在“傳播媒體”不發達，導致訊息難以傳播的傳統社會；以及“市場通路”不通暢，導致書籍難以迅速流通的傳統時代，相對於一般私人著作，朝廷編輯並頒發給各地學宫的經解諸書，由於受到“尊君”倫理的先設認同、官方獨佔通路與傳播管道，以及直接涉及利禄前途等現實因素的影響，官解的經説於是不僅在解説上具有相對上的神聖性與權威性，在一般參與科考士子的學習上，更具有非讀不可和非接受不可的“獨佔性”。朝廷編輯解説儒家經典的官書，此種封閉性的解説本質，以及强制性的霸權性質，自然容易引發學者在學術表現上“求全責備”的要求，糾謬批判的聲音於焉出現。在歷朝歷代朝廷編輯的解經專著中，受到後世最苛刻且最無情批判者，當屬明朝永樂年間編輯頒發的《五經大全》。對於《大全》的批評，學者最熟悉者自屬顧炎武所謂“經學之廢，實自

---

① ［清］永瑢等編纂，王伯祥斷句《四庫全書總目·經部總叙》，卷一，頁 1；《世祖章皇帝聖訓提要》，卷五五，頁 493。于慎行亦有“聖不可知而六經傳其藴”之論，［明］于慎行《穀城山館文集·闕里重修孔廟碑》，《四庫全書存目叢書·集部》（臺南：莊嚴文化事業公司，1997 年影印［明］萬曆于緯刻本），第 147 册，卷一三，頁 1。

② 宋朝《三經新義》均爲輯本，難以見其原貌。程元敏師《自序》，《三經新義輯考彙評》（上海：華東師範大學出版社，2011），上册，頁 1—3，言之已明，可參考。

③ 例如清朝的《詩義折中》之類。

④ ［清］皮錫瑞《經學歷史》（臺北：河洛圖書出版社，1974），頁 289。

⑤ ［清］永瑢等編纂，王伯祥斷句《四庫全書總目·四書類案語》，卷三六，頁 307。

此(編輯《五經大全》)始"和"八股行而古學棄,《大全》出而經説亡"的批判①。以及《四庫全書總目》諸如:"偏主一家之説,荒棄古來之經義""偏主一家,傷於固陋""《大全》出而捷徑開,八比盛而俗學熾""其書本不足存""(胡)廣等舊本,原可覆瓿置之"等等一類的發言②。代表清朝官方意見的《四庫全書總目》,固然難免存有"必睹荒途之蒙翳,而後見芟蕪除穢之功,必經歧徑之迷惑,而後知置郵樹表之力。存此一編,俾學者互相參證,益以見前代學術之陋,而聖朝經訓之明"的政治性目的③,但其説大致也與顧炎武口徑一致,可見這些批評並非全是政治性的操作。雖然顧炎武的意見並非毫無瑕疵④,但從而也可知明末以後《大全》學術地位低落的實情。

　　《五經大全》既然是官書,當然也是"多剿舊説"而成,考察各書卷首的《凡例》及《引用名氏》,即可大致了解編纂之底本及舊説的來源。明代以來《五經大全》的底本,雖也都曾受到不同程度的貶抑,但作爲《禮記集説大全》底本的元代陳澔(1260—1341)《禮記集説》(下稱陳澔《集説》),明朝就已經開始受到批評,進入清朝以後,受到的負面批評更是特別嚴重。考該書在洪武之際就已立於學宮⑤,正統年間更與《禮記集説大全》並列爲科舉作答的標準本⑥,因而也就具備有特殊的政治、學術等地位。然而作者陳澔卻是一位缺乏公認有學術成就與沒有顯赫政治地位的鄉間教書老儒而已,自然缺乏學術社群一般性的學術説服力;更進而引發學者懷疑此書所以立於學宮,乃是"南宋寶慶以後,朱子之學大行,而澔父大猷師饒魯,魯師黃榦,榦爲朱子之壻,遂藉考亭之餘蔭,得獨列學官"⑦,全是依靠學派餘蔭之故。陳澔《集説》的學術成就普通,缺

---

　　① 〔清〕顧炎武著,徐文珊點校《原抄本日知録·四書五經大全》(臺北:臺灣明倫書局,1979,卷二〇,頁 526;《書傳會選》,卷二〇,頁 526。關於批評《五經大全》的回顧檢討,可參考林慶彰:《〈五經大全〉之修纂及其相關問題探究》,《中國文哲研究集刊》第 1 期(1991 年 3 月,頁 361—383)一文所論。關於現代學者對於《五經大全》正負面評論的實情,請參閲陳恒嵩《〈五經大全〉纂修研究》(新北:花木蘭文化出版社,2009),頁 5—7 及頁 204—211 等處所論。此書渥蒙陳恒嵩教授惠贈,謹此致謝。

　　② 〔清〕永瑢等編纂,王伯祥斷句《四庫全書總目·書傳通釋提要》,卷一三,頁 108;《春秋五傳平文提要》,卷三〇,頁 251;《四書類案語》,卷三六,頁 307;《詩經大全提要》,卷一六,頁 128;《春秋大全提要》,卷二八,頁 230。

　　③ 〔清〕永瑢等編纂,王伯祥斷句《四庫全書總目·春秋大全提要》,卷二八,頁 230。

　　④ 關於顧炎武批評《五經大全》稍有疏漏的實情,可參閲楊晉龍《論〈詩傳大全〉與〈詩傳通釋〉的差異》,《中國文哲研究集刊》第 8 期(1996 年 3 月),頁 105—146。以及楊晉龍《〈詩傳大全〉來源問題探究》,林慶彰、蔣秋華主編《明代經學國際研討會論文集》(臺北:"中央研究院"中國文哲研究所籌備處,1996 年 6 月),頁 317—346。

　　⑤ 陳澔《集説》在洪武年間即已立於官方學校系統的學宮之内,明清以來多數學者,都誤以爲直到永樂年間編輯《五經大全》之際,該書方才進入官學系統。相關考辨請參閲劉柏宏《永樂朝之前陳澔〈禮記集説〉的傳播及其相關問題探論》,《中國文哲研究集刊》第 53 期(2018 年 9 月),頁 73—111。

　　⑥ 陳澔《禮記集説》正統司禮監刻本,録有正統十二年五月初二日明英宗下令司禮監刊刻的諭旨。〔清〕丁丙《善本書室藏書志·禮記集説》,《續修四庫全書·史部》(上海:上海古籍出版社,1997 年影印〔清〕光緒二十七年〔1901〕錢塘丁氏刻本),第 927 册,卷二,頁 25。孔繼汾説"明洪武時,其書始列於學宮,正統中遂以其説取士。"〔清〕孔繼汾《闕里文獻考·從祀賢儒》,《續修四庫全書·史部》(上海:上海古籍出版社,1997 年影印〔清〕乾隆二十七年〔1762〕刻本),第 512 册,卷六五,頁 23。

　　⑦ 〔清〕永瑢等編纂,王伯祥斷句《四庫全書總目·雲莊禮記集説提要》,卷二一,頁 170。

乏具備全國性、全民性的學習價值,大約就是明、清兩朝發言批判者,隱藏而未明說的基本理由,這同時也是其書其人會受到許多嚴苛批評與指責的主要原因①。

　　明、清兩朝某些士人不滿陳澔及其《集說》的學術表現,因而發出苛評與貶抑的言論,這類屬於私人性質的發言,在公共傳媒不發達、書籍缺乏"市場通路"的傳統社會,固然會對某些單獨、群體或地域的士人造成影響,但很難成爲全國士人或整體學術社群的普遍性言論。相對於私人言論在流通傳播上的局限,掌控著全國公共傳媒(公文及官書)與"通路"(頒發學宮)的官方傳播系統,顯然就比較容易將官方同意或不反對的評價性言論,轉變成爲全國士人皆有可能通曉,並"理所當然"接受或"不得不"接受的普遍性言論。既然明朝已有許多士人和著名學者認定陳澔《集說》簡陋而缺乏學術價值,然而順治二年(1645)訂定鄉會試程式之際,竟然還是承襲明朝"《四書》主朱子《集註》;《易》主程、朱二《傳》;《詩》主朱子《集傳》;《書》主蔡《傳》;《春秋》主胡《傳》;《禮記》主陳氏《集說》。"②科舉程式如此,學宮教學自也如此。這或者可以推測是順治年間全國還未平定時,基於籠絡士子的政治性特殊考慮,因此沿襲明朝的科舉程式,但康熙年間國家已統一,更有大臣對科舉程式沿用明朝舊制的情況不以爲然,因而建議朝廷開館重修經學官書③,但朝廷卻没有接納。更特殊的則是在朱彝尊(1629—1709)批判"雲莊《集說》,直兔園册子耳,獨得頒於學宮,三百餘年不改。於其度數品節,擇焉不精,語焉不詳,禮云禮云,如斯而已乎!"④直指陳澔《集說》在"度數品節"的解說上,存在有"擇焉不精,語焉不詳"的嚴重

---

　　① 但這裏有必要說明一下,就是顧炎武固然甚爲强烈地批判《五經大全》,但從他明言"程子之《易傳》,朱子之《四書章句集註》《易本義》《詩傳》及蔡氏之《尚書集傳》、胡氏之《春秋傳》、陳氏之《禮記集說》,是所謂代用其書,垂於國胄者爾"! 以及"夫以一事之瑕,而廢傳經之祀,則宰我之短喪,冉有之聚斂,亦不當列於十哲乎"的發言,竟然將陳澔與程子、朱子等並列,同時還批評反對陳澔等入祀者的不當,可以推知顧炎武認爲陳澔因爲《集說》係"代用其書,垂於國胄者",因此具備有"從祀孔廟"的資格,不能因爲該書有"瑕疵",因而抹煞陳澔傳經的功績,但後世學者似乎都没有關注顧氏此較爲公正之論。見[清]顧炎武著,徐文珊點校《日知錄·嘉靖更定從祀》,卷一八,頁431。

　　② [清]嵇璜、[清]劉墉等編《皇朝通典·選舉一》(臺北:臺灣商務印書館,1983年影印文淵閣《四庫全書》本),第642册,卷一八,頁6。

　　③ 魏裔介曰:"臣察經書《大全》,乃明季永樂令諸臣所修,因而刻布學宮,爲士子所講習,至今因之。但《序》用前代之君,而列名皆前代之臣,又係前代頒布,其於議禮考文,奉聖朝之法而大一統之義,似爲未合。請祈敕下該衙門,選取窮經之官,廣求博通之儒,再加考訂,刪其繁蕪,去其小疵。若近代名儒,如元之許衡,明之薛瑄,凡議論純正,有合經書正義者,不妨補入,以成全書,請皇上御製新序,而刪其舊序,略前代纂述臣子,而列今日臣子之名,頒行天下學宮,俾士子永爲遵守,皆有以砥礪濯磨,取法聖賢,趨於忠孝廉節,而敬體乎聖天子學問之意。"[清]魏裔介《兼濟堂文集·纂修經書大全疏》(《四庫全書》本),第1312册,卷二,頁42—45。

　　④ [清]朱彝尊《經義考·陳氏澔禮記集說》(《四庫全書》本),第679册,卷一四三,頁12。雖然朱彝尊也有"識字乃知勤于學者,雖兔園册子正未可廢"之論,但此處發言的貶抑態度顯然。引文見[清]朱彝尊《曝書亭集·書韻府群玉後》(《四庫全書》本),第1318册,卷四三,頁12。

缺失之後①,《古今圖書集成》更將《經義考》此説抄入②,表示朝廷官員也認同朱彝尊將陳澔《集説》等同於"兔園册子"的意見,然而雍正二年(1724)有官員建議將陳澔"進祀孔廟",最終竟然獲得朝廷的同意③,官方明白肯定陳澔對經學傳播的貢獻。此或者乾隆朝之前,官方對批判陳澔《集説》意見的認知還不足,但乾隆朝編輯《四庫全書》之際,已經接觸到甚多批判陳澔《集説》的言論,何況《四庫全書總目》不僅同意朱彝尊推崇宋代衛湜(1165—1250 前後)《禮記集説》的學術典範地位,並且還進一步讚揚衛湜《集説》"禮家之淵海"的學術功能,同時編輯《欽定禮記義疏》之際,還特別强調"聖朝《欽定禮記義疏》,取於湜書者特多"④,但卻没有撤除陳澔《集説》的官書地位,更没有改立衛湜《禮記集説》於學宫,整個清朝科舉考試《禮記》經義的解説發揮,依然以陳澔《集説》爲重要依據⑤,陳澔《集説》依然是官私學教導《禮記》必讀的參考課本。

　　陳澔《集説》受到許多士人的負面批評,至少康熙朝編輯《古今圖書集成》之際就已知曉,但即使在乾隆朝編輯《四庫全書》之際,傾官方之力蒐集並嚴密"審查"全國留存的書籍,認知到甚多士人對陳澔《集説》極其嚴厲批評的言論,甚至連《四庫全書總目》也加入負面批評的行列之後,何以官方學校與科舉考試依然繼續沿用此書? 再者陳澔《集説》在乾隆朝之前,朝廷官員就已知道該書受到許多甚爲嚴厲的負面批判,且乾隆帝(1711—1799,1736—1795 在位)在乾隆十三年(1748)下令編輯《欽定禮記義疏》之際,對陳澔這部受到甚多負面批判的專著,既然已經"棄瑕録瑜"了⑥;同時《欽定禮記義疏》既然也已囊括陳澔和衛湜兩人之書的所有優點,何以没有撤除陳澔《集説》,直接以《欽定禮記義疏》取代,卻讓陳澔《集説》繼續留在學宫"貽誤士子"呢? 就《禮記》學的傳播而言,這應該是個值得探討關注的學術問題。

　　明清相關學者及官方對陳澔《集説》的批評,雖不一定完全正確,卻也不可能無的放矢,但陳澔《集説》若果真如批評者所言般的水準不高,問題重重,尤其乾隆朝大規模蒐書,並由許多有學術成就的學者評價篩選之後,何以清朝官方依然將該書列爲全國學宫學子的《禮記》學必讀書籍? 難道清朝在朝官員都毫無學術眼光? 學術程度都不如那些發言批評的學者精準嗎?

---

　　① 康熙朝開始編纂的《古今圖書集成·經籍典》内,已將朱彝尊《經義考》編録入内,可知朝廷官員當然知道朱彝尊批評陳澔《集説》爲"兔園册子"之發言。

　　② 朱彝尊批判陳澔《集説》爲"兔園册子"等的《案語》,見《古今圖書集成·經籍典》卷二一七《禮記部彙考七》,頁 22。

　　③ [清]鄂爾泰等《世宗憲皇帝實録·雍正二年八月甲午》,《清實録》(北京:中華書局,1986),第7 册,卷二三,頁 374。

　　④ [清]永瑢等編纂,王伯祥斷句《四庫全書總目·禮記集説提要》,卷二一,頁 169。

　　⑤ 清朝科舉考試《禮記》經義的作答,除以陳澔《集説》爲主之外,還兼用《古注疏》,故《禮記注疏》也是重要的必讀書目。

　　⑥ [清]永瑢等編纂,王伯祥斷句《四庫全書總目·雲莊禮記集説提要》,卷二一,頁 170。再者《四庫全書總目》也説《欽定禮記義疏》"於陳澔《集説》僅棄瑕録瑜,雜列諸儒之中。"[清]永瑢等編纂,王伯祥斷句《四庫全書總目·欽定禮記義疏提要》,卷二一,頁 172。

顯然不可能如此,因此這一部被許多學者強烈負面批判的《禮記》學專著,應該還隱藏有某些值得肯定之處或某種特殊的原因,否則清朝官方不可能如此的消極處理。再觀察今日坊間所見的經學教科書等一類的著作,大致都如皮錫瑞《經學歷史》一般,面對陳澔《集説》之際,重點依然是以强調該書"空疏固陋""兔園册子"等"刻板印象式"的共識爲旨①,從未見有相關學者確實探討這部受到朱彝尊等學者及清朝官方判定爲"空疏固陋"的"兔園册子"之書,何以還能繼續成爲有清一代官方指定爲科舉士子必讀書籍的矛盾現象;哪些學者或書籍發言批評陳澔此書,各家批評的内涵如何。陳澔《集説》作爲普遍影響明清兩朝《禮記》學的官書,兩朝學者如何批評指責該書的表現,以及清朝官方既批評又接受的矛盾態度,還有《欽定禮記義疏》與陳澔《集説》的關係等等,這些訊息一則涉及陳澔《集説》功能與價值的定位;一則涉及清代官書與明代官書的關係,亦即明、清兩朝官方學術的承繼關係。這些問題在學術史、經學史上應該都是值得注意探討的學術問題,但觀察前賢在這方面的研究,除侯美珍之文曾有觸及外②,其他相關論著的討論顯然不足③,是以設計此文進行較爲實際的探討,以便釐清這些具有學術價值的相關問題④。

　　此文在前述的基本了解下,基於回到歷史現場以了解歷史事實的前提,首先排除從現代學術認知評價探討或檢討歷史表現的"内部研究"式的研究解讀或評論,轉而透過實證性的"外部研究"方法,以"經學傳播"爲研究宗旨,藉助

---

　　① ［清］皮錫瑞《經學歷史》,頁 289。

　　② 侯美珍《科舉視角下的明清〈禮記〉學:〈禮記〉義考試之流弊、批評與回應》,《國文學報》第 57 期(2015 年 6 月),頁 145—178 一文,第三節第 2 小節,頁 153—157 同樣探討了明清士子負面批評陳澔《集説》的言論,其中頗多與此文相關者,此部分可以補此文之不足,有興趣的讀者請參看。另外該文也探討陳澔《集説》繼續作爲科考應試標準本的問題,主要是從《禮記》卷帙太大,陳澔《集説》"簡便、淺顯之註本,對於《禮記》而言,更形重要,這是襲用澔書主要的緣故。"(頁 163)此論亦可參考。

　　③ 劉千惠《陳澔〈禮記集説〉之研究》(臺北:東吴大學中國文學系碩士論文,2008),頁 119—121:第七章第二節《一、歷來之評價》,雖已注意到此問題,可惜討論太過簡略。曾軍《從民間著述到官方教材—從元陳澔〈禮記集説〉看經典詮釋的獨特現象及其思想史意義》,《華中師範大學學報(人文社會科學版)》第 46 卷第 4 期(2007 年 7 月),頁 96—100 一文,注意到陳澔《集説》"立足於教學,不以經學家而以教育家的身分詮釋《禮記》,目標定位於初學者……對《禮記》的普及起到很大作用"(頁 98)的事實,但未曾論及評價與明清官學承繼關係的問題。筆者還搜尋了《臺灣谷歌》《大陸百度》《日本雅虎》。《臺灣期刊論文索引系統》;大陸《國家圖書館文津搜索》《中文科技期刊搜尋》《維普網》《萬方數據庫》《中國學術搜索網》《科技文獻檢索》《CNKI 同學搜尋》《CNKI 知識搜尋》《港澳期刊網》;日本《國立國會圖書館》《CINII 情報》《東洋學文獻類目》等網站,迄今並未見有專門討論此一議題的其他論文。

　　④ 某學者誤以爲此文乃是專門要替陳澔《禮記集説》"去污名化"而寫的"翻案"論文,因而提供了呂友仁有關《禮記正義》與陳澔《禮記集説》七項對比的結果,最終認定陳澔此書涉有刻意抄襲《禮記正義》之實,朱彝尊"兔園册子"之論無誤。實則呂先生的研究結果與此文關係不大。因爲此文旨在探討觀察明清學者負面批判陳澔《禮記集説》表現的實情,以及清朝官方在了解認知甚多負面批判的前提下,繼續以陳澔《禮記集説》爲科考標準本,甚至乾隆朝編輯《禮記義疏》之後,依然沒有廢除陳澔《禮記集説》等涉及的問題,並無幫陳澔《禮記集説》"平反"之意。謹此説明,並感謝學者提供之意見。

現代網路大型資料庫①、電腦搜尋技術,以獲得可考察且能重複驗證的統計數據,探討下列三項相關的學術議題:一是蒐集展現明、清士人及清代官書負面評論陳澔《集説》實際表現的統計②;二是探索清朝繼續立陳澔之書於學宫的可能原因;三是陳澔《集説》與乾隆朝編輯的《欽定禮記義疏》間的關係。此文寫作的重點,乃是有關《禮記》學傳播或經學傳播等教育傳播角度的探討,就是立基在學術傳播視域下的《禮記》學史及明清兩朝官方《禮記》學關係的研究,關注的重心僅是陳澔《集説》在明清兩朝受到的批評及其被清朝官方接受而繼續傳播等實際表現的相關議題,至於陳澔《集説》學術成就的高下、解説詮釋的是非,還有學者評論的是非對錯,已有不少學者研究探討,且有相當多優質的研究成果,此文因此不再重複這類隸屬於"内部研究"範圍的探討,故而有關陳澔《集説》學術成就高低等等相關的議題,自非此文關注探討的對象,此文關注的僅是"傳播影響"的問題,並不關注"詮釋創發"的問題。此文研究進行的程序:首先設定搜尋"陳澔"相關評論與徵引的關鍵詞③,並借助電腦搜尋的方法,蒐集相關文獻後,經由實際閱讀、判斷的實證方式,取得此文研究需要的文獻資料,然後進行歸納分析,以釐清回應前述預備探討解決的三項議題。此文經由"量化"而獲得的研究成果,正可以結合"質的研究"的成果④,對明清學術史、經學史、《禮記》學史和陳澔學術傳播等相關研究者,可以提供更可信的文

---

① 此文搜尋相關資料,使用的網路大型文獻資料庫:(一)"中央研究院"《漢籍電子文獻瀚典全文檢索系統》;(二)迪志文化出版公司《文淵閣四庫全書電子版3.0版》;(三)陳郁夫《古今圖書集成仿真版》;(四)陳郁夫《寒泉古典文獻全文檢索資料庫》;(五)劉俊文《中國基本古籍庫》;(六)劉俊文《方志庫》;(七)劉俊文《全清經解》;(八)《大成古籍文獻全文數據庫》;(九)《HyRead臺灣全文資料庫》;(十)《臺灣博碩士論文知識加值系統》;(十一)《CNKI中國知網》等,不敢掠美,謹先表出。

② 明、清兩代士人正面評價陳澔及其《禮記集説》的實況,劉柏宏《永樂朝之前陳澔〈禮記集説〉的傳播及其相關問題探論》一文,已有較爲深入的探討,是以此文不再重複討論。

③ 此文搜尋設定的關鍵詞有34個:陳澔、陳灝、陳氏註、陳氏澔、陳氏灝、陳可久、陳可大、陳東匯、陳集説、陳雲住、陳雲柱、陳雲莊、陳經歸、陳先生澔、陳氏集説、陳氏可久、陳氏雲柱、陳氏雲莊、陳氏經歸、可大陳氏、東匯陳氏、東匯澤陳、陳氏北山、陳氏可大、陳氏東匯、番陽陳氏、雲住陳氏、雲柱陳氏、雲莊陳氏、經歸陳氏、鄱陽陳氏、禮記集注、禮經集説、雲莊禮記集説等。

④ 某位誤認此文乃是替陳澔《集説》"平反"的學者説:"電腦檢索雖可以提供統計數據,卻仍需針對實質内容做'質'之分析,不宜專信'數據會説話'!尤以文史哲一類論文爲然!"又説:"(因而)可以開發陳澔被稱爲'直兔園册子'的《禮記集説》,其實還有許多可取的積極價值,並非僅僅止於科舉制度的工具價值。"另一位全面否定此文寫作的學者説:"凡討論學術問題,都應該以高標準來評論是非。……挑選素無佳評、甚至惡評之著作進行研究,……只能獲得'不具眼光'的評價,且對學界没甚麼貢獻。"又説:"本文資料之獲取,大部分借助電腦搜檢功能,此乃今日容易做到之事。但全文對陳澔《禮記集説》及《欽定禮記義疏》……的經義並無涉及,吾人無法檢驗作者對該二書或是《禮記》是否有所造詣?"這兩位學者顯然都是站在"評價詮釋解説是非"的"内部研究"立場上發言,尤其後一位更爲明顯,然兩位學者的評論,實與此文探討"學術應用傳播實情"的"外部研究"立場有别。關於此類"經學詮釋研究"與"經學傳播研究"不同研究視野,導致有類似"不可共量性"(incommensurability)的差别存在,因而有不同立場的評價發言,自無反駁之必要,因此僅能敬聽,並感謝學者諄諄教誨的善意及提供的意見。

獻與有效答案，當有助於學術史、經學史等相關研究更進一步的深化①。

二、明、清士人對陳澔《禮記集説》負面批評考論

　　傳統中國社會資訊流通不發達，除非經由官方系統傳播，一般新出現的學術與書籍訊息，即使經由鄉、會試等特定交流之際的傳播，傳播的範圍依然局限在特定的區域，很難成爲流通全國的普遍性訊息，這應是相當明顯的事實。是以陳澔《集説》未立於學宫，成爲士子必讀書目之前，以及未成爲科考"經義題"的解説標準本之前，流傳的範圍不可能太廣，就現存可知文獻資料顯示，大致流傳於江西、福建、浙江、安徽、江蘇、山東、河南等地區少數士人之手而已②。私人出版的書籍，缺乏必讀的强迫性要求，願意閲讀的士人，都是在自由選擇的前提下接受，普及率當然不可能高，同時也不太可能出現太過嚴厲的批判，因爲缺乏認真回應的學術與現實的價值故也。然而當此書立於學宫並成爲科考"禮經義"的註解標準本之後，經由官方系統的傳播，以及現實利禄的影響，陳澔此書的身份已然改變，從一部私人的著作，蜕變成爲國家認證的《禮記》解説標準本，因而也就具有批評討論的身份與價值了。以下即分二節蒐集明、清兩代士人及清朝官方的文獻，歸納陳述明清兩代五百多年負面批評陳澔《集説》表現之情狀。

（一）明人負面批評陳澔及其《禮記集説》考實

　　陳澔的《禮記集説》未立於學宫之前，不過是一般性衆多私人著作中的一部而已；再者陳澔既非擁有大權位的高官，更非著名的大學者，同時也沒有甚麽有學術成就的門生弟子，依據一般正常的學術社群運作法則，自然缺乏關注討論的價值。但立於學宫進入官學系統後，由於其官方地位的關係，因而也就具有普遍性和權威性等强迫閲讀的霸權地位，同時必然也會影響到學術的承繼與發展，是以也就具有批評討論的價值與需要了。以下即就筆者所知的明代士人，針對陳澔《集説》負面批評而較爲明顯者③，依發言者生存活動年代及

---

①　此文初稿的標題及《前言》一節，標題與行文的敘述不够明確，容易讓讀者誤認爲此文係要肯定陳澔《集説》的學術成就，否定歷來學者們對陳澔《集説》的負面批判，因此以爲此文乃是爲陳澔《集説》學術成就"翻案"之作。學者會有如此的質疑，很可能是初稿標題"惡評與實際"用語的誤導，因而引發的誤讀。實則此文乃在凸顯並呈現清朝官方一方面同意甚至加入"惡評"陳澔《集説》的行列，卻又將陳澔《集説》列入官書且同意陳澔"入祀孔廟"的矛盾現象，完全沒有要爲陳澔《集説》進行"學術翻案"的意圖。感謝學者們的指正，謹説明如上。

②　陳澔及其《禮記集説》在立於學宫之前的傳播與學術評論情實，劉柏宏《永樂朝之前陳澔〈禮記集説〉的傳播及其相關問題探論》有較詳細的討論，可以參考。

③　明代以來有某些糾正陳澔《禮記集説》闕誤的著作，唯未見明確批評之言者，如明初賴渙"購得宋本趙君賚、趙容智所疏《禮記》，參考同異，以正陳澔闕誤，書成曰《禮記合解》。"[清]邵子彝修，[清]魯琪光纂《（同治）建昌府志‧人物志‧隱逸》（[清]同治十一年[1872]刻本），卷八，頁6。再如清代金錫齡以爲"陳雲莊《禮記集説》，薈萃諸家而折衷之，但古注名有僭於《集説》者，官觀其所會通，於是著《禮記陳氏集説刊正》。"[清]梁鼎芬修，[清]丁仁長纂《（宣統）番禺縣續志‧藝文》（民國二十年印本），卷二八，頁4等等之類，則不列入討論。此文徵引之"地方志"，均取自《方志庫》，謹此説明。

其籍貫標列於下：

（一）湖北劉績（1460—1520 前後）在正德十一年（1516）著成《禮記正訓》，在解釋著書緣由時謂“漢末馬融遂傳小戴學，……鄭玄受學於融，爲之《注》；唐孔穎達又爲之《疏》；宋朱、程取《大學》、《中庸》表章之，其餘則陳澔爲之《集説》，國初兼用《注疏》，今則專主澔説，澔自云：‘先君子以是經三領鄉書’，則識見可知矣，績讀而覺其非。”①似乎是傳世第一位負面批評陳澔及其《集説》者。劉績批評陳澔的“識見”不高，僅足以知科舉而已，亦即質疑陳澔解經的學術程度與能力②，因此方要重新解説此書。此外從“國初兼用《注疏》”一語，可知明初陳澔《集説》已立於學宫了。

（二）江西著名理學家羅欽順（1465—1547）謂陳澔《集説》不僅“小小疏失，時復有之”，且有“害理傷教”之處。尤其解説《曾子問》“婚禮既納幣”一節，有關“婚姻之約既定，直以喪故，需之三年之久，乃從而改嫁與別娶”之解，以爲婚期已定，一方突然有父母之喪，需等待免喪之後再議，若有一方不同意，即可“改嫁”或“別娶”。羅欽順認爲此解“害理傷教，莫此爲甚”③，這是對陳澔解説内容相當嚴重的批判。

（三）江蘇華鑰（1494—1539）批評陳澔《集説》曰：“夫《禮記》既非純爲先王之典，初學但音義章句一明足矣。澔乃逐段敷演成説，合之無慮數萬言，較諸古文，或正文訛謬而亂真，或簡段破碎而無緒，或訓解猥陋而失旨。習者既困於篇帙之多，又倍其精力於《集説》之繁，而卒茫無歸宿之地。”④華鑰從“初學”的觀點，認爲只要“音義章句一明足矣”，因此批評該書有敷演過繁、正文失真、段落無緒、訓解失旨等問題，導致初學者毫無頭緒，即抓不住重點，因而嚴重影響學習的效果。

（四）江西著名“王學”理學家羅汝芳（1515—1588）從“希聖希天”的理想和“個個人心有仲尼”的“自悟”角度説：“人自幼年讀書，便用《集説》講解，其支離甚可鄙笑。何止《集説》，即漢儒去聖人未遠之日，註疏汗牛棟，而孝弟之道，却看得偏輕，不以爲意。……某嘗謂人之不悟，蔽於物欲者固多，而迷於聞見者實不少也。”⑤認爲陳澔等一類的解説，僅是字句的訓詁解説，未能把握“孝弟”的經義之道，導致讀者迷於這類支離破碎之聞見，因而無法“悟道”、影響孝悌之實踐。這當然不是僅僅針對陳澔《集説》發言而已，但《集説》確實也是其批判的對象。

（五）江蘇徐師曾（1517—1580）在隆慶六年（1572）完成《禮記集註》，謂“宋有陳可大氏，集諸説之大成，爲世所宗，厥功不細。惜其取舍失衷，章句錯

　　①　[明]劉績《禮記正訓序》，[明]薛綱纂修、[明]吳廷舉續修《（嘉靖）湖廣圖經志書·武昌府·文類》（[明]嘉靖元年[1522]刻本），卷二，頁 34—35。

　　②　張志淳（1457—1538）以爲劉績之説“誠有補陳（澔）之不足，正陳（澔）之舛誤者。”[明]張志淳《南園漫録·解禮誤》（《四庫全書》本），第 867 册，卷八，頁 6。

　　③　[明]羅欽順《困知記》（《四庫全書》本），第 714 册，卷下，頁 7。

　　④　[明]華鑰《進禮記集註奏藁》，[清]黃宗羲《明文海·奏疏十》（《四庫全書》本），第 1453 册，卷五六，頁 6—7。

　　⑤　[明]羅汝芳《羅近溪先生明道録》（臺北：廣文書局，1987），卷四，頁 4。

雜,不滿乎識者之意。"雖承認陳澔《集説》"集諸説之大成"的勞動功績,但認爲陳澔徵引解説之文多有不當,難以傳達經義;分章離句和經文解説也不清楚,因此有學識的學者多不滿意該書。這也就是引發他不惜"潛心三十餘年""稍微删改,參以愚得"而成《禮記集註》的原因①。此乃批評陳澔學術識見不高,《集説》的貢獻只在"集諸説之大成"的功績而已。

(六) 浙江姚舜牧(1543—1627)批評陳澔《集説》解説之謬曰,"《禮記》一書,……苦於浩繁,初無明註,宋陳氏澔著爲《集説》,人共宗之,是則然矣! 而猶多未詳其義,且中有紕繆不通處。……而其最謬者:'《八蜡》:昆蟲曰祀螟蝗之屬害稼者。''《昏禮》:請壻弗取而后嫁之,曰壻若堅守前説,將此女别嫁他人。'此豈可爲經以詔後世哉!"②以爲陳澔此書經義解説不清,誤謬不通之處甚多,其中尤以《八蜡》和《昏禮》的這兩處解説,最是誤謬不通。姚舜牧對"昏禮"解説的批判意見,實與羅欽順相同。

(七) 江蘇顧文熊(1550—1600前後)以爲"《禮記》陳澔《集注》無章句,且多缺誤,因參稽衆説,分章疏解。……貫以己意,補其未備,名《(禮記)集解》行世。"③顧文熊之疏與發言雖佚,此僅是編輯者之言,但顧文熊認爲陳澔《集説》未能分章解説經文,並有應解説而未解説,以及解説不妥之處的批評,則相當明顯。

(八) 江蘇黄居中(1562—1644)爲沈一中(1580進士)的《禮記述註》作《序》謂"注《禮》者,漢有鄭玄,梁有皇侃,北齊有熊安生。今鄭《注》雖傳,不列於學官,朝家用以程士者,則主陳可大氏説,而語多牽合,踳駁不倫,讀者病焉。"④認爲陳澔《集説》"語多牽合,踳駁不倫"。解説牽强附會、雜亂不一,因此受到讀者的詬病。

(九) 江蘇王翼明(1587—1641)在説明自己寫作《禮記補注》的理由時説:"《禮記》雜出於古經及秦漢諸儒之手,然微辭奧旨往往而在,朱子嘗欲注之而未遑,一時諸儒蠡測管窺,未能破的。迨後陳氏《集説》既去取多乖,《大全》一書,徒取合於陳氏者分疏之,豈足發明聖賢之深意哉?"⑤所謂"去取多乖",大致與徐師曾"取舍失衷"相近,批評陳澔《集説》徵引編録入書的解經之説,本就不合經書之義,同時《大全》"徒取合於陳氏者",無法發明隱藏在《禮記》中"微辭奧旨"之義,這或者是公然批判官編《禮記集説大全》不足以"發明聖賢之深意"的首位學者。

① 〔明〕徐師曾《湖上集·禮記集註序》,《續修四庫全書·集部》(上海:上海古籍出版社,1995年影印〔明〕萬曆刻本),第1351册,卷八,頁32。
② 〔明〕姚舜牧《來恩堂草·禮記大全疑問要解序》,《四庫禁毁書叢刊·集部》(北京:北京出版社,2000年影印〔明〕刻本),第107册,卷二,頁7。
③ 〔清〕陳延恩修,〔清〕李兆洛纂《(道光)江陰縣志·人物二·儒林傳》(〔清〕道光二十年〔1840〕刊本),卷一七,頁3。
④ 〔明〕黄居中《禮記述註序》,〔清〕朱彝尊《經義考·沈氏一中禮記課兒述注》(《四庫全書》本),第679册,卷一四五,頁12。
⑤ 〔明〕王翼明《禮記補注自序》,〔清〕朱彝尊《經義考·王氏翼明禮記補注》(《四庫全書》本),第679册,卷一四六,頁3。

（十）安徽張習孔（1606—1684?）告訴杜濬（1611—1687）所以寫作《檀弓問》的理由說："《大學》《中庸》之理；《檀弓》之文，爲《禮記》中二絶。又見陳《注》舊說，於理有所未安，於是討論釐正，析疑補闕，然後文從理順，粲然明備矣。"①這是批評陳澔的註解，在義理解說上有不夠妥當之處。

歸納以上從十六世紀正德年間到十七世紀明朝滅亡共二百年間的十位明代士人，明顯負面批評陳澔《集説》的意見，批評的重心大致都放在陳澔《集説》蒐集諸說的去取不當、章句之離析不清、經義的解説不夠深入或不妥當。就批評者的學術立場觀察之，羅欽順和羅汝芳都是著名的理學家，是以有"害理傷教""支離"之類的批評。再考察其他發言批評的另八位士人，劉績著有《禮記正訓》、華鑰著有《禮記集註》、徐師曾著有《禮記集註》、姚舜牧著有《禮記大全疑問要解》、顧文熊著有《禮記集解》②、王翼明著有《禮記補注》、張習孔著有《檀弓問》、黃居中是爲沈一中（1580 進士）《禮記課兒述注》寫《序》，可見這八位士人乃是帶有特定目的而發言批評。雖然這十位作者發言的客觀性，難免有部分可質疑之處，但也確實指出陳澔《集説》的某些闕漏，對閱讀陳澔《集説》的讀者，有效認知該書不足或訛誤之處，自然有部分實質的功能，可惜這些學者的這些相關發言，就現在所知的文獻來看，並沒有在明朝學界傳播，是以並未受到應有的重視，影響的層面畢竟有限，這或者也是導致清朝士人繼續批評陳澔《集説》的一個原因。

（二）清人負面批判陳澔及其《禮記集説》考實

陳澔《集説》進入清朝以後，由於依然立於學宮，依舊具有士子非閱讀不可的霸權地位，故而同樣引來不少批判與糾謬的評論，根據現存可知的文獻，除前引朱彝尊、皮錫瑞等明顯的批判，還有納蘭性德（1655—1685）專著一書以糾補陳澔《集説》之闕漏者③，清代其他較爲明顯的負面批評者④，筆者所見即

---

①　［明］杜濬《檀弓問序》，［清］朱彝尊《經義考·張氏習孔檀弓問》（《四庫全書》本），第 679 册，卷一四八，頁 9。

②　李應昇爲顧文熊《禮記集解》寫的《禮記集解後叙》，評論陳澔《集説》曰："以醇粹之論發經義之精，《集説》所長；以正大之情破經言之滯，《集説》所短。"讚美陳澔《集説》能"以醇粹之論發經義之精"，此或可爲劉柏宏之文補一條資料。［明］李應昇《落落齋遺集·禮記集解後叙》，《四庫禁毀書叢刊·集部》（北京：北京出版社，2000 年影印［明］崇禎刻本），第 50 册，卷一〇，頁 40。

③　在清初朝廷頗有影響力的納蘭性德，曾相當嚴厲地批評陳澔《集説》"陋略不足觀"。同時還著有專門糾補陳澔《集説》的《陳氏禮記集説補正》，卻也未能影響清朝官方繼續以陳澔《集説》爲科舉程式的事實。評語見［清］納蘭性德《通志堂集·衛氏禮記集説序》，《四庫全書存目叢書·集部》（臺南：莊嚴文化事業公司，1997 年影印［清］康熙三十年［1691］徐乾學刻本），第 247 册，卷一二，頁 20。曾釗肯定納蘭性德之作爲云："《禮記》舊有鄭氏《注》，說制度最精核，元陳雲莊《集説》，一變而以義理說之，國朝長白納喇氏，病其疏舛，爲之補正。"［清］曾釗《面城樓集鈔·禮記集説補正附論序》，《續修四庫全書·集部》（上海：上海古籍出版社，1995 年影印［清］光緒十二年［1886］刻學海堂叢刻本），第 1521 册，卷二，頁 2。

④　僅籠統批評而未見實質指稱者，均不納入討論。如：章耿光（1640—1690 前後）以爲"陳澔《集註》多舛誤。"［清］陳延恩修，［清］李兆洛纂《（道光）江陰縣志·人物一·崇祀鄉賢傳》，卷一六，頁 37。官編的《學政全書》謂"陳澔《集説》……訓釋未能該洽。"［清］素爾訥《學政全書·頒發書籍》，《續修四庫全書·史部》（上海：上海古籍出版社，1997 年影印［清］乾隆三十九年［1774］武英殿刻本），第 828 册，卷四，頁 14。

有下文幾位學者：

（一）福建李光坡（1651—1723）於康熙戊子（1708）完成《禮記述註》一書，《自序》說陳澔“妄詆”《正義》，即胡亂批評《禮記正義》；且《集說》內容“多約《注疏》而成，鮮有新意，而指《注疏》爲舊説”，意謂陳澔不僅抄襲《注疏》，沒有自己的意見，還誣指《注疏》是“舊説”，因此是一部抄襲前人、欺瞞今人的“抵冒前人”與“欺負後生”，以假亂真之作，故有“始讀陳氏《集説》，疑其未盡；及讀《注疏》，又疑其未誠”之言。不僅攻擊陳澔《集説》解説不够詳盡，同時攻擊陳澔人格，批評陳澔乃缺乏信實之人。李光坡更批評陳澔《集説》的詮解，存在有“逐節不往復其文義，通章不鈎貫其脈絡”，在章節的解説上文義解説前後關係不清，前後無法有條理的溝通貫串，因此“欲以方軼前人，恐未能使退舍也”，因此難以和前人比較或超越前人①。此論不僅貶抑陳澔之書，甚至懷疑陳澔之人格。李光坡“多約《注疏》而成”的批評，依據實際的考察，或者還有可斟酌之處②。《四庫全書總目》則讚同李光坡之批評，還讚美李光坡之論“可謂持是非之公心，掃門户之私見”③。《總目》此論不知是否包括“多約《注疏》而成”一事及陳澔“未誠”的指責。

（二）江蘇張大受（1660—1723）爲姜兆錫（1666—1745）《禮記章義》寫《序》，因而謂“崑山衛氏正叔《集説》，薈聚而決擇之，至詳且精。……陳氏之《集説》，牽綴簡略，特以爲學者科舉之具，於聖人節文之意，三千三百之數，不復講求，則夫恭敬、辭讓由乎人心之秉彝者，亦漸凌微而無可稽也。”④以爲陳澔之解經，附會簡略，僅適合科舉考試之用，對於聖人教導的儀式禮節之深意全不講求，並無法啓發讀者的恭敬、辭讓之心，使得人心原本持守的常道，亦因之而逐漸被壓縮而難以覺醒、難以有效考明。

（三）浙江陸奎勳（1663—1738）著《戴記緒言》，該書《自序》謂“衛正叔《集説》百有六十卷，採摭大備，丹黄一過，始知陳氏説之醇粹者，悉本朱子，其餘集解，不免偏駮。”⑤因點讀衛湜《集説》，經過比較之後，纔發現陳澔《集説》“醇粹者”，都本之朱子，至於其他蒐集而來的解説，不能免於歪曲不純。陳澔固然推崇朱子，但要説陳澔《集説》的正確解説都“悉本朱子”，不免有過於誇大之虞⑥。

（四）安徽方苞（1668—1779）說：“自明以來，傳註列於學官者，於《禮》則

　　①　［清］李光坡《禮記述註·序》（《四庫全書》本），第127册，序，頁1—3。
　　②　透過《四庫全書》和《中國基本古籍庫》電腦搜尋後的粗略統計，陳澔《集説》徵引的30個對象，總共有1020筆的徵引，“《疏》曰”有277筆，“鄭氏”69筆，兩者相加佔總徵引數的34％，雖略高於三分之一，但與“多約《注疏》而成”的結論，顯然還有不小的差距，可見李光坡的評論，並非完全可靠。
　　③　［清］永瑢等編纂，王伯祥斷句《四庫全書總目·禮記述注提要》，卷二一，頁173。
　　④　［清］張大受《匠門書屋文集·禮記章義序》，《清代詩文集彙編》（上海：上海古籍出版社，2010年影印［清］雍正七年［1729］顧詒禄刻本），第205册，卷一九，頁2。
　　⑤　［清］張廷玉等《皇朝文獻通考·經籍考四》（《四庫全書》本），第637册，卷二一四，頁28。
　　⑥　陸奎勳顯然認爲陳澔《集説》缺乏自己的創見，僅是輯録諸説而已。唯透過電腦搜尋後的粗略統計，陳澔《集説》徵引“朱子曰”64筆，佔1020筆徵引總數的6.3％。

陳氏《集説》，學者弗心饜也。壬辰、癸巳間余在獄，篋中惟此本，因悉心焉。始視之若皆可通，及切究其義，則多未審者。"①以爲"陳氏《集説》，於《記》之本指，時有未達而反以蔽晦之者"②。陳澔解經不僅解説不清楚，甚至隱蔽、混淆了經書的本義。方苞雖也批評陳澔《集説》有解説不當、不精之處，但也反省説："古書之蘊，非一士之智，一代之學，所能盡也。然惟前之人既闢其徑涂，而言有端緒，然後繼事者得由其間而入焉。乃或以己所得，瑕疵前人，而忘其用力之艱，過矣！余之爲是學也，義得於《記》之本文者十五六，因辨陳説而審詳焉者十三四，是固陳氏之有以發余也。"③方苞如同顧炎武反對"以一事之瑕，而廢傳經之祀"那般，並不同意全然抹煞陳澔《集説》的批評，這是方苞有別於其他批評者之處。

（五）江蘇王懋竑(1668—1741)從博觀多取的理想角度，批評陳澔《集説》"援引僅十餘家，若亮軒馮氏、恒軒劉氏，則皆不著其名，……陳氏所採此二家爲多，然其舛誤則不少矣。後之學《禮》者，當合《註疏》、衛氏《集説》、《纂言》參考之，而陳氏《集説》及《大全》則以附觀焉，庶幾其得之矣。"④以爲陳澔徵引前人之説，以亮軒馮氏和恒軒劉氏最多，但二家之説有許多違背經義的錯誤⑤，因此學《禮》者，當綜合參考孔穎達《禮記註疏》、衛湜《禮記集説》、吳澄《禮記纂言》等三書；並以陳澔《禮記集説》、胡廣等《禮記集説大全》兩書"附觀"，如此方能"庶幾得之"，這顯然並非針對一般讀書士子發言，而是對專門研究《禮記》者發言。

（六）安徽汪紱(1692—1759)作於乾隆元年(1736)的《禮記章句序》，批評陳澔《集説》云："陳《注》或雜引他説不爲折衷，或隨手撦援不順文義，而其間擇之未精，語之未詳者，亦所時見。"認爲陳澔《集説》學術識見不高，徵引之際缺乏折衷、援引之文義與正文不順，經常出現抉擇未精、解説未詳等方面的缺失。但也承認陳澔《集説》有"平易純正"之優點⑥，並未全面抹殺該書。

（七）浙江盛世佐(1720—1800前後)評論敖繼公(1240—1300前後)《儀禮集説》的闕漏，説敖繼公之書："於制度文爲，反多闕而未備，記其優劣，蓋與陳澔之《禮記集説》等。"⑦此謂陳澔《集説》與敖繼公《儀禮集説》的闕漏相等，

①　[清]方苞《望溪集·禮記析疑序》《四庫全書》本），第1326册，卷六，頁1。
②　[清]方苞《望溪集·書陳氏集説補正後》（《四庫全書》本），第1326册，卷三，頁10。
③　[清]方苞《望溪集·禮記析疑序》（《四庫全書》本），第1326册，卷六，頁2。
④　[清]王懋竑《讀書記疑·禮記》，《續修四庫全書·子部》(上海：上海古籍出版社，1997年影印[清]同治十一年[1872]福建撫署刻本)，第1146册，卷三，頁1。
⑤　透過電腦搜尋後的粗略統計，陳澔《集説》徵引30家，並非"僅十餘家"。徵引最多的是"疏曰"（《禮記注疏》)277筆，接著依次是："方氏曰"154筆、"吕氏曰"107筆、"石梁王氏曰"92筆等。王懋竑指稱的"恒軒劉氏"有73筆，"亮軒馮氏"僅12筆，"採此二家爲多"之言，恐難謂爲真實之論。
⑥　[清]汪紱《雙池文集·禮記章句序》，《續修四庫全書·集部》(上海：上海古籍出版社，1995年影印[清]道光十四年[1834]一經堂刻本)，第1425册，卷五，頁16。
⑦　[清]盛世佐《儀禮集編·凡例》（《四庫全書》本），凡例，頁3。

兩者對典章制度與有效執行的實踐儀式①，均有缺略不够詳盡的缺失。

（八）《四庫全書總目》云："澔所短者，在不知禮制當有證據，禮意當有發明，而箋釋文句，一如註《孝經》《論語》之法，故用爲蒙訓則有餘，求以經術則不足。"又云："諸經之作，皆以明理，非虛懸而無薄，故……皆不可以空言説，而《禮》爲尤甚。陳澔《集説》略度數而推義理，疏於考證，舛誤相仍。"批評陳澔此書僅會"循文訓釋"②，未能考證典章制度，未能發明禮意，只重在文句義理的解讀，且錯誤連篇，不足以呈現通經致用之術的内涵。還批評"陳澔《集説》不用《注疏》次第，强分四十餘章，已乖違古義"。以及"《中庸》、《大學》二篇，陳澔《集説》以朱子編入《四書》，遂删除不載，殊爲妄削古經"③。批評陳澔《集説》重新分章不依《禮記注疏》，違背經書古義。删去《大學》、《中庸》二篇，任意删除古經，過於妄爲。

（九）四川李調元（1734—1803）首先指出"明初始定《禮記》用澔《註》，胡廣等修《五經大全》，《禮記》亦以澔《註》爲主，用以取士，遂誦習相沿"的歷史事實，進而批評説："余少習舉子業，先大夫即授以陳氏《集説》，余受而讀之，以其間穿鑿附會，並及挂一漏萬之處，頗不愜於心！"批評陳澔解經有"穿鑿附會"和"挂一漏萬"的疏失。不過李調元同時也有"説《禮》之家一百四十四人，求其多不傷煩，少不傷簡，則衛湜之後，斷推陳氏"的肯定意見④，並未全面抹殺陳澔《集説》。

（十）江蘇李惇（1736—1785）説陳澔《集説》："好以己意改《注疏》，其中有斷不可通者。"又説："《集説》所采，大率取之孔《疏》，或以《疏》文太繁，約舉其説，此亦不得不然。然纂述之體，直載其説者，當載其書名；以己意約舉其義者，則不必載其名。今案《集説》有約舉其義者，或加'疏曰'二字，有直載其文數行者，反不加'疏曰'二字，并有以《疏》説嫁名他人者，如石梁王氏未詳何人，陳氏屢載其説，實多疏謬。又有浩齋者，亦不知何人，《集説》不載其姓，其説亦即《疏》説，陳氏豈欲采《疏》説而畏人議之，乃更爲此展轉，以示其采用之博，不專一書歟！"⑤指責陳澔多抄録《禮記注疏》，或引全文、或約其説；又"好以己意改《注疏》"，卻是越改越不通，甚至懷疑陳澔因爲擔心徵引《禮記注疏》太多而遭人非議，是以刻意轉引他人徵引《禮記注疏》之文，用以矇騙讀者。李惇不僅批評陳澔在解經上的"自以爲是"，同時還懷疑陳澔的"誠信"，對陳澔學術與人

---

① 馬睎孟説："制度者，文爲之體；文爲者，制度之用。簠簋俎豆，所謂制度也；升降上下，所謂文爲也。"見［宋］衛湜《禮記集説・仲尼燕居》（《四庫全書》本），第119册，卷一一九，頁36。

② ［清］永瑢等編纂，王伯祥斷句《四庫全書總目・禮記輯覽提要》，卷二一，頁193。

③ ［清］永瑢等編纂，王伯祥斷句《四庫全書總目・雲莊禮記集説提要》，卷二一，頁170；《禮記大全提要》，卷二一，頁170；《表記集傳提要》，卷二一，頁171；《欽定禮記義疏提要》，卷二一，頁172。

④ ［清］李調元《禮記補註・序》，《續修四庫全書・經部》（上海：上海古籍出版社，1995年影印［清］乾隆李氏萬卷樓刻《函海》本），第103册，頁1。［清］李調元《童山集・禮記補註序》《古籍庫》本），卷三，總頁397。

⑤ ［清］李惇《群經識小・集説錯誤》，《續修四庫全書・經部》（上海：上海古籍出版社，1995年影印［清］道光李培紫刻本），第173册，卷四，頁21—25。

格的批評相當嚴厲。

（十一）安徽洪亮吉（1746—1809）説陳澔《集注》"本爲科舉起見，是以凡遇可備出題者，注解略爲詳明，其餘即謭陋殊甚，是以士子無所遵循。……且陳澔《集説》，其詳明者皆采取鄭《注》，其簡略者即自以意爲删改。是用鄭《注》則《集説》之精華已備，用《集説》則昔賢之訓詁半淪。"①這是洪亮吉在乾隆五十八年（1793）上疏建議科考《禮記》，以鄭玄《禮記注》取代陳澔《集説》的發言。以爲陳澔《集説》注解詳明的精華，都是來自鄭玄《禮記注》；淺薄粗略的解説，都是陳澔以己意删改鄭玄《禮記注》的結果，意即陳澔除抄録鄭玄《禮記注》外，毫無自己的學術建設能力，因此其書不該繼續立於學宫。洪亮吉之説爲王杰（1725—1805）等所駁②，蔣超伯（1845 進士）則惜其説不得行③，則蔣超伯顯然同意洪亮吉的觀點。

（十二）浙江陳鱣（1753—1817）有《禮記參訂》一書，跋元刻本陳澔《集説》云："考宋時劉懋有《禮記集説》，衛湜有《禮記集説》百六十卷；元時又有彭絲《禮記集説》四十九卷，曷爲仍襲其名？且其父名大猷，而子字曰可大。其學宗程朱，而名曰澔，與程純公名相犯，止加水旁，皆有可議者。其生平無它著作，株守窮鄉，妄欲説經垂世，而固陋空疏，弊端百出，《經義考》目爲'兔園册子'，殆不爲過。考延祐科舉之制，《易》《詩》《書》《春秋》，皆以宋儒新説與古注疏相參，惟《禮記》專用古注，是書之作，本已違制，故不爲儒者所俙。"④陳鱣不僅輕藐陳澔學術，並且藉機攻擊陳澔人格，故謂陳澔"妄欲説經垂世，而固陋空疏，弊端百出"。以爲陳澔《集説》違背"延祐科舉之制"，因此導致"不爲儒者所俙"。陳鱣的批評當是歷來最嚴厲的批評，不僅針對學術，還針對人格。

（十三）江蘇汪椿（1760—1825）專精於積算推步之術，從專精的角度批評陳澔《集説》曰："《王制》里畝二數，鄭《註》最爲精密，……孔《疏》疑經文錯亂，推算益舛⑤。陳澔糾孔《疏》之失而自算之，數步下忽有奇零⑥，殆全未通曉

---

①　［清］洪亮吉《卷施閣集·請禮記改用鄭康成注摺子》，《續修四庫全書·集部》（上海：上海古籍出版社，1995 年影印［清］光緒三年［1877］洪氏授經堂刻《洪北江全集》增修本），第 1467 册，卷九，頁 1。

②　［清］胡虔《柿葉軒筆記》，《叢書集成三編》（臺北：新文豐出版公司，1997 年影印《峭帆樓叢書》本），第 6 册，頁 11—12。

③　［清］蔣超伯《南漘楛語·力攻陳澔》《續修四庫全書·子部》（上海：上海古籍出版社，1997 年影印［清］同治十年［1871］兩罍山房刻本），第 1161 册，卷二，頁 6。

④　［清］陳鱣《經籍跋文·元本禮記集説跋》，《續修四庫全書·史部》（上海：上海古籍出版社，1997 年影印［清］光緒四年［1878］成都葉氏龍眠山房刻本），第 923 册，頁 22—23。

⑤　此指《王制》"古者以周尺八尺爲步"下的鄭《注》及孔《疏》。［漢］鄭玄注，［唐］孔穎達等正義：《禮記正義·王制》（臺北：藝文印書館，1981 年影印［清］嘉慶二十年［1815］南昌府學《重刊宋本十三經注疏附校勘記》本），卷一三，頁 268。

⑥　陳澔《集説》解説《王制》此段云："愚按：《疏義》所算亦誤，當云：'古者八尺爲尺。'以周尺八尺爲步，則一步有六尺四寸，今以周尺六尺四寸爲步，則一步有五尺一寸二分，是今步比古步每步剩出一尺二寸八分，以此計之，則古者百畝當今東田百五十六畝二十五步一寸六分十分寸之四。"因出現"百五十六畝二十五步一寸六分十分寸之四"之數，此汪椿"忽有奇零"批評之故。

者。"①批評陳澔完全不懂得"算數",卻胡亂糾正《禮記注疏》。這個批評,陳澔應該無話可説。

（十四）陝西王玉樹（1770—1820前後）大致承襲《四庫全書總目》的觀點:"説《禮記》者,漢唐莫如鄭孔,宋代莫如衛湜",進而批評陳澔《集説》"于禮制少證據,禮意欠發明"。此發揮《四庫全書總目》"不知禮制當有證據,禮意當有發明""略度數而推義理,疏於考證"之意。王玉樹也有陳澔《集説》"箋釋文句頗極清晰,禮文奧賾,得此疏解,于初學不爲無補"的肯定②,並未全然抹殺。

（十五）上海（江蘇）阮惟和（1900前後）説:"陳澔《集説》云:'廢其事,如戰陳無勇而敗國殄民,或荒淫失行而悖常亂俗,生則擯弃,死則貶降。'如其説,則以殄民亂國之臣而祗不仕,其身死猶得以士禮葬,雖容有寬大皇恩,究不可以爲典則,而乃取以解經,謂三代之隆亦尚如此,不且爲後世賊子亂臣藉口乎?此説經之最謬者也。"③以爲陳澔《禮記·王制》"大夫廢其事,終身不仕,死以士禮葬之"的解説,可以成爲"後世賊子亂臣藉口",因而批評其解經之義理過於荒謬。

如若把《四庫全書總目》視爲同一群學者之論,再加上浙江朱彝尊、湖南皮錫瑞等,清代總共有十七位發言負面批評陳澔《集説》者。歸納這十七位批評者發言之故,大致可以分成三類:第一類是學者本身有詮解《禮記》的專書,或幫他人的《禮記》詮解專著寫"序",因而批評陳澔之書的訛誤或不足。如:李光坡、張大受、陸奎勳、方苞、汪紱、盛世佐、李調元等。第二類是認定衛湜《禮記集説》勝過陳澔之書,大致屬於認同"漢學"或較傾向"漢學"者,如:朱彝尊、王懋竑、《四庫全書總目》、李惇、洪亮吉、王玉樹、皮錫瑞等。第三類是純就詮解內容發言批評者,如:陳鱣、汪椿、阮惟和等。若再進一步考察清朝士人的發言,就可以發現方苞、汪紱、李調元、王玉樹等,都能在強調陳澔《集説》缺漏的同時,還指出陳澔《集説》的某些優點。就歷史的事實而論,明朝乃是程朱"宋學"在士人間接受度最高、影響力最大的時代,然明朝士人在評論以"朱學"爲依歸的陳浩《集説》時,竟然不提該書的正面收穫,只一味的強調該書的缺漏。反而是引入"漢學"而改善程朱"宋學"偏向與不足的清朝,竟然有某些士人,在批判指出陳澔《集説》的缺漏之際,還能以不偏不倚的態度告知讀者陳澔《集説》的優點,這幾位清朝士人的評論態度,顯然較之明朝士人單一偏向的態度更爲公正。

就臺灣可獲得的傳統文獻而論,明、清兩代比較明顯發言批判陳澔《集説》者,筆者所見有以上二十七位學者,這類批評雖然或者是基於宣揚自己的著

---

① ［清］吴棠修,［清］魯一同纂《（咸豐）清河縣志·人物四》（［清］同治四年續刻本）,卷一九,頁9—12。

② ［清］王玉樹《經史雜記·陳澔禮記》,《續修四庫全書·子部》（上海:上海古籍出版社,1997年影印［清］道光十年［1830］芳棳堂刻本）,第1156册,卷二,頁21。

③ ［清］阮惟和《讀小戴禮日記·王制》,《中國基本古籍庫》（［清］光緒《學古堂日記》本）,總頁8—9。

作,或者是宣揚自身的學術認同,或者是"求全責備"下的理想性發言,這些批評性的發言,固然不可能毫無爭議,但誠如前文所述,這些批評就教育傳播的角度來看,必然對陳澔《集說》的讀者,帶來提醒或糾補的實際功能,因而具有相當值得重視的學術價值①。唯清代學者的部分批評,還有某些可以再斟酌之處。首先,如李光坡和李惇都說陳澔抄襲《禮記注疏》②、洪亮吉說陳澔抄襲鄭《注》、王懋竑說陳澔徵引亮軒馮氏和恒軒劉氏兩家之說最多之類。其次,則是如李光坡、陳鱣等超出學術批評之外的人身攻擊。就李光坡和李惇說陳澔抄襲《禮記注疏》,洪亮吉說陳澔抄襲鄭《注》,這等明白指控陳澔爲"文抄公"的批評而論,若就陳澔《集說》的性質與表現而言,此說自然可以成立,但若就一般"集說式"的經學著作而論,此類批評恐怕有過於嚴苛之虞③。再就李光坡說陳澔著書"欲以方軼前人",即有超越前人的企圖,不知從何而來? 另外,陳鱣一則指責陳澔書名與前人重複;再則指責陳澔之"字"犯諱;三則指責陳澔著書"妄欲說經垂世"。實則陳澔在該書《自序》即已明言:"欲以坦明之說,使初學讀之,即了其義,庶幾章句通,則蘊奧自見;正不必高爲議論,而卑視訓詁之辭也。"④可見李光坡和陳鱣所謂"方軼前人"和"說經垂世"的批評,當是過度引申而缺乏實證的不實批判。陳澔之書當然有不足之處,因此評論指出其訛誤或不足,本屬正常的學術行爲,且是大有益於學術意義之舉,但如李光坡、李惇、陳鱣、洪亮吉等某些涉及人身攻擊的批評,實屬毫無必要的"過言"。

　　考察前述評論學者發言評論的緣由,主要乃因陳澔《集說》立於學官,成爲科舉考試標準本之故,若陳澔之書沒有這樣的特殊地位,則這麼一位"株守窮鄉"的老儒及其著作,根本就不太可能受到如此多方的關注,更不可能出現如此多專門學者發言批評,納蘭性德也不可能費心寫專書幫其補正。陳澔及其《集說》之所以受到許多學者及同行批評,這就像英國的大衛·英格萊比(David ingleby)考察美國心理學家弗洛姆(Erich Fromm,1900—1980)受批評的

―――――――――――

　　①　此可參閱侯美珍《科舉視角下的明清〈禮記〉學:〈禮記〉義考試之流弊、批評與回應》,頁157—158之分析説明,可見這類批判的學術價值。
　　②　陳澔《禮記集説》並非抄録《禮記注疏》之作,詳細資料可參閲劉千惠《陳澔〈禮記集説〉之研究》,頁47—48。
　　③　陳澔《集説》徵引甚多學者之説,其中具名《注疏》者277條,均標明"疏曰";徵引鄭《注》者69條,也標明"鄭氏曰"。但陳澔之徵引,應該還有許多未確實舉名的疏漏之處,因此李光坡、李惇和洪亮吉的抄襲指責,自然有其道理。但要説陳澔是刻意抄襲,恐怕還需要舉出更有效的證據,方可成立。因爲此類"集説式"之經解,大量抄襲既有成果,乃是著作之常態。徵引之文都須明白註出自是合理要求,但只要有疏漏或改裝即視爲"文抄公",若以此嚴格標準評量"集解式"的傳統經學著作,恐怕就會有過度嚴苛之嫌了。再者筆者以爲對待無法發聲爲自己辯白的古人,在定其罪過之際,有必要像歐陽修之父面對死刑犯時那樣,必須在"求其生不得爾"的前提下,方可批判定其罪過。筆者以爲後代人在批評古人或定罪古人之際,必須有歐陽修之父那種"求其生而不得,則死者與我皆無恨也"的基本認知,否則很可能就會出現過度的批評而不自知。由於筆者抱持此種基本信念,故對於苛責陳澔者自然而然產生疑慮,是以行文之際不免有類似維護陳澔的語氣,導致某些學者誤以爲此文係幫陳澔鳴冤平反的"翻案文章",實則不然也。上述之説明,或可解某些學者之疑慮。歐陽修之父的言論,見[宋]歐陽修《文忠集·瀧岡阡表》(《四庫全書》本),第1102冊,卷二五,頁11。
　　④　[元]陳澔《陳氏禮記集説·自序》(《四庫全書》本),第121冊,序,頁1。

情況那樣:"弗洛姆的論敵感到有必要對他重複進行同樣的批評,在30年裏共有三次,從另一個角度,這大概可以説明在這段時間裏人們對他的喜愛與日俱增。"①陳澔《集説》的情況大約也有如此之態勢,主要是因爲陳澔《集説》在明清兩朝獲得喜好《禮記》士子真實或不得不的擁護②,擁有其他《禮記》學專著所無的特殊地位之故,從而可知在這類負面批評背後,隱藏有一個未曾明説,卻實際存在的"在乎該書"與"求全責備"的理想要求③;以及"精益求精"的"競爭心態"等正負面作用而產生的強大動力下的結果。

三、《欽定禮記義疏》與陳澔《禮記集説》關係考徵

陳澔《集説》受到明、清學者的批判之外,甚至乾隆時期朝廷編輯的"欽定"《四庫全書總目》、《四庫全書簡明目録》④、《八旗通志》⑤、《學政全書》等,都出現有負面批評陳澔《集説》的言論,可見乾隆朝官方對陳澔《集説》確實有不滿意之處,因此纔會出現一部"仰承指授,衡鑒至精",明顯針對陳澔《集説》"棄瑕録瑜",並"兼收並採"群言,且統括"鄭《注》之精奧、孔《疏》之博贍、衛湜《集説》之詳明,粹然集其大成",以皇帝名義重新編輯而形態相類的《欽定禮記義疏》⑥。然則《欽定禮記義疏》針對陳澔《集説》"棄瑕録瑜"的實際表現如何呢?相對於其他被採録的"群言",陳澔《集説》被採録的實況又如何呢? 以下即據徵引條目的實際數據論之。

就《欽定禮記義疏》徵引的"群言"對象而論,以該書"○氏○○曰"的標準徵引模式考察:若以人物論之,自周代荀子(公元前336?—公元238)到清代的張怡(1644前後)總共徵引205人;若以朝代區分,隋代以前有40位徵引3194條;唐代11位徵引2802條;宋代95位徵引4873條;元代14位徵引837

① [英]大衛·英格萊比著,蔣重躍譯《〈健全的社會〉1991年倫敦增訂版導言》,[美]弗洛姆著,蔣重躍等譯《健全的社會》(北京:國際文化出版公司,2003),頁320。
② 這還可以從《四庫全書總目》評論許多《禮記》學專著,經常引述陳澔《集説》作爲評論的對照底本,以及《四庫全書總目》著録的《禮記》學專著,至少有《陳氏禮記集説補正》《檀弓叢訓》《禮記明音》《禮記輯覽》《禮記中説》《禮記説義集訂》《禮記纂注》《檀弓評》《禮記疏略》《禮記惜陰録》《禮記詳説》《學禮闕疑》《李氏樂書·樂記補説》等13部,或依循陳澔《集説》而作、或針對陳澔《集説》而作,因而部分了解陳澔《集説》在士子間受到關注擁護的實情。
③ 侯美珍《科舉視角下的明清〈禮記〉學:〈禮記〉義考試之流弊、批評與回應》,頁158云:"不滿的批評,反映出明、清諸人對功令註本的期待遠高於童蒙教材的期待,反映出澔書確實未能與其它功令所尊的註本並駕,並非是對澔書過分苛責。"此論可證批評者"求全責備"之本意。
④ [清]于敏中等《欽定四庫全書簡明目録·陳氏禮記集説補正》(《四庫全書》本),第6册,卷二,頁38云:"專爲糾駁陳澔《禮記集説》而作,……援引以證,以著其失,往往愜理厭心。"
⑤ [清]鐵保等《欽定八旗通志·藝文志·陳氏禮記集説補正》(《四庫全書》本),第665册,卷一二〇,頁7。
⑥ [清]張廷玉等《皇朝文獻通考·經籍考四·欽定禮記義疏》,第637册,卷二一四,頁20。又《欽定四庫全書簡明目録》云:"説《禮》諸家,精奧無如鄭《註》,博贍無如孔《疏》,詳目明者無如衛湜《集説》,自陳澔書大行於世,古義寖微。是編仰承指授,考證參稽,以補正澔書之訛漏。"[清]于敏中等《欽定四庫全書簡明目録·欽定禮記義疏》,第6册,卷二,頁38。

條；明代 25 位徵引 351 條；清代 2 位徵引 14 條，另有 18 位"時世不詳者"徵引 100 條①。全書總共徵引 205 名解說《禮記》的相關資料 12171 條，唐代以前 51 人徵引 5996 條，唯若扣除鄭玄（127—200）和孔穎達（574—648）二人，另外 49 人僅徵引 549 條；宋代以後 154 人徵引 6175 條。205 位徵引的對象中，徵引數量超過 100 條者有 18 人，包括：鄭玄②、孔穎達、方慤（1118 進士）、陳祥道（1053—1093）、陳澔、陸佃（1042—1102）、朱熹（1130—1200）、呂大臨（1044—1091）、馬睎孟（即馬希孟？ —1085）、吳澄（1249—1333）、張載（1020—1077）、高誘（190—212 前後）、徐師曾（1517—1580）、應鏞（1199 進士）、胡銓（1102—1180）、輔廣（1170—1270 前後）、葉夢得（1077—1148）、張處（1196 進士）等，謹依徵引條數多寡之次序，以表格示之：

名次	1	2	3	4	5	6	7	8	9	10	11	12	13	14	15	16	17	18
朝代	漢	唐	宋	宋	元	宋	宋	宋	宋	元	宋	漢	明	宋	宋	宋	宋	宋
姓名	鄭玄	孔穎達	方慤	陳祥道	陳澔	陸佃	朱熹	呂大臨	馬睎孟	吳澄	張載	高誘	徐師曾	應鏞	胡銓	輔廣	葉夢得	張處
徵引書量	2770條	2677條	1128條	513條	491條	417條	386條	381條	352條	236條	179條	174條	153條	142條	121條	106條	102條	100條

以上徵引數量超過 100 條的 18 人：漢代 2 人、唐代 1 人、宋代 12 人、元代 2 人、明代 1 人，除鄭《注》與孔《疏》外，宋人總體的徵引量最多。至於《四庫全書總目》所謂"取於湜書者特多"的宣稱③，如若指徵引衛湜之論，則無法在徵引數量上獲得證實；如若指徵引擷取衛湜《禮記集說》出現之文獻，則大致相吻合④。統合前述表現，鄭《注》、孔《疏》徵引數量達全書 44.75%，宋代以後亦占

<hr>

① ［清］鄂爾泰等《欽定禮記義疏·引用姓氏》（《四庫全書》本），第 124 冊，引用姓氏，頁 1—17。總共有 244 人，其中 24 人"未詳世次"。唯根據"〇氏〇〇曰"的標準徵引模式考之：毛萇、戴聖、劉向、賈逵、鄭興、服虔、應劭、劉熙、譙周、射慈、孫毓、范甯、徐遵明、王通、魏徵、邢昺、劉敞、王昭禹、劉安世、晁說之、高閌、洪适、胡宏、薛季宣、史浩、陸九淵、陳傅良、黃度、李舜臣、陳騤、林椅、趙汝騰、王與、李冶、林希逸、家鉉翁、虞集、王褘、邵寶、呂柟、魏校、王應電、呂坤、吳華等均未見徵引。"黃氏仲炎"未見，僅見"黃氏炎"；程顥、程頤二人在文中未區分，僅作"程子"；"邱濬"文中作"丘濬"；"范氏曄"未見，僅見"范氏蔚宗"；"邵氏淵"與"邵氏困"並出。再者：楊慎、何子季、范瓏、劉世明等，未見於《引用姓氏》；何子季、劉世明等"世代未詳"；楊慎、范瓏等爲"明人"。原本"未詳世次"的王喬桂、孫景南、張燧等實爲"明人"；史駉孫、詹道傳等實爲"元人"；胡迥、董瑋等實爲"宋人"。

② ［清］鄂爾泰等《欽定禮記義疏》，第 125 冊，卷五八，頁 26："鄭氏康成"誤作"鄭氏康咸"。

③ 張麗珠顯然受到誤導，故以爲《禮記義疏》"多採衛《注》"。張麗珠《清代三禮學復興暨清初禮學名家》，《經學研究集刊》第 6 期（2009 年 5 月），頁 187。

④ ［清］鄂爾泰等《欽定禮記義疏》徵引衛湜《禮記集說》的實況："衛氏湜"2 條：第 124 冊，卷首，頁 32、頁 38；"衛湜本"1 條：第 124 冊，卷一二，頁 16；"衛湜《集說》"1 條：第 124 冊，卷二七，頁 44。若所謂"取於湜書者特多"指的是衛湜《集說》乃"禮家之淵海"，亦即"資料之彙編"，故而《欽定禮記義疏》徵引之條目，取自衛湜《集說》者"特多"之義。例如透過《中國基本古籍庫》和《四庫全書》的搜尋：鄭玄即"鄭氏"，衛湜《禮記集說》徵引 2028 條；孔穎達即"孔氏"，徵引 1951 條；方慤即"嚴陵方氏"，徵引 1420 條；陸佃即"山陰陸氏"，徵引 946 條；馬睎孟即"馬氏"，徵引 632 條；呂大臨即"藍田呂氏"，徵引 380 條等等之類。這些徵引大致都爲《欽定禮記義疏》吸收故也。

50.74％,這當然不可能是編輯官員的刻意安排,然此一無心之表現,卻正可見《欽定禮記義疏》避免説《禮》者,"或專尚鄭孔;或喜自立説,而好排《注疏》"之弊,並遵循《凡例》"虛心體究,無所專適,惟説之是者從之"的編輯立場①,更有意義的是其最終選擇的結果,竟然完全符合《凡例》統合鄭《注》、孔《疏》等"漢學"與"宋學"解説立場的要求。

《欽定禮記義疏》採録陳澔《集説》的狀況,採録總數量爲491條,居205位中第五位,以陳澔既無顯赫官位,更無顯著學術地位,且負面評價長期不斷的實際狀況而論,竟能獲得如此的重視,確實顯得相當不平常。然則《欽定禮記義疏》徵引其説的功能何在? 這可以從兩處《凡例》:《欽定周官義疏凡例》第3條和《欽定禮記義疏凡例》第9條的説明,獲得必要的訊息。

> 《欽定周官義疏凡例》第3條:《三禮》自朱子請修而未果,群言莫適爲主,即《儀禮經傳通解》亦僅開其端緒,而意義則未暇發明,陳澔《禮記集説》雖列於學官,而自始出即不屬衆心,兹故特起義例,分爲七類,俾大義分明而後兼綜衆説。一曰正義:乃直詁經義,確然無疑者。二曰辨正:乃後儒駁正舊説,至當不易者。三曰通論:或以本節、本句參證他篇,比類以測義;或引他經與此經,互相發明。四曰餘論:雖非正解,而依附經義,於事物之理,有所推闡。五曰存疑:各持一説,義亦可通;又或已經駁論,而持此者多,未敢偏廢。六曰存異:名物象數,久遠無傳,難得其真;或創立一説,雖未即愜人心,而不得不姑存之,以資考辨。七曰總論:本節之義已經訓解,又合數節而論之,合一職而論之。以此七類叙次排纂,庶幾大指,開卷了然;而旁推交通,義類可曲盡也。案語,各以類附七條之後,或辭義連貫,難以分析,則附於最後一條之末。②

> 《欽定禮記義疏凡例》第9條:每經文下,釋詁辨析,互引旁連,説或兼存,義有總括。先正義,次通論、餘論,次存疑、存異,次辨正,次案,次總論。如案繫辨正,則列在存疑、存異後;若但發明經義,則列在存疑、存異前,七十七卷統歸畫一。③

從《欽定周官義疏凡例》第3條的詳細説明,可知陳澔《集説》置放在《欽定禮記義疏》中"七類"的位置,直接顯示朝廷編輯官員對陳澔該解説價值的判定。考《欽定禮記義疏》總共採録491條陳澔《集説》,其中2條出現在《卷首》,1條出現在卷79④,因不在"七十七卷"之内,故可不列入討論,在"七十七卷"之内者有488條。統計此488條出現的類別位置,除"本節之義已經訓解,又合數節而論之,合一職而論之"的"總論類",未見徵引外,其他六類皆有徵引的案例,實際的徵引情況是:(一) 置放在"直詁經義,確然無疑"的"正義類"者377條;

① [清]鄂爾泰等《欽定禮記義疏》,第124册,凡例,頁1。
② [清]鄂爾泰等《欽定周官義疏·凡例》(《四庫全書》本),第98册,凡例,頁2—3。
③ [清]鄂爾泰等《欽定禮記義疏·凡例》,第124册,凡例,頁3。
④ [清]鄂爾泰等《欽定禮記義疏》,第124册,卷首,頁21、頁40;第126册,卷七九,頁20。

（二）置放在“或以本節、本句參證他篇，比類以測義；或引他經與此經，互相發明”的“通論類”者 18 條；（三）置放在“雖非正解，而依附經義，於事物之理，有所推闡”的“餘論類”者 7 條；（四）置放在“各持一説，義亦可通；又或已經駁論，而持此者多，未敢偏廢”的“存疑”者 48 條；（五）置放在“名物象數，久遠無傳，難得其真；或創立一説，雖未即愜人心，而不得不姑存之，以資考辨”的“存異類”者 21 條；（六）置放在“後儒駁正舊説，至當不易者”的“辨正類”者 17 條。根據《欽定周官義疏凡例》的説明，可知“正義類”“通論類”和“辨正類”等三者，屬於正面肯定解説價值，這是屬於“瑜”的類別①，總共有 412 條。至於“餘論類”“存疑類”和“存異類”等三者，當是屬於需要再加商榷，甚至需要批判糾正，應當歸屬於“瑕”的類別②，總共有 76 條。從前述總數 488 條的徵引條目，受《欽定禮記義疏》編輯官員肯定的“瑜”類，較之被糾正、批判的“瑕”類，高出 5 倍以上的實際表現，可見在《欽定禮記義疏》編纂諸臣“棄瑕録瑜”的認知選擇中，陳澔《集説》不僅是“瑕瑜互見”而已，恐怕更是“瑕不掩瑜”的大有價值的《禮記》學專著，否則在徵引選擇之際，以陳澔《集説》長期受到許多士人和清朝官員藐視、批判的狀況，絕無可能出現徵引近五百條的説解，且其中有近 85％係從正面肯定認同角度徵引的表現。從而可知清朝官方的評論固然甚爲嚴苛，但這些“惡評”當該是爲了某種特定目的，例如用以表明“聖人御宇，經籍道昌，視明代《大全》，抱殘守匱，執一鄉塾課册，以錮天下之耳目者，盛衰之相去，蓋不可以道里計”的進步，進而可“以見前代學術之陋，而聖朝經訓之明”之類③，意圖突顯清朝學術勝於明朝的宣傳性語言，即所謂“喪欲速貧，死欲速朽”之類④，某種特定情勢下的有爲之言，並非實質批判的毀滅性語言。然而此處也可以由小見大的發現乾隆帝以外族入主中國，因而不知不覺表現“心虛”的一面，因爲清朝至乾隆朝已實質統治中國將近百年，乾隆帝居然還在這些小地方，想盡辦法要和那個遭其消滅取代將近百年，早已不復存在的明朝“爭勝”，隱藏在此種“爭勝”之下“弦外之音”的所謂“不在場訊息”，當然是清朝帝皇對統治中國的“政治正當性”（legitimacy），依然缺乏“理所當然”的“自信”

---

① 例如在《按語》內出現“以陳説爲正”“鄭玄、陸佃、陳澔三説相兼乃備”“終不若陳氏澔以君喻父之説爲確也”等一類充分肯定陳澔《集説》之論。[清]鄂爾泰等《欽定禮記義疏》，第 125 册，卷四九，頁 29；第 125 册，卷六〇，頁 33；第 126 册，卷六五，頁 24。

② 如在《按語》內出現“陳説失之迂鑿”“陳説分爲兩截，未安”“陳氏必以八字爲一句，其説尤謬”“謂仁義爲禮樂之輔，恐未然”“陳説殊舛”等等質疑、批判陳澔《集説》的話語。[清]鄂爾泰等《欽定禮記義疏》，第 124 册，卷二二，頁 36；第 125 册，卷三三，頁 32；第 125 册，卷四一，頁 42；第 125 册，卷五〇，頁 35；第 126 册，卷七〇，頁 43。

③ [清]永瑢等編纂，王伯祥斷句《四庫全書總目·雲莊禮記集説提要》，卷二一，頁 170。《春秋大全提要》，卷二八，頁 230。

④ [漢]鄭玄注，[唐]孔穎達等正義《禮記正義·檀弓上》，卷八，頁 144—145。

之心①。並且也可推論順治帝（1638—1661,1644—1661 在位）以來，一再強調的所謂"滿漢一家""滿漢一視同仁""不分滿漢,一體眷遇"等一類政治理想性宣言②,顯然直到乾隆朝猶未能真正落實,至少乾隆帝並未真誠接受,故而有"滿漢一體,此特自漢人言之,意恐不得比於滿洲耳"之類的發言③,這或許也就是乾隆朝會出現許多荒謬"文字獄"的另一個隱藏於内在的重要原因。

　　陳澔這部被許多傳統學者認定爲"於度數品節,擇焉不精,語焉不詳"④,導致"學者弗心饜"的《禮記》解説專著⑤,在乾隆帝下令重編性質相近的《禮記》解釋標準本《欽定禮記義疏》後,何以並没有因此而被排除在學宫之外?藉由前述《欽定禮記義疏》肯定性徵引的實質表現,應該可以比較有效地回答此一問題。且由於清朝官方在實質上肯定陳澔《集説》解説的某些價值,因而出現諸如《四庫全書總目》所謂"説《禮記》者,漢唐莫善於鄭、孔,而鄭《註》簡奥,孔《疏》典贍,皆不似澔《註》之淺顯。宋代莫善於衛湜,而卷帙繁富,亦不似澔《註》之簡便"等一類較確實的評價,以及並未將陳澔《集説》撤出學宫,應該也就可以理解了。清朝的學術官僚們爲了顯示"聖人御宇,經籍道昌"的緣故,就必須解釋清朝學宫接受明朝官方認可的經學專著之故,因此乃有"禮文奥賾,驟讀爲難,因其疏解,得知門徑,以漸進而求於古,於初學之士,固亦不爲無益,是以國家定制,亦姑仍舊貫,以便童蒙"的説明⑥,清朝之所以保留陳澔《集説》在學宫作爲士子必讀之書,並不是像明朝"抱殘守匱,執一鄉塾課册,以錮天下之耳目"那樣,認同陳澔的解經内容或"經術",清朝官學保留陳澔《集説》,乃是基於陳澔《集説》的"淺顯"與"簡便"的特質,因而有利於初學者學習禮學門徑築基,進而可以"漸進而求於古"的緣故。從清朝的"官方説法",可知清朝官方並没有肯定陳澔《集説》的學術創新或創發價值,朝廷肯定的乃是陳澔《集説》在教學引導功能上的重要價值。這也顯示清朝官方肯定陳澔這部既"淺顯"又"簡便"之書,在"經術"的理解、實踐方面,確實具備有教育引導的功能與作用,是以繼續選擇該書作爲"蒙

----

　　①　"中研院"文哲所楊玉成研究員提醒筆者,乾隆朝此種藉由批判前朝,以突顯本朝優勢的作爲,可能是一種"朝代争競"或"朝代競逐"的顯現。一般來說取代前朝的政權,在"未取得"與"剛取得"政權之際,確實會出現許多批判、追殺前朝所謂"弊政"的作爲,即使到今天也依然如此,這種作爲自然是"朝代争競"或"黨派争競"下的必然表現。然而統治中國達百年之久的乾隆時代,當該已經没有"朝代争競"的環境需求,此時竟然還出現"批判前朝弊政,突顯本朝優勢"的作爲,筆者因而以爲當是乾隆帝此時還缺乏"政治正當性"的"自信心"之故。基於前述認知,筆者是以未將"朝代争競"的理由列入考慮。謹此説明,並感謝楊玉成研究員的提醒。
　　②　[清]巴泰等《世祖章皇帝實録·順治四年四月》,《清實録》(北京:中華書局,1986),第 3 册,卷三一,頁 260;〈順治八年三月〉,卷五五,頁 441;〈順治十年二月〉,卷七二,頁 570。
　　③　[清]慶桂等《高宗純皇帝實録·乾隆二十五年二月下》,《清實録》,第 8 册,卷六〇七,頁817。
　　④　[清]紀昀等〈禮記集説書前提要〉,[元]陳澔《禮記集説》,第 121 册,提要,頁 1。
　　⑤　[清]方苞《望溪集·禮記析疑序》(《四庫全書》本),第 1362 册,卷六,頁 1。
　　⑥　[清]永瑢等編纂,王伯祥斷句《四庫全書總目·雲莊禮記集説提要》,卷二一,頁 170。

訓”與“經術”間相連接的重要、甚至是唯一的橋梁①,這也就是清朝没有將陳澔《集說》撤出學宫的主要原因。

乾隆朝編輯的諸多“欽定”之書,從不同角度批判陳澔《集說》的不足與缺失,甚至編輯了與陳澔《集說》相同性質的《欽定禮記義疏》,還說《欽定禮記義疏》“博採漢唐遺文,以考證先王制作之旨,並退澔說於諸家之中”②,似乎要以《欽定禮記義疏》取代陳澔《集說》。但實情則是《欽定禮記義疏》頒布學宫之後,陳澔《集說》依然立於學宫,繼續保留士子必讀的霸權地位,直到清朝覆滅從未改變,這自然是基於“以便童蒙”的緣故,因此方才讓陳澔《集說》繼續立於學宫。再從清朝存留諸多陳澔《集說》版本的實況③,可以大致推測清朝士子閱讀陳澔《集說》的熱烈情況,依據出版的表現觀之,似乎士子對《欽定禮記義疏》的閱讀,反而比不上對陳澔《集說》閱讀的重視。這個觀察若果没有太大的訛誤,那麼原本要成爲主角的《欽定禮記義疏》,實質上反而變成配角;原本應該歸入配角的陳澔《集說》,竟然“豬羊變色”般地反成士子閱讀的主角。這也就是陳澔《集說》與《欽定禮記義疏》在實質上的關係④,本欲取代陳澔《集說》的《欽定禮記義疏》,反而在實質上變成輔助陳澔《集說》的配角了。

四、結　論

生存活動在宋元之交,居住在窮鄉僻壤,南宋滅亡時已 20 歲,一生“不求仕,獨治經術於山林,老而不厭”的鄉間老儒陳澔。只因父親“以《禮》名家”,且自己也受邀主講“白鹿洞書院”⑤,除了對家學傳揚的責任外,或者還有教學上的需要,因而在 63 歲完成了《禮記集說》一書,著作的旨趣如其在《自序》所言:“欲以坦明之說,使初學讀之,即了其義,庶幾章句通,則蘊奥自見;正不必高爲議論,而卑視訓詁之辭。”主要乃在引導初學者,陳澔希望達成的目的與功用,或者如雷鋐(1697—1760)所謂:“天下莫不好易而畏難,

---

① 乾隆帝邀約群臣唱和的《四庫全書薈要聯句》,在王杰“滙澤遺書莛比楹”下,《詩注》云:“《禮記》浩繁,學者罕能卒業,自《注疏》外,詳備可考,莫過衛湜之《集說》,至若陳澔之說,但以淺近易人取之。”[清]乾隆帝《御製詩集四集》(《四庫全書》本),第 1307 册,卷六五,頁 24。可見“淺近易人”確實是陳澔《集說》屹立兩朝學宫的主要原因。

② [清]永瑢等編纂,王伯祥斷句《四庫全書總目·雲莊禮記集說提要》,卷二一,頁 170。

③ 劉千惠《陳澔〈禮記集說〉之研究·附録一》,頁 138—144,收録有 100 種清代出版的陳澔《禮記集說》版本。王鍔《三禮研究論著提要(增訂本)》(蘭州:甘肅教育出版社,2007),頁 300—301 收録有 24 種。此書渥蒙王教授隔海惠贈,謹此致謝。

④ [清]于敏中等《四庫全書簡明目録·欽定禮記義疏提要》云:“是編仰承指授,考證參稽,以補正澔書之訛漏,俾橫經之士,知議禮不可以空言。”[清]于敏中等《欽定四庫全書簡明目録·欽定禮記義疏提要》(《四庫全書》本),第 6 册,卷二,頁 38。可見“補正澔書之訛漏”顯然是編輯《欽定禮記義疏》的重要原因與功能。

⑤ [元]危素《危學士全集·元故都昌陳先生墓誌銘》,《四庫全書存目叢書·集部》(臺南:莊嚴文化事業公司,1997 年影印[清]乾隆二十三年[1758]刻本),第 24 册,卷一二,頁 19。

其習之而難也,雖以聖人之制作,三代之儀文,不能强後世不悦學者之心,其說之坦明易知。……蓋將以引學者之心,而聖人之經,藉以明也。"①之所以能達成此一目的,乃因陳澔《集説》"箋釋文句,頗極清晰,禮文奧賾,得此疏解,于初學不爲無補"的緣故②。但誠如陳鱣"後之頒行學官,所謂始願不及此耳"之論③,陳澔生前絕不會預期《集説》在其死後30年左右,竟受到明太祖(1328—1398,1368—1398在位)的青睞而立於學宮,並進而成爲明清兩代五百多年來學習《禮記》士子的必讀書籍,以及科舉考試作答的標準本,這也就是導致陳澔《集説》成爲士子矚目的對象,以及關心《禮記》學者求全責備而發言攻擊的對象,同時也成爲許多著書立説者攻擊的對象。陳澔及其書自明代以後,受到批判甚至人身攻擊的主要原因,就在於《集説》擁有前述的獨霸性與獨特性地位之故。此文基於前述的基本認知,並以爲前賢在此方面的關注稍嫌不足,因而試圖探索解決:明、清士人及清代官書負面批評陳澔《集説》的實情、清朝續以陳澔《集説》立於學宮的原因,還有乾隆朝編輯《欽定禮記義疏》時如何面對陳澔《集説》等等的問題,經由前述的討論分析,大致可以獲得下述幾點的見解:

首先,明代負面批評陳澔《集説》較爲明顯者共有10位,最早的是正德年間的劉績,其他還有:羅欽順、華鑰、羅汝芳、徐師曾、姚舜牧、顧文熊、黃居中、王翼明、張習孔等人,批評的重點,大致集中在章句離析不清,經義解説不夠深入或不妥當等學術問題上。從發言者的立場或動機觀之,批判的客觀性或者稍嫌不足,但也指出陳澔《集説》的某些疏漏,自然對相關的研究者具有參考的價值,可惜這些明朝學者的發言,並沒有受到關注,因此沒有實質的影響功能。至於發言者的籍貫,若以現行的行政劃分觀之,則浙江、湖北、安徽等各1人;江西2人、江蘇5人,根據此一事實,或者可以推論這5個地區,乃是明代學習關注《禮記》較爲熱烈的地區,尤其江蘇士人的關注度,更是超越其他地區,這或可藉以表明江蘇在明朝居於文化中心地位,故而文人學者較多的實情。

其次,清朝士人及官方書籍批判陳澔及其《集説》較爲明顯者,就文獻搜尋所得,除《四庫全書總目》外,共有16人:朱彝尊、李光坡、張大受、陸奎勳、方苞、王懋竑、汪紱、盛世佐、李調元、李惇、洪亮吉、陳鱣、汪椿、王玉樹、皮錫瑞、阮惟和等,其中方苞乃編輯《欽定三禮義疏》的副總裁。諸人批評的重點大致有三:或爲新著確立寫作根據,或因認同衛湜《禮記集説》而發言批判;或因"求全責備"的預設標準而批評。除學術批判外,李光坡、李惇、陳鱣、洪亮吉等人均涉及人身攻擊,以陳鱣的攻擊最爲激烈。另外,方苞、汪紱、李調元、王玉樹等在批判缺點之外,也同時表揚陳澔《集説》的優點,態度較爲公正。至於16

---

①　[清]雷鋐《儀禮易讀序》,[清]王昶《湖海文傳》,《續修四庫全書·集部》(上海:上海古籍出版社,1995年影印[清]道光十七年[1837]經訓堂刻本),第1668册,卷二〇,頁9。

②　[清]王玉樹《經史雜記·陳澔禮記》,《續修四庫全書·子部》,第1156册,卷二,頁21。

③　[清]陳鱣《經籍跋文·元本禮記集説跋》,《續修四庫全書·史部》,第923册,頁23。

位發言者的籍貫,福建、四川、陝西、湖南等地區各 1 人;安徽 3 人、浙江 4 人、江蘇 5 人,依然以江蘇士人的關注度最高,此或因安徽、浙江、江蘇等三省爲清代文化中心,是以文士較之他省爲多之故。

其三,《欽定禮記義疏》總共徵引 205 位士人 12171 條的“群言”爲説,徵引陳澔《集説》491 條,次於鄭玄、孔穎達、方慤、陳祥道等,徵引數量排名第五。徵引的 491 條陳澔《集説》,正文實際徵引爲 488 條,正面肯定的徵引有 412 條,負面糾正批判的徵引 76 條,正面肯定者佔陳澔徵引全數的 85%,可見《欽定禮記義疏》編輯官員對陳澔《集説》並非全面性的否定,從而可知《四庫全書總目》等官書對陳澔《集説》的批判,除學術上的意義之外,同時也不免帶有推崇清朝學術貶抑明朝學術的特定政治目的。另外,除《欽定禮記義疏》多從正面肯定角度徵引陳澔《集説》之外,再從官方書籍認定陳澔《集説》“用爲蒙訓則有餘,求以經術則不足”(《四庫全書總目》)和“論議雖合乎儒先,而訓釋未能該洽”的評論①,可知乾隆朝之所以編纂《欽定禮記義疏》,當該是爲了增補陳澔《集説》在“經術”解説上的淺顯與不足,以及“訓釋”方面的“該洽”,主要的用意即《四庫全書簡明目録》和《皇朝文獻通考》所謂“考證參稽,以補正澔書之訛漏”,僅是“補正”而非是要取代陳澔《集説》。換言之,就是以陳澔《集説》爲築基的課本,《欽定禮記義疏》爲學習更進一步高深經術的標準本,亦即以陳澔《集説》作爲閱讀學習《欽定禮記義疏》的墊腳石,這就是陳澔《集説》即使在《欽定禮記義疏》頒布後,依然繼續立於學宫的緣故,以上即是陳澔《集説》與《欽定禮記義疏》的主要關係。再者從乾隆帝及其臣僚不斷強調清朝文化學術如何高明優越,明朝學術文化如何鄙陋不足的表現,可以發現隱藏在這種強調背後,乾隆帝對清朝統治中國的“正當性”,信心依然不足的心理態勢,這可能也是乾隆朝出現諸多文字獄的心理因素。

其四,關於《四庫全書總目》聲稱《欽定禮記義疏》取於衛湜《集説》者是否“特多”的問題。考《欽定禮記義疏》正文内,未見具名徵引衛湜《集説》者,全書出現衛湜名諱者僅 4 處。但《欽定禮記義疏》徵引的鄭玄、孔穎達、方慤、陸佃、馬睎孟、吕大臨等諸家解説的條文,大致都是取自衛湜《集説》,若從實際取用條文的表現觀之,《欽定禮記義疏》確實取於衛湜《集説》者“特多”,但指的是衛湜《集説》的文獻資料,並非衛湜本身的意見,這應該也就是《四庫全書總目》稱衛湜《集説》爲“禮家之淵海”的緣故。

其五,此文實際考察分析相關書籍的文獻資料,有效呈現明、清兩代士人與清朝官書負面批判陳澔《集説》表現的實情,同時經由比較分析而確認陳澔《集説》與乾隆朝《欽定禮記義疏》在《禮記》學習上共爲一體的關係,並較爲清楚有效地説明陳澔《集説》在清朝繼續立於學宫之故。此文所得研究成果,不僅有助於陳澔《集説》在《禮記》學教育傳播地位的了解,同時有效地證實明清兩代官方經學實質的承繼關係,對明清經學史的研究者提供了確

---

① 〔清〕素爾訥《學政全書·頒發書籍》卷四,頁 14。

實有效的證據,因而有助於明清學術史與經學史的研究,更有助於學術史與經學史研究者更進一步思考明清兩代學術傳承關係實情的研究探討。

【作者簡介】楊晉龍,“中研院”中國文哲研究所研究員、臺北大學中國文學系合聘教授,研究方向爲詩經學史、四庫學、治學方法、錢謙益研究、教育思想。

蜀石經《春秋經傳集解》殘拓校理

王天然

【提　要】　國家圖書館藏蜀石經《春秋經傳集解》殘拓包括卷十五襄公十年至十五年經傳、卷二十昭公二年傳文。本次校理以 1926 年劉體乾影印本爲底本；襄公部分參校寫本三種、刻本十四種，昭公部分參校寫本一種、刻本十二種。其間注意吸取寫本中的校記文字，注意分辨刻本中的原版、補版、修版等版片情形；既重視作爲結果的文本異同，也重視作爲過程的文本變化；而在文本變化中又特別留意突變的發生，文本突變雖是原有關係鏈條的終結，但也可能是新的關係鏈條的開啓。本項工作是探討蜀石經《左傳》性質的基礎，同時也期待爲梳理《左傳》版本源流關係提供更多的細節佐證。緣此，本篇對參校本異文盡量一一出校，包括明顯由參校本自身訛誤所致者。另外文中未定校勘凡例，旨在保留每條校理文字面對具體情況時的靈活性。

【關鍵詞】　蜀石經　左傳　監本系統　建本系統　十行本系統

一、襄公十年至十五年經傳

　　蜀石經《春秋經傳集解》卷十五原拓現藏國家圖書館，內容爲襄公十年至十五年經傳，凡五十三開半。爲方便閱讀，經文、傳文提示處以“【　】”括出，小字注文以“（　）”括出。拓中字迹殘損處，尚可辨識者徑録其文，不可辨識者據淳熙間撫州公使庫刻本録文並以“□”標示。本次校理以 1926 年劉體乾影印本爲底本，參校寫本三種、刻本十四種，參考音義、單疏本、校勘記各一種。現略叙所據各本如下：

　　1. 敦煌斯一三三號寫卷，簡稱“S. 133”。今據《英藏敦煌文獻》影印本校勘。

　　2. 日本宮內廳書陵部藏弘安元年（1278）寫卷，簡稱“日寫本”。今據“宮內廳書陵部收藏漢籍集覽”公佈之全文影像校勘，詳見：http://db. sido. keio. ac. jp/kanseki/T_bib_body. php？no＝006680。另外對寫卷中的日人校記，

【基金項目】本文係國家社科基金後期資助項目“蜀石經遺文考”（18FZS027）階段性成果。

亦有參考。

3. 日本宮內廳書陵部藏鐮倉時代寫本《羣書治要·左傳》，簡稱"日寫治要本"。今據"宮內廳書陵部收藏漢籍集覽"公佈之全文影像校勘，詳見：http：//db. sido. keio. ac. jp/kanseki/T_bib_body. php？no＝069336。並斟酌參考日本天明七年尾張藩刻本，簡稱"日刻治要本"。該本據日本國立公文書館公佈之全文影像，詳見：https：//www. digital. archives. go. jp/。

4. 唐開成石經，簡稱"唐石經"。今據西安碑林博物館藏原石校勘，並參李石曾舊藏拓本複製件以及《西安碑林全集》影印本。李石曾本已損之字，《全集》本往往有之，乃明萬曆間補刻之字，不可簡單認爲後者優於前者。

5. 臺北故宮博物院藏淳熙間撫州公使庫刻本，簡稱"撫州本"。今據該本複製件校勘。

6. 日本靜嘉堂文庫藏南宋孝宗間刻宋元明遞修本，簡稱"靜嘉本"。今據"靜嘉堂文庫所藏宋元版"（北京大學圖書館試用版）公佈之全文影像校勘，詳見：https：//www. lib. pku. edu. cn/portal/cn/news/0000002006。

7. 國家圖書館藏慶元六年（1200）紹興府刻宋元遞修注疏合刻八行本，簡稱"越州八行本"。今據《中華再造善本》影印本校勘。

8. 上海圖書館藏南宋浙刻十三行巾箱本，簡稱"浙刻巾箱本"。今據《中華再造善本》影印本校勘。

9. 日本宮內廳書陵部藏嘉定九年（1216）興國軍學刻本，簡稱"興國本"。今據"宮內廳書陵部收藏漢籍集覽"公佈之全文影像校勘，詳見：http：//db. si-do. keio. ac. jp/kanseki/T_bib_body. php？no＝006744。宮內廳本之補刻葉並參靜嘉堂文庫藏興國軍學殘本所存之原刻葉，該本據"靜嘉堂文庫所藏宋元版"（北京大學圖書館試用版）公佈之全文影像，詳見：https：//www. lib. pku. edu. cn/portal/cn/news/0000002006。宮內廳本保存之原刻葉中尚有局部修版情況，亦參靜嘉堂本出校。

10. 臺北"央圖"藏宋潛府劉氏家塾刻本，簡稱"潛府本"。今據臺灣"古籍與特藏文獻資源"公佈之全文影像校勘，詳見：http：//rbook. ncl. edu. tw/NCLSearch/Search/SearchDetail？item＝fd2f13b6603b4921b536545025384c9cfDQwMzk50＆image＝1＆page＝＆whereString＝＆sourceWhereString＝＆SourceID＝。

11. 國家圖書館藏宋龍山書院刻纂圖互注本，簡稱"龍山本"。今據《中華再造善本》影印本校勘。

12. 日本國立國會圖書館藏宋刻九行巾箱本，簡稱"國會本"。今據《日本國會圖書館藏宋元本漢籍選刊》影印本校勘。

13. 上海圖書館藏宋刻十行巾箱本，簡稱"十行巾箱本"。今據《中華再造善本》影印本校勘。

14. 上海圖書館藏婺本附音重言重意本，簡稱"婺本"。今據上圖古籍閱覽室內公佈之全文影像校勘。

15. 日本足利學校遺迹圖書館藏南宋建安劉叔剛注疏合刻十行本，簡稱"劉叔剛本"。今據日本慶應義塾大學斯道文庫所藏膠片複製件校勘。並參：《中華再造善本》影印之元刻明修十行本，簡稱"元刻十行本"；2007年藝文印書館影印之清嘉慶南昌府學刻本，簡稱"阮刻本"。

16. 國家圖書館藏元相臺岳氏荆谿家塾刻本，簡稱"相臺本"。今據《中華再造善本》影印本校勘。

17. 日本宮內廳書陵部藏明嘉靖翻刻南宋淳熙三年閩山阮仲猷種德堂本，簡稱"明翻種德本"。今據"宮內廳書陵部收藏漢籍集覽"公佈之全文影像校勘，詳見：http://db. sido. keio. ac. jp/kanseki/T_bib_body. php? no＝006670（"集覽"仍著録爲"宋淳熙三年刊"，相關問題請參顧永新《淳熙小字本〈春秋經傳集解〉版本考》）。

18. 國家圖書館藏宋刻宋元遞修本《經典釋文·春秋左氏音義》，簡稱"釋文"。今據《中華再造善本》影印本。

19. 日本據宋刻單疏本輾轉抄寫之本，簡稱"日抄單疏本"。今據《四部叢刊續編》影印本。

20. 阮元等撰《十三經注疏校勘記·春秋左傳注疏校勘記》，簡稱"阮氏校勘記"。今據2007年藝文印書館影印之清嘉慶南昌府學刻本所附，並參《續修四庫全書》影印之南京圖書館藏文選樓單行本。

春秋經傳集解襄二第十五[①]

杜氏　盡十五年

【經】十年，春，公會晉侯、宋公、衞侯、曹伯、莒子、邾子、滕子、薛伯、杞伯、小邾子、齊世子光會吳于柤[②]。（吳子在柤[③]，晉以諸侯往會之[④]，故曰"會吳"[⑤]。吳不稱子[⑥]，從所稱也。柤[⑦]，楚地[⑧]。）

---

① 日寫本、撫州本、静嘉本（元版）、浙刻巾箱本、興國本、潛府本、國會本、明翻種德本同唐石經、蜀石經。龍山本作"纂圖互註春秋經傳集解襄二第十五"。十行巾箱本作"春秋經傳集解襄公二卷第十五"。婺本作"婺本重言重意春秋經傳集解襄二卷十五"。相臺本作"春秋經傳集解襄公二第十五"。越州八行本、劉叔剛本爲注疏合刻本，書題、分卷不同。

② 唐石經、蜀石經"世"字避諱闕筆作"卋"，以下相同處不再出校。

③ 龍山本、國會本"柤"作"相"形。

④ 國會本、十行巾箱本"晉"作"晋"，以下相同處不再出校。

⑤ 日寫本"吳"字後有"也"字，"也"字後有小字"扌无"。按，"扌无"爲日人校記，"扌"即"摺"，意爲印本無"也"字。日寫本杜注句尾虛字後多標有"扌无"，以下相同處不再贅言。

⑥ 龍山本、國會本、婺本"稱"作"稱"，十行巾箱本作"称"，以下相同處不再出校。

⑦ 國會本、明翻種德本"柤"作"相"形。

⑧ 日寫本"地"字後有"名也"二字，"名也"旁有日人小字校記"二字扌无"，意爲印本無此二字。

夏,五月甲午,遂滅偪陽①。(偪陽②,妘姓國③,今彭城傅陽縣也。因枏會而滅之,故曰遂④。)

公至自會。(無傳⑤。)

楚公子貞⑥、鄭公孫輒帥師伐宋⑦。

晉師伐秦。(荀罃不書,不親兵也。)

秋,莒人伐我東鄙。

公會晉侯、宋公、衞侯、曹伯、莒子、邾子、齊世子光、滕子、薛伯、杞伯、小邾子伐鄭。(齊世子光先至於師⑧,爲盟主所尊,故在滕上⑨。)

冬,盜殺鄭公子騑、公子發、公孫輒⑩。(非國討,當兩稱名氏。殺者非卿,故稱盜。以盜爲文,故不得言其大夫⑪。)

戍鄭虎牢⑫。(伐鄭諸侯,各受晉命戍虎牢⑬。不復爲告命,故獨書魯戍而不叙諸侯⑭。)

楚公子貞帥師救鄭⑮。

公至自伐鄭。(無傳⑯。)

【傳】十年,春,會于枏,會吳子壽夢也。(壽夢,吳子乘⑰。)

三月癸丑,齊高厚相大子光⑱,以先會諸侯于鍾離,不敬。(吳子未至⑲,光從

---

① 釋文底本作"偪",或本作"逼"。

② 劉叔剛本、元刻十行本"偪"作"福",阮刻本作"偪"。按,此處或爲宋元十行本形近而致文本突變例,且爲阮刻本偏離十行本系統例。

③ 日寫本"姓"字後有"之"字,"之"字後有日人小字校記"扌无",意爲印本無"之"字。龍山本、國會本、十行巾箱本、婺本"國"作"国",以下相同處不再出校。

④ 日寫本"遂"字後有"也"字。

⑤ 日寫本、龍山本、國會本、十行巾箱本"無"作"无",以下相同處不再出校。

⑥ 撫州本、靜嘉本(元版)、越州八行本、浙刻巾箱本、興國本、潛府本、龍山本、國會本、十行巾箱本、婺本、劉叔剛本、元刻十行本"貞"字避諱闕末筆,以下相同處不再出校。

⑦ 明翻種德本"師"作"帥"。

⑧ 龍山本、國會本、十行巾箱本、婺本"齊"作"齐",以下相同處不再出校。

⑨ 日寫本"上"字後有"也"字。

⑩ 日寫本、撫州本"孫"作"子"。

⑪ 日寫本"夫"字後有"也"字。

⑫ 唐石經"虎"字避諱闕末筆,蜀石經不闕筆,以下相同處不再出校。

⑬ 明翻種德本"各"作"名"。

⑭ 日寫本"侯"字後有"也"字,"也"字擠寫。該字後有日人小字校記"扌无",意爲印本無"也"字。

⑮ 明翻種德本"師"作"帥"。

⑯ 婺本"無"作"无",以下相同處不再出校。

⑰ 日寫本"乘"字後有"也"字。

⑱ 日寫本、十行巾箱本、婺本"大"作"太",以下相同處不再出校。

⑲ 靜嘉本(元版)"未"作"末"。

東道與東諸侯會遇①,非本期地②,故不書會。高厚,高固子也。癸丑,月二十六日③。)士
莊子曰:"高子相大子以會諸侯,將社稷是衞,而皆不敬,(厚與光俱不敬④。)弃社
稷也⑤。其將不免乎!"(爲十九年齊殺高厚、二十五年弑其君光傳⑥。)

　　夏,四月戊午,會于柤。(經書春,書始行也。戊午,月一日⑦。)

　　晉荀偃、士匄請伐偪陽⑧,而封宋向戌焉⑨。(以宋常事晉,而向戌有賢行,故欲
封之爲附庸⑩。)荀罃曰:"城小而固,勝之不武,弗勝爲笑。"固請。丙寅,圍之,弗
克。(丙寅,四月九日。)孟氏之臣秦堇父輦重如役。(堇父,孟獻子家臣⑪。步挽重車
以從師⑫。)偪陽人啓門,諸侯之士門焉⑬。(見門開,故攻之⑬。)縣門發⑭,郰人紇抉
之,以出門者。(門者,諸侯之士在門內者也。紇,郰邑大夫,仲尼父叔梁紇也。郰邑,魯
縣東南莝城是也。言紇多力,抉舉縣門⑮,出在內者⑯。)狄虒彌建大車之輪⑰,而蒙之

---

　　① 日寫本"與"作"与",龍山本、國會本、十行巾箱本、婺本作"与",以下相同處不再出校。潛府本
無後"東"字。日寫本"遇"字後有"也"字。

　　② 潛府本"期"作"朝"。

　　③ 日寫本"日"字後有"之也"二字,"之也"旁有日人小字校記"二字扌无",意爲印本無此二
字。

　　④ 日寫本"敬"字後有"也"字。

　　⑤ 日寫本、浙刻巾箱本、龍山本、國會本、婺本、劉叔剛本、元刻十行本、阮刻本"弃"作"棄",撫州
本、靜嘉本(元版)、越州八行本、興國本、潛府本、十行巾箱本、相臺本、明翻種德本同唐石經、蜀石經,
以下相同處不再出校。

　　⑥ 日寫本"傳"字後有"也"字。

　　⑦ 日寫本"日"字後有"也"字。

　　⑧ 劉叔剛本、元刻十行本"匄"作"匈",阮刻本作"匂"。按,此處或爲宋元十行本形近而致文本突
變例,且爲阮刻本偏離十行本系統例。

　　⑨ 日寫本、靜嘉本(元版)、越州八行本、浙刻巾箱本、興國本、潛府本、龍山本、國會本、十行巾箱
本、婺本、明翻種德本"戌"作"戍"形,撫州本、劉叔剛本、元刻十行本、阮刻本、相臺本同唐石經、蜀石
經,以下相同處不再出校。

　　⑩ 日寫本"庸"字後有"也"字。

　　⑪ 龍山本、婺本、劉叔剛本、元刻十行本"獻"作"献",國會本、十行巾箱本作"献",以下相同處不
再出校。

　　⑫ 釋文出字,日寫本"挽"作"梡",撫州本、靜嘉本(元版)、越州八行本、浙刻巾箱本、興國本、潛府
本、龍山本、國會本、十行巾箱本、婺本、劉叔剛本、元刻十行本、阮刻本、相臺本、明翻種德本同蜀石經。
日寫本"師"字後有"也"字。

　　⑬ 日寫本"之"字後有"也"字,"也"字擠寫。"之"字後有日人小字校記"扌","也"字後有日人小
字校記"本乍",大概意爲印本作"故攻之",一本作"故攻之也"。

　　⑭ 越州八行本"縣"字避諱闕末筆。按,此處"縣"音玄,因諱"玄朗"嫌名故闕筆,以下相同處不再
出校。

　　⑮ 靜嘉本(元版)"抉"作"扶"形。龍山本、國會本、十行巾箱本、婺本"舉"作"举",以下相同處不
再出校。

　　⑯ 日寫本"者"字後有"也"字。

　　⑰ 唐石經"虒"字避諱闕末筆,蜀石經不闕筆,以下相同處不再出校。潛府本"彌"作"弥"。

以甲以爲檐。(狄虒彌①,魯人也。蒙,覆也②。檐,大楯③。)左執之④,右拔戟,以成
一隊。(百人爲隊⑤。)孟獻子曰:"《詩》所謂'有力如虎'者也。(《詩·邶風》也⑥。)
主人縣布,堇父登之,及堞而絕之⑦。(偪陽人縣布,以試外勇者⑧。)隊則又縣之⑨,
蘇而復上者三,主人辭焉,乃退。(主人嘉其勇,故辭謝不復縣布⑩。)帶其斷以徇於
軍三日。(帶其斷布以示勇⑪。)諸侯之師久於偪陽,荀偃、士匄請於荀罃曰:"水潦
將降,懼不能歸,(向夏恐有久雨⑫。從丙寅至庚寅二十五日,故曰久⑬。)請班師⑭。"
(班,還也⑮。)知伯怒,(知伯,荀罃⑯。)投之以机⑰,出於其閒⑱,(出偃、匄之閒⑲。)曰:
"女成二事,而後告余。(二事,伐偪陽、封向戌⑳。)余恐亂命㉑,以不女違。(既成改
之爲亂命㉒。)女既勤君而興諸侯,牽帥老夫以至于此。既無武守,(無武功可執

────────

①　日寫本、潛府本、龍山本、國會本、十行巾箱本、劉叔剛本、元刻十行本"彌"作"弥",以下相同處
不再出校。
②　日寫本無"也"字。
③　婺本"檐"作"魯"。日寫本"楯"字後有"也"字。
④　日寫本"之"字後有"楯"字,"楯"字後有日人小字校記"扌无",意爲印本無"楯"字。
⑤　日寫本"隊"字後有"也"字。
⑥　日寫本、静嘉本(元版)"邶"作"邲",明翻種德本作"邯"。
⑦　釋文出字,日寫本、撫州本、越州八行本、浙刻巾箱本、興國本、潛府本、龍山本、國會本、十行巾
箱本、婺本、劉叔剛本、元刻十行本、阮刻本、相臺本、明翻種德本"堞"作"堞",静嘉本(元版)同唐石經、
蜀石經。
⑧　日寫本"者"字後有"也"字,"也"字擠寫。
⑨　唐石經"隊"作"墜",然"墜"字結體不協,"土"旁似後補;釋文出字,日寫本、撫州本、静嘉本(元
版)、越州八行本、浙刻巾箱本、興國本、潛府本、龍山本、國會本、十行巾箱本、婺本、劉叔剛本、元刻十
行本、阮刻本、相臺本、明翻種德本同蜀石經。按,阮氏校勘記已云"石經'隊'作'墜'。案,碑'土'字後
加",此處或爲後人於唐石經原字上添加偏旁例。
⑩　日寫本、龍山本、國會本、十行巾箱本、婺本、劉叔剛本、元刻十行本"辭"作"辞",以下相同處不
再出校。相臺本"縣"字避諱闕末筆,以下相同處不再出校。
⑪　日寫本、龍山本、國會本、十行巾箱本、婺本、劉叔剛本、元刻十行本"斷"作"断",以下相同處不
再出校。日寫本"勇"字後有"也"字。
⑫　日寫本"雨"字後有"也"字。
⑬　明翻種德本"曰"作"云"。日寫本"久"字後有"也"字。
⑭　明翻種德本"師"作"帥"。
⑮　潛府本"也"作"師"。
⑯　日寫本"罃"字後有"也"字。
⑰　釋文底本作"几",或本作"机"。
⑱　日寫本、撫州本、静嘉本(元版)、浙刻巾箱本、潛府本、龍山本、國會本、十行巾箱本、婺本、劉叔
剛本、元刻十行本、阮刻本、明翻種德本"閒"作"間",越州八行本、興國本、相臺本同唐石經、蜀石經,以
下相同處不再出校。
⑲　日寫本"閒"字後有"也"字。
⑳　潛府本"伐"作"代"。日寫本"戌"字後有"也"字。
㉑　明翻種德本原刻似作"命",以墨筆改作"余"。
㉒　日寫本、龍山本、國會本、十行巾箱本、婺本"亂"作"乱",以下相同處不再出校。日寫本"命"字
後有"也"字。

守①。）而又欲易余罪，曰：‘是實班師，不然，克矣。’（謂偃、匄將言爾②。）余羸老
也③，可重任乎？（不任受女此責④。）七日不克，必爾乎取之！”（言當取女以謝不克之
罪⑤。）五月庚寅，（月四日⑥。）荀偃、士匄帥卒攻偪陽，親受矢石。（躬在矢石閒⑦。）
甲午，滅之。（月八日⑧。）書曰“遂滅偪陽”，言自會也。（言其因會以滅國，非之也。）
以與向戌⑨，向戌辭曰：“君若猶辱鎮撫宋國，而以偪陽光啓寡君，羣臣安矣⑩，
其何貺如之？（言見賜之厚無過此⑪。）若專賜臣⑫，是臣興諸侯以自封也，其何罪
大焉？敢以死請。”乃予宋公。宋公享晉侯於楚丘⑬，請以桑林。（桑林，殷天子
之樂名⑭。）荀罃辭⑮。（辭，讓之⑯。）荀偃、士匄曰：“諸侯宋、魯，於是觀禮。（宋王
者後，魯以周公故，皆用天子禮樂⑰，故可觀⑱。）魯有禘樂，賓祭用之。（禘，三年大祭，
則作四代之樂⑲。別祭羣公則用諸侯樂⑳。）宋以桑林享君，不亦可乎？”（言俱天子樂
也㉑。）舞師題以旌夏，（師，帥也㉒。旌夏，大旌也。題，識也。以大旌表識其行列㉓。）晉

---

① 龍山本、十行巾箱本“執”作“执”，以下相同處不再出校。日寫本“守”字後有“也”字，“也”字擠寫。

② 日寫本、潛府本、龍山本、國會本、十行巾箱本、婺本、明翻種德本“爾”作“尔”，以下相同處不再
出校。靜嘉本（元版）“爾”作“耳”。日寫本“尔”字後有“也”字，“也”字擠寫。

③ 明翻種德本“也”作“矣”。

④ 日寫本“責”字後有“也”字，“也”字擠寫。

⑤ 國會本“謝”作“並”。日寫本“罪”字後有“也”字，“也”字擠寫。

⑥ 日寫本“日”字後有“也”字。

⑦ 撫州本同蜀石經作“閒”，以下相同處不再出校。日寫本“閒”作“之間也”，“之”字、“也”字後均
有日人小字校記“扌无”，意爲印本無“之”“也”二字。

⑧ 日寫本“日”字後有“也”字。

⑨ 撫州本、劉叔剛本、元刻十行本“戌”作“戍”形，阮刻本作“戌”，以下相同處不再出校。

⑩ 婺本、明翻種德本“羣”作“群”，以下相同處不再出校。

⑪ 十行巾箱本“無”作“无”，以下相同處不再出校。日寫本“此”字後有“也”字。

⑫ 浙刻巾箱本“專”作“惠”。

⑬ 日寫本無“宋公”二字。

⑭ 浙刻巾箱本、潛府本“殷”字避諱闕末筆。日寫本“名”字後有“也”字，“也”字擠寫。

⑮ 興國本“辭”作“辤”，以下相同處不再出校。

⑯ 撫州本、越州八行本、浙刻巾箱本、興國本、潛府本、相臺本“讓”字避諱闕末筆，以下相同處不
再出校。日寫本“之”字後有“也”字。

⑰ 龍山本、國會本、十行巾箱本、婺本“禮”作“礼”，以下相同處不再出校。

⑱ 日寫本“觀”字後有“之也”二字，“之也”後有日人小字校記“二字扌无”，意爲印本無此二字。

⑲⑳ 日寫本“樂”字後有“也”字。

㉑ 龍山本、國會本、十行巾箱本、婺本、劉叔剛本、元刻十行本、阮刻本“俱”作“具”，日寫本、撫州
本、靜嘉本（宋版）、越州八行本、浙刻巾箱本、興國本、潛府本、相臺本、明翻種德本同蜀石經。日寫本
“子”字後有“之”字，“之”字後有日人小字校記“扌无”，意爲印本無“之”字。按，建本系統“俱”多作
“具”，此處或爲建本系統文本突變例。而潛府本較特殊，此處更接近監本系統。

㉒ 釋文出字作“師帥”，靜嘉本（宋版）、越州八行本、明翻種德本同蜀石經作“師，帥也”；日寫本、
撫州本作“師，樂帥也”；興國本作“師，樂師也”，但“師樂師”三字當二字之容，似爲修改擠刻的結果；浙
刻巾箱本、潛府本、龍山本、國會本、十行巾箱本、婺本、劉叔剛本、元刻十行本、阮刻本、相臺本作“師，
樂師也”；越州八行本疏文、劉叔剛本疏文皆作“舞師，樂人之帥”。阮氏校勘記云“宋本、淳熙本作‘師，
帥也’，與《釋文》《正義》皆合。案，鄭注《周禮·地官》云‘師之言帥也’，是也”。按，此處可見注文由
“師，帥也”至“師，樂師也”的變化過程；或爲蜀石經小字與監本系統關係密切例。

㉓ 日寫本“列”字後有“也”字。

侯懼而退入于房。(旌夏非常①,卒見之,人心偶有所畏②。)去旌,卒享而還。及著雍,疾。(晉侯疾也③。著雍,晉地。)卜桑林見。(祟見於卜兆④。)荀偃、士匄欲奔請禱焉。(奔走還宋禱謝⑤。)荀罃不可,曰:"我辭禮矣,彼則以之。(以,用也⑥。)猶有鬼神,於彼加之。"(言自當加罪於宋⑦。)晉侯有閒⑧,(閒⑨,疾差也。)以偪陽子歸,獻于武宮⑩,謂之夷俘。(諱俘中國⑪,故謂之夷。)偪陽,妘姓也。使周内史選其族嗣,納諸霍人,禮也。(霍,晉邑⑫。内史,掌爵禄廢置者⑬,使選偪陽宗族賢者⑭,令居霍,奉妘姓之祀。善不滅姓⑮,故曰"禮也"。使周史者⑯,示有王命⑰。)師歸,孟獻子以秦堇父爲右。(嘉其勇力⑱。)生秦丕兹⑲,事仲尼。(言二父以力相尚⑳。子事仲尼㉑,以德相高㉒。)

　　六月,楚子囊、鄭子耳伐宋,師于訾母㉓。(宋地。)庚午,圍宋,門于桐門。(不成圍而攻其城門㉔。)

　　晉荀罃伐秦,報其侵也。(侵在九年。)

　　衛侯救宋,師于襄牛㉕。鄭子展曰:"必伐衛。不然,是不與楚也。得罪於晉,又得罪於楚,國將若之何?"子駟曰:"國病矣。"(師數出㉖,疲病也。)子展曰:"得罪於二大國,必亡。病,不猶愈於亡乎?"諸大夫皆以爲然。故鄭皇耳帥師

---

① 潛府本"常"作"當"。

② 日寫本"畏"字後有"也"字。

③ 龍山本"晉"作"晋",以下相同處不再出校。國會本"疾"作"族"。

④ 明翻種德本"祟"作"崇"。國會本"兆"作"非"。日寫本"兆"字後有"也"字。

⑤ 國會本"還"作"遠"。日寫本"謝"字後有"也"字,"也"字擠寫。

⑥ 劉叔剛本、元刻十行本、阮刻本"也"作"之",日寫本、撫州本、静嘉本(宋版)、越州八行本、浙刻巾箱本、興國本、潛府本、龍山本、國會本、十行巾箱本、婁本、相臺本、明翻種德本同蜀石經。按,"也"作"之"或源自劉叔剛本,是否有版本依據已難獲知,蓋受上文"以之"影響。此處或爲十行本系統涉鄰近文字而致文本突變例。

⑦ 日寫本"宋"字後有"也"字。

⑧ 静嘉本(宋版)"晉"作"魯"。静嘉本(宋版)同唐石經、蜀石經作"閒",以下相同處不再出校。

⑨ 十行巾箱本"閒"作"開",國會本同蜀石經作"閒",以下相同處不再出校。

⑩ 明翻種德本"于"作"於"。

⑪ 國會本"俘"作"孚"。

⑫ 婁本"晉"作"晋",以下相同處不再出校。日寫本"邑"字後有"也"字。

⑬ 日寫本"者"字後有"也"字。

⑭ 潛府本"宗"作"言"。

⑮ 日寫本"善"字後有"其"字,"其"字後有日人小字校記"扌无",意爲印本無"其"字。

⑯ 日寫本"周"字後有"内"字,"内"字後有日人小字校記"扌无",意爲印本無"内"字。

⑰ 日寫本"命"字後有"也"字。

⑱ 日寫本"力"字後有"也"字,"也"字擠寫。

⑲ 釋文底本作"秦丕",或本作"泰不"。

⑳ 浙刻巾箱本"言"作"髙"。國會本"二"作"曰"。

㉑ 十行巾箱本"子"作"于"。

㉒ 日寫本"高"字後有"也"字。

㉓ 静嘉本(宋版)、國會本、明翻種德本"母"作"毋"。

㉔ 日寫本"圍"作"闈"。

㉕ 日寫本"師"作"帥"。

㉖ 龍山本、國會本、十行巾箱本、婁本"數"作"数",以下相同處不再出校。

侵衞①,楚令也。(亦兼受楚之勑命也。皇耳,皇戌子②。)孫文子卜追之,獻兆於定姜。姜氏問繇,(繇,兆辭③。)曰:"兆如山陵,有夫出征,而喪其雄。"姜氏曰:"征者喪雄,禦寇之利也。大夫圖之!"衞人追之,孫蒯獲鄭皇耳于犬丘④。(蒯,孫林父子⑤。)

　　秋,七月,楚子囊、鄭子耳侵我西鄙⑥。(於魯無所恥⑦,諱而不書,其義未聞⑧。)還,圍蕭。八月丙寅,克之。(蕭⑨,宋邑⑩。)

　　九月,子耳侵宋北鄙。孟獻子曰:"鄭其有災乎! 師競巳甚。(競,爭競也。)周猶不堪競,況鄭乎! (周謂天王⑪。)有災,其執政之三士乎!"(鄭簡公幼少,子駟、子國⑫、子耳秉政⑬,故知三士任其禍也。爲下盜殺三大夫傳。)

　　莒人閒諸侯之有事也,故伐我東鄙。(諸侯有討鄭之事⑭。)

　　諸侯伐鄭。齊崔杼使大子光先至于師,故長於滕。(大子⑮,宜賓之以上卿。而今晉悼以一時之宜⑯,令在滕侯上,故傳從而釋之⑰。)己酉,師于牛首。(鄭地⑱。)

　　初,子駟與尉止有爭⑲。將禦諸侯之師,而黜其車。(禦牛首師也⑳。黜,減損㉑。)尉止獲,又與之爭。(獲因俘㉒。)子駟抑尉止曰:"爾車非禮也。"㉓(言女車猶

---

①　明翻種德本"師"作"帥"。

②　龍山本、十行巾箱本、婺本、阮刻本"戌"作"戍",浙刻巾箱本作"戊",相臺本同蜀石經。日寫本"子"字後有"也"字。

③　日寫本、龍山本"辭"作"䛄",以下相同處不再出校。日寫本"䛄"字後有"也"字。

④　浙刻巾箱本"犬"作"大"。

⑤　日寫本"子"作"之子也","之"字、"也"字後均有日人小字校記"才无",意爲印本無此二字。

⑥　静嘉本(元版)、浙刻巾箱本、龍山本、國會本、十行巾箱本、婺本、劉叔剛本、元刻十行本、阮刻本"侵"作"伐"。日寫本"侵"字後有日人小字校記"伐才乍",意爲印本作"伐"。按,《正義》云"服虔云:不書,諱從晉。不能服鄭,旋復爲楚鄭所伐,恥而諱之也。杜以從盟主而不能服叛國,於魯未足爲恥。被伐無所可諱,故云其義未聞,蓋異文"伐"受疏文影響。

⑦　撫州本、十行巾箱本"恥"作"耻"。

⑧　十行巾箱本"聞"作"間"。日寫本"聞"字後有"也"字。

⑨　龍山本、國會本、十行巾箱本"蕭"作"萧",以下相同處不再出校。

⑩　日寫本"邑"字後有"也"字。

⑪　日寫本"王"字後有"也"字。

⑫　日寫本"國"作"国",以下相同處不再出校。

⑬　日寫本"秉"字闕末筆,蓋諱"昞"之嫌名。按,此處或爲日寫本殘存闕避唐諱例。

⑭　相臺本"討"作"計"。日寫本"事"字後有"也"字。静嘉本(元版)"事"字後多"間,間厠之間"一句,蓋釋文混入。

⑮　潛府本"大"作"太",以下相同處不再出校。静嘉本(元版)、龍山本、國會本、十行巾箱本、婺本、劉叔剛本、元刻十行本、阮刻本"子"作"夫"。

⑯　浙刻巾箱本"悼"作"倬"。龍山本"一"字處空闕,或爲版片磨損所致。

⑰　日寫本"之"字後有"也"字。

⑱　日寫本"地"字後有"也"字。

⑲　日寫本"初"字後有"鄭"字。

⑳　國會本"牛"作"制"。

㉑　日寫本"損"字後有"也"字。

㉒　日寫本"囚"作"因","俘"字後有"也"字。

㉓　唐石經"車非"二字之間補刻一小字"多"。

多過制①。）遂弗使獻。（不使獻所獲②。）

　　初，子駟爲田洫，司氏、堵氏、侯氏、子師氏皆喪田焉③。（洫，田畔溝也。子駟爲田洫，以正封疆，而侵四族田④。）故五族聚羣不逞之人，因公子之徒以作亂。（八年，子駟所殺公子熙等之黨⑤。）於是子駟當國，（攝君事也。）子國爲司馬，子耳爲司空，子孔爲司徒。冬，十月戊辰，尉止、司臣、侯晉、堵女父、子師僕帥賊以入，晨攻執政于西宮之朝，（公宮⑥。）殺子駟、子國、子耳，劫鄭伯以如北宮。子孔知之，故不死。（子孔，公子嘉也。知難不告，利得其處也⑦。爲十九年殺公子嘉傳⑧。）書曰“盜”，言無大夫焉。（尉止等五人，皆士也⑨。大夫謂卿⑩。）子西聞盜，不儆而出，（子西，公孫夏，子駟子⑪。）尸而追盜。（先臨尸而逐賊⑫。）盜入於北宮，乃歸，授甲。臣妾多逃，器用多喪。子產聞盜，（子國子⑬。）爲門者，（置守門⑭。）庀羣司，（具衆官⑮。）閉府庫，慎閉藏⑯，完守備⑰，成列而後出，兵車十七乘，（千二百七十五人⑱。）尸而攻盜於北宮，子蟜帥國人助之，殺尉止、子師僕，盜衆盡死。侯晉奔晉，堵女父、司臣、尉翩、司齊奔宋。（尉翩，尉止子。司齊，司臣子⑲。）子孔當國，（代

---

①　日寫本“制”字後有“也”字。

②　龍山本、婺本“獻”作“献”，國會本作“献”，以下相同處不再出校。日寫本“獲”字後有“也”字。

③　劉叔剛本、元刻十行本“師”作“使”，阮刻本作“師”。按，此處或爲宋元十行本音近而致文本突變例，且爲阮刻本偏離十行本系統例。

④　日寫本“田”字後有“也”字。

⑤　釋文底本、浙刻巾箱本、潛府本、龍山本、國會、十行巾箱本、婺本、劉叔剛本、元刻十行本、阮刻本、相臺本“熙”作“嬰”，釋文或本、日寫本、撫州本、静嘉本（元版）、越州八行本、興國本、明翻種德本同蜀石經。龍山本“等”作“荨”。日寫本“黨”字後有“也”字。

⑥　日寫本“宮”字後有“也”字。

⑦　龍山本、國會本、十行巾箱本、婺本“處”作“处”，以下相同處不再出校。

⑧　日寫本“傳”字後有“也”字。

⑨　十行巾箱本“士”作“十”形，或爲版片磨損所致。

⑩　日寫本“卿”字後有“也”字。

⑪　日寫本“子”字後有“也”字。

⑫　國會本“而”作“即”。日寫本、潛府本、明翻種德本“逐賊”作“追賊”，静嘉本（元版）、龍山本、國會本、十行巾箱本、婺本、劉叔剛本、元刻十行本（明版）、阮刻本、相臺本作“追盜”，撫州本、越州八行本、浙刻巾箱本、興國本同蜀石經。阮氏校勘記云“淳熙本作‘追賊’，宋本作‘逐賊’。案，陳樹華云：上傳云帥賊以入，盜即賊也。傳言追盜，故注以逐賊釋之。宋本是也”。按，此處或爲蜀石經小字與監本系統關係密切例。日寫本“賊”字後有“也”字，“也”字擴寫。

⑬　日寫本“子國子”作“子國之子也”，“之”字、“也”字後均有日人小字校記“扌无”，意爲印本無此二字。

⑭　日寫本“門”字後有“者也”二字，“者也”旁有日人小字校記“二字扌无”，意爲印本無此二字。

⑮　十行巾箱本“具”作“其”。日寫本“官”字後有“也”字。

⑯　撫州本、越州八行本、浙刻巾箱本、興國本、潛府本、龍山本、國會本、十行巾箱本、婺本“慎”字避諱闕末筆，以下相同處不再出校。

⑰　撫州本、越州八行本、浙刻巾箱本、興國本、潛府本“完”字避諱闕末筆。

⑱　日寫本“人”字後有“也”字。

⑲　日寫本、静嘉本（元版）、潛府本、龍山本、國會本、十行巾箱本、婺本、劉叔剛本、元刻十行本（明版）“臣”作“空”，阮刻本作“臣”。按，此處或爲阮刻本偏離十行本系統例。

子駟①。）**爲載書，以位序，聽政辟。**（自羣卿諸司，各守其職位②，以受執政之法③，不得與朝政④。）**大夫、諸司、門子弗順，將誅之。**（子孔欲誅不順者⑤。）**子産止之，請爲之焚書。**（既止子孔⑥，又勸令燒除載書⑦。）**子孔不可，曰："爲書以定國，衆怒而焚之，是衆爲政也，國不亦難乎？"**（難以至治⑧。）**子産曰："衆怒難犯，專欲難成，合二難以安國，危之道也。不如焚書以安衆。子得所欲，**（欲爲政也。）**衆亦得安，不亦可乎？專欲無成，犯衆興禍，子必從之。"乃焚書於倉門之外**⑨，**衆而後定。**（不於朝内燒⑩，欲使遠近見所燒⑪。）

　　諸侯之師城虎牢而戍之。晉師城梧及制，（欲以偪鄭也⑫。不書"城"，魯不與也。梧、制，皆鄭舊地⑬。）**士魴、魏絳戍之⑭。書曰"戍鄭虎牢"⑮，非鄭地也，言將歸焉。**（二年⑯，晉城虎牢而居之。今鄭復叛，故脩其城而置戍⑰。鄭服，則欲以還鄭，故夫子追書，繫之于鄭⑱，以見晉志⑲。）**鄭及晉平。楚子囊救鄭。十一月，諸侯之師還鄭而南⑳，至于陽陵㉑。**（還，繞匝。陽陵，鄭地㉒。）**楚師不退。知武子欲退，曰："今我逃楚，楚必驕。驕則可與戰矣。"**（武子，荀罃。）**樂黡曰："逃楚，晉之恥也。合諸侯以益恥，不如死。我將獨進。"師遂進。己亥，與楚師夾潁而軍。**（潁水出城

---

①　日寫本"駟"字後有"也"字。
②　龍山本、國會本、十行巾箱本、婺本"職"作"戠"，以下相同處不再出校。
③　國會本"執"作"执"，以下相同處不再出校。
④　潛府本重"不"字。靜嘉本（元版）"朝"作"執"。日寫本"政"字後有"也"字。
⑤　日寫本"者"字後有"也"字。
⑥　龍山本"止"作"正"。
⑦　婺本無"除"字。日寫本"書"字後有"也"字。
⑧　日寫本"治"字後有"也"字。
⑨　日寫本"之外"二字旁有日人小字校記"扌ナ本无"，大概意爲印本有"之外"，一本無此二字。
⑩　日寫本"燒"字後有"書"字，"書"字後有日人小字校記"扌无本ナ"，大概意爲印本無"書"字，一本有此字。
⑪　日寫本"燒"字後有"也"字。
⑫　國會本"偪"作"福"。靜嘉本（元版）無"也"字。
⑬　日寫本"地"字後有"也"字。
⑭　十行巾箱本"戍"作"戌"。
⑮　日寫本"牢"作"罕"，龍山本作"罕"。
⑯　龍山本"二"字處空闕，或爲版片磨損所致。
⑰　浙刻巾箱本、潛府本、明翻種德本"脩"作"修"，以下相同處不再出校。
⑱　日寫本"繫"字旁有日人小字校記"扌乍，継本乍"，大概意爲印本作"繫"，一本作"継"。
⑲　日寫本"志"字後有"也"字。
⑳　釋文底本作"還"，或本作"環"。
㉑　日寫本、撫州本、靜嘉本（元版）、越州八行本、浙刻巾箱本、興國本、潛府本、龍山本、國會本、十行巾箱本、婺本、劉叔剛本、元刻十行本、阮刻本、相臺本、明翻種德本"于"作"於"。按，唐石經、蜀石經作"于"乃獨特性異文，此處蜀石經源自唐石經的痕迹較爲顯豁。
㉒　國會本"地"作"也"。日寫本"地"字後有"也"字。

陽①,至下蔡入淮②。)子矯曰③:"諸侯既有成行,必不戰矣。(言有成去之志④。)從之將退,不從亦退。(從,猶服也。)退,楚必圍我,猶將退也。不如從楚,亦以退之。"(以退楚⑤。)宵涉潁⑥,與楚人盟。(夜渡,畏晉知之。)欒黶欲伐鄭師,(伐涉潁者⑦。)荀罃不可,曰:"我實不能禦楚⑧,又不能庇鄭⑨。鄭何罪? 不如致怨焉而還。(致怨,爲後伐之資⑩。)今伐其師⑪,楚必救之,戰而不克,爲諸侯笑。克不可命,(勝負難要,不可命以必克⑫。)不如還也。"丁未,諸侯之師還,侵鄭北鄙而歸。(欲以致怨⑬。)楚人亦還。(鄭服故也。)

王叔陳生與伯輿爭政⑭。(二子,王卿士⑮。)王右伯輿⑯。(右,助也⑰。)王叔陳生怒而出奔,及河王復之,(欲奔晉⑱。)殺史狡以說焉。(說王叔也。)不入,遂處之⑲。(處叔河上⑳。)晉侯使士匄平王室,王叔與伯輿訟焉㉑。(爭曲直㉒。)王叔之宰(宰,

---

①　日寫本"城陽"作"陽城",有日人眉批校記"城陽,扌乍",意爲印本作"城陽"。

②　日寫本"淮"字後有"也"字,"也"字擠寫。

③　撫州本"矯"作"蟜",日寫本、静嘉本(元版)、越州八行本、浙刻巾箱本、興國本、潛府本、龍山本、國會本、十行巾箱本、婺本、劉叔剛本、元刻十行本、阮刻本、相臺本、明翻種德本同蜀石經。唐石經原石、李石曾本此字已損,《西安碑林全集》本作"矯",乃剪裱明人補字。按,據以上情況推測,蓋唐石經原作"矯",其後刊本多從之。撫州本作"蟜"是否有版本依據已難獲知,此處或因理校而致文本突變。

④　日寫本"志"字後有"也"字。

⑤　日寫本"楚"字後有"也"字。

⑥　婺本、劉叔剛本、元刻十行本、阮刻本、明翻種德本"宵"作"霄",日寫本、撫州本、静嘉本(元版)、越州八行本、浙刻巾箱本、興國本、潛府本、龍山本、國會本、十行巾箱本、相臺本同唐石經、蜀石經。阮氏校勘記云"石經、宋本、岳本、纂圖本、監本、毛本'霄'作'宵'。案,《張猛龍碑》'霄'作'宵',蓋字形之小誤,後遂因'宵'而譌作'霄'。岳氏之《九經三傳沿革例》曾辨'霄'字之譌,而未詳其致誤之由。按,"宵""霄"可通,似不必視爲訛誤。

⑦　日寫本"者"字後有"也"字。

⑧　明翻種德本重"我"字。釋文出字"禦"作"御"。

⑨　日寫本、龍山本、國會本、十行巾箱本、婺本、劉叔剛本、元刻十行本、阮刻本"庇"作"庀",撫州本、静嘉本(元版)、越州八行本、浙刻巾箱本、興國本、潛府本、相臺本、明翻種德本同唐石經、蜀石經。按,建本系統多作"庀",而潛府本較特殊,此處更接近監本系統。

⑩　日寫本"資"字後有"也"字。

⑪　日寫本"今"字後有"我"字。

⑫　明翻種德本"以必"作"必以"。日寫本"克"字後有"也"字。

⑬　日寫本"怨"字後有"也"字。

⑭　釋文底本"輿"作"與",或本作"輿"。

⑮　日寫本"士"字後有"也"字。

⑯　日寫本"輿"作"與"。

⑰　劉叔剛本、元刻十行本、阮刻本無"也"字,日寫本、撫州本、静嘉本(元版)、越州八行本、浙刻巾箱本、興國本、潛府本、龍山本、國會本、十行巾箱本、婺本、相臺本、明翻種德本同蜀石經。按,此處或爲十行本系統文本突變例。

⑱　日寫本"晉"作"之晉也"。

⑲　日寫本無"之"字。

⑳　日寫本"處"字後有"王"字,"上"字後有"也"字。"王"字、"也"字後均有日人小字校記"扌无",意爲印本無此二字。

㉑　日寫本無"焉"字。

㉒　日寫本"直"字後有"也"字。

家臣①。)**與伯輿之大夫瑕禽,**(瑕禽,伯輿屬大夫②。)**坐獄於王庭,**(獄,訟也。周禮,命夫命婦不躬坐獄訟③,故使宰與屬大夫對爭曲直④。)**士匃聽之。王叔之宰曰:"篳門閨竇之人⑤,而皆陵其上,其難爲上矣。"**(篳門,柴門。閨竇,小户,穿辟爲户,上鋭下方,狀如圭也。言伯輿微賤之家⑥。)**瑕禽曰:"昔平王東遷,吾七姓從王,牲用備具。王賴之,而賜之騂旄之盟⑦。**(平王徙時,大臣從者有七姓,伯輿之祖,皆在其中,主爲王備犧牲,共祭祀。王恃其用⑧,故與之盟,使丗丗其職⑨。騂旄,赤牛也⑩。舉騂旄者⑪,言得重盟,不以犬雞⑫。)**曰:'丗丗無失職。'若篳門閨竇,其能來東厎乎⑬? 且王何賴焉⑭?**(言我若貧賤,何能來東⑮,使王恃其用而與之盟邪? 厎⑯,至也。)**今自王叔之相也,政以賄成,**(隨財制政。)**而刑放於寵。**(寵臣專刑,不任法⑰。)**官之師旅,不勝其富。**(師旅之長皆受賂⑱。)**吾能無篳門閨竇乎?**(言王叔之屬富,故使吾貧⑲。)**唯大國圖之。**(圖,猶議也。)**下而無直,則何謂正矣⑳?**(正者,不失下之直㉑。)**范宣子曰:**

---

① 日寫本"臣"字後有"也"字。

② 日寫本、國會本、十行巾箱本"屬"作"属",以下相同處不再出校。静嘉本(元版)"屬"字處爲墨釘。日寫本"夫"字後有"也"字。

③ 國會本"躬"作"窮"。

④ 潛府本、劉叔剛本、元刻十行本、明翻種德本"與"作"興",阮刻本作"與"。按,此處或爲阮刻本偏離十行本系例。婺本"屬"作"属",以下相同處不再出校。婺本、劉叔剛本、元刻十行本"爭"作"争"。日寫本"直"字後有"也"字。

⑤ 釋文或本、明翻種德本"閨"作"圭",釋文底本作"閨"。

⑥ 興國本(修版)"輿"作"與"、"微"作"徵",興國本(原版)同蜀石經。按,此處或爲興國本局部修版過程中因形近而致文本突變例。日寫本"家"字後有"也"字。

⑦ 日寫本"騂"作"騂",龍山本作"騂"。

⑧ 浙刻巾箱本"恃"作"侍"。

⑨ 日寫本、静嘉本(元版)、越州八行本、浙刻巾箱本、潛府本、龍山本、國會本、十行巾箱本、婺本、劉叔剛本、元刻十行本、阮刻本、相臺本"其"前有"守"字,撫州本、興國本、明翻種德本同蜀石經。日寫本"守"字後有日人小字校記"本无扌ナ",大概意爲一本無"守"字,印本有此字。按,日抄單疏本《正義》云"令使世掌其職也",蓋異文"守"受疏文影響。

⑩ 明翻種德本"赤"作"亦"形。

⑪ 明翻種德本"舉"作"㪯",以下相同處不再出校。

⑫ 日寫本"雞"字後有"之"字。

⑬ 静嘉本(元版)"來"作"夾"。日寫本、静嘉本(元版)、潛府本、龍山本、國會本、十行巾箱本、婺本、劉叔剛本、元刻十行本、明翻種德本"厎"作"底",釋文出字、撫州本、越州八行本、浙刻巾箱本、興國本、相臺本、阮刻本同蜀石經。按,此處或爲阮刻本偏離十行本系例。

⑭ 興國本"且"作"旦"形,或爲版片磨損所致。

⑮ 浙刻巾箱本"何"作"河"。

⑯ 日寫本、撫州本、潛府本、龍山本、國會本、十行巾箱本、婺本、劉叔剛本、元刻十行本、阮刻本、明翻種德本"厎"作"底",静嘉本(元版)、越州八行本、浙刻巾箱本、興國本、相臺本同蜀石經。

⑰ 日寫本"法"字後有"也"字。

⑱ 日寫本"賂"字後有"也"字。

⑲ 日寫本"貧"字後有"也"字。

⑳ 釋文底本作"何";或本作"可",並云"誤也"。按,浙刻巾箱本、龍山本、十行巾箱本、婺本、劉叔剛本所附釋文作"何或作可,誤也",日寫本"何"字旁有日人小字校記"或乍可,誤也",可見宋刻本《釋文》"訧"當爲"誤"字之訛。

㉑ 日寫本"直"字後有"也"字。

“天子所右，寡君亦右之；所左①，亦左之。”（宣子知伯輿直②，不欲自專，故推之於王③。）使王叔氏與伯輿合要④，（合要辭⑤。）王叔氏不能舉其契。（要契之辭⑥。）王叔奔晉。不書，不告也。單靖公爲卿士以相王室。（代王叔⑦。）

【經】十有一年，春，王正月，作三軍。（增立中軍⑧。萬二千五百人爲軍⑨。）

夏，四月，四卜郊，不從，乃不郊。（無傳。）

鄭公孫舍之帥師侵宋。

公會晉侯、宋公、衛侯、曹伯、齊世子光、莒子、邾子、滕子、薛伯、杞伯、小邾子伐鄭。（世子光至，復在莒子之先⑩，故晉悼亦進之⑪。）

秋，七月己未，同盟于亳城北。（亳城，鄭地。伐鄭而書“同盟”，鄭與盟可知⑫。）

公至自伐鄭。（無傳。）

楚子、鄭伯伐宋。

公會晉侯、宋公、衛侯、曹伯、齊世子光、莒子、邾子、滕子、薛伯、杞伯、小邾子伐鄭，（晉遂尊光⑬。）會于蕭魚。（鄭服而諸侯會。蕭魚⑭，鄭地⑮。）

公至自會。（無傳⑯。以會至者，觀兵而不果侵伐⑰。）

楚人執鄭行人良霄⑱。（良霄，公孫輒子伯有也。）

冬，秦人伐晉。

---

① 明翻種德本原刻似非“左”字，該字上以墨筆改作“左”。

② 日寫本襄公十五年傳注“求幸”至傳文“武子寔諸卜”一紙凡十七行，錯接於“知伯”後。

③ 日寫本“王”字後有“也”字。

④ 龍山本“使王”作“王使”。

⑤ 明翻種德本“辭”作“辤”，以下相同處不再出校。日寫本“辭”字後有“也”字。

⑥ 日寫本“辭”字後有“也”字。

⑦ 劉叔剛本、元刻十行本、阮刻本“叔”作“室”，日寫本、撫州本、靜嘉本（元版）、越州八行本、浙刻巾箱本、興國本、潛府本、龍山本、國會本、十行巾箱本、婺本、相臺本、明翻種德本同蜀石經。日寫本“叔”字後有“也”字。按，“室”字或源自劉叔剛本，是否有版本依據已難獲知，蓋受上文“王室”影響。此處或爲十行本系統涉鄰近文字而致文本突變例。

⑧ 日寫本“軍”字後有“也”字。

⑨ 日寫本、龍山本、國會本、十行巾箱本、明翻種德本“萬”作“万”，以下相同處不再出校。日寫本“軍”字後有“也”字。

⑩ 婺本“復”作“複”。浙刻巾箱本“子”作“于”。

⑪ 興國本（修版）“進之”作“道子”，興國本（原版）同蜀石經，日抄單疏本標注起訖作“世子至進之”。按，此處或爲興國本局部修版過程中因“進”“道”形近、“之”字所在位置與上文“莒子”之“子”並列，而致文本突變。日寫本“之”字後有“也”字，“之”字後有日人小字校記“本无”，“也”字後有日人小字校記“才无”，大概意爲一本無“之”字，印本無“也”字。

⑫ 日寫本“知”字後有“也”字。

⑬ 日寫本“遂”作“逐”。日寫本“光”字後有“也”字。

⑭ 劉叔剛本、元刻十行本、明翻種德本“蕭”作“萧”，以下相同處不再出校。

⑮ 日寫本“地”字後有“也”字。

⑯ 日寫本“無”作“无”，以下相同處不再出校。

⑰ 日寫本“伐”字後有“也”字。

⑱ 潛府本“霄”作“宵”，以下相同處不再出校。

【傳】十一年,春,季武子將作三軍,(魯本無中軍,唯上下二軍,皆屬於公①。有事,三卿更帥以征伐②。季氏欲專其人③,故假立中軍,因以改作④。)告叔孫穆子曰:"請爲三軍,各征其軍。"(征,賦稅也。三家各征其軍之家屬⑤。)穆子曰:"政將及子,子必不能。"(政者,霸國之政令⑥。禮,大國三軍⑦。魯次國而爲大國之制,貢賦必重,故憂不能堪⑧。)武子固請之。穆子曰:"然則盟諸?"(穆子知季氏將復變易⑨,故盟之⑩。)乃盟諸僖閎。(僖宮之門⑪。)詛諸五父之衢。(五父衢,道名⑫,在魯國東南。詛,以禍福之言相要⑬。)正月,作三軍,三分公室而各有其一。(三分國人衆⑭。)三子各毀其乘。(壞其軍乘,分以足成三軍⑮。)季氏使其乘之人⑯,以其役邑入者無征,(使軍乘之人,率其邑役入季者,無公征⑰。)不入者倍征。(不入季氏者,則使公家倍征之。設利病,欲驅使入己⑱。故昭五年傳曰:"季氏盡征之⑲"。人辟倍征⑳,故盡屬季氏㉑。)孟氏使半爲臣,若子若弟。(取其子弟之半也。四分其乘之人,以三歸公㉒,而取其

---

① 龍山本、劉叔剛本、元刻十行本、阮刻本"屬"作"属",以下相同處不再出校。阮刻木"公"作"上",日寫本、撫州本、静嘉本(元版)、越州八行本、浙刻巾箱本、興國本、潛府本、龍山木、國會本、十行巾箱本、婺本、劉叔剛本、元刻十行本、相臺本、明翻種德本同蜀石經,日抄單疏本《正義》云"知往前二軍皆属公也"。按,此處或爲阮刻文本突變例。

② 興國本(補版)"帥"作"師",興國本(原版)作"帥",日抄單疏本《正義》云"明其有支則三卿更互帥之以征伐耳"。按,此處或爲興國本補版因形近而致文本突變例。

③ 十行巾箱本"季"作"李"。蜀石經"民"字避諱闕末筆,以下相同處不再出校。日寫本"民人"作"人民",有日人眉批校記"民人,扌作",意爲印本作"民人"。

④ 興國本(補版)"作"字後有"一"字,興國本(原版)無,日抄單疏本標注起訖作"魯本至改作"。按,此處或爲興國本補版文本突變例。日寫本"作"字後有"也"字。

⑤ 日寫本"屬"字後有"也"字。

⑥ 日寫本"令"字後有"也"字。

⑦ 撫州本"三"作"二"。

⑧ 日寫本"堪"字後有"也"字。

⑨ 龍山本、國會本、十行巾箱本"變"作"变"。

⑩ 日寫本"之"字後有"也"字。

⑪ 阮刻本"宮"作"公",日寫本、撫州本、静嘉本(元版)、越州八行本、浙刻巾箱本、興國本、潛府本、龍山本、國會本、十行巾箱本、婺本、劉叔剛本、元刻十行本、相臺本、明翻種德本同蜀石經,日抄單疏本標注作"僖宮之門"。按,此處或爲阮刻文本突變例。日寫本"門"字後有"也"字。

⑫ 日寫本"名"字後有"也"字。

⑬ 日寫本"要"字後有"者也"二字,"者也"後有日人小字校記"二字扌无",意爲印本無此二字。

⑭ 十行巾箱本"三"作"二"。日寫本"衆"字後有"也"字。

⑮ 日寫本"軍"字後有"也"字。

⑯ 劉叔剛本"季"作"乘",元刻十行本、阮刻本作"季"。按,此處或爲劉叔剛本涉鄰近文字而致文本突變例。

⑰ 静嘉本(元版)"征"作"正"。日寫本"征"字後有"也"字。

⑱ 撫州本、越州八行本(修補葉)、浙刻巾箱本、興國本、潛府本、相臺本"駆"作"驅"。日寫本"己"字後有"也"字。

⑲ 龍山本、國會本、十行巾箱本"盡"作"尽",以下相同處不再出校。

⑳ 日寫本"倍"作"信"。

㉑ 日寫本"氏"字後有"也"字。

㉒ 龍山本、國會本、十行巾箱本"歸"作"帰",以下相同處不再出校。

一①。)叔孫氏使盡爲臣。(盡取子弟,以其父兄歸公②。)不然不舍。(制軍分尸,不如是,則三家不舍其故而改作也。此蓋三家盟詛之本言③。)

鄭人患晉、楚之故,諸大夫曰:"不從晉,國幾亡。(幾,近也。)楚弱於晉,晉不吾疾也。(疾,急也。)晉疾,楚將辟之。何爲而使晉師致死於我,(言當作何計④。)楚弗敢敵,而後可固與也。"(固與晉也。)子展曰:"與宋爲惡⑤,諸侯必至,吾從之盟。楚師至,吾又從之,則晉怒甚矣。晉能驟來,楚將不能,吾乃固與晉。"大夫説之,使疆場之司惡於宋⑥。(使守疆場之吏侵犯宋⑦。)宋向戌侵鄭,大獲。子展曰:"師而伐宋可矣。若我伐宋,諸侯之伐我必疾⑧,吾乃聽命焉,且告於楚。楚師至,吾又與之盟⑨,而重賂晉師,乃免矣⑩。"(言如此乃免於晉、楚之難⑪。)夏,鄭子展侵宋。(欲以致諸侯⑫。)

四月,諸侯伐鄭。己亥,齊大子光⑬、宋向戌先至于鄭,門于東門。(傳釋齊大子光所以序莒上也。向戌不書⑭,宋公在會故⑮。)其莫⑯,晉荀罃至于西郊,東侵舊許。(許之舊國,鄭新邑⑰。)衞孫林父侵其北鄙⑱。六月,諸侯會于北林,師于向,(向,地在潁川長社縣東北⑲。)右還次于瑣,(北行而西爲右還。滎陽宛陵縣西有瑣候亭⑳。)圍鄭,觀兵于南門,(觀,示也。)西濟于濟隧。(濟隧㉑,水名㉒。)鄭人懼,乃行成。秋,

---

① 國會本無"一"字,蓋板片磨損所致。日寫本"一"字後有"也"字。

② 龍山本"歸"作"㱕",以下相同處不再出校。日寫本"公"字後有"也"字。

③ 國會本、婺本、劉叔剛本、元刻十行本"蓋"作"盖",以下相同處不再出校。日寫本"言"字後有"之也"二字,"之也"後有日人小字校記"二字才无",意爲印本無此二字。

④ 日寫本"計"字後有"也"字。

⑤ 日寫本、龍山本"宋"作"衆"。日寫本"衆"字旁有日人小字校記"宋本",意爲或本作"宋"。

⑥ 越州八行本"場"作"塲",以下相同處不再出校。

⑦ 龍山本"使"作"吏"。浙刻巾箱本"吏"作"史"。日寫本"宋"字後有"也"字。

⑧ 日寫本"之"字後有"師"字,"師"字後有日人小字校記"才无",意爲印本無此字。

⑨ 劉叔剛本、元刻十行本、阮刻本"又"作"乃",日寫本、撫州本、靜嘉本(元版)、越州八行本、浙刻巾箱本、興國本、潛府本、龍山本、國會本、十行巾箱本、婺本、相臺本、明翻種德本同唐石經、蜀石經。按,"乃"字或源自劉叔剛本,是否有版本依據已難獲知,此處或爲十行本系統文本突變例。

⑩ 日寫本無"矣"字。

⑪ 日寫本"難"字後有"也"字。

⑫ 日寫本"侯"字後有"也"字。

⑬ 靜嘉本(元版)、龍山本、國會本、劉叔剛本、元刻十行本、阮刻本、明翻種德本"大"作"太",以下相同處不再出校。

⑭ 日寫本"不"字後有"加"字。

⑮ 日寫本、潛府本"故"字後有"也"字。

⑯ 日寫本"莫"作"暮",有日人眉批校記"才莫",意爲印本作"莫"。

⑰ 國會本"邑"作"呂"。日寫本"邑"字後有"也"字。

⑱ 唐石經"衞"作"衛"。按,唐石經多作"衞",此處爲例外。

⑲ 國會本"潁"作"熲"。日寫本"北"字後有"也"字。

⑳ 日寫本、靜嘉本(元版)、龍山本、國會本、十行巾箱本、婺本、劉叔剛本、元刻十行本、阮刻本、相臺本"滎"作"熒"。

㉑ 日寫本、龍山本、國會本、婺本"濟"作"済",以下相同處不再出校。

㉒ 日寫本"名"字後有"也"字。

七月，同盟于亳①。范宣子曰："不慎，必失諸侯。（慎②，敬威儀，謹辭令③。）諸侯道敝而無成，能無貳乎？（數伐鄭，皆罷於道路④。）乃盟。載書曰："凡我同盟毋蘊年⑤，（蘊積年穀⑥，而不分災⑦。）毋雍利，（專山川之利⑧。）毋保姦，（藏罪人⑨。）毋留慝，（速去惡⑩。）救災患，恤禍亂，同好惡，獎王室⑪。（獎⑫，助也。）或閒茲命⑬，司慎、司盟、名山、名川⑭，（二司，天神⑮。）羣神羣祀⑯，（羣祀⑰，在祀典者⑱。）先王、先公，（先王，諸侯之大祖⑲，宋祖帝乙，鄭祖厲王之比也。先公，始封君⑳。）七姓十二國之祖，（七姓㉑，晉、魯、衛、鄭、曹、滕，姬姓㉒；邾㉓、小邾，曹姓㉔；宋，子姓㉕；齊㉖，姜姓㉗；莒，

---

①　龍山本"亳"作"毫"。
②　相臺本"慎"字避諱闕末筆，以下相同處不再出校。
③　日寫本"令"字後有"也"字。
④　國會本"皆"作"鄭能"。日寫本"路"字後有"也"字。
⑤　浙刻巾箱本"蘊年"之"蘊"作"蘊"，以下相同處不再出校。
⑥　蜀石經"穀"作"穀"形，以下相同處不再贅言；日寫本"穀"作"數"，相臺本作"穀"，明翻種德本作"穀"，以下相同處不再出校。
⑦　十行巾箱本"災"作"灾"。
⑧　日寫本"利"字後有"也"字。
⑨　日寫本"人"字後有"也"字。
⑩　日寫本、龍山本、國會本"惡"作"悪"，以下相同處不再出校。日寫本"惡"字後有"也"字。
⑪　撫州本、静嘉本（元版）、越州八行本、相臺本"獎"作"奬"，釋文出字、日寫本、浙刻巾箱本、興國本、潛府本、龍山本、國會本、十行巾箱本、婺本、劉叔剛本、元刻十行本、阮刻本、明翻種德本同唐石經、蜀石經。按，此處或爲宋監本系統改唐石經例。
⑫　撫州本、静嘉本（元版）、越州八行本、相臺本"獎"作"奬"，日寫本、浙刻巾箱本、興國本、潛府本、龍山本、國會本、十行巾箱本、婺本、劉叔剛本、元刻十行本、阮刻本、明翻種德本同蜀石經。
⑬　釋文底本作"兹命"；或本作"兹盟"，並云"誤"。
⑭　日寫本"名川"之"名"字旁有日人小字校記"扌""大本"，大概意爲印本作"名"，一本作"大"。
⑮　龍山本、明翻種德本"天"作"大"。日寫本"神"字後有"也"字。
⑯　静嘉本（元版）、龍山本、國會本、劉叔剛本、元刻十行本（明版）"神"作"臣"，阮刻本作"神"。按，此處或爲建本系統文本突變例，且爲阮刻本偏離十行本系統例。
⑰　日寫本"羣"作"群"，以下相同處不再出校。
⑱　日寫本"者"字後有"也"字。
⑲　興國本（補版）"祖"作"祖"，興國本（原版）同蜀石經。按，此處或爲興國本補版因形近而致文本突變例。
⑳　日寫本"君"作"之君也"。
㉑　浙刻巾箱本"七"作"十"形，或爲版片磨損所致。
㉒　日寫本"姓"字後有"也"字。
㉓　潛府本"邾"字前有"大"字。
㉔　日寫本"姓"字後有"也"字。
㉕　日寫本"姓"字後有"也"字。
㉖　日寫本"齊"作"斉"。
㉗　龍山本、十行巾箱本、婺本、劉叔剛本"姜"作"莊"，元刻十行本（明版）、阮刻本作"姜"。按，此處或爲建本系統文本突變例；且爲元刻明修十行本修改宋刻、阮刻又從元刻明修本，從而偏離十行本系統例。日寫本"姓"字後有"也"字。

己姓①；杞，姒姓②；薛，任姓③。實十三國④，言十二，誤也。）**明神殛之。**（殛，誅也。）**俾失其尸⑤，墜命亡氏⑥，踣其國家。**"（踣，斃也。）

　　楚子囊乞旅于秦。（乞師旅於秦⑦。）**秦右大夫詹帥師從楚子，將以伐鄭。鄭伯逆之。丙子，伐宋。**（鄭逆服，故更伐宋也。秦師不書，不與伐宋而還⑧。）

　　九月，諸侯悉師以復伐鄭。（此夏諸侯皆復來，故曰悉師⑨。）**鄭人使良霄、大宰石㒸如楚，告將服于晉，曰："孤以社稷之故⑩，不能懷君。君若能以玉帛綏晉，不然，則武震以攝威之，孤之願也。"楚人執之。書曰"行人"，言使人也。**（書行人，言非使人之罪⑪。古者兵交，使在其閒⑫，所以通命示整。或執殺之，皆以爲譏也。既成而後告，故書在蕭魚下。石㒸爲介⑬，故不書⑭。）

　　諸侯之師觀兵于鄭東門。鄭人使王子伯駢行成。甲戌，晉趙武入盟鄭伯。冬，十月，丁亥，鄭子展出盟晉侯。（二盟不書，不告⑮。）**十二月戊寅⑯，會于蕭魚。**（經書秋，史失之⑰。）**庚辰，赦鄭囚，皆禮而歸之，納斥候。**（不相備也。）**禁侵掠。晉侯使叔肸告于諸侯。**（叔肸，叔向也。告諸侯，亦使赦鄭囚⑱。）**公使臧孫紇對曰："凡我同盟，小國有罪，大國致討。苟有以藉手，鮮不赦宥。寡君聞命矣。"**（言晉討小國⑲，有藉手之功，則赦其罪人。德義如是，不敢不承命⑳。）**鄭人賂晉侯以師悝、師觸、師蠲；**（悝、觸、蠲，皆樂師名㉑。）**廣車、軘車淳十五乘，甲兵備，**（廣車、軘車，皆兵車名。淳，耦也。）**凡兵車百乘；**（他兵車及廣、軘共百乘㉒。）**歌鐘二肆㉓，**（肆，列也。縣

----

①　日寫本"姓"字後有"也"字。
②　日寫本"姓"字後有"也"字。
③　日寫本"姓"字後有"也"字。
④　十行巾箱本"實"作"实"，以下相同處不再出校。
⑤　釋文底本作"俾"，或本作"卑"。
⑥　釋文出字、日寫本、撫州本、静嘉本(元版)、越州八行本、浙刻巾箱本、興國本、潛府本、龍山本、國會本、十行巾箱本、婺本、劉叔剛本、元刻十行本(明版)、阮刻本、相臺本、明翻種德本"墜"作"隊"。按，唐石經、蜀石經作"墜"乃獨特性異文，此據蜀石經源自唐石經的痕迹較爲顯豁。
⑦　明翻種德本"於"作"于"。日寫本"秦"字後有"也"字。
⑧　日寫本"還"字後有"也"字。
⑨　日寫本"師"字後有"也"字。
⑩　劉叔剛本"稷"作"禝"，元刻十行本(明版)、阮刻本作"稷"。按，此處或爲元刻明修十行本修改宋刻，阮刻又從元刻明修本，從而偏離十行本系統例。
⑪　日寫本"罪"字後有"也"字。
⑫　興國本"閒"作"間"，以下相同處不再出校。
⑬　龍山本"介"作"界"。
⑭　日寫本"書"字後有"也"字。
⑮　日寫本"告"字後有"也"字。
⑯　日寫本"戊"作"戌"。
⑰　日寫本"之"字後有"也"字，又被劃去。
⑱　日寫本"囚"字後有"也"字。
⑲　明翻種德本"國"作"国"，以下相同處不再出校。
⑳　日寫本"承"作"氶"，十行巾箱本、婺本、劉叔剛本作"承"。日寫本"命"字後有"也"字。
㉑　日寫本"名"字後有"也"字。
㉒　日寫本"乘"字後有"也"字。
㉓　日寫本、浙刻巾箱本、龍山本、十行巾箱本、相臺本"鐘"作"鍾"，以下相同處不再出校。

鐘十六爲一肆①。二肆,三十二枚②。)及其鎛、磬,(鎛、磬,皆樂器③。)女樂二八。(十六人④。)晉侯以樂之半賜魏絳,曰:"子教寡人和諸戎狄以正諸華⑤。(在四年⑥。)八年之中,九合諸侯。如樂之和,無所不諧。(諧,亦和也⑦。)請與子樂之。"(共此樂⑧。)辭曰:"夫和戎狄,國之福也。八年之中,九合諸侯,諸侯無慝⑨,君之靈也,二三子之勞也。臣何力之有焉?抑臣願君安其樂而思其終也⑩。《詩》曰:'樂言君子⑪,殿天子之邦。(《詩‧小雅》也。謂諸侯有樂美之德,可以鎮撫天子之邦⑫。殿,鎮也。)樂言君子⑬,福祿攸同。(攸,所也。)便蕃左右,亦是帥從。'(便蕃,數也⑭。言遠人相帥來服從⑮,便蕃然在左右⑯。)夫樂以安德,(和其心也。)義以處之,(處位以義。)禮以行之,(行教令⑰。)信以守之,(守所信⑱。)仁以厲之。(厲風俗。)而後可以殿邦國,同福祿,來遠人,所謂樂也。(言五德皆備⑲,乃爲樂,非但金石⑳。)

---

①　S.133"縣"作"懸";日寫本"縣"字後有日人小字校記"懸本乍",意爲或本作"懸"。静嘉本(宋版)"縣"字避諱闕末筆,以下相同處不再出校。S.133、國會本"鐘"作"鍾",以下相同處不再出校。龍山本、國會本"肆"作"肆"。S.133"肆"字後有"也"字。
②　日寫本"枚"字後有"也"字。
③　日寫本、龍山本"器"作"噐",撫州本、静嘉本(宋版)、越州八行本、浙刻巾箱本、興國本、潛府本、國會本、十行巾箱本、婺本、劉叔剛本、元刻十行本(明版)、阮刻本、相臺本、明翻種德本同蜀石經。日寫本"噐"字後有"也"字。
④　S.133、日寫本、日寫治要本、日刻治要本"人"字後有"也"字。
⑤　浙刻巾箱本"教"作"敎"。
⑥　S.133"年"字後有"也"字。
⑦　S.133"和"作"樂"。
⑧　S.133、日寫治要本、日刻治要本"樂"字後有"也"字。
⑨　S.133"慝"作"匿"。
⑩　S.133、唐石經"君"字後有"之"字,日寫治要本原抄有"之"字但又有卜煞符號,日刻治要本無"之"字。日寫本、撫州本、静嘉本(宋版)、越州八行本、浙刻巾箱本、興國本、潛府本、龍山本、國會本、十行巾箱本、婺本、劉叔剛本、元刻十行本(明版)、阮刻本、相臺本、明翻種德本同蜀石經。按,此處蜀石經異於唐石經,或爲參用他本例。
⑪　撫州本、浙刻巾箱本、興國本、潛府本、龍山本、國會本、十行巾箱本、婺本、劉叔剛本、元刻十行本(明版)、阮刻本、明翻種德本"言"作"只",日寫本、静嘉本(宋版)、越州八行本、相臺本同蜀石經,日抄單疏本《正義》云"旨,美也"。日寫本"言"字後有日人小字校記"只或乍",意爲或本作"只"。
⑫　龍山本、國會本"撫"作"抚",十行巾箱本作"抚",以下相同處不再出校。
⑬　撫州本、浙刻巾箱本、興國本、潛府本、龍山本、國會本、十行巾箱本、婺本、劉叔剛本、元刻十行本(明版)、阮刻本、明翻種德本"言"作"只",日寫本、静嘉本(宋版)、越州八行本、相臺本同蜀石經。
⑭　明翻種德本"數"作"数",以下相同處不再出校。
⑮　日寫本"帥"字旁有日人小字校記"扌乍""率本乍",大概意爲印本作"帥",一本作"率"。
⑯　日寫本"右"字後有"也"字。
⑰　日寫本"令"字後有"也"字。
⑱　日寫本、撫州本、静嘉本(宋版)、越州八行本、浙刻巾箱本、興國本、潛府本、龍山本、國會本、十行巾箱本、婺本、劉叔剛本、元刻十行本(明版)、阮刻本、相臺本、明翻種德本"仁"作"行"。日寫本"行"字後有"也"字。按,"仁"乃蜀石經獨特性異文,蓋受下文"仁以"影響。此處或爲蜀石經涉鄰近文字而致文本突變例。
⑲　國會本、明翻種德本"備"作"俻"。
⑳　日寫本"石"字後有"也"字。

《書》曰'居安思危①'。（逸書。）思則有備，有備無患。敢以此規。"（規，正也②。）
公曰："子之教，敢不承命。抑微子，寡人無以待戎，（待遇接納③。）不能濟河。
（渡河南服鄭④。）夫賞，國之典也，藏在盟府，（司盟之府，有賞功之制。）不可廢也，子
其受之。魏絳於是乎始有金石之樂，禮也。（禮⑤，大夫有功則賜樂⑥。）

　　秦庶長鮑、庶長武帥師伐晉以救鄭。（庶長，秦爵也。不書"救鄭"，已屬晉⑦，無
所救⑧。）鮑先入晉地，士魴禦之⑨，少秦師而弗設備⑩。壬午，武濟自輔氏，（從輔
氏渡河⑪。）與鮑交伐晉師。己丑，秦、晉戰于櫟⑫，晉師敗績，易秦故也。（不書
"敗績"，晉恥易秦而敗⑬，故不告也。櫟，晉地⑭。）

　　【經】十有二年，春，王三月⑮，莒人伐我東鄙，圍台。（琅邪費縣南有台亭⑯。）

　　季孫宿帥師救台，遂入鄆。（鄆，莒邑⑰。）

　　夏，晉侯使士魴來聘。

　　秋，九月，吳子乘卒。（五年會於戚，公不與盟，而赴以名⑱。）

　　冬，楚公子貞帥師侵宋⑲。

　　公如晉。

　　【傳】十二年，春，莒人伐我東鄙，圍台。季武子救台，遂入鄆，（乘勝入鄆⑳，

---

① 龍山本"思"作"慮"。
② 日寫本、撫州本、靜嘉本（元版）、越州八行本、浙刻巾箱本、興國本、潛府本、龍山本、國會本、劉
叔剛本、元刻十行本（明版）、阮刻本、相臺本、明翻種德本"也"作"公"，靜嘉本（元版）"公"字後有墨釘。
十行巾箱本、婺本同蜀石經。
③ 靜嘉本（元版）"待"作"持"。S.133、日寫本"納"字後有"之也"二字，日寫治要本原抄有"之也"二
字但又劃去，日刻治要本無此二字。日寫本"之也"後有日人小字校記"二字扌无"，意爲印本無此二字。
④ S.133、日寫治要本、日刻治要本"渡"作"度"。S.133、日寫本、日寫治要本"鄭"字後有"也"字，
日刻治要本無"也"字。
⑤ S.133、日寫治要本、明翻種德本"禮"作"礼"，以下相同處不再出校。
⑥ S.133、日寫本"樂"字後有"也"字，日寫治要本、日刻治要本無"也"字。
⑦ 潛府本"屬"作"属"。
⑧ 日寫本"救"字後有"也"字。
⑨ 釋文出字、靜嘉本（元版）、浙刻巾箱本、潛府本、龍山本、國會本、十行巾箱本、婺本、劉叔剛本、
元刻十行本（明版）、阮刻本、相臺本、明翻種德本"禦"作"御"，日寫本、撫州本、越州八行本、興國本同
唐石經、蜀石經。按，此處或爲蜀石經與唐石經、監本系統關係密切例。
⑩ 明翻種德本"弗"作"不"。
⑪ 日寫本"河"字後有"也"字。
⑫ 龍山本無"晉"字。
⑬ 日寫本、龍山本、明翻種德本"恥"作"耻"。
⑭ 日寫本"地"字後有"也"字。
⑮ 十行巾箱本"王"作"正"。日寫本、靜嘉本（元版）、浙刻巾箱本、龍山本、十行巾箱本、婺本、劉
叔剛本、元刻十行本（明版）、阮刻本"三"作"二"，撫州本、越州八行本、興國本、潛府本、國會本、相臺
本、明翻種德本同唐石經、蜀石經。按，此處或爲蜀石經與唐石經、監本系統關係密切例。
⑯ 日寫本"邪"作"耶"，靜嘉本（元版）作"琊"。
⑰ 日寫本"邑"字後有"也"字。
⑱ 日寫本"名"字後有"也"字。
⑲ 相臺本"貞"字避諱闕末筆。
⑳ 國會本、劉叔剛本、元刻十行本"鄆"作"運"，阮刻本作"鄆"。按，此處或爲建本系統文本突變
例，且爲阮刻本偏離十行本系統例。

報見伐①。)**取其鐘以爲公盤。**

　　夏，晉士魴來聘，且拜師。(謝前年伐鄭師②。)

　　秋，吳子壽夢卒。(壽夢，吳子之號③。)**臨於周廟，禮也。**(周廟④，文王廟也。周公出文王，故魯立其廟。吳始通，故曰禮⑤。)**凡諸侯之喪，異姓臨於外，**(於城外，向其國⑥，)**同姓於宗廟，**(所出王之廟⑧。)**同宗於祖廟，**(始封君之廟⑨。)**同族於禰廟⑩。**(父廟也。同族，謂高祖以下⑪。)**是故魯爲諸姬，臨於周廟。**(諸姬，同姓國⑫。)**爲邢、凡、蔣、茅、胙、祭，臨於周公之廟。**(即祖廟也。六國皆周公之支子，別封爲國，共祖周公⑬。)

　　冬，楚子囊、秦庶長無地伐宋，師于揚梁⑭，以報晉之取鄭也。(取鄭在前年。梁國睢陽縣東⑮，有地名揚梁⑯。)

　　靈王求后于齊，齊侯問對於晏桓子⑰。桓子對曰："先王之禮辭有之。天子求后於諸侯，諸侯對曰：'夫婦所生若而人。(不敢譽⑱，亦不敢毀，故曰若如人⑲。)**妾婦之子若而人。'**(言非適也⑳。)**無女而有姊妹及姑姊妹，則曰'先守某公**

---

①　日寫本"伐"字後有"也"字。

②　日寫本"師"作"之師也"，"之"字、"也"字後均有日人小字校記"才无"，意爲印本無此二字。

③　日寫本"號"字後有"也"字。

④　國會本、十行巾箱本"廟"作"庿"，以下相同處不再出校。

⑤　日寫本"禮"作"礼"，以下相同處不再出校。日寫本"礼"字後有"也"字。

⑥　釋文底本"向"作"嚮"，或本作"句"。日寫本"國"字後有"也"字。按，浙刻巾箱本、龍山本、十行巾箱本、婺本、劉叔剛本所附釋文作"向，或作嚮"，日寫本有日人小字校記"向，或乍嚮"，可見宋刻本《釋文》"句"當爲"向"字之訛。

⑦　日寫本"姓"字後有"臨"字，"臨"字後有日人小字校記"才无"，意爲印本無此字。

⑧⑨　日寫本"廟"字後有"也"字。

⑩　明翻種德本"廟"作"朝"。

⑪　日寫本"下"字後有"也"字。

⑫　日寫本"國"字後有"也"字。

⑬　日寫本"公"字後有"者也"二字，"者也"後有日人小字校記"二字才无"，意爲印本無此二字。

⑭　日寫本、靜嘉本(元版)、興國本、潛府本、龍山本、國會本、十行巾箱本、婺本、劉叔剛本、元刻十行本、阮刻本、相臺本"揚"作"楊"，撫州本、越州八行本、浙刻巾箱本、明翻種德本同唐石經、蜀石經。按，此處或爲蜀石經與唐石經、監本系統關係密切例。

⑮　浙刻巾箱本"國"作"師"。

⑯　日寫本、靜嘉本(元版)、興國本、龍山本、國會本、婺本、劉叔剛本、元刻十行本、阮刻本、相臺本"揚"作"楊"，撫州本、越州八行本、浙刻巾箱本、潛府本、十行巾箱本、明翻種德本同蜀石經。日寫本"梁"字後有"也"字。

⑰　撫州本、越州八行本、浙刻巾箱本、興國本、潛府本、十行巾箱本、婺本"桓"字避諱闕末筆，以下相同處不再出校。

⑱　明翻種德本"譽"作"舉"，國會本、十行巾箱本作"奢"。

⑲　日寫本、龍山本、十行巾箱本"如"作"而"。日寫本"人"字後有"也"字。

⑳　元刻十行本(明版)、阮刻本"適"字後有"世"字。日寫本、撫州本、靜嘉本(元版)、越州八行本、浙刻巾箱本、興國本、潛府本、龍山本、國會本、十行巾箱本、婺本、劉叔剛本、相臺本、明翻種德本同蜀石經。按，此處或爲元刻明修十行本文本突變例。

之遺女若而人。'"齊侯許昏①，王使陰里結之②。（陰里，周大夫③。結，成也。爲十五年劉夏逆王后傳④。）

公如晉朝，且拜士魴之辱，禮也。（士魴聘在此年夏，嫌君臣不敵，故禮之⑤。）

秦嬴歸于楚。（秦景公妹，爲楚共王夫人⑥。）楚司馬子庚聘于秦，爲夫人寧⑦，禮也。（子庚，莊王子午也。諸侯夫人，父母既没，歸寧使卿⑧，故曰禮⑨。）

【經】十有三年，春，公至自晉⑩。

夏，取邿。（邿，小國也。任城亢父縣有邿亭。《傳例》曰："書取，言易也。"）

秋，九月，庚辰，楚子審卒。（共王也。成二年，大夫盟于蜀⑪。）

冬，城防。

【傳】十三年，春，公至自晉，孟獻子書勞于廟，禮也。（書勳勞於策也。桓二年傳曰⑫："公至自唐告於廟也。凡公行告於宗廟，反行飲至，舍爵策勳焉，禮也。"桓十六年傳又曰："公至自伐鄭，以飲至之禮也。"然則還告廟及飲至及書勞三事，偏行一禮⑬，則亦書至。悉闕乃不書至⑭。傳因獻子之事⑮，以發明凡例，《釋例》詳之⑯。）

---

① 潛府本、龍山本、國會本、婺本、劉叔剛本、元刻十行本（明版）、阮刻本"昏"作"昬"；日寫本原作"昬"，又有卜煞符號改作"婚"；撫州本、静嘉本（元版）、越州八行本、浙刻巾箱本、興國本、十行巾箱本、相臺本、明翻種德本同唐石經、蜀石經。以下相同處不再出校。

② 元刻十行本（明版）、阮刻本"結"作"逆"，日寫本、撫州本、静嘉本（元版）、越州八行本、浙刻巾箱本、興國本、潛府本、龍山本、國會本、十行巾箱本、婺本、劉叔剛本、相臺本、明翻種德本同唐石經、蜀石經。按，此處或爲元刻明修十行本文本突變例。

③ 日寫本"夫"字後有"也"字。

④ 日寫本"傳"字後有"也也"二字，後一"也"字被劃去。

⑤ 日寫本、浙刻巾箱本、龍山本、國會本、十行巾箱本、婺本、劉叔剛本、元刻十行本（明版）、阮刻本"故禮之"作"故曰禮之"，相臺本作"故曰禮"，撫州本、静嘉本（元版）、越州八行本、興國本、潛府本、明翻種德本同蜀石經。按，此處或爲蜀石經小字與監本系統關係密切例。杜注以傳文恐人嫌君臣不敵，故特以此爲禮。若注文原有"曰"字，則當作"故曰禮也"或"故曰禮"，緣此作"故禮之"者較佳。另相臺本作"故曰禮"，未必有版本依據，或受下注"故曰禮"影響。建本系統多作"故曰禮之"，而潛府本較特殊，此處更接近監本系統。

⑥ 日寫本"人"字後有"也"字。

⑦ 明翻種德本"寧"作"寗"，以下相同處不再出校。

⑧ 明翻種德本作"歸"，以下相同處不再出校。國會本、十行巾箱本、婺本"寧"作"寗"，以下相同處不再出校。

⑨ 日寫本"禮"字後有"也"字。

⑩ 越州八行本分卷不同，襄公十三年至十五年屬卷第二十二。劉叔剛本分卷不同，襄公十三年至十五年屬卷第三十二。

⑪ 明翻種德本"夫"作"大"形，或爲版片磨損所致。日寫本"蜀"字後有"之也"二字，"之也"後有日人小字校記"二字扌无"，意爲印本無此二字。

⑫ 明翻種德本"桓"作"相"。静嘉本（元版）、劉叔剛本、元刻十行本（明版）、相臺本"桓"字避諱闕末筆，以下相同處不再出校。

⑬ 國會本、十行巾箱本、明翻種德本"偏"作"徧"。

⑭ 日寫本"至"字後有"也"字。

⑮ 明翻種德本"獻"作"献"，以下相同處不再出校。

⑯ 蜀石經"詳"字避諱闕末筆。日寫本"之"字後有"也"字。

夏，郲亂，分爲三。（國分爲三部①，志力各異②。）

師救郲，遂取之。（魯師也。經不稱師，不滿二千五百人③。傳通言之。）凡書取，言易也。（不用師徒，及用師徒而不勞，雖國亦曰取④。）用大師焉曰滅。（敵人距戰，斬獲俘馘，用力難重，雖邑亦曰滅⑤。）弗地曰入。（謂勝其國邑，不有其地⑥。）

荀罃⑦、士魴卒。晉侯蒐于緜上以治兵⑧，（爲將命軍帥也⑨，必蒐而命之，所以與眾共。）使士匄將中軍，辭曰：“伯游長⑩。（伯游，荀偃。）昔臣習於知伯，是以佐之，非能賢也。（七年，韓厥老，知罃代將中軍⑪，士匄佐之⑫。匄今將讓⑬，故謂爾時之舉⑭，不以己賢⑮。事見九年⑯。）請從伯游。”荀偃將中軍，（代荀罃⑰。）士匄佐之。（位如故⑱。）使韓起將上軍，辭以趙武。又使欒黶，（以武位卑⑲，故不聽，更命黶⑳。）辭曰：“臣不如韓起。韓起願上趙武，君其聽之。”使趙武將上軍，（武自新軍超四等㉑，代荀偃。）韓起佐之。（位如故㉒。）欒黶將下軍，魏絳佐之。（黶亦如故。絳自新軍伍超□等㉓，代士魴㉔。）新軍無帥㉕，（將佐皆遷㉖。）晉侯難其人㉗，使其什吏率其卒乘官屬，以從於下軍，禮也。（得慎舉之禮㉘。）晉國之民，是以大和，諸侯遂

---

①　撫州本（壬戌補版）“國”似“固”形。浙刻巾箱本“三”作“＿”，蓋版片磨損所致；龍山本“二”字末筆略殘。

②　日寫本“異”字後有“也”字。

③　龍山本“二”作“＿”，蓋版片磨損所致。

④　日寫本“取”字後有“也”字。

⑤　日寫本“滅”字後有“也”字。

⑥　日寫本“地”字後有“也”字。

⑦　龍山本“罃”作“代”。

⑧　S.133、日寫治要本、日刻治要本“緜”作“綿”，唐石經原石此字已損。

⑨　浙刻巾箱本“帥”作“師”，所附釋文作“帥，所類切”。

⑩　日寫本“游”作“淤”。

⑪　日寫本、國會本“代”作“伐”。

⑫　S.133、日寫治要本“匄”作“丐”，以下相同處不再出校。日寫治要本於“丐”旁另寫“匄”字，日刻治要本作“匄”。

⑬　興國本（補版）“讓”字避諱闕末筆，興國本（原版）不闕筆，以下相同處不再出校。

⑭　S.133、日寫治要本“爾”作“余”。

⑮　S.133、日寫本、日寫治要本、日刻治要本“賢”字後有“也”字。

⑯　日寫本“年”字後有“也”字。

⑰　S.133、日寫本“罃”字後有“也”字，日寫治要本、日刻治要本無“也”字。

⑱　S.133、日寫本“故”字後有“也”字，日寫治要本、日刻治要本無“也”字。

⑲　國會本“武”作“式”。

⑳　日寫本、日寫治要本、日刻治要本“黶”字後有“也”字。

㉑　S.133“等”字後有“也”字，日寫治要本、日刻治要本無“也”字。

㉒　S.133、日寫本、日寫治要本、日刻治要本“故”字後有“也”字。

㉓　龍山本“一”字已殘損。S.133“等”字後有“也”字，日寫治要本、日刻治要本無“也”字。

㉔　日寫本“代”作“伐”。日寫本“魴”字後有“也”字。

㉕　劉叔剛本、元刻十行本“帥”作“師”，阮刻本作“帥”。按，此處或爲宋元十行本因形近而致文本突變例，且爲阮刻本偏離十行本系統例。

㉖　十行巾箱本“佐”作“帥”。國會本、十行巾箱本“遷”作“迁”，以下相同處不再出校。

㉗　日寫本“晉侯”後有“無帥”二字，“無帥”後有日人小字校記“二字本无”，意爲或本無此二字。

㉘　日寫本“禮”字後有“也”字。

睦。君子曰:"讓,禮之主也。范宣子讓,其下皆讓。欒黶爲汰①,弗敢違也。
晉國以平,數世賴之。刑善也夫!(刑,法也。)一人刑善,百姓休和,可不務乎?
《書》曰:'一人有慶,兆民賴之,其寧惟永②。'其是之謂乎!(《周書‧吕刑》也。一
人,天子也。寧,安也。永,長也。義取上有好善之慶,則下賴其福③。)周之興也,其
《詩》曰:'儀刑文王,萬邦作孚。'(《詩‧大雅》。言文王善用法,故能爲萬國所信④。
孚,信也。)言刑善也。及其衰也,其《詩》曰:'大夫不均,我從事獨賢。'(《詩‧小
雅》。刺幽王役使不均,故從事者怨恨⑤。稱己之勞,以爲獨賢,無讓心⑥。)言不讓也。世
之治也,君子尚能而讓其下,(能者在下位,則貴尚而讓之⑦。)小人農力以事其
上⑧。是以上下有禮,而讒慝黜遠⑨,由不爭也,謂之懿德。及其亂也,君子稱
其功以加小人,(加,陵也⑩。君子,在位者⑪。)小人伐其技以馮君子⑫。(馮⑬,亦陵
也。自稱其能爲伐⑭。)是以上下無禮,亂虐並生⑮,由爭善也,(爭自善也。)謂之昏
德⑯。國家之敝⑰,恒必由之⑱。"(傳言晉之所以興⑲。)

　　楚子疾,告大夫曰:"不穀不德⑳,少主社稷。生十年而喪先君,未及習師、
保之教訓,而應受多福,(多福,謂爲君㉑。)是以不德,而亡師于鄢,(鄢在成十六
年。)以辱社稷,爲大夫憂,其弘多矣㉒。(弘,大也。)若以大夫之靈,獲保首領以

---

　　①　S.133、日寫本、日寫治要本、日刻治要本、浙刻巾箱本、潛府本、龍山本、國會本、十行巾箱本、
婺本、劉叔剛本、元刻十行本、阮刻本、相臺本、明翻種德本"汏"作"汏",越州八行本作"汏",釋文出字、
撫州本、靜嘉本(元版)、興國本同唐石經、蜀石經作"汏",以下相同處不再出校。
　　②　興國本(補版)"惟"作"安",興國本(原版)作"惟"。按,此處或爲興國本補版文本突變例。
　　③　日寫本"福"字後有"也"字。
　　④　潛府本"信"作"言"。
　　⑤　日寫本"故"字後有"使"字,"使"字後有日人小字校記"扌无",意爲印本無此字。
　　⑥　日寫本"心"字後有"也"字。
　　⑦　S.133"尚"作"上"。S.133、日寫本"之"字後有"也"字,日寫治要本、日刻治要本無"也"字。
　　⑧　S.133"農"作"展";日寫治要本原抄作"展",字旁又寫"農"字,日刻治要本作"農"。檢唐石經
原石,蓋原刻作"展",又在該字上改刻作"農"。
　　⑨　S.133"慝"作"匿"。
　　⑩　S.133"陵"作"凌"。
　　⑪　日寫本、日寫治要本、日刻治要本"者"字後有"也"字。
　　⑫　潛府本"技"作"枝"。S.133"馮"作"憑";日寫治要本原抄作"憑",字旁又寫"馮"字,日刻治要
本作"馮"。以下相同處不再出校。
　　⑬　浙刻巾箱本"馮"作"馬"。
　　⑭　日寫本"伐"字後有"也"字。S.133"爲伐"作"也",日寫治要本無"爲伐"二字,日刻治要本有此
二字。
　　⑮　日寫本"虐"作"虐"。興國本、相臺本"並"作"竝",以下相同處不再出校。
　　⑯　S.133、越州八行本"昏"作"昬",以下相同處不再出校。
　　⑰　S.133"敝"作"弊",日寫治要本、日刻治要本作"弊"。
　　⑱　唐石經"恒"字避諱闕末筆,蜀石經不闕筆。撫州本、越州八行本、浙刻巾箱本、興國本、潛府
本、劉叔剛本、元刻十行本"恒"字避諱闕末筆。
　　⑲　靜嘉本(元版)"晉"作"晋",以下相同處不再出校。S.133無"以"字。龍山本"興"作"與",國
會本作"㠯"。S.133、日寫本、日寫治要本、日刻治要本"興"字後有"也"字。
　　⑳　撫州本"穀"作"穀",以下相同處不再出校。
　　㉑　日寫本"君"字後有"也"字。
　　㉒　浙刻巾箱本"弘"字避諱闕末筆,以下相同處不再出校。

沒於地①，唯是春秋窀穸之事，（窀，厚也。穸，夜也。厚夜，猶長夜②。春秋，謂祭祀。長夜，謂葬埋③。）所以從先君於禰廟者，（從先君代爲禰廟④。）請爲‘靈’若‘厲’。（欲受惡謚⑤，以歸先君也。亂而不損曰靈⑥，殺戮不辜曰厲⑦。）大夫擇焉。”莫對。及五命，乃許。秋，楚共王卒。子囊謀謚。大夫曰：“君有命矣。”子囊曰：“君命以‘共’⑧，若之何毀之？赫赫楚國，而君臨之，撫有蠻夷，奄征南海，以屬諸夏，而知其過，可不謂共乎⑨？請謚之‘共’⑩。”大夫從之。（傳言子囊之善。）

吳侵楚，養由基奔命，子庚以師繼之。（子庚，楚司馬。）養叔曰：“吳乘我喪，謂我不能師也，（養叔⑪，養由基也⑫。）必易我而不戒。（戒，備也。）子爲三覆以待我，（覆，伏兵⑬。）我請誘之。”子庚從之。戰于庸浦，（庸浦，楚地。）大敗吳師，獲公子黨。君子以吳爲不弔。（不用天道相弔恤⑭。）《詩》曰：“不弔昊天，亂靡有定。”（言不爲昊天所恤，則致罪也。爲明年會向傳⑮。）

冬，城防。書事，時也。（土功雖有常節，通以事閒爲時⑯。）於是將早城臧武仲請俟畢農事，禮也。

鄭良霄⑰、大宰石㚟猶在楚。（十一年，楚人執之至今⑱。）石㚟言於子囊曰：

<hr />

① 釋文出字。浙刻巾箱本、潛府本、龍山本、國會本、十行巾箱本、婺本、劉叔剛本、元刻十行本、阮刻本、明翻種德本“沒”作“歿”，日寫本、撫州本、靜嘉本（元版）、越州八行本、興國本、相臺本同唐石經、蜀石經。日寫本有日人眉批校記“一本乍歿”。

② 十行巾箱本“猶”作“謂”。按，此處或十行巾箱本涉下文而致文本突變例。

③ 潛府本“葬”作“塟”。明翻種德本“埋”作“理”，劉叔剛本疏標起訖作“理”。日寫本“埋”字後有“也”字。

④ 潛府本、國會本“禰”作“祢”。日寫本“廟”字後有“也”字。

⑤ 相臺本“謚”作“諡”，以下相同處不再出校。

⑥ 龍山本“靈”作“霊”。

⑦ 日寫本、撫州本、靜嘉本（元版）、越州八行本、浙刻巾箱本、興國本、潛府本、龍山本、國會本、十行巾箱本、婺本、劉叔剛本、元刻十行本（明版）、阮刻本、相臺本、明翻種德本“殺戮”作“戮殺”。按，“殺戮”乃蜀石經獨特性異文。

⑧ 日寫本“共”作“恭”，“恭”字後有日人小字校記“共本”，意爲或本作“共”。

⑨ 日寫本“共”字後有日人小字校記“恭本乍”，意爲或本作“恭”。潛府本“乎”作“手”。

⑩ 日寫本“共”字後有日人小字校記“恭本乍”，意爲或本作“恭”。

⑪ 潛府本無“叔”字。

⑫ 十行巾箱本“養”作“飬”。

⑬ 潛府本“兵”字後有“也”字。

⑭ 日寫本“恤”字後有“也”字。

⑮ 日寫本“傳”字後有“也”字。

⑯ 日寫本“時”字後有“也”字。

⑰ 潛府本、龍山本、十行巾箱本、劉叔剛本“霄”作“宵”，日寫本、撫州本、靜嘉本（元版）、越州八行本、浙刻巾箱本、興國本、國會本、婺本、元刻十行本（明版）、阮刻本、相臺本、明翻種德本同唐石經、蜀石經，以下相同處不再出校。按，此處或爲建本系統文本突變例；且爲元刻明修十行本修改宋刻、阮刻又從元刻明修本，從而偏離十行本系統例。

⑱ 日寫本“今”字後有“也”字。

"先王卜征五年,(先征五年而卜吉凶也①。征謂巡狩②、征③。)而歲習其祥④。祥習則行,(五年五卜⑤,皆同吉,乃巡狩⑥。)不習則增⑦,脩德而改卜⑧。(不習,謂卜不吉⑨。)今楚實不競,行人何罪?(不能脩德與晉競⑩。)止鄭一卿,以除其偪⑪,(一卿,謂良霄⑫。)使睦而疾楚,以固於晉,焉用之⑬?(位不偪則大臣睦,怨疾楚則事晉固⑭。)使歸而廢其使,(行而見執於楚,鄭又遂堅事晉。是鄭廢本見使之意⑮。)怨其君以疾其大夫,而相牽引也,不猶愈乎?"楚人歸之。

【經】十有四年,春,王正月,季孫宿、叔老會晉士匄、齊人、宋人、衞人、鄭公孫蠆、曹人、莒人、邾人、滕人、薛人、杞人、小邾人會吳于向。(叔老,聲伯子也⑯。魯使二卿會晉,敬事霸國。晉人自是輕魯幣⑰,而益敬其使,故叔老雖介,亦列於會也。齊崔杼⑱、宋華閱、衞北宮括在會惰慢不攝⑲,故貶稱"人",蓋欲以督率諸侯,獘成霸功也⑳。吳來在向,諸侯會之,故曰"會吳"。向,鄭地㉑。)

二月,乙未㉒,朔,日有食之。(無傳。)

夏,四月,叔孫豹會晉荀偃、齊人、宋人、衞北宮括、鄭公孫蠆、曹人、莒人、

---

① 興國本"卜"作"十"形。

② 釋文底本、日寫本、撫州本、静嘉本(元版)、越州八行本、浙刻巾箱本、潛府本、龍山本、國會本、十行巾箱本、婺本、劉叔剛本、元刻十行本(明版)、阮刻本、相臺本、明翻種德本"狩"作"守",釋文或本、興國本同蜀石經。

③ 日寫本、撫州本、静嘉本(元版)、越州八行本、浙刻巾箱本、興國本、潛府本、龍山本、國會本、十行巾箱本、婺本、劉叔剛本、元刻十行本(明版)、阮刻本、相臺本、明翻種德本"征"字後有"行"字。日抄單疏本標注起訖作"先征至征行",《正義》云"征訓往也。先王之行謹慎而卜,必是禮之大者。大礼遠行莫過巡守,故知征謂巡守也。'征,行',《釋言》文也"。按,此處或爲蜀石經因脫誤而致文本突變例。

④ 蜀石經"祥"字避諱闕末筆,以下相同處不再出校。

⑤ 元刻十行本(明版)"五卜"之"五"作"習"。按,此處或爲元刻明修十行本涉鄰近文字而致文本突變例。興國本"卜"作"十"形。

⑥ 日寫本、撫州本、静嘉本(元版)、越州八行本、浙刻巾箱本、十行巾箱本"狩"作"守",國會本作"待",興國本、潛府本、龍山本、婺本、劉叔剛本、元刻十行本(明版)、阮刻本、相臺本、明翻種德本同蜀石經。日寫本"守"字後有"也"字。

⑦ 釋文底本同蜀石經;或本無"增"字,並云"則連下揔爲句"。

⑧ 唐石經"脩德"二字之間補刻一小字"其"。

⑨ 日寫本"吉"字後有"也"字。

⑩ 日寫本"競"字後有"也"字。

⑪ 十行巾箱本"偪"作"福",以下相同處不再出校。

⑫ 撫州本(壬戌補版)無"一"字。日寫本"霄"字後有"也"字。

⑬ 釋文底本同蜀石經,或本作"將焉用之"。

⑭ 日寫本"固"字後有"也"字。

⑮ 日寫本"意"字後有"也"字。

⑯ 國會本、十行巾箱本、明翻種德本"聲"作"声",以下相同處不再出校。

⑰ 浙刻巾箱本無"人"字,日抄單疏本《正義》云"晉人自是輕魯幣"。

⑱ 興國本"杼"作"杼"。

⑲ 日寫本"括"作"栝"。撫州本、静嘉本(元版)"惰"作"隋"。國會本"宮"作"官","攝"作"儱"。

⑳ 日寫本、越州八行本"獘"作"弊"。

㉑ 日寫本"地"字後有"也"字。

㉒ 龍山本"乙"作"巳"。

邾人、滕人、薛人、杞人、小邾人伐秦①。（齊、宋大夫不書，義與向同②。）

　　己未，衞侯出奔齊。（諸侯之策，書"孫、甯逐衞侯"。《春秋》以其自取奔亡之禍，故諸失國者③，皆不書逐之賊也④。不書名，從告⑤。）

　　莒人侵我東鄙。（無傳。報入鄆⑥。）

　　秋，楚公子貞帥師伐吳⑦。

　　冬，季孫宿會晉士匄、宋華閲、衞孫林父、鄭公孫蠆、莒人、邾人于戚。

　　【傳】十四年，春，吳告敗于晉。（前年爲楚所敗⑧。）會于向，爲吳謀楚故也。（謀爲吳伐楚⑨。）范宣子數吳之不德也，以退吳人。（吳伐楚喪，故以爲不德。數而遣之⑩，卒不爲伐楚。）執莒公子務婁，（在會不書，非卿⑪。）以其通楚使也⑫。（莒貳於楚，故比年伐魯⑬。）將執戎子駒支，（駒支，戎子名。）范宣子親數諸朝，（行之所在，亦設朝位⑭。）曰："來！姜戎氏！昔秦人迫逐乃祖吾離于瓜州，（四嶽之後，皆姜姓又別爲允姓⑮。瓜州地在今燉煌⑯。）乃祖吾離被苫蓋，（蓋，苫之別名⑰。）蒙荆棘⑱，以來歸我先君。（蒙，冒也。）我先君惠公有不腆之田⑲，（腆，厚也。）與女剖分而食之。（中分爲剖。）今諸侯之事我寡君不如昔者，蓋言語漏洩⑳，則職女之由。（職，主

---

　　①　明翻種德本無"邾人"二字。

　　②　日寫本"同"字後有"也"字。

　　③　阮刻本"故"作"以"。日寫本、越州八行本、浙刻巾箱本、興國本、潛府本、龍山本、國會本、十行巾箱本、婺本、劉叔剛本、元刻十行本（明版）、阮刻本、相臺本、明翻種德本"諸"字後有"侯"字；然興國本此處"諸侯失國"四字當三字之容，似爲修改擠刻的結果；撫州本、静嘉本（元版）同蜀石經。日抄單疏本《正義》云"故諸失國者"。日寫本"侯"字後有日人小字校記"本无"，意爲或本無"侯"字。按，此處或爲蜀石經小字與監本系統關係密切例。

　　④　蜀石經"皆"字前有一字之容。日寫本、静嘉本（元版）、越州八行本、浙刻巾箱本、興國本、潛府本、龍山本、國會本、十行巾箱本、婺本、劉叔剛本、元刻十行本（明版）、阮刻本、相臺本、明翻種德本"逐"字後有"君"字，日抄單疏本《正義》云"皆不書逐君之賊"，撫州本同蜀石經。日寫本"君"字後有日人小字校記"本无"，意爲或本無"君"字。

　　⑤　日寫本"告"字後有"也"字。

　　⑥　日寫本"鄆"字後有"也"字。

　　⑦　明翻種德本"貞"字避諱闕末筆。

　　⑧　日寫本"敗"字後有"也"字。

　　⑨　日寫本"楚"字後有"也"字。

　　⑩　潛府本"數"作"人"。

　　⑪　日寫本"卿"字後有"也"字。

　　⑫　日寫本"使"字後有"故"字，"故"字後有日人小字校記"扌无"，意爲印本無"故"字。

　　⑬　日寫本、越州八行本"比"作"此"。日寫本"魯"字後有"也"字。

　　⑭　日寫本"位"字後有"也"字。

　　⑮　龍山本、國會本、十行巾箱本、婺本、劉叔剛本、元刻十行本（明版）、阮刻本"姜姓"作"姓姜"，日寫本、撫州本、静嘉本（元版）、越州八行本、浙刻巾箱本、興國本、潛府本、相臺本、明翻種德本同蜀石經。按，建本系統多作"姓姜"，或爲該系統文本突變例。而潛府本較特殊，此處更接近監本系統。

　　⑯　潛府本"地"作"境"。婺本"燉"字避諱闕末筆。日寫本"煌"字後有"也也"二字，後一"也"字被劃去。

　　⑰　日寫本"名"字後有"也"字。

　　⑱　蜀石經同唐石經作"棘"形，以下相同處不再贅言。

　　⑲　龍山本"惠公"作"惠君"。按，此處或爲龍山本涉上文而致文本突變例。

　　⑳　龍山本、明翻種德本"洩"作"泄"。

也。）詰朝之事，爾無與焉。（詰朝，明旦①。不使復得與會事②。）與，將執女。"對曰："昔秦人負恃其衆，貪于土地③，逐我諸戎④。惠公蠲其大德，（蠲，明也。）謂我諸戎是四嶽之裔胄也。（四嶽⑤，堯時方伯⑥，姜姓也。裔，遠也⑦。胄，後也。）毋是翦弃⑧，（翦，削也。）賜我南鄙之田，狐貍所居⑨，豺狼所嗥⑩。我諸戎除翦其荆棘，驅其狐貍豺狼，以爲先君不侵不叛之臣，至于今不貳。（不内侵，亦不外叛⑪。）昔文公與秦伐鄭，秦人竊與鄭盟，而舍戍焉，（在僖三十年⑫。）於是乎有殽之師。（在僖三十三年⑬。）晉禦其上，戎亢其下，（亢，猶當也。）秦師不復，我諸戎實然。譬如捕鹿⑭，晉人角之，諸戎掎之，（掎其足也⑮。）與晉踣之。（踣，僵也。）戎何以不免？自是以來，晉之百役，與我諸戎相繼于時，（言給晉役不曠時⑯。）以從執政，猶殽志也，（意常如殽，無中二也。）豈敢離逷？今官之師旅，無乃實有所闕，以攜諸侯，而罪我諸戎！我諸戎飲食衣服不與華同，贄幣不通，言語不達，何惡之能爲？不與於會，亦無瞢焉⑰。"（瞢，悶也。）賦《青蠅》而退。（《青蠅》，《詩·小雅》。取其"愷悌君子⑱，無信讒言⑲"。）宣子辭焉，（辭，謝⑳。）使即事於會，成愷悌也。（成愷悌，不信讒也㉑。不書者，戎爲晉屬，不得特達㉒。）於是子叔齊子爲季武子介以會，自是晉人輕魯幣，而益敬其使。（齊子，叔老字也。言晉敬魯使，經所以並書二卿㉓。）吴子諸樊既除喪，（諸樊，吴子乘之長子也。乘卒，至此春十七月，既葬而除喪㉔。）將立季札。（札，諸樊少弟㉕。）季札辭曰："曹宣公之卒也，諸侯與曹人不義曹君，（曹君，公子負

---

① 日寫本"旦"作"旦"，越州八行本作"旦"形，劉叔剛本作"旦"形。
② 撫州本"復"作"後"。日寫本"事"字後有"也"字。
③ 越州八行本"土"作"土"，以下相同處不再出校。
④ 日寫本"逐"作"遂"。
⑤ 龍山本"嶽"作"岳"。
⑥ 日寫本"伯"字後有"也"字。
⑦ 相臺本無"也"字。
⑧ 日寫本"毋"字前有"曰"字，"曰"字後有日人小字校記"扌无"，意爲印本無"曰"字。越州八行本、十行巾箱本"弃"作"棄"，以下相同處不再出校。
⑨ 釋文底本、相臺本"貍"作"狸"，釋文或本作"貍"，以下相同處不再出校。
⑩ 龍山本"豺"作"犲"，以下相同處不再出校。
⑪ 日寫本"叛"字後有"也"字。
⑫ 日寫本"十"字後有"三"字，蓋涉下注而誤。
⑬ 日寫本"年"字後有"也"字。
⑭ 蜀石經同唐石經作"𪊨"形。
⑮ 日寫本"掎"作"𢭏"。
⑯ 越州八行本"曠"作"曠"。日寫本"時"字後有"也"字。
⑰ 日寫本無"焉"字。
⑱ 釋文出字"愷"作"凱"。
⑲ 日寫本"言"字後有"也"字。
⑳ 日寫本"謝"字後有"也"字。
㉑ 明翻種德本"信"作"言"。
㉒ 日寫本"達"字後有"也"字。
㉓ 日寫本"卿"字後有"也"字。
㉔ 日寫本"喪"字後有"之也"二字，"之也"後有日人小字校記"二字扌无"，意爲印本無此二字。
㉕ 日寫本"弟"字後有"也"字。

芻也，殺大子而自立。事在成十三年①。）將立子臧。子臧去之，遂弗爲也，以成曹君。君子曰：'能守節。'君，義嗣也，（諸樊，適子，故曰"義嗣"②。）誰敢奸君？有國，非吾節也。札雖不才，願附於子臧，以無失節。"固立之。弃其室而耕，乃舍之。（傳言季札之讓，且明吳兄弟相傳③。）

　　夏，諸侯之大因凵𠕢𨾰𥁐伐秦，以報櫟之役也。（櫟役在十一年。）晉侯待于竟，使六卿帥諸侯之師以進。（言經所以不稱晉侯④。）及涇，不濟。（諸侯之師不肯渡也⑤。涇水出安定朝郍縣，至京兆高陸縣入渭⑥。）叔向見叔孫穆子，穆子賦《匏有苦葉》⑦。（《詩·邶風》也。義取於"深則厲，淺則揭"。言己志在於必濟⑧。）叔向退而具舟，魯人、莒人先濟。鄭子蟜見衛北宮懿子曰："與人而不固，取惡莫甚焉，若社稷何？"懿子説。二子見諸侯之師而勸之濟，濟涇而次。（傳言北宮括所以書於伐秦⑨。）秦人毒涇上流，師人多死。（飲毒水故⑩。）鄭司馬子蟜帥鄭師以進，師皆從之，至于棫林，（棫林，秦地⑪。）不獲成焉。（秦不服⑫。）荀偃令曰："雞鳴而駕，塞井夷竈，（示不反⑬。）唯余馬首是瞻。"（言進退從己⑭。）欒黶曰："晉國之命，未是有也。余馬首欲東。"乃歸。（黶惡偃自專，故弃之歸⑮。）下軍從之。左史謂魏莊子曰："不待中行伯乎？"（中行伯，荀偃也。莊子，魏絳也。左史，晉大史⑯。）莊子曰："夫子命從帥。（夫子，謂荀偃⑰。）欒伯，吾帥也⑱，吾將從之。從帥，所以待夫子也⑲。"

---

① 日寫本"年"字後有"也"字。
② 日寫本"嗣"字後有"也"字。
③ 浙刻巾箱本"且"作"旦"。日寫本"傳"字後有"也"字。
④ 日寫本"侯"字後有"也"字。
⑤ 十行巾箱本"師"作"帥"。
⑥ 日寫本"渭"字後有"也"字。
⑦ 日寫本、静嘉本（元版）、越州八行本、浙刻巾箱本、興國本、潛府本、龍山本、國會本、十行巾箱本、婺本、劉叔剛本、元刻十行本、阮刻本、相臺本、明翻種德本"荼"作"葉"，唐石經原石此字已損，撫州本同蜀石經。按，蜀石經、撫州本可能保存了唐石經原形。
⑧ 日寫本"濟"字後有"也"字。
⑨ 興國本"括"作"栝"。日寫本"秦"字後有"也"字。
⑩ 日寫本"故"字後有"也"字。
⑪ 日寫本"地"字後有"也"字。
⑫ 日寫本"服"字後有"也"字。
⑬ 日寫本"反"字後有"也"字。
⑭ 日寫本"己"字後有"也"字。
⑮ 國會本同蜀石經作"弃"，以下相同處不再出校。日寫本"歸"字後有"也"字。
⑯ 浙刻巾箱本、潛府本、龍山本、國會本、十行巾箱本、婺本、劉叔剛本、元刻十行本、阮刻本、明翻種德本"史"作"夫"，日寫本、撫州本、静嘉本（元版）、越州八行本、興國本、相臺本同蜀石經。日寫本"史"字後有"也"字。
⑰ 日寫本"偃"字後有"也"字。
⑱ 日寫本"帥"作"師"。
⑲ 日寫本無"也"字。

（以從命爲待也。樂黶①，下軍帥，莊子爲佐，故曰“吾師”②。）伯游曰：“吾令實過③，悔之何及，多遺秦禽。”（軍師不和④，恐多爲秦所禽獲⑤。）乃命大還。晉人謂之“遷延之役”。（遷延，却退⑥。）樂鍼曰：“此役也，報櫟之敗也。役又無功，晉之恥也。吾有二位於戎路，（樂鍼，樂黶弟也⑦。二位，謂黶將下軍，鍼爲戎右⑧。）敢不恥乎？”與士鞅馳秦師，死焉。士鞅反，（鞅，士匃也⑨。）樂黶謂士匃曰：“余弟不欲往，而子召之。余弟死，而子來，是而子殺余之弟也。弗逐，余亦將殺之。”士鞅奔秦。（樂黶汰侈⑩，誣逐士鞅也。而，女也。）於是齊崔杼、宋華閱、仲江會伐秦。不書，惰也。（臨事惰慢不脩也⑪。仲江，宋公孫師之子⑫。）向之會亦如之。衛北宮括不書於向，（亦惰⑬。）書於伐秦，攝也。（能自攝整，從鄭子蟜俱濟涇⑭。）

　　秦伯問於士鞅曰⑮：“晉大夫其誰先亡？”對曰：“其樂氏乎？”秦伯曰：“以其汰乎？”對曰：“然。樂黶汰虐已甚⑯，猶可以免。其在盈乎！”（盈，黶之子⑰。）秦伯曰：“何故？”對曰：“武子之德在民，如周人之思召公焉，愛其甘棠，況其子乎？

---

①　龍山本、國會本、十行巾箱本“樂”作“栾”，以下相同處不再出校。

②　日寫本、撫州本、靜嘉本（元版）、越州八行本、浙刻巾箱本、興國本、潛府本、龍山本、國會本、劉叔剛本、元刻十行本、阮刻本、相臺本“師”作“帥”，十行巾箱本、明翻種德本同蜀石經。按，據文義“師”當作“帥”。日寫本“帥”字後有“也”字。

③　浙刻巾箱本、興國本、龍山本、國會本、十行巾箱本、婺本、元刻十行本、阮刻本、明翻種德本“令”作“今”，然興國本“今”字結體不協，存在修版的可能；日寫本、撫州本、靜嘉本（元版）、越州八行本、潛府本、劉叔剛本、相臺本同唐石經、蜀石經。按，此處或爲元刻十行本翻刻過程中發生變化，阮刻又從元刻明修本，從而偏離十行本系統例。

④　日寫本、撫州本、靜嘉本（元版）、越州八行本、浙刻巾箱本、興國本、潛府本、十行巾箱本、婺本、相臺本、明翻種德本“師”作“帥”，龍山本、國會本、劉叔剛本、元刻十行本、阮刻本同蜀石經。按，據文義“師”當作“帥”。十行巾箱本“和”作“知”。

⑤　日寫本“獲”字後有“也”字。

⑥　日寫本“退”字後有“也”字。

⑦　靜嘉本（元版）“弟”作“第”。

⑧　日寫本“右”字後有“也”字。

⑨　日寫本、撫州本、靜嘉本（元版）、越州八行本、浙刻巾箱本、興國本、潛府本、龍山本、國會本、十行巾箱本、婺本、劉叔剛本、元刻十行本、阮刻本、相臺本、明翻種德本“也”作“子”，日寫本“子”字後有“也”字。按，“士匃也”或爲蜀石經獨特性異文，據文義當作“士匃子”。

⑩　日寫本、撫州本“汰”作“沃”，明翻種德本“汰”作“去”，釋文底本、潛府本同蜀石經，以下相同處不再出校。釋文底本“侈”作“夅”，或本作“侈”。

⑪　撫州本、靜嘉本（元版）“脩”作“修”。

⑫　日寫本“子”字後有“也”字。

⑬　十行巾箱本“惰”作“隋”。日寫本“惰”字後有“也”字。

⑭　日寫本“涇”字後有“也”字。

⑮　明翻種德本“問”作“門”。

⑯　興國本“汰”作“汱”。

⑰　日寫本“子”字後有“也”字。

（武子，欒書，饜之父也。召公奭聽訟舍於甘棠之下①，周人思之，不害其樹②，而作"勿伐"之詩，在《召南》③。）欒饜死，盈之善未能及人。武子所施没矣，而饜之怨實章。將於是乎在。"秦伯以爲知言，爲之請於晉而復之。（爲傳二十一年晉滅欒氏張本④。）

　　衛獻公戒孫文子、甯惠子食，（勑戒二子，欲共宴食⑤。）皆服而朝。（服朝服，待命於朝⑥。）日旰不召⑦，（旰⑧，晏也⑨。）而射鴻於囿⑩。二子從之，（從公於囿⑪。）不釋皮冠而與之言。（皮冠，田獵之冠也⑫。既不釋冠，又不與食⑬。）二子怒。孫文子如戚，（戚，孫文子邑⑭。）孫蒯入使。（孫蒯，孫文子之子。）公飲之酒，使大師歌《巧言》之卒章。（《巧言》，《詩·小雅》。其卒章曰："彼何人斯，居河之麋⑮。無拳無勇⑯，職爲亂階⑰。"戚，衛河上邑⑱。公欲以喻文子居河上而爲亂。大師，掌樂大夫⑲。）大師辭，師曹請爲之。（辭以爲不可。師曹⑳，樂人。）初，公有嬖妾，使師曹誨之琴，（誨，教也。）師曹鞭之。公怒，鞭師曹三百。故師曹欲歌之，以怒孫子㉑，以報公。公使歌之，遂誦之㉒。（恐孫蒯不解故㉓。）蒯懼，告文子。文子曰："君忌我矣。弗先，必死。"（欲先公作亂㉔。）并帑於戚，（帑，子也。）而入，見蘧伯玉，曰："君之暴虐，子所知也。大懼社稷之傾覆，將若之何？"（伯玉，蘧瑗㉕。）對曰："君制其國，臣敢奸

---

①　浙刻巾箱本、龍山本、國會本、十行巾箱本、婺本、劉叔剛本、元刻十行本、阮刻本、相臺本、明翻種德本無"舍"字，靜嘉本（元版）"舍"作"言"，日寫本、撫州本、越州八行本、興國本、潜府本同蜀石經。明翻種德本"甘"作"世"。按，"舍於甘棠之下"，建本系統多無"舍"字。而潜府本較特殊，此處更接近監本系統。

②　明翻種德本無"樹"字。

③　日寫本"南"字後有"也"字。

④　十行巾箱本"二"作"三"。日寫本"本"字後有"也"字。

⑤　日寫本"食"字後有"也"字。

⑥　日寫本"朝"字後有"也"字。

⑦　S.133、日寫本"旰"作"旰"，撫州本作"旰"。

⑧　S.133、日寫本、靜嘉本（元版）"旰"作"旰"，撫州本作"旰"。

⑨　明翻種德本"晏"作"宴"。

⑩　S.133"射"作"躲"。

⑪　日寫本"囿"字後有"也"字。

⑫　潜府本"獵"作"臘"。

⑬　日寫本"食"字後有"也"字。

⑭　日寫本"子"字後有"之"字，"之"字後有日人小字校記"扌无"，意爲印本無"之"字。

⑮　婺本"河"作"何"。釋文底本"麋"作"麇"，或本作"湄"。

⑯　龍山本"拳"作"權"。按，釋文云"無拳，音權"，此處或爲龍山本因音近而致文本突變例。

⑰　明翻種德本"亂"作"乱"，以下相同處不再出校。

⑱　日寫本"邑"字後有"也"字。

⑲　日寫本"夫"字後有"也"字。

⑳　靜嘉堂、宮內廳所藏興國本此處爲同版，然後者版片磨損較爲明顯，且局部存在修版痕迹。前者同蜀石經作"師"，後者"師"作"帥"形，蓋版片磨損所致。

㉑　日寫本"孫"字後有"文"字。

㉒　唐石經"誦"字避諱闕末筆，蜀石經不闕筆，以下相同處不再出校。

㉓　日寫本"故"字後有"也"字。

㉔　日寫本"亂"字後有"也"字。

㉕　日寫本"瑗"字後有"也"字。

之?（奸,猶犯也。）**雖奸之,庸知愈乎?**"（言逐君更立,未知當差否?）**遂行,從近關出**①。（懼難作,欲速出竟②。）**公使子蟜、子伯、子皮與孫子盟于丘宮**③**,孫子皆殺之。**（三子,衛羣公子④。疑孫子,故盟之。丘宮,近戚地⑤。）**四月,己未,子展奔齊。**（子展,衛獻公弟。）**公如鄄。**（鄄,衛地⑥。）**使子行於孫子**⑦**,孫子又殺之。**（使往請和也。子行,羣公子⑧。）**公出奔齊,孫氏追之,敗公徒于阿澤**⑨**,**（濟北東阿縣西南有大澤⑩。）**鄄人執之**⑪。（公徒因敗散還,故爲公執之⑫。）

　　初,尹公佗學射於庾公差⑬**,庾公差學射於公孫丁**⑭。**二子追公,**（二子,佗與差⑮,爲孫氏逐公⑯。）**公孫丁御公**⑰。（爲公御也⑱。）**子魚曰:"射爲背師,不射爲戮,射爲禮乎**⑲**?"**（子魚,庾公差。禮射不求中⑳。）**射兩軥而還。**（軥,車軛卷者㉑。）**尹公佗曰:"子爲師,我則遠矣。"乃反之。**（佗不從丁學㉒,故言"遠"。始與公差俱退,悔而獨還射丁㉓。）**公孫丁授公彎而射之,貫臂。**（貫佗臂㉔。）**子鮮從公。**（子鮮,公母弟㉕。）**及竟**㉖**,公使祝宗告亡,且告無罪。**（告宗廟也㉗。）**定姜曰:"無

――――――――――

① 日寫本"關"作"開"。

② 静嘉本(元版)無"欲"字。日寫本"竟"作"境","境"字後有"也"字。

③ 日寫本"丘"作"兵"。

④ S.133、日寫治要本、日刻治要本"子"字後有"也"字。

⑤ 明翻種德本"地"作"也"。日寫本"地"字後有"也"字。

⑥ 日寫本"地"字後有"也"字。

⑦ 日寫本"行"字後有"請"字,"請"字後有日人小字校記"扌无",意爲印本無"請"字。

⑧ 日寫本"子"字後有"也"字。

⑨ 龍山本、十行巾箱本、婺本、劉叔剛本、元刻十行本(明版)、阮刻本"阿"作"河"。按,此處或爲建本系統文本突變例。

⑩ 十行巾箱本"濟"作"济"。明翻種德本"西"作"酉"。日寫本"澤"字後有"也"字。

⑪ 劉叔剛本"鄄"作"甄",元刻十行本(明版)、阮刻本作"鄄"。按,此處或爲元刻明修十行本修改宋刻,阮刻又從元刻明修本,從而偏離十行本系統例。

⑫ 日寫本"公"字後有"之"字,"執之"後有"也"字。

⑬ 明翻種德本"佗"作"陀"。婺本"學"作"孝",以下相同處不再出校。

⑭ 十行巾箱本"丁"作"下"。

⑮ 日寫本"差"字後有"也"字。

⑯ 日寫本"公"字後有"也"字。

⑰ 明翻種德本"御"作"遇"。按,此處或爲明翻種德本因音近而致文本突變例。

⑱ 明翻種德本"爲公"作"公爲"。

⑲ 日寫本"爲"字旁有日人小字校記"扌乍""而本乍",大概意爲印本作"爲",一本作"而"。

⑳ 日寫本"中"字後有"也"字。

㉑ 興國本"軥"作"軛"。按,此處或爲興國本因形近而致文本突變例。

㉒ 龍山本、國會本、十行巾箱本"學"作"孝"。

㉓ 潛府本"悔"作"誨"。日寫本"丁"字後有"也"字。

㉔ 日寫本"臂"字後有"也"字。

㉕ 日寫本"弟"字後有"也"字。

㉖ 日寫本"竟"作"境"。

㉗ 龍山本、國會本、十行巾箱本、婺本、劉叔剛本、元刻十行本(明版)、阮刻本無"也"字,日寫本、撫州本、静嘉本(元版)、越州八行本、浙刻巾箱本、興國本、潛府本、相臺本、明翻種德本與蜀石經。按,建本系統多無"也"字,或爲該系統文本突變例。而潛府本較特殊,此處更接近監本系統。

神，何告？若有，不可誣也。(誣，欺也。定姜，公適母①。)有罪，若何告無？舍大臣而與小臣謀，一罪也。先君有冢卿以爲師、保而蔑之，二罪也。(謂不釋皮冠之比。)余以巾櫛事先君②，而暴妾使余，三罪也。告亡而已，無告無罪！"(時姜在國，故不使得告無罪③。)公使厚成叔弔于衞④，曰："寡君使瘠，聞君不撫社稷，而越在他竟⑤，(越，遠也。瘠，厚成叔名⑥。)若之何不弔？以同盟之故，使瘠敢私於執事，(執事，衞諸大夫⑦。)曰：'有君不弔，(弔，恤也。)有臣不敏。(敏，達也。)君不赦宥，臣亦不帥職，增淫發洩，其若之何？'"衞人使大叔儀對，(大叔儀⑧，衞大夫⑨。)曰："羣臣不佞⑩，得罪於寡君。寡君不以即刑而悼弃之，以爲君憂。君不忘先君之好，辱弔羣臣⑪，又重恤之。(重恤，謂愍其不達也⑫。)敢拜君命之辱，重拜大貺。"(謝重恤之賜⑬。)厚孫歸，復命，語臧武仲曰："衞君其必歸乎？有大叔儀以守，(守於國。)有母弟鱄以出，或撫其内，或營其外⑭，能無歸乎？"齊人以郏寄衞侯。(郏，齊所滅郏國⑮。)及其復也，以郏糧歸。(言其貪⑯。)右宰穀從而逃歸，衞人將殺之。(穀，衞大夫也。以其從君，故欲殺之。)辭曰："余不説初矣。(言初從君，非説之，不獲已耳。)余狐裘而羔袖⑰。"(言一身盡善⑱，唯少有惡⑲。喻己雖從君出⑳，其罪不多。)乃赦之。衞人立公孫剽，(剽，穆公孫。)孫林父、甯殖相之，以聽命於諸侯。(聽盟會之命㉑。)衞侯在郏，臧紇如齊唁衞侯。衞侯與之言㉒，虐。退而告其人曰："衞侯其不得入矣！其言糞土

---

① 日寫本"母"字後有"也"字。
② 釋文出字"巾"作"中"，當爲形近訛誤。
③ 日寫本"罪"字後有"也"字。
④ 釋文底本作"厚"，或本作"郈"。釋文底本作"弔于衞"，或本作"弔于衞侯"，並云"侯衍字也"。
⑤ 日寫本"竟"作"境"。
⑥ 日寫本"名"字後有"也"字。
⑦ 日寫本"夫"字後有"也"字。
⑧ 龍山本"大"作"人"形，或爲版片磨損所致。十行巾箱本"儀"作"仪"，以下相同處不再出校。
⑨ 日寫本"夫"字後有"也"字。
⑩ 十行巾箱本"佞"作"侫"。
⑪ 静嘉本(明版)"弔"作"命"。
⑫ 蜀石經"愍"字避諱闕筆，其中"民"作"氏"。静嘉本(明版)"達"作"遠"。
⑬ 日寫本"賜"字後有"也"字。
⑭ 静嘉本(明版)"其"作"於"。
⑮ 明翻種德本"齊"作"斉"，以下相同處不再出校。静嘉本(明版)"國"作"囯"。日寫本"國"字後有"也"字。
⑯ 日寫本"貪"字後有"也"字。
⑰ 唐石經"余狐"二字之間補刻一小字"猶"。釋文底本作"袖"，或本作"裹"。日寫本、静嘉本(明版)、越州八行本、興國本、龍山本、十行巾箱本、婺本、劉叔剛本、元刻十行本(明版)"袖"作"袖"。
⑱ 婺本"盡"作"尽"，以下相同處不再出校。
⑲ 静嘉本(明版)"惡"作"悪"。
⑳ 日寫本、十行巾箱本"雖"作"虽"，潛府本作"姓"。
㉑ 十行巾箱本"聽"作"听"。
㉒ 越州八行本、劉叔剛本、元刻十行本(明版)、阮刻本無"衞侯"二字。

也。亡而不變,何以復國?"(武仲不書,未爲卿①。)子展、子鮮聞之,見臧紇,與之言,道。(順道理②。)臧孫説③,謂其人曰:"衛君必入。夫二子者,或輓之,或推之,欲無入,得乎?"(爲二十六年衛侯歸傳④。)

師歸自伐秦。晉侯舍新軍,禮也。成國不過半天子之軍。(成國,大國⑤。)周爲六軍,諸侯之大者,三軍可也。於是知朔生盈而死,(朔,知罃之長子。盈,朔弟也。盈生而朔死⑥。)盈生六年而武子卒,彘裘亦幼,皆未可立也。新軍無帥,故舍之⑦。(裘,士魴子也。十三年⑧,荀罃、士魴卒,其子皆幼,未任爲卿。故新軍無帥⑨,遂舍之⑩。)師曠侍於晉侯⑪。(師曠,晉樂大師子野⑫。)晉侯曰:"衛人出其君,不亦甚乎?"對曰:"或者其君實甚⑬。良君將賞善而刑淫⑭,養民如子,蓋之如天,容之如地。民奉其君,愛之如父母,仰之如日月⑮,敬之如神明⑯,畏之如雷霆⑰。其可出乎? 夫君,神之主而民之望也⑱。若困民之主,匱神乏祀⑲,百姓絶望,社稷無主,將安用之? 弗去何爲? 天生民而立之君,使司牧之,勿使失性。有君而爲之貳,(貳,卿佐⑳。)使師保之,勿使過度。是故天子有公,諸侯有卿,卿置側室,(側室,支子之官㉑。)大夫有貳宗,(貳宗,宗子之副

---

① 日寫本"卿"字後有"也"字。
② 龍山本"道理"作"理道"。日寫本"理"字後有"也"字。
③ 潛府本重"臧"字。日寫本"孫"字後有"紇"字,"紇"字後有日人小字校記"本ナオ无",意爲或本有、印本無"紇"字。
④ 婺本"歸"作"峳",十行巾箱本作"歸",以下相同處不再出校。日寫本"傳"字後有"也"字。
⑤ 日寫本"國"字後有"也"字。
⑥ 日寫本"死"字後有"也"字。
⑦ 潛府本重"故"字。
⑧ 龍山本"三"作"二"。
⑨ 龍山本"軍"作"君"。按,此處或爲龍山本因音同而致文本突變例。
⑩ 日寫本"之"字後有"也"字。
⑪ 龍山本"侍"作"待"。
⑫ 撫州本"大"作"太"。日寫本"野"字後有"也"字。
⑬ S.133"甚"字後有"也"字;日寫治要本原有"也"字,又以墨筆劃去,日刻治要本無"也"字。
⑭ 静嘉本(明版)無"將"字。
⑮ 釋文底本"仰"作"卬",或本作"仰"。
⑯ S.133、日寫治要本"神明"作"明神",日寫本、日刻治要本作"神明"。日寫本"神明"旁有日人小字校記"明神本乍",意爲或本作"明神"。按,阮氏校勘記已云"石經初刻作'明神',改刻'神明'"。今檢唐石經原石,"神明"二字確爲後改,"神"字下似存"明"字殘筆,"明"字下似存"神"字殘筆。
⑰ 釋文底本作"霆",或本作"電"。
⑱ 劉叔剛本、元刻十行本(明版)、阮刻本"而"作"也"。按,此處或爲十行本系統涉下文而致文本突變例。
⑲ 日寫治要本、日刻治要本、十行巾箱本"乏"作"之";明翻種德本似作"乏",然以墨筆塗改作"之";釋文底本作"乏",或本作"之",並云"之祀,誤也"。
⑳ S.133、日寫本"佐"字後有"也"字,日寫治要本、日刻治要本無"也"字。
㉑ 日寫本"官"字後有"也"字。

貳者①。）士有朋友，庶人、工、商、皁②、隸、牧、圉，皆有親暱，以相輔佐也。善則賞之，（賞，謂宣揚③。）過則匡之④，（匡，正也⑤。）患則救之，（救其難⑥。）失則革之。（革，更也。）自王以下，各有父兄子弟以補察其政⑦。（補其愆過，察其得失⑧。）史爲書，（謂大史⑨，君舉則書⑩。）瞽爲詩，（瞽，盲者⑪，爲詩以風刺⑫。）工誦箴諫，（工，樂人也，誦箴諫之辭⑬。）大夫規誨，（規正諫誨其君⑭。）士傳言，（士卑不得徑達，聞君過失，傳告大夫⑮。）庶人謗，（庶人不與政，聞君過得誹謗⑯。）商旅于市，（旅，陳也，陳其貨物，以示時所貴尚⑰。）百工獻藝。（獻其技藝⑱，以喻政事⑲。）故《夏書》曰：'遒人以木鐸徇於路⑳，

---

① 日寫本"者"字後有"也"字。

② 潛府本、龍山本、國會本、十行巾箱本、婺本、劉叔剛本、元刻十行本（明版）、阮刻本、明翻種德本"皁"作"皀"。

③ 日寫本、S.133"揚"作"楊"。日寫本"楊"字後有"也"字，S.133、日寫治要本、日刻治要本該字後有"之也"二字。

④ 日寫本、撫州本、靜嘉本（元版）、越州八行本、浙刻巾箱本、興國本、潛府本、龍山本、國會本、十行巾箱本、婺本、劉叔剛本、元刻十行本（明版）、相臺本、明翻種德本"匡"字避諱闕筆，以下相同處不再出校。

⑤ S.133"正"字後有"之"字。日寫治要本、日刻治要本無"也"字。

⑥ S.133、日寫本、日寫治要本、日刻治要本、撫州本、靜嘉本（元版）、越州八行本、浙刻巾箱本、興國本、潛府本、龍山本、國會本、十行巾箱本、婺本、劉叔剛本、元刻十行本（明版）、阮刻本、相臺本、明翻種德本"難"字後有"也"字。按，無"也"字蓋蜀石經獨特性異文。

⑦ 明翻種德本"父兄子弟"作"父子兄弟"。蜀石經"察"字避諱闕末筆，以下相同處不再出校。

⑧ 日寫本"失"字後有"也"字。

⑨ S.133"大"作"太"。日寫治要本原作"太"，字旁又寫"大"字，日刻治要本作"大"。

⑩ S.133、日寫本"書"字後有"也"字。日寫治要本、日刻治要本無"也"字，"則"作"必"。

⑪ 婺本"盲"作"肓"，明翻種德本作"音"。

⑫ 日寫本"風"作"諷"。S.133"刺"作"剌"，靜嘉本（元版）、阮刻本作"剌"，日寫本、撫州本、越州八行本、浙刻巾箱本、興國本、潛府本、龍山本、國會本、十行巾箱本、婺本、劉叔剛本、元刻十行本（明版）、相臺本、明翻種德本同蜀石經作"刺"形。S.133、日寫本"刺"字後有"也"字，日寫治要本、日刻治要本無"也"字。

⑬ S.133"辭"作"辝"。S.133、日寫本"辭"字後有"也"字，日寫治要本、日刻治要本無"也"字。

⑭ S.133"諫誨"作"誨諫"。

⑮ S.133"告"作"造"。越州八行本"大"作"人"形，或爲版片磨損所致。S.133"夫"字後有"也"字，日寫治要本、日刻治要本無"也"字。

⑯ 浙刻巾箱本、潛府本、龍山本、國會本、十行巾箱本、婺本、劉叔剛本、元刻十行本（明版）、阮刻本、相臺本、明翻種德本"得"作"則"，日寫本、撫州本、靜嘉本（元版）、越州八行本、興國本同蜀石經。S.133、日寫治要本、日刻治要本"得"字後有"從而"二字。日抄單疏本《正義》云"聞君過失不得諫爭，得在外誹謗之"。按，杜注前後文並非因果關係，作"則"恐非。釋文底本作"非"，或本作"誹"。S.133、日寫本"謗"字後有"也"字，日寫治要本、日刻治要本無"也"字。

⑰ 日寫治要本無"時"字，日刻治要本有此字。S.133、日寫本、日寫治要本、日刻治要本"尚"字後有"也"字。

⑱ 十行巾箱本"獻"作"献"，以下相同處不再出校。日寫治要本、日刻治要本"技"作"伎"。

⑲ 日寫本、日寫治要本、日刻治要本"事"字後有"也"字。

⑳ 釋文出字"遒"作"道"，當爲形近訛誤。龍山本、國會本、十行巾箱本、婺本、劉叔剛本、元刻十行本、阮刻本、相臺本"於"作"于"，釋文出字、日寫本、撫州本、靜嘉本（元版）、越州八行本、浙刻巾箱本、興國本、潛府本、明翻種德本同唐石經、蜀石經。按，建本系統多作"于"，或爲該系統文本突變例。而潛府本較特殊，此處更接近監本系統。

（逸書。遒人①，行人之官也②。木鐸，木舌金鈴③。徇於路，求歌謠之言④。）**官師相規。**
（官師，大夫。自相規正⑤。）**工執藝事以諫**。'（所謂獻藝。）**正月孟春，於是乎有之⑥**，
諫失常也。（有遒人徇路之事。）**天之愛民甚矣⑦，豈其使一人肆於民上，**（肆，放也。）
以從其淫⑧，而弃天地之性⑨？必不然矣！"（傳善師曠能因間盡言⑩。）

　　秋，楚子爲庸浦之役故，（在前年⑪。）**子囊師于棠以伐吳，吳不出而還⑫。子
囊殿，**（殿，軍後⑬。）**以吳爲不能而弗儆⑭。吳人自皋舟之隘，要而擊之，**（皋舟，吳
險阨之道⑮。）**楚人不能相救。吳人敗之，獲楚公子宜穀⑯。**（傳言不備不可以師⑰。）
王使劉定公賜齊侯命，（將昏於齊故也⑱。定公，劉夏⑲。位賤，以能而使之。傳稱謚，
舉其終⑳。）**曰："昔伯舅大公右我先王㉑，股肱周室，師保萬民。世胙大師，以表東
海。**（胙，報也㉒。表，顯也㉓。謂顯封東海以報大師之功㉔。）**王室之不壞㉕，繄伯舅是

　　① 元刻十行本"遒"作"逼"，劉叔剛本、阮刻本同蜀石經。按，劉叔剛本此處"遒"作"逼"形，元刻
十行本作"逼"形，後者形訛蓋因前者連筆、版片磨損所致。此處或爲元刻十行本翻刻過程中文本突
變例。

　　② 静嘉本（元版）、浙刻巾箱本、興國本、潛府本、龍山本、國會本、十行巾箱本、婺本、劉叔剛本、元
刻十行本"行人"作"行令"，日寫本、撫州本、越州八行本、相臺本、明翻種德本、阮刻本同蜀石經。按，
日抄單疏本《正義》云孔言'宣令之官'，杜必以爲'行人之官'者"。杜注原文當作"行人"，異文"行令"
或受疏文影響。此處亦爲阮刻本偏離十行本系統例。

　　③ 釋文出字作"鈴也"，蓋釋文底本"鈴"字後有"也"字。

　　④ 日寫本"言"字後有"也"字。

　　⑤ 日寫本"正"字後有"也"字。

　　⑥ 日寫本無"之"字。

　　⑦ 明翻種德本"天"作"夫"。

　　⑧ S.133"從"作"縱"；日寫治要本原作"縱"，字旁又寫"從"字，日刻治要本作"從"；釋文底本作
"從"，或本作"縱"。

　　⑨ S.133"弃"作"棄"，日寫治要本、日刻治要本同唐石經、蜀石經。

　　⑩ S.133、日寫治要本、日刻治要本、浙刻巾箱本、明翻種德本"善"作"言"。十行巾箱本"因"作
"囚"，或爲版片磨損所致。S.133、日寫本、日寫治要本、日刻治要本句末有"也"字。

　　⑪ 日寫本"年"字後有"也"字。

　　⑫ 日寫本"吳"字後有"人"字，"人"字後有日人小字校記"扌无"，意爲印本無"人"字。

　　⑬ 日寫本"後"字後有"也"字。

　　⑭ 釋文出字"弗"作"不"。撫州本"儆"字避諱闕末筆。

　　⑮ 日寫本"阨"作"隘"，十行巾箱本作"阨"。日寫本"道"字後有"也"字。

　　⑯ 静嘉本（元版）"穀"作"穀"。

　　⑰ 静嘉本（元版）"師"作"帥"形。日寫本"師"字後有"也"字，"也"字擠寫。

　　⑱ 日寫本"昏"作"婚"，撫州本作"昬"，以下相同處不再出校。

　　⑲ 十行巾箱本"劉"作"刘"，以下相同處不再出校。

　　⑳ 日寫本"終"字後有"也"字。

　　㉑ 浙刻巾箱本"大"作"太"。

　　㉒ 十行巾箱本"報"作"报"，以下相同處不再出校。

　　㉓ 龍山本、國會本、十行巾箱本、婺本"顯"作"顕"，以下相同處不再出校。

　　㉔ 日寫本"顯封"作"封顯"，有日人眉批校記"顯封，扌乍"，意爲印本作"顯封"。日寫本"功"字後
有"也"字。

　　㉕ 釋文底本作"壞"，並云"服本作懷"。日抄單疏本《正義》云"服虔本'壞'作'懷'，解云：懷，柔
也。……孫毓云：案，舊本及賈氏皆作'壞'。杜雖不注，當謂王室之不傾壞者，唯伯舅大公是賴也"。

賴。（緊，發聲①。）今余命女環②，（環，齊靈公名③。）茲率舅氏之典，纂乃祖考，無忝乃舊。敬之哉！無廢朕命！"（纂，繼也④。因昏而加褒顯⑤，傳言王室不能命有功⑥。）

　　晉侯問衛故於中行獻子，（問衛逐君當討否。獻子，荀偃⑦。）對曰："不如因而定之，衛有君矣。（謂剽已立⑧。）伐之，未可以得志，而勤諸侯。史佚有言曰：'因重而撫之⑨。'（重不可移，就撫安之⑩。）仲虺有言曰：'亡者侮之，亂者取之。推亡、固存，國之道也。'（仲虺，湯左相⑪。）君其定衛以待時乎！"（待其昏亂之時，乃伐之。）冬，會于戚，謀定衛也。（定立剽⑫。）

　　范宣子假羽毛於齊而弗歸，齊人始貳。（析羽爲旌，王者游車之所建⑬。齊私有之，因謂之羽毛。宣子聞而借觀之⑭。）

　　楚子囊還自伐吳，卒。將死，遺言謂子庚："必城郢。"（楚徙都郢⑮，未有城郭。公子燮⑯、公子儀因築城爲亂，事未得訖⑰。子囊欲訖而未暇⑱，故遺言見意⑲。）君子謂："子囊忠。君薨不忘增其名，（謂前年謚君爲共⑳。）將死不忘衛社稷，可不謂忠乎？忠，民之望也。詩曰：'行歸于周，萬民所望。'忠也。"（《詩·小雅》。忠信爲周。言德行歸於忠信㉑。即爲萬民所瞻望㉒。）

　　【經】十有五年，春，宋公使向戌來聘。

　　二月，己亥，及向戌盟于劉。

　　劉夏逆王后于齊。（劉，采地㉓。夏，名也㉔。天子卿書字，劉夏非卿，故書名。天

---

　　① 龍山本"聲"作"声"。日寫本"聲"字後有"也"字。

　　② 龍山本"女"作"汝"。日寫本"女"字後有日人小字校記"汝本乍"，意爲或本作"汝"。

　　③ 日寫本"名"字後有"也"字。

　　④ 龍山本、國會本、婺本"繼"作"继"，十行巾箱本、明翻種德本作"继"。

　　⑤ 興國本"褒顯"作"囊顯"。

　　⑥ 日寫本"功"字後有"也"字。

　　⑦ 日寫本"偃"字後有"也"字。

　　⑧ 日寫本"立"字後有"也"字。

　　⑨ 興國本"因"作"國"。

　　⑩ 龍山本"撫"作"抚"，以下相同處不再出校。

　　⑪ 日寫本"相"字後有"也"字。

　　⑫ 興國本"立"作"丘"。日寫本"剽"字後有"也"字。

　　⑬ 日寫本"建"字後有"也"字。

　　⑭ 日寫本"之"字後有"也"字。

　　⑮ 越州八行本"徙"作"徒"。

　　⑯ 静嘉本（元版）、浙刻巾箱本、龍山本、十行巾箱本、劉叔剛本、元刻十行本、阮刻本、明翻種德本"燮"作"燮"。

　　⑰ 潜府本無"未"字。

　　⑱ 越州八行本"未"作"來"。國會本"暇"作"䐑"，十行巾箱本作"城"，明翻種德本作"假"。

　　⑲ 日寫本"意"字後有"也"字。

　　⑳ 日寫本"共"字後有"也"字。

　　㉑ 十行巾箱本"德"作"悳"。

　　㉒ 龍山本無"萬"字，婺本"萬"作"万"。明翻種德本"瞻"作"膽"。日寫本"望"字後有"也"字。

　　㉓ 日寫本"采"作"菜"，浙刻巾箱本作"萊"。

　　㉔ 明翻種德本"也"作"地"。

子無外①，所命則成，故不言逆女②。）

　　夏，齊侯伐我北鄙，圍成。

　　公救成，至遇。（無傳。遇，魯地。書至遇，公畏齊，不敢至成③。）

　　季孫宿、叔孫豹帥師城成郛。（備齊，故夏城④，非例所譏⑤。）

　　秋，八月，丁巳，日有食之。（無傳。八月無丁巳。丁巳，七月一日也。日月必有誤⑥。）

　　邾人伐我南鄙。

　　冬，十有一月，癸亥，晉侯周卒。（四同盟⑦。）

　　【傳】十五年⑧，春，宋向戌來聘，且尋盟。（報二年豹之聘，尋十一年亳之盟⑨。）見孟獻子，尤其室，（尤⑩，責過也。）曰：“子有令聞而美其室，非所望也。”對曰：“我在晉，吾兄爲之。毀之重勞，且不敢間⑪。”（傳言獻子友于兄，且不隱其實⑫。）

　　官師從單靖公逆王后于齊。卿不行，非禮也。（官師，劉夏也⑬。天子官師，非卿也。劉夏獨過魯告昏⑭，故不書單靖公。天子不親昏⑮，使上卿逆而公監之⑯，故曰“卿不行，非禮⑰”。）

　　楚公子午爲令尹，（代子囊。）公子罷戎爲右尹，蒍子馮爲大司馬，（子馮，叔敖從子⑱。）公子橐師爲右司馬⑲，公子成爲左司馬，屈到爲莫敖⑳，（屈到，屈蕩子㉑。）公子追舒爲箴尹，（追舒，莊王子子南㉒。）屈蕩爲連尹，養由基爲宮廄尹，以靖國

------

① 龍山本“無”作“无”，以下相同處不再出校。

② 日寫本“女”字後有“也”字。

③ 日寫本“成”字後有“也”字。

④ 十行巾箱本“城”作“成”。

⑤ 日寫本“譏”字後有“也”字。

⑥ 日寫本“誤”字後有“也”字。

⑦ 日寫本“盟”字後有“也”字。

⑧ 相臺本“十”字後有“有”字。

⑨ 浙刻巾箱本、興國本（補版）、國會本、十行巾箱本“亳”作“毫”，興國本（原版）同蜀石經。日寫本“盟”字後有“也”字。

⑩ 十行巾箱本“尤”作“无”。

⑪ 興國本（補版）因版損而致“且”作“旦”形，興國本（原版）作“且”；明翻種德本“且”作“而”。越州八行本“聞”作“間”。

⑫ 日寫本“實”字後有“也”字。

⑬ 明翻種德本“夏”作“厚”。

⑭ 十行巾箱本、明翻種德本“魯”作“鲁”。

⑮ 十行巾箱本“昏”作“昬”，以下相同處不再出校。

⑯ 國會本、十行巾箱本“監”作“监”。

⑰ 日寫本“禮”字後有“也”字。

⑱ 日寫本“子”字後有“也”字。

⑲ 潛府本無“師”字。

⑳ 日寫本“莫”作“莒”。

㉑ 日寫本“子”字後有“也”字。

㉒ 日寫本“南”字後有“也”字。

人①。君子謂："楚於是乎能官人。官人，國之急也。能官人，則臣無覦心。（無覦覬以求幸。）《詩》云：'嗟我懷人，寘彼周行。'能官人也。（《詩·周南》也。寘，置也。行，列也。周②，偏也。詩人嗟歎③，言我思得賢人，置之偏於列位。是后妃之志，以官人爲急④。）王及公、侯、伯、子、男、甸、采、衞、大夫，各居其列，所謂'周行'也。"（言自王以下，諸侯大夫各任其職，則是詩人周行之志也。甸、采、衞，五服之名也。天子所居，千里曰圻，其外曰侯服，次曰甸服，次曰男服，次曰采服，次曰衞服。五百里爲一服。不言侯、男，略舉也。）

鄭尉氏、司氏之亂，其餘盜在宋。（亂在十年。）鄭人以子西、伯有、子產之故，納賂于宋，（三子之父皆爲尉氏所殺故⑤。）以馬四十乘⑥，（百六十匹⑦。）與師茷、師慧。（樂師也，茷、慧，其名。）三月⑧，公孫黑爲質焉。（公孫黑，子皙⑨。）司城子罕以堵女父、尉翩、司齊與之。良司臣而逸之，（賢而放之。）託諸季武子，武子寘諸卞⑩。（子罕以司臣託季氏⑪。）鄭人醢之三人也。（三人，堵女父、尉翩、司齊。）師慧過宋朝，將私焉。（私，小便⑫。）其相曰："朝也。"（相師者⑬。）慧曰："無人焉。"相曰："朝也，何故無人？"慧曰："必無人焉。若猶有人，豈其以千乘之相易淫樂之矇⑭？必無人焉故也。"（千乘相，謂子產等也。言不爲子產殺三盜，得賂而歸之，是重淫樂而輕國相⑮。）子罕聞之，固請而歸之。（言子罕能改過⑯。）

夏，齊侯圍成，貳於晉故也。（不畏霸主⑰，故敢伐魯⑱。）於是乎城成郛。（郛，郭也。）

---

① 日寫本"以"字後有"安"字。
② 潛府本"周"作"寘"。按，此處或爲潛府本涉鄰近文字而致文本突變例。
③ 國會本、十行巾箱本"歎"作"嘆"。
④ 興國本"官"作"宮"形，或爲版片磨損所致。日寫本"急"字後有"也"字。
⑤ 日寫本"故"字後有"也"字。
⑥ 明翻種德本"馬"作"爲"。
⑦ 十行巾箱本、元刻十行本"匹"作"四"，日寫本、撫州本、靜嘉本（元版）、越州八行本、浙刻巾箱本、興國本、潛府本、龍山本、國會本、婺本、劉叔剛本、阮刻本、相臺本、明翻種德本同蜀石經。日寫本"匹"字後有"也"字。
⑧ 日寫本、越州八行本"三"作"二"。日寫本"二"字旁有日人小字校記"三本"，意爲或本作"三"。
⑨ 日寫本"皙"字後有"也"字。
⑩ 潛府本、龍山本"卞"作"下"。
⑪ 婺本"子"作"武"。明翻種德本"臣"作"城"。
⑫ 日寫本"便"字後有"也"字。
⑬ 日寫本"者"字後有"也"字。
⑭ 日寫本、越州八行本"其以"作"以其"。
⑮ 靜嘉本（元版）、浙刻巾箱本、潛府本、龍山本、國會本、十行巾箱本、婺本、劉叔剛本、元刻十行本、相臺本、明翻種德本"國相"作"相國"，日寫本、撫州本、越州八行本、興國本、阮刻本同蜀石經。按，此處或爲阮刻本偏離十行本系統例。日寫本"相"字後有"也"字。
⑯ 日寫本"過"字後有"也"字，"也"字擠寫。
⑰ 龍山本"霸"作"伯"。
⑱ 日寫本"魯"字後有"也"字。

秋，邾人伐我南鄙。（亦貳於晉故①。）使告于晉②。晉將爲會以討邾、莒。（十二年、十四年，莒人伐魯，未之討也。）晉侯有疾，乃止。冬，晉悼公卒。遂不克會。（爲明年會溴梁傳③。）

鄭公孫夏如晉奔喪，子蟜送葬。（夏，子西也。言諸侯畏晉，故卿共葬④。）

宋人或得玉，獻諸子罕，子罕弗受⑤。獻玉曰⑥："以示玉人，（玉人⑦，能治玉者⑧。）玉人以爲寶也⑨，故敢獻之。"子罕曰："我以不貪爲寶，爾以玉爲寶。若以與我，皆喪寶也。不若人有其寶。"稽首而告曰："小人懷璧不可以越鄉，（言必爲盜所害⑩。）納此以請死也。"（請免死⑪。）子罕寘諸其里，使玉人爲之攻之，（攻⑫，治也。）富而後使復其所。（賣玉得富⑬。）

十二月，鄭人奪堵狗之妻⑭，而歸諸范氏。（堵狗，堵女父之族⑮。狗娶於晉范氏，鄭人既誅女父，畏狗因范氏而作亂，故奪其妻歸范氏，先絕之。傳言鄭之有謀也⑯。）

春秋卷第十五⑰　　　　經七千九十三字，注五千二十四字⑱

---

① 日寫本"故"字後有"也"字。

② 明翻種德本"于"作"於"。

③ 日寫本"傳"字後有"也"字。

④ 日寫本"葬"字後有"也"字。

⑤ 日寫治要本、日刻治要本"弗"作"不"。

⑥ S.133、日寫本、日寫治要本、日刻治要本、唐石經、撫州本、靜嘉本（元版）、越州八行本、浙刻巾箱本、興國本、潛府本、龍山本、國會本、十行巾箱本、婺本、劉叔剛本、元刻十行本、阮刻本、相臺本、明翻種德本"獻玉曰"作"獻玉者曰"。按，無"者"字蓋蜀石經獨特性異文，或脫誤所致。

⑦ 明翻種德本"玉"作"王"。

⑧ 日寫本"者"字後有"也"字。

⑨ S.133、日寫本、日寫治要本、浙刻巾箱本、興國本、潛府本、龍山本、國會本、十行巾箱本、婺本、劉叔剛本、元刻十行本、阮刻本、明翻種德本"寶"作"寳"，日刻治要本、撫州本、靜嘉本（元版）、越州八行本、相臺本同唐石經、蜀石經，以下相同處不再出校。

⑩ 日寫本"害"字後有"也"字。

⑪ S.133、日寫本、國會本"死"字後有"也"字，日寫治要本、日刻治要本無"也"字。

⑫ 國會本"攻"作"政"。

⑬ S.133、日寫本"富"字後有"也"字，日寫治要本、日刻治要本無"也"字。

⑭ 釋文底本"狗"作"苟"，或本作"狗"。

⑮ 浙刻巾箱本"堵女"之"堵"作"猪"。潛府本重"之"字。

⑯ 撫州本、靜嘉本（元版）、越州八行本、浙刻巾箱本、興國本、潛府本、龍山本、國會本、十行巾箱本、婺本、劉叔剛本、元刻十行本、阮刻本、相臺本、明翻種德本無"也"字，日寫本同蜀石經。按，蜀石經此處杜注句尾與日寫本一致，均有虛字"也"，而與後世刻本不同。蓋蜀石經個別注文尚存寫本類傳本的少許特徵，或可視爲寫本向刻本過渡的中間形態。

⑰ 靜嘉本（元版）、潛府本作"春秋經傳集解卷第十五"。浙刻巾箱本、國會本作"春秋左氏傳卷第十五"。興國本作"春秋經傳集解襄二第十五"。龍山本作"纂圖互註春秋經傳集解襄二第十五"。十行巾箱本作"春秋經傳集解襄公二卷十五"。婺本作"婺本附音重言重意春秋經傳集解第十五"。相臺本作"春秋經傳集解襄公二第十五"。明翻種德本作"春秋經傳第十五"。越州八行本、劉叔剛本爲注疏合刻本，書題、分卷不同。日寫本、撫州本同唐石經、蜀石經。

⑱ 日寫本、撫州本作"經六千九百八十五字，注五千二百一十七字"。靜嘉本（元版）、越州八行本、浙刻巾箱本、興國本、潛府本、龍山本、國會本、十行巾箱本、婺本、劉叔剛本、相臺本、明翻種德本不計經注字數。然靜嘉本各卷尾題及是否計經注字數的情況不盡相同，如卷十六尾題作"春秋卷第十六"且計經注字數，卷十五的情況蓋由元補版所致。按，各本所記經字，皆經傳字數。撫州本（轉下頁）

二、昭公二年傳

　　蜀石經《春秋經傳集解》昭公殘拓，原件現藏國家圖書館，爲卷二十昭公二年傳文的部分內容。殘拓起自"君子也"之"子"字，止於"而又何請焉"之"而"字，凡三開。爲方便閱讀，今據淳熙間撫州公使庫刻本略補首尾闕文並以"〖〗"括出，小字注文以"（）"括出。拓中字跡殘損處，尚可辨識者徑錄其文，不可辨識者亦據撫州本錄文並以"□"標示。本次校理以 1926 年劉體乾影印本爲底本，參校寫本一種、刻本十二種，參考音義、校勘記各一種。現略敘所據各本如下：

　　1. 日本宮內廳書陵部藏文永間寫卷，簡稱"日寫本"。

　　2. 唐開成石經，簡稱"唐石經"。

　　3. 臺北故宮博物院藏淳熙間撫州公使庫刻本，簡稱"撫州本"。

　　4. 日本靜嘉堂文庫藏南宋孝宗間刻宋元明遞修本，簡稱"靜嘉本"。

　　5. 國家圖書館藏慶元六年（1200）紹興府刻宋元遞修注疏合刻八行本，簡稱"越州八行本"。

　　6. 上海圖書館藏南宋浙刻十三行巾箱本，簡稱"浙刻巾箱本"。

　　7. 日本靜嘉堂文庫藏嘉定九年（1216）興國軍學刻本，簡稱"興國本"。宮內廳藏本卷二十爲補抄，今並參。

　　8. 臺北"央圖"藏宋潛府劉氏家塾刻本，簡稱"潛府本"。

　　9. 國家圖書館藏宋龍山書院刻纂圖互注本，簡稱"龍山本"。

　　10. 日本國立國會圖書館藏宋刻九行巾箱本，簡稱"國會本"，此部分爲補抄。

　　11. 日本足利學校遺迹圖書館藏南宋建安劉叔剛注疏合刻十行本，簡稱"劉叔剛本"。並參：元刻明修十行本，簡稱"元刻十行本"；清嘉慶南昌府學刻本，簡稱"阮刻本"。

　　12. 國家圖書館藏元相臺岳氏荊谿家塾刻本，簡稱"相臺本"。

　　13. 日本宮內廳書陵部藏明嘉靖翻刻南宋淳熙三年閩山阮仲猷種德堂本，簡稱"明翻種德本"。

　　14. 國家圖書館藏宋刻宋元遞修本《經典釋文·春秋左氏音義》，簡稱"釋文"。

（接上頁）所記經傳、注文字數與日寫本相同，而經傳字數（6985）較蜀石經所記（7093）少、注文字數（5217）較蜀石經所記（5024）多。據 Word 字數統計可知，蜀石經本卷經傳（計卷首尾之題，即全部大字）約 7095 字、注文約 5095 字，可見蜀石經所記字數與實際字數不盡一致。又據上文校理可知，撫州本與蜀石經較爲接近，二者字數亦應相近；日寫本與蜀石經差異較多，其中注文虛字多有出入，日寫本實際注文字數當多於蜀石經。綜上，撫州本所記字數應是因襲舊本而來，不可視爲實錄。撫州本直接所據者蓋屬宋監本系統，而宋監本所記字數或可追溯至中古寫本。

15. 阮元等撰《十三經注疏校勘記‧春秋左傳注疏校勘記》，簡稱"阮氏校勘記"。

【唯晏子信之，曰："夫子，君】子也。(夫子①，韓起②。)君子有信，其有以知之矣。"(爲十年齊欒施③、高彊來奔張本④。)自齊聘於衞，衞侯享之。北宮文子賦《淇澳》。(《淇澳》，《詩‧衞風》，美武公也。言宣子有武公之德⑤。)宣子賦《木瓜》。(《木瓜》，亦《衞風》⑥，義取於欲厚報以爲好⑦。)

夏，四月，韓須如齊逆女。(須，韓起之子⑧。逆少姜⑨。)齊陳無宇送女，致少姜。少姜有寵於晉侯，晉侯謂之少齊。(爲立別號，所以寵異之⑩。)謂陳無宇非卿⑪，(欲使齊以適夫人禮送少姜⑫。)執諸中都。(中都，晉邑⑬。在西河界休縣東南⑭。)少姜爲之請曰："送從逆班，(班，列也。)畏大國也，猶有所易，是以亂作⑮。"(韓須，公族大夫⑯。陳無宇，上大夫⑰。言齊畏晉，改易禮制⑱，使上大夫送，遂致此執辱之罪。蓋少姜謙以示譏⑲。)

叔弓聘于晉，報宣子也。(此春韓宣子來聘⑳。)晉侯使郊勞。(聘禮，賓至近郊，君使卿勞之㉑。)辭曰㉒："寡君使弓來繼舊好㉓，固曰'女無敢爲賓'，徹命於執

_____

① 浙刻巾箱本"子"作"人"。

② 明翻種德本"韓"作"諱"。

③ 興國本(補抄)"樂"作"變"，興國本(原版)同蜀石經。按，此處或爲興國本補抄過程中文本突變例。明翻種德本"齊"作"斉"，"樂"作"楽"。

④ 明翻種德本"來"作"本"。日寫本"本"字後有"也"字，"也"字後有日人小字校記"扌无"，意爲印本無"也"字，以下相同處不再贅言。

⑤ 日寫本"德"字後有"也"字。

⑥ 日寫本"風"字後有"也"字。

⑦ 日寫本"好"字後有"也"字。

⑧ 日寫本"子"字後有"也"字。

⑨ 日寫本"姜"字後有"也"字。

⑩ 日寫本"之"字後有"也"字。

⑪ 日寫本"卿"字後擠寫"也"字，"也"字後有日人小字校記"扌无"，意爲即本無該字。

⑫ 日寫本、龍山本、國會本(補抄)、明翻種德本"禮"作"礼"，以下相同處不再出校。日寫本"姜"字後有"也"字。

⑬ 日寫本"邑"字後有"也"字。

⑭ 釋文出字"界"作"介"。日寫本"南"字後有"之也"二字，"之""也"後均有日人小字校記"扌无"，意爲印本無此二字。

⑮ 日寫本、龍山本"亂"作"乱"，以下相同處不再出校。

⑯⑰ 日寫本"夫"字後有"也"字。

⑱ 國會本(補抄)"制"作"茆"。日寫本"制"字後有日人小字校記"茆一本乍"，意爲或本作"茆"。

⑲ 日寫本、國會本(補抄)、明翻種德本"蓋"作"盖"。日寫本"示"作"禾"。

⑳ 日寫本"聘"字後有"也"字。

㉑ 潛府本"卿"作"即"。

㉒ 日寫本"辭"作"辞"，以下相同處不再出校。

㉓ 日寫本"繼"作"继"，以下相同處不再出校。

事①，敝邑弘矣②。（徹，達也。）敢辱郊使。請辭。”（辭郊勞③。）致館，辭曰：“寡君命下臣來繼舊好，好合使成，臣之禄也。（得通君命，則於己爲榮禄④。）敢辱大館。”（敢，不敢⑤。）叔向曰：“子叔子知禮哉！吾聞之曰：‘忠信，禮之器也。卑讓，禮之宗也。’（宗，猶⑥主也。）辭不忘國，忠信也。（謂稱舊好⑦。）先國後己，卑讓也⑧。（始稱敝邑之弘，先國也⑨。次稱臣之禄⑩，後己也。）《詩》曰：‘敬慎威儀⑪，以近有德。’夫子近德矣。”（《詩·大雅》⑫。）

秋，鄭公孫黑將作亂，欲去游氏而代其位，（游氏，大叔之族⑬。黑爲游楚所傷，故欲害其族⑭。）傷疾作而不果。（前年游楚所擊創。）駟氏與諸大夫欲殺之。（駟氏，黑之族⑮。）子産在鄙聞之，懼弗及，乘遽而至。（遽，傳驛⑯。）使吏數之，（責數其罪⑰。）曰：“伯有之亂，（在襄三十一年⑱。）以大國之事，而未爾討也⑲。（務共大國之命⑳，不暇治女罪㉑。）爾有亂心，無厭，國不女堪。專伐伯有，而罪一也。昆弟爭室㉒，而罪二也。（謂爭徐吾犯之妹㉓。）薰隧之盟，女矯君位，而罪三也。（謂使大史書七子㉔。）有死罪三，何以堪之？不速死，大刑將至。”再拜稽首，辭曰：“死在朝夕，無助天爲虐。”子産曰：“人誰不死，凶人不終，命也。作凶事，爲凶人。不助天，其助凶人乎㉕？”請以印爲褚師。（印，子晳之子㉖。褚師，市官㉗。）子産曰：“印也若才，君將任之。不才，將朝夕從女。女罪之不恤，而〖又何請焉？不速

---

① 日寫本“執”作“報”。
② 撫州本、浙刻巾箱本、潛府本“弘”字避諱闕末筆，以下相同處不再出校。
③ 龍山本“辭”作“辝”，國會本（補抄）作“辤”。日寫本“勞”字後有“也”字。
④ 日寫本“禄”字後有“也”字。
⑤ 日寫本“敢”字後有“也”字。
⑥ 蜀石經闕大字“之曰忠信禮之器也卑讓禮之宗也”、小字“宗猶”，當一行之容。
⑦ 龍山本“稱”作“稠”，國會本（補抄）作“称”，以下相同處不再出校。日寫本“好”字後有“也”字。
⑧ 撫州本、越州八行本、浙刻巾箱本、潛府本“讓”字避諱闕末筆。
⑨ 國會本（補抄）“國”作“国”，明翻種德本作“国”，以下相同處不再出校。
⑩ 撫州本“臣”作“日”。
⑪ 撫州本、越州八行本、興國本、潛府本、劉叔剛本“慎”字避諱闕末筆。
⑫ 日寫本“雅”字後有“也”字。
⑬ 日寫本、龍山本“大”作“太”。日寫本“族”字後有“也”字。
⑭⑮ 日寫本“族”字後有“也”字。
⑯ 日寫本“驛”字後有“也”字。
⑰ 龍山本、明翻種德本“數”作“数”。日寫本“罪”字後有“也”字。
⑱ 興國本、國會本（補抄）、相臺本、明翻種德本無“一”字，日寫本、撫州本、静嘉本（宋版）、越州八行本、浙刻巾箱本、潛府本、龍山本、劉叔剛本、元刻十行本、阮刻本同蜀石經。日寫本“年”字後有“也”字。
⑲ 日寫本“爾”作“尒”，以下相同處不再出校。
⑳ 相臺本無“之”字。
㉑ 龍山本、劉叔剛本、元刻十行本“暇”作“睱”，興國本作“暇”。日寫本“罪”字後有“也”字。
㉒ 日寫本“昆”作“兄”。
㉓ 明翻種德本“徐”作“除”。日寫本“妹”字後有“也”字。
㉔ 日寫本“子”字後有“也”字。
㉕ 日寫本“乎”字後，擠寫“也”字。“也”字後有日人小字校記“扌无”，意爲印本無該字。
㉖ 日寫本“子”字後有“也”字。
㉗ 日寫本“官”字後有“也”字。

死,司寇將至。"〗

2016 年 12 月 1 日初稿

2020 年 3 月 14 日改定

【作者簡介】王天然,中國社會科學院古代史研究所、中國社會科學院簡帛研究中心副研究員,主要從事經部文獻、出土文獻與版本目録學研究。

中華書局整理本《公羊義疏》校勘指瑕

駢宇騫

【提　要】　在整理古籍工作中,當我們選好工作底本以後,還需要進行嚴格的對校、本校、他校、理校等不同的校勘工作,校異同,校是非,要儘量避免和減少不應有的疏漏,這是古籍整理工作中重要的内容之一,也是保證書籍品質的關鍵環節。如果没有認真校勘出不同版本和引文的錯誤,必然會影響讀者對文本的理解。差若毫釐,繆以千里,必將在出版的書籍中留下難於磨滅的遺憾。

【關鍵字】　整理古籍　公羊義疏引文　校勘

整理古代典籍,校勘是古籍整理工作中重要的内容之一,對不同版本的異文和引文進行認真仔細的校勘是保證書籍品質的關鍵環節,尤其是註疏類著作,全面認真校勘版本異文和註疏中所引用的各種文獻,既是古籍整理應遵守的學術規範,也是判斷古籍整理優劣的重要標誌之一。所以,我們在選好底本的同時,還要進行嚴格的不同版本的比勘校正工作,這不但是點校者和責編的職責所在,也是對作者、讀者應有的負責態度。

中華書局整理本《公羊義疏》,雖然進行了大量的校勘工作,但仍存在一些失校漏校之處。現將筆者所見(卷一至卷四十三),依次列出,就正於方家。

卷　一

1. p1,正文 3 行,舊《疏》曰:"隱公者,魯侯之諡號;經傳,雜緣之稱;解詁者,何所自目;第一者,無先之辭;公羊者,傳之别名;何氏者,邵公之姓也。"

按:此處引舊《疏》文有失校。今查四庫全書本《春秋公羊傳注疏》卷一,"經傳"下有"者"字,"隱公者""經傳者""解詁者""第一者""公羊者""何氏者"爲對文。當據補。

2. p5,5 行,錢大昕《答問》:"……《春秋》左氏丘明所傳,皆古文舊書。……然則《志》所稱者,《左氏經》也。鄭司農《周禮注》云:'古文《春秋經》公即位爲公即立。'先鄭傳《左氏》,其所稱古文經,亦必《左氏》之經也。"

按:此處引《潛研堂文集·答問》文有失校。今查續四庫全書 1438 册 p498《潛研堂文集》卷七《答問四》,"《春秋左氏》丘明所傳"之"傳"作"修";"然則《志》所稱"下有"古經"二字;"《左氏經》"上有"即"字;"先鄭傳《左氏》"下有

“學”字。皆當據補改。

　　3. p5,倒 4 行,洪頤煊《讀書叢録》:“頤煊按,《疏》中引《爾雅》孫炎注、郭璞《書序》、長義《孝經疏》之類皆唐以前本。……。”

　　按:此處引《讀書叢録》文有失校且標點有誤。1. 今查續四庫全書本 1157 册 p606《讀書叢録》卷六,“郭璞《書序》”之“郭璞”下有“音義”二字,當指郭璞《爾雅音義》。當據補。2. “郭璞《書序》”句,《書序》並非郭璞所著,疑指孔安國《書叙》。《漢書·儒林傳·孔安國》:“又采《左氏傳》《書叙》爲作首尾,凡百二篇。”亦作“書序”,指《尚書》的小序或大序。3. “長義《孝經疏》”句,當標爲“《長義》《孝經疏》”。“長義”爲書名,疑指賈逵《左氏長義》。四庫本《春秋左傳注疏·春秋三傳注解傳述人》云:“《漢書·儒林傳》云:‘漢興,北平侯張蒼及梁太傅賈誼、京兆尹張敞、大中大夫劉公子皆修《春秋左氏傳》。’始,劉歆從尹咸及翟方進受《左氏》,由是言《左氏》者本之賈護、劉歆。歆授扶風賈徽,徽傳子逵,逵受詔列《公羊》《穀梁》不如《左氏》四十事奏之,名曰《左氏長義》,章帝善之。”何休《春秋公羊傳序》亦云:“至使賈逵緣隙奮筆,以爲《公羊》可奪,《左氏》可興。”疏解云:“賈逵者,即漢章帝時衛士令也。言‘緣隙奮筆’者,莊、顏之徒説義不足,故使賈逵得緣其隙漏,奮筆而奪之,遂作《長義》四十一條,云《公羊》理短,《左氏》理長,意望奪去《公羊》而興《左氏》矣。鄭衆亦作《長義》十九條十七事,專論《公羊》之短,《左氏》之長,在賈逵之前。何氏所以不言之者,正以鄭衆雖扶《左氏》而毁《公羊》,但不與讖合,帝王不信,毁《公羊》處少,興《左氏》不强,故不言之。豈如賈逵作《長義》四十一條,奏御于帝,帝用嘉之,乃知古之爲真也,賜布及衣,將欲存立,但未及而崩耳。然則賈逵幾廢《公羊》,故特言之。”4.《孝經疏》,當指唐元行沖《孝經疏》。以上孫炎《爾雅注》、郭璞《爾雅音義》、孔安國《書叙》、賈逵《左氏長義》、元行沖《孝經疏》,皆唐以前本。5. 校補後全句當標點爲:“頤煊按,《疏》中引《爾雅》孫炎《注》、郭璞《音義》,《書序》《長義》《孝經疏》之類,皆唐以前本。……。”

　　4. p8,2 行—p9,6 行,錢大昕《養新餘録》:“《春秋正義》於十二公首,必云是歲歲在某次,因此可知太歲所在。……案,莊公即位三十二年,以常率計之當在甲寅,歲星應在豕韋。……《詩》疏所引之《三統術》率與本術不合,安能精思及此?……宣元年歲在壽星,太歲當在己酉,……成元年歲在降婁,太歲當在丁卯,……襄元年歲在壽星,太歲當在乙酉,……《春秋》二百四十二年,太歲干支與今人所推不同,前後亦分三段。自莊二十三年以前相差五辰,如隱元年本甲辰,而今人以爲己未是也。……。”

　　按:此處引《十駕齋養新餘録》文有失校。今查續四庫全書 1151 册 P354—355《十駕齋養新餘録》卷上:1. “以常率計之”下尚有“其末年太歲”五字;2. “《詩》疏所引之《三統術》”之“引”下無“之”字;3. “太歲當在己酉”“太歲當在丁卯”“太歲當在乙酉”之三“太歲”下皆無“當”字;4.《春秋》二百四十二年”之“《春秋》”下有“十二公”三字;5. “如隱元年本甲辰”之“辰”作“寅”。皆當據補改。

5. p20,1 行,《御覽》引《元命包》云:"春含名蠢位,東方動,春氣明,達六合,俱生萬物應節。"《注》:"春之言蠢,東之言動,含出名以自明自達也。惟於時爲春,以其蠢動無節,應此時節也。"

按:此處《太平御覽》引《元命包》文有失校且斷句有誤。1. 今查四庫全書本《太平御覽》卷十九注,"含出名"之"出"作"此"。2. "春含名蠢位,東方動,春氣明,達六合,俱生萬物應節"句斷句有誤,當斷爲"春含名蠢,位東方動,春氣明達,六合俱生,萬物應節。"

6. p25,4 行,《御覽》引《元命包》云:"代殷者爲姬昌,生於岐,立于豐,精翼日,衣青光,遷造西,十刻消。"

按:此處《太平御覽》引《元命包》注文有失校。今查四庫全書本《太平御覽》卷八四引《元命包》,"代殷者爲姬昌"之"代"作"伐";當據改。"衣青光"之"光",四庫全書本《太平御覽》作"色",《注》云:"木神以其方色表衣。"當據改。

7. p27,1—2 行,《通義》云:"昔者周公營洛,……《春秋》内魯,文王又魯之所自出,繫王於春,繫正月于文王,尊則統人,親則率祖。尊尊而親親,人道之始也。……。"

按:此處引《公羊春秋經傳通義》文有失校。今查續四庫全書 129 册 p4《公羊春秋經傳通義》卷一,"尊則統人"之"人"作"天",當據改。

8. p27,2 行,《通義》云:"昔者周公營洛,……子嘗曰:'文王既没,文不在兹乎?'蓋治《春秋》之本意也。治《左氏》者以王正月爲時王之正月。……。"

按:此處引《公羊春秋經傳通義》文有失校。今查續四庫全書 129 册 p4《公羊春秋經傳通義》卷一,"蓋治《春秋》之本意"之"治"作"制",當據改。

9. p27,倒 5 行,《解詁箋》云:"王者正三統之稱,……三代之書,託始帝典;人統之正,託始文王;一也。"

按:此處引《公羊經傳何氏釋例後録卷一・解詁箋》文有失校。今查續四庫全書 129 册 p571《春秋公羊經何氏釋例後録卷一・解詁箋》,"託始帝典"之"帝典"作"二帝",當據改。

10. p33,7 行,《後漢書》注引崔靈恩《三禮義宗》云:"三微,三正也。言十一月陽氣始施,萬物動於黄泉之下,微而未著,其色皆赤,赤者陽氣。故周以天正爲歲,色尚赤,夜半爲朔。十二月萬物始牙,色白,白者陰氣。故殷以地正爲歲,色尚白,雞鳴爲朔。十三月萬物始達,其色皆黑,人得加功以展其業。夏以人正爲歲,色尚黑,平旦爲朔。故曰三微。王者奉而成之,各執其一以改正朔也。"

按:此處《後漢書》注引崔靈恩《三禮義宗》文有失校。今查四庫全書本《後漢書》卷七十六注,"各執其一"之"執"作"法",當據改。

11. p41,3 行,《白虎通・紼冕篇》:"禮所以十九見正而冠者何?……《儀禮・士冠禮》曰:'夏葛屨,冬皮屨。'明非歲之正月也。"

按:此處引《白虎通・紼冕篇》文有失校。"《儀禮・士冠禮》"下,點校者出《校勘記》云:"禮,原訛作'經',據《儀禮》校改。"誤。今查四庫全書本《白虎通・紼冕篇》及中華書局本《白虎通疏證》p496 皆作"以《禮・士冠經》曰:'夏葛屨,冬皮屨。'明非葳之正月也。"據此,則不當據《儀禮》改"經"爲"禮",而是當據《白虎通·緋冕篇》改"儀"爲"以"。

12. p45,7 行,《解詁箋》云:"以桓爲貴,隱爲尊,《春秋》微意。……。"

按:此處引《春秋公羊經何氏釋例後録卷一·解詁箋》文有失校。今查續四庫全書 129 冊 p571《春秋公羊經何氏釋例後録卷一·解詁箋》,"隱爲尊"之"尊"作"卑",當據改。據《史記·魯周公世家》記載:"初,惠公適夫人無子,公賤妾聲子生子息。息長,爲娶於宋。宋女至而好,惠公奪而自妻之,生子允。登宋女爲夫人,以允爲太子。"雖魯隱公、桓公均爲魯惠公之媵妾所生,但桓公母後來立爲夫人,允爲太子;隱公母爲繼室;故云"以桓爲貴,隱爲卑"也。

13. p46,5 行,《廣雅·釋言》:"板,援也。集言:'板',挽也,引也,援也。皆本此文爲説。"

按:此處引《集韻》文有失校。"集言"二字,國家圖書館藏《公羊義疏》抄本作"集韻"。今查四庫全書本《集韻》,云:"板,挽也。《公羊傳》云'板隱而立'。"此處失校,當據改。如此,則此句當標點爲:"《廣雅·釋言》:'板,援也。'《集韻》:'板,挽也。'引也,援也,皆本此文爲説也。"

14. p47,1 行,《荀子·宥坐》云:"魯有父子訟者,孔子拘之三月,其父請止,孔子舍之。"

按:此處引《荀子·宥坐》文有失校。"孔子拘之三月"之"三月"下,四庫全書本《荀子·宥坐》等皆有"不別"二字,作"孔子拘之,三月不別",《注》云:"別,猶決也。謂不辨別其子之罪。"此處失校,當據補。

15. p52,倒 3—倒 2 行,《北齊書·刁柔傳》:"……微子舍其孫腯而立弟衍,仲子亦猶行古之道也。鄭注曰:'仲子爲親者諱耳,立子非也。……'"

按:此處引《北齊書·刁柔傳》文有失校。"微子舍其孫腯而立弟衍"之"腯",中華書局整理本《北齊書·刁柔傳》、國家圖書館藏《公羊義疏》抄本作"盾",此處失校,當據改。"仲子",中華書局《北齊書·刁柔傳》作"伯子"。《北齊書·刁柔傳校勘記》⑥p598 云:"諸本'伯'作'仲',《册府》卷五八三 p6987 作'伯'。按《禮記·檀弓上》注原是'伯'字,今據《册府》改。"此處失校,當據中華書局整理本《北齊書·刁柔傳校勘記》改"仲"爲"伯"。

16. P55,倒 3—倒 1 行,《晋書·禮志》:"哀帝即位,欲尊崇章皇太妃。桓温議宜稱太夫人。尚書僕射江霦議曰:'……今稱皇帝册命二貴人,斯則子爵母也。'"

按:此處引《晋書·禮志》文有失校。"二貴人",中華書局整理本《晋書》p658、國家圖書館藏《公羊義疏》抄本作"命貴人",此處失校,當據改"二"作"命"。作"今稱皇帝策命命貴人"。

卷　二

1. P62,5—7 行,周氏廣森《孟子出處時地考》云:"鄒有二,皆顓帝後所封國……妘姓鄔、檜、路、偪陽。晏子諫未息,疑爲齊所滅。……陸終六子,其子曰安,是爲曹姓。……。"

　　按:此處引《孟子出處時地考》文有失校。今查續四庫全書 158 册 p122 《孟子出處時地考》,1."妘姓鄔、檜、路、偪陽"之"檜",《孟子出處時地考》作"鄶";"檜""鄶"有別。當據改。2."晏子諫未息"之"未息",點校者"未"下出《校勘記》云:"'未',原訛作'爲',《叢書》本同,據《晏子春秋》校改。"非。"未息",《孟子出處時地考》作"而息";此處當據周廣森《孟子出處時地考》校改。3."其子曰安",《孟子出處時地考》作"其五曰安"。皆當據改。

　　2.　p63,1 行,《石經考文提要》云:"宋景德本、鄂州本、泮宫書本皆作眛。"

　　按:此處引《石經考文提要》失校且斷句有誤。點校者在"書"下出《校勘記》云:"'書',殆爲'刻'字之誤。"大謬也。點校者對原文理解有誤。1. 今查續四庫全書本 183 册 p50 及中華書局影印阮元《公羊傳注疏校勘記》p2201 引《石經考文提要》作:"宋景德本、宋鄂泮官書本皆作'眛'。"《義疏》所引"鄂"上脱"宋"字,"鄂"下衍"州本"二字,且"官"誤作"宫"。"鄂泮官書",是指鄂州州學的官書。如《天禄琳琅書目》卷一著録的《春秋公羊經傳解詁》,其注云:"書中每間數紙輒有真書木印,曰'鄂州州學官書',曰'鄂泮官書,帶去準盜'。""鄂泮官書,帶去准盜!"是鄂州州學官書上的訓誡語,意謂帶官書離開鄂泮,將和盜賊一樣看待。《公羊義疏》引《石經考文提要》文當據阮元《公羊傳注疏校勘記》校改,"鄂"上補"宋"字,"宫"改爲"官",删去"州本"二字。2. 校改後,此句當斷爲"宋景德本、宋鄂泮官書本皆作'眛'"。

　　3.　p67,6 行,《説苑・指武》云:"《春秋》先京師而後諸侯。"

　　按:此處引《説苑・指武》文有失校。今查四庫全書本《説苑・指武》卷十五,"諸侯"作"諸夏",全句作:"《春秋》先京師而後諸夏,先諸華而後夷狄。"《漢書・蕭望之傳》亦作"聖王之制,施德行禮,先京師而後諸夏,先諸夏而後夷狄"。當據改。

　　4.　p75,倒 1 行,又桓七年云:"穀伯綏來朝。鄧侯吾離來朝。"《注》:"不日者,失地之君。"朝惡人,輕也。

　　按:此處引桓七年《注》文有失校且下引號有誤。1."不日者",四庫全書本《春秋公羊傳注疏・桓公七年》注文作"不月者";"失地之君"作"失地君"。2. 原下引號標至"失地之君",誤。今查四庫全書本《春秋公羊傳注疏》卷五,下引號當至"輕也"止。皆當據改。

　　5.　p77,1—2 行,《通義》云:"……《春秋》撥亂世,約信故盟者,《春秋》所不惡。……。"

　　按:此處引《公羊春秋經傳通義》文有失校且斷句有誤。1. 今查續四庫全書 129 册 p5《公羊春秋經傳通義》卷一,"約信故盟者"之"約信"上尚有"尤尚"二字,當據補。2. 如此,則全句當斷爲"……《春秋》撥亂世,尤尚約信,故盟者,《春秋》所不惡。……"。

　　6.　p79,倒 5—倒 4 行,《寰宇記》云:"鄢城在宋州柘城縣北二十九里,漢縣屬陳留,鄭克段之地疑遠。"

按：此處引《太平寰宇記》文失校且下引號有誤。1. 今查四庫全書本《太平寰宇記·宋州》卷十二，原文作："鄢城，在縣北二十九里，漢縣名，屬陳留。王莽曰順通。鄭伯克段之地。""漢縣屬陳留"之"縣"下有"名"字；無"鄭克段之地疑遠"之"疑遠"二字。依《太平寰宇記》文，此句當標點爲："鄢城，在宋州柘城縣北二十九里，漢縣名，屬陳留。鄭伯克段之地。"2. 原下引號標點至"鄭克段之地疑遠"止，誤，當至"鄭克段之地"。"疑遠"二字，爲陳立《義疏》語。

7. p81，3 行，《詩·將仲子序》云："刺莊公也。不勝其母以害弟。弟叔失道而公弗制，祭仲諫而公弗聽，小不忍以致大亂焉。"

按：此處引《詩·將仲子序》文有失校。今查四庫全書《毛詩注疏·將仲子序》，"不勝其母以害弟"之"害"下有"其"字，當據補。

8. p83，6—8 行，《通義》云："謹案：鄭武公夫人愛其少子段，欲立之，武公弗許。及莊公即位，曲從母意，與以京都之地，有徒邑徒衆濟成其逆謀，……不如勿與之地，使無所資，則不生亂。……。"

按：此處引《公羊春秋經傳通義》文有失校。今查續四庫全書 129 冊 p5《公羊春秋經傳通義》卷一，"與以京都之地"之"都"作"鄢"；"有徒邑"之"徒"作"都"；"不如勿與之地"之"地"作"鄢"。皆當據改。

卷 三

1. p93，6—7 行，《白虎通·謚》篇："夫人無謚者何？ 無爵故無謚。或曰夫人有謚，夫人一國之母，修閨門之則，群下亦化之，故設謚以彰其善惡。"《春秋》曰"葬宋恭姬"，《傳》曰："稱謚何？ 賢也。"《傳》曰："哀姜者何？ 莊公夫人也。"

按：此處引《白虎通·謚》句有失校且斷句、下引號有誤。1. "修閨門之則"之"則"，四庫全書本《白虎通義》作"内"，中華書局整理本《白虎通疏證》作"修閨門之内，則群下亦化之"。如此則此句"門之"下當據上列各本補"内"字。2. "修閨門之則"之"則"當屬下讀。如此，則此句當斷爲"修閨門之内，則群下亦化之"。3. 此段原整理者將《白虎通義·謚》篇引文的下引號標在"故設謚以彰其善惡"下，誤。今查，"《春秋》曰：'葬宋恭姬'，《傳》曰：'稱謚何？ 賢也。'《傳》曰：'哀姜者何？ 莊公夫人也'"句皆爲《白虎通義·謚》文，所以其下引號當標在"莊公夫人也"下。

2. p95，倒 3，《通義》云："兩言之者，賵者或特以馬，或加以束帛。《士喪禮》曰：'公賵玄纁束，馬兩。'大夫以上則束帛四馬也。"

按：此處引《士喪禮》文有失校。今查四庫全書本《儀禮注疏》，"公賵玄纁束，馬兩"句不見《士喪禮》，實出自《儀禮·既夕》卷十三，故此處"《士喪禮》"當據改爲"《既夕》"。

3. p99，倒 4 行，凡失之華靡，失之濫惡，皆不可制，喪事從殺，皆《禮注》云："執束帛以致命。"

按：此處引文有失校。"皆《禮注》"之"皆"，國家圖書館藏清抄本《公羊義疏》亦作“昏”。今查四庫全書本《儀禮注疏》卷二《昏禮第二》，“執束帛以致命”句，實出《儀禮·士昏禮》注文。故“皆《禮注》”當據改爲“《昏禮注》”。

4. p100,2 行，《説苑·修文》云：“……天子文繡衣各一襲，到地；諸侯覆蹠，到踝，士到骭。位尊德厚及親者，賵、賻、唅，襚厚，貧富有差。”

按：此處引《説苑》文有失校。1. 今查四庫全書本《説苑·修文》，“諸侯覆蹠，到踝，士到骭”之“到踝”上有“大夫”二字，是，當據補。2. “厚”下，點校者出《校勘記》云：“‘厚’字原脱，據《説苑》校補。”今查四庫全書本《説苑·修文》、南菁書院刻清經解續編本《公羊義疏》“襚”下皆無“厚”字。

5. p102,7—10 行，臧氏庸《拜經日記》云：“《儀禮·既夕禮》‘知死者賵，知生者賻’，據《公羊注疏》本作‘知生者賵’，今本作‘賻’，係淺人所改也。按，舊《疏》云：‘問曰：案《既夕禮》云“知死者賵，知生者賻”，鄭《注》云：“各主於所知。”以此言之，賻專施于生者何？ 答曰：賻專施于生，襚專施于死，賵實生死兩施，故何氏注知生知死皆言賵。’”而《既夕禮》專言知生者，對賻言之故也。

按：此處引《拜經日記》及舊疏文失校且下引號有誤。1. “賻專施于生者何”之“賻”下，點校者出《校勘記》曰：“賻，原訛作‘賵’，《叢書》本同，據《公羊注疏》校改。”今查續四庫全書本 1158 册 p94—95《拜經日記》卷五，此“賻”字，《拜經日記》作“賵”，臧庸自注云：“此因《儀禮》作‘知生者賵’，賵專主于知生，而何注‘知生知死皆言賵’，故設難以問之。”依臧庸意，則此“賻”字當據《拜經日記》回改爲“賵”。2. “對賻言之故也”之“賻”下，點校者出《校勘記》曰：“賻，原訛作‘賵’，《叢書》本同，據《儀禮》校改。”按：“賻”字，《拜經日記》作“賵”。臧庸自注云：“言《既夕禮》對知死者言賵，故賵專主知生者言。”依臧庸意，則此“賻”字當據《拜經日記》回改爲“賵”。3. 原引文下引號標點至“故何氏注知生知死皆言賵”止，誤。今查續四庫全書本《拜經日記》，“按，舊《疏》云”四字，《拜經日記》只作“《疏》”一字，似陳立略有改動。故原文引號當分兩段來標：a. “《儀禮·既夕禮》‘知死者賵，知生者賻’，據《公羊注疏》本作‘知生者賵’，今本作‘賻’，係淺人所改也”爲上段引號所引；b. “‘問曰：知死者賵，知生者賻’，……對賻言之故也’”爲下段引號所引。4. 内引舊《疏》文原下引號原標至“故何氏注知生知死皆言賵”，誤，今查《春秋公羊傳註疏》卷一，當至“而《既夕禮》專言知生者，對賻言之故也”止。皆當據改。

6. p104,3 行，《白虎通·崩薨》，又云：“諸侯夫人薨，告天子者，不敢自廢政事。”亦欲知之當有禮也。《春秋》曰：“天子使宰咺來歸惠公、仲子之賵。”譏不及事。仲子者，魯君之貴妾也，何況於諸侯乎？

按：此處引《白虎通·崩薨》文失校且下引號、斷句有誤。1. 末句“何況於諸侯乎”之“諸侯”，四庫全書本、《白虎通疏證》作“夫人”。2. 原《白虎通》文下引號標點至“不敢自廢政事”止，誤。今查四庫全書本《白虎通·崩薨》卷下，當至“何況於諸侯乎”止。當據正。3. “亦欲知之”下，當加逗號斷開，作“亦欲知之，當有禮也”。

7. p105,6 行，《雜記》疏引何氏《穀梁廢疾》云：“《傳》例不言來，不周事之用也。宰咺何以言來？鄭釋之曰：‘平王新有幽王之亂，遷于成周，欲崇禮于諸侯，原情免之，若無事而晚者，去求以譏之，榮叔是也。’劉氏逢禄難曰：‘……且秦人來歸僖公、成風之襚在成風薨後五年，亦言來，《傳》例與《公羊》正相反，鄭君曲爲之解，非也。’”

按：此處《雜記》疏引何氏《穀梁廢疾》文有失校。今查《禮記注疏》卷四十一《雜記上》及續四庫全書 129 册 p620《春秋公羊釋例後録》卷五《穀梁申廢疾》，“去求以譏之”之“求”皆作“來”，當據正。

8. p107，倒 5 行，《通義》云：“及者，分別尊卑之詞。夫人與公一體，嫌竟可敵公，故加公以絶之。仲子不稱夫人，不嫌得敵公，故不假絶也。”

按：此處引《公羊春秋經傳通義》文有失校。今查續四庫全書 129 册 p6《公羊春秋經傳通義》，“故加公以絶之”之“公”作“及”，且無“以”字。此段是解釋經文“何以不言及仲子”語，“及”與“不及”，有尊卑之別，故此句當言“故加‘及’絶之”，當據改。

9. p119，1 行，舊《疏》云“……既以魯爲王而不專黜周者，欲專黜周則非遜順之義。”

按：此處引舊《疏》文有失校。“欲專黜周則非遜順之義”之“欲”，四庫全書本《春秋公羊經傳注疏》卷一作“若”。阮元《校勘記》云：“欲專黜周則非遜順之義，毛本‘若’誤‘欲’。”當據改。

10. p119，7 行，《鹽鐵論·除狹》云：“夫傳主德，開臣途，在於選賢而器使之。”

按：此處引《鹽鐵論·除狹》文有失校。“夫傳主德”之“傳”，四庫全書本《鹽鐵論·除狹》作“傅”，《注》云：“音輔。”“傅主德”，意即本書《復古》篇“輔明主之仁義”、《相刺》篇“上有輔明主之任”、《毁學》篇“學以輔德”之“輔”義也。當據改。

11. p128，4 行，《校勘記》：“段曰《説文》無觕字，蓋觕字轉寫之誤，本義角長兒，假借爲粗糙字。”

按：此處引《公羊註疏校勘記》文有失校。今查中華書局影印十三經註疏下册 p2201 及續四庫全書本 183 册 p51《公羊經註疏校勘記》，“蓋觕字轉寫之誤”之“觕”作“觟”，當據改。

12. p129，4 行，《繁露·天道施》云：“近者詳，遠者略。”

按：此處引《春秋繁露》文有失校。“近者詳，遠者略”句，非出自《春秋繁露·天道施》篇，實出自《春秋繁露·天地陰陽》篇，“天道施”當據改爲“天地陰陽”。

卷　四

1. p136，6—9 行，《新書》：“齊桓公之始霸也，翟人伐燕，桓公爲燕北伐翟，乃全於孤竹。反，而便燕君復召公之職。桓公歸，燕君送桓公入齊地百六十里。……桓公曰：‘然則燕君畏而失禮也，寡君恐後世以寡人爲存燕而欺之也。’……。”

　　按：此處引《新書》文有失校。今查四庫全書本《新書》、中華書局《新書校注》本，“齊地百六十里”作“齊地百六十六里”；“寡人爲存燕”作“寡人能存燕”。

　　2．p137，倒5—倒4行，《通義》云：“戎狄皆略不別君臣，舉其號而已，所謂國不若氏也。”

　　按：此處引《公羊春秋經傳通義》文有失校。今查續四庫全書本129册p7《公羊春秋經傳通義》，“戎狄皆略不別君臣”之“戎狄”下有“經”字，當據補。如此，則此句當標點爲：“戎狄，《經》皆略不別君臣，舉其號而已，所謂國不若氏也。”

　　3．p137，倒4行，《後漢書·應劭傳》説鮮卑云：“鮮卑皆在漠北，犬羊爲群，無君長之帥，廬落之居，而天性貪暴，不拘信義，故數犯障塞，且無寧歲。”

　　按：此處引《後漢書·應劭傳》文有失校。今查四庫全書本、中華書局整理本《後漢書·應劭傳》，“鮮卑皆在漠北”之“皆”作“隔”，當據改。

　　4．p141，倒2行，舊《疏》云：“即成七年……書日者，彼《注》云：‘日者，杞屬修禮朝魯，雖無禮，君子躬自厚而薄責於人，不當入之，故録責之。’”

　　按：此處引舊《疏》文有失校。今查四庫全書本、中華書局影印十三經註疏本《春秋公羊傳註疏》，“不當入之”之“當”下有“乃”字，當據補。

　　5．p144，6—11行，俞氏樾云：“昉乃俗字，……《禮記·祭義》：‘推而放諸東海而準，推而放諸南海而準，推而放諸西海而準，推而放諸北海而準。’‘推而放諸’猶言‘推而極諸’也，鄭注‘放猶至也’，至即極也。……放乎殺母弟者，乃推極後而言之也。始滅放於此乎？乃推極於此而止矣，故曰始滅放於此乎。……。”

　　按：此段引自俞樾《群經平議》。“乃推極於此而止矣”句文意不順，句中有脱誤，點校者失校。今查續四庫全書本178册p368—369《群經平議》卷二十三，“乃推極”下尚有“其前而言之也。若前此無滅國者，則推求滅國之事極”21字，如此，則此句當斷爲：“乃推極其前而言之也。若前此無滅國者，則推求滅國之事，極於此而止矣。”當據補。

　　6．p145，4行，舊《疏》：“……《傳》云：‘此取之宋，其謂之郜鼎何？器從名。’《注》：‘器從本主名名之，宋始以不義取之，故謂之郜鼎。’……”

　　按：此處引舊《疏》文有失校。今查四庫全書本、中華書局影印十三經註疏本p2202《春秋公羊傳註疏》，《注》文無“器從本主名名之”之“器”字，當據删。

　　7．p146，3行，《通義》云：“君子所修《春秋》，滅國於是始。”

　　按：此處引《公羊春秋經傳通義》文有失校。今查續四庫全書129册p7《公羊春秋經傳通義》，“滅國於是始”之“滅”上有“記”字，作“記滅國於是始”。當據補。

　　8．p149，7—10行，《通義》云：“推褒猶稱且字，知履繻蓋下大夫。……凡大國之下大夫，與小國之卿同，非接内不録其名氏，唯大國之上大夫然後書名氏。……。”

按：此處引《公羊春秋經傳通義》文有失校。今查續四庫全書129冊p8《公羊春秋經傳通義》，"非接内不録其名氏"句作"非接内不録其録不氏"。如此，則此句當斷爲"非接内不録，其録，不氏"。當據改。

9. p152，8行，《通義》云："婦人無外事，但得命使於國中耳，不得通於四方。文不可曰紀侯之母使履緰來，故直不稱使也。……。"

按：此處引《公羊春秋經傳通義》文有失校。今查續四庫全書129冊p8《公羊春秋經傳通義》，"但"上有"母"字；"國"上有"其"字；"國"下無"中"字。全句作"婦人無外事，母但得命使於其國耳，不得通於四方。文不可曰'紀侯之母使履緰來'，故直不稱使也。……。"當據補。

10. p160，倒2行，閔元年《注》："所傳聞世，大國有大夫，小國略稱人。"

按：此處引文有失校。今查四庫全書、中華書局影印十三經註疏本《春秋公羊傳注疏》卷一，"所傳聞世，大國有大夫，小國略稱人"見隱公元年《注》，而非出自"閔元年《注》"，"閔元年"當據改爲"隱元年"。

11. p162，4—6行，婦人謂嫁曰歸，【疏】《校勘記》："毛本謂誤爲。按，《毛詩傳》本作歸人謂嫁歸。《釋文》本有曰字，謂依《公羊傳》文。唐石經《公羊》'婦人'下損缺……。"

按：此處引《公羊注疏校勘記》文有失校。今查中華書局影印十三經註疏本《春秋公羊傳注疏》卷二所附《校勘記》及續四庫全書本183冊p53《公羊註疏校勘記》，"《毛詩傳》本作歸人謂嫁歸"句，前一"歸"字阮元《校勘記》作"婦"。《毛詩註疏·葛覃》"言告師氏，言告言歸"，《傳》曰："婦人謂嫁曰歸。"當據改。

12. p163，倒1行，《一統志》："密鄉故城在萊州府昌邑縣東有十五里。"

按：此處引《一統志》文有失校。這裏《一統志》指《大清一統志》。"東有十五里"句，今查四庫全書《大清一統志》卷一百三十八萊州府密鄉古城下云："在昌邑縣東南十五里。"下《義疏》引《春秋大事表》亦云："今萊州府昌邑縣東南十五里有密鄉故城。""東有十五里"之"有"字皆作"南"，當據改。

13. p164，4—7行，劉氏逢禄《左氏考證》云："古文伯或作白，白或作帛，鐘鼎、石鼓文可證者多矣。以子帛爲裂緰之字，則杜臆説也。果爾，臣先于君，其亢莫甚，而稱字以褒之乎？且《經》稱字、或曰父、或曰伯仲叔季，紀子伯及宋子哀皆闕詞，安可附會乎？"

按：此處引《左氏春秋考證》文有失校。今查續四庫全書125冊p242《左氏春秋考證》，無"果爾，臣先于君"之"爾"字；"紀子伯及宋子哀皆闕詞"之"闕"下有"疑"字。如此，則此句當斷爲："果臣先于君，其亢莫甚，而稱字以褒之乎？且《經》稱字、或曰父、或曰伯仲叔季，紀子伯及宋子哀皆闕疑詞，安可附會乎？"當據刪補。

14. p165，7行，定元年《傳》："定、哀多微辭，主人習其讀而聞其傳，則未知己之有罪焉爾。"

按：此處引《傳》文有失校。今查四庫全書、中華書局影印十三經註疏本《春秋公羊傳注疏》卷二十五，"主人習其讀而聞其傳"之"聞"字作"問"，《注》

云:"此假設而言之,主人謂定、哀也。設使定、哀習其經而讀之,問其傳解詁,則不知己之有罪於是。"是作"問"是,當據改。

15. P167,倒 2 行,《通義》云:"禮,適死,媵得升于適。聲子繼室,故惠公時本稱夫人,及隱爲桓立,不欲其母加於仲子,乃不敢以小君禮葬之。蓋薨而後殺其禮,是以《傳》言'不終爲君矣'。"

按:此處《公羊春秋經傳通義》引《傳》文有失校。今查續四庫全書 129 册 p9《公羊春秋經傳通義》引《傳》文"不終爲君矣"句作"不終爲夫人矣",本條上《公羊傳》文亦云"子將不終爲君,故母亦不終爲夫人也"。當據改。

卷 五

1. p170,2 行,沈氏彤《左傳小考》云:"……此惟春三月書王,餘月可以例推。必兼書王二月、王三月者,明改商正二月、夏正三月也。此《春秋》文外之意,蓋周公舊典則然。"

按:此處引《春秋左傳小考》文有失校。今查四庫全書,1. 沈彤書名本作《春秋左傳小疏》;2."明改商正二月、夏正三月也"句作"明商正改爲二月,夏正改爲三月也"。當據改。

2. p170,9 行,《禮記》疏引:"《異義》:《公羊》説:存二王之後,所以通夫三統之義。古《春秋左氏》説:周家封建二王之後以爲上公,封黄帝、堯、舜之後謂之三恪。……。"

按:此處《禮記》疏引《異義》文有失校。今查四庫全書本《禮記》疏及《駁五經異義·存二王之後》,"周家封建二王之後以爲上公"之"建"字皆作"夏殷"。當據改。

3. p174,3—4 行,《十月之交》疏云:"日月之食,於算可推而知,則是數自當然。而云爲異者,人君者位貴居尊,恐其志移心易,聖人服之靈神,作爲鑒戒耳。……"

按:此處引《十月之交》疏文有失校。今查四庫全書本、中華書局影印十三經註疏本《毛詩注疏》卷十九《十月之交》疏文,"聖人服之靈神"之"服"作"假",當據改。

4. p178,倒 3 行,錢氏大昕《潛研堂答問》云:"……《春秋》不書月食,三尺童子知之,以爲《五經》無雙之大儒而復不省,憶必不然矣。"

按:此處引錢大昕《潛研堂答問》文有失校且誤斷。1. 今查續四庫全書本 1438 册 p540《潛研堂文集》卷十一《説文答問》,"復不省"之"復"作"漫",當據改。2."憶必不然矣"之"憶"當屬上讀,作"以爲《五經》無雙之大儒而漫不省憶,必不然矣"。

5. p184,倒 3 行,《荀子·經國》云"有天下者之世也"。

按:此處引《荀子》文有失校。今查《荀子》書無《經國》篇,"有天下者之世也"句實出自《荀子·强國》,"經"爲"强"字之誤,當據改。

6. p185,倒 4 行,《詩》疏引《異義》:"……《左氏》説:卿大夫得世禄,不得世位，父爲大夫，故子得食其故采，而有賢才，則復升父故位。"

按：此處《詩》疏引《異義》文有失校。今查四庫全書本《詩》疏卷二十三引《異義》及中華書局影印十三經註疏本 p504《毛詩注疏》卷十六《文王》疏，"夫"下有"死"字而無"故"字，作"父爲大夫死"，是。如父不死，則子不得食其故采。當據改。

7. p188，3 行，《潛夫論‧忠貴》云："《書》稱'天工人其代之'，王者法天而建官，故明主不敢以私授，忠臣不敢以虛受。"

按：此處引《潛夫論‧忠貴》文有失校。今查四庫全書本、湖海樓叢書（汪繼培）《潛夫論箋》本，"明主不敢以私授，忠臣不敢以虛受"句皆作"明主不敢以私愛，忠臣不敢以誣能"。當據改或出異文校記。"誣能"，謂本無能而自以爲能。《管子‧法法》篇云："明君不以禄爵私所愛，忠臣不誣能以干爵禄。"《注》云："唯賢是與，量能而受禄也。"

8. p189，4 行，《通義》云："蓋王喪，主訝喪賓者，以其新與接，有赴吊之禮，故得録卒，知非主爲讄世卿書者。……。"

按：此處引《公羊春秋經傳通義》文有失校。今查續四庫全書 129 册 p10《公羊春秋經傳通義》"以其新與接"之"與"下有"内"字，當據補。

9. p193，5—6 行，翟氏灝《四書考異》云："《檀弓》子思與柳若論喪禮曰：'吾聞有其禮，無其財，君子弗行焉。有其禮，無其財，無其時，君子弗行焉。'"《孟子》所言乃即受之於子思者。

按：此處引翟灝《四書考異》文有失校且下引號有誤。1. 今查續四庫全書 167 册 p327《四書考異》及四庫全書本《禮記正義‧檀弓上》，"有其禮，無其財，無其時"句作"有其禮，有其財，無其時"。當據改。此句《禮記正義》鄭注謂："財足以備禮而時不得行者。"2. 原下引號標至"有其禮，有其財，無其時，君子弗行焉"止，誤。續四庫全書《四書考異》至"《孟子》所言乃即受之於子思者"止，當據正。

10. p202，倒 5—倒 2 行，《經義述聞》云："……言'吾愛與夷，則不止如女而已'，言其甚也。謹按：《傳》意是，謂與夷雖我所甚愛，而不可以爲社稷宗廟主，今乃愛與夷不如愛汝，則是愛之不甚，非其語意也。……作《疏》者不能釐正，乃云不止如女，以曲成其意。……。"

按：此處引《經義述聞》文有失校且斷句有誤。今查續四庫全書《經義述聞》175 册 p153，1. "今乃愛與夷不如愛汝"之"乃"下有"言"字；2. "以曲成其意"之"意"作"義"。3. "《傳》意是，謂與夷雖我所甚愛"，斷句有誤。"是"下"，"號當删。當斷爲"《傳》意是謂與夷雖我所甚愛"。

11. p204，4 行，《燕策》："且苟所附之國重使，必使王重矣。"

按：此處引《戰國策‧燕策》文有失校且斷句有誤。今查四庫全書本《戰國策》卷二十九，"且苟所附之國重使"之"使"字作"此"。當據正。《史記‧蘇秦列傳》作"且苟所附之國重，此必使土重矣。"《止義》云："言附諸國，諸國重燕而燕尊重。"如此，則此句當斷爲"且苟所附之國重，此必使王重矣"。當出校據改。

12. p204,倒 3 行,《通義》云:"按《史記》,繆公在位九年,與夷立十年乃弒,猶號殤公。禮,殤自年十九以下。然則宣卒繆嗣時,與夷甫生耳,緣繆公本意,俟與夷長乃復辟,若成王幼周公攝阼然也。"

按:此處《公羊春秋經傳通義》引《史記》文有失校且斷句有誤。今查續四庫全書本 129 册 p11《公羊春秋經傳通義》,"若成王幼周公攝阼然也"之"攝"下有"踐"字,當據補。四庫全書本《史記·燕召公世家》云:"成王既幼,周公攝政,當國踐阼。"《史記·魯周公世家》云:"周公恐天下聞武王崩而畔,周公乃踐阼,代成王攝行政當國。"故此句當斷爲"若成王幼,周公攝,踐阼然也"。

13. p206,8 行,《後漢書》注引《東觀記》:"和帝詔曰:禮重適庶之序。《春秋》之義大居正,太子國之儲嗣,可不重歟?"

按:此處《後漢書》注引《東觀記》文有失校。今查四庫全書本、中華書局整理本 p1675《後漢書·下邳惠王衍傳》,"可不重歟"之"重"作"慎",當據改。

14. p206,9 行,劉氏逢禄《左傳考證》云:"鄙倍之詞,且子遭人弒,安能享國? 以此爲義,豈大居正之君子所言? ……朱子亦以《公羊》爲君子大義,而斥此論之妄。卓哉是言。"

按:此處引《左傳春秋考證》文有失校。今查續四庫全書本 125 册 p242《左傳春秋考證》,"且子遭人弒"之"遭"下無"人"字,作"且子遭弒"。當據删。"卓哉"下無"是言"二字。又,"卓哉"原本爲劉逢禄語,此"卓哉是言"則可能變爲陳立《義疏》語,所以《考證》文下引號當標至"而斥此論之妄"止爲好。

卷　六

1. p212,1 行,《説文·叩部》:"咻,呼雞重言之,從吅州聲,讀若祝。"

按:此處引《説文解字》文有失校。今查《説文解字》,"咻"字在"吅部"而非"叩部",當據正。

2. p213,倒 3 行,《史記注》引賈逵説《左氏》云:"弒君取國故以國言之,不稱公子。"

按:此處《史記注》引賈逵説《左氏》文有失校且下引號有誤。1. 賈逵文不見《史記注》,而見於《春秋左傳注疏·隱公四年》"戊申衛州吁弒其君完"句疏文,作"州吁、無知,不稱公子、公孫,賈氏以爲弒君取國,故以國言之"。此處"《史記注》引"當改作"《春秋左傳注疏》引"。2. 原《春秋左傳注疏》文下引號標至"不稱公子",誤。下引號當標至"弒君取國故以國言之"止。

3. p214,7—8 行,《水經注》:"濟水自魚山北,逕清亭東。……是故燕王曰'吾聞齊有清、濟,濟河以爲國',即此水也。"

按:此處引《水經注》文有失校且斷句有誤。1. 今查四庫全書本、四部叢刊本《水經注》及中華書局陳橋驛《水經注校證》,"吾聞齊有清、濟,濟河以爲國"之"濟河"作"濁河",《水經注》曰:"案:濁,近刻訛作'濟'。"當據改爲"濁河";2. "濟河以爲國"之"國",四庫全書本、四部叢刊本《水經注》及中華書局陳橋驛《水經注校證》作"固",是。當據改;3. "吾聞齊有清、齊,濁河以爲固"
句,"清"下頓號當刪除,"濟"下逗號當改爲頓號。此句當斷爲:"吾聞齊有清
濟、濁河以爲固。""清濟"謂濟水清澈。《文選·謝朓〈始出尚書省〉》云:"紛虹
亂朝日,濁河穢清濟。"李善注云:"孔安國《尚書》注曰:'濟水入河,並流數十
里,清濁異色,混爲一流。'"

4. p221,3—4行,《經傳釋詞》云:"若猶或也。"《儀禮·士昏禮記》曰:"若
衣若笄。"襄十一年《左傳》曰:"若子若弟。"又曰:"君君若能以玉帛綏晉。"

按:此處引《經傳釋詞》文失校且下引號有誤。1. 原點校者在"若猶或也"
下出《校勘記》云:"查《經傳釋詞》中有'若猶然也'、'若猶其也'、'若猶乃也',
無'若猶或也'。"此大謬也。今查《經傳釋詞》卷七有"若猶或也"條,點校者失
校。2. 原標點至"若猶或也"止,誤。今查《經傳釋詞》卷七,下引號當至"君君
若能以玉帛綏晉"止。

5. p227,7行,《春秋繁露·玉英》云:"非其位而即之,雖受之先君,《春
秋》危之,宋繆公是也。非其位,不受之先君而即之,《春秋》危之,吳王僚是
也。……。"

按:此處引《春秋繁露·玉英》文有失校。今查四庫全書本《春秋繁露·玉
英》、中華書局《春秋繁露義證·玉英》,"不受之先君而即之"之"而"下皆有
"自"字,當據補。

6. p233,1—2行,《通義》云:"張者,張弓矢以射也。《淮南·時則訓》曰:
'季冬命魚師始漁,天子親往射魚。'《左氏經》作'失魚',朱文公據《左傳》言則
君不射,是以弓矢射之,如漢武帝親射蛟江中之類。"

按:此處引《公羊春秋經傳通義》文有失校。今查續四庫全書本 129 册
p13《公羊春秋經傳通義》,"《左氏經》作'失魚'"之"作"上有"觀魚"二字,當
據補。

7. p233,2—6行,俞樾《平義》云:"《傳》文但言張不言張罔罟,何解非也。
《詩·韓奕》:'孔修且張。'《毛傳》:'張,大也。'……上文曰:'公曷爲遠而觀魚?
登來之也。'下文曰:'登來之者,美大之辭也。'然則此文言公之正,所謂美大之
也,若以爲張罔罟,則與上下文不屬矣,亦未諦當。"

按:此處引《群經平議》文失校且斷句、下引號有誤。1. 今查續四庫全書
本 178 册 p369《群經平議》卷二十三,"然則此文言公之正"之"公"下有"張"
字,作"然則此文言公張之正",如此,則"正"字當屬下讀,作"然則此文言'公張
之',正所謂美大之也"。當據補改。2. 俞樾《平義》云"之"義"字,原書名作
"議";3. "登來之者"之"者"下原有"何"字,作"登來之者何";4. "美大之辭
也"之"之"下復有"之"字,作"美大之之辭也";皆當據補改。5. 原標點至"亦
未諦當"止,誤。今查續四庫全書本《群經平議》卷二十三,下引號當至"則與上
下文不屬矣"止,"矣"下當作"。"號。當據改。"亦未諦當"四字爲陳立《義
疏》語。

8. p237,5行,《通義》云:"入月例。……故今與'吳入州來'、'於越入吳'

同例矣。"

按:此處引《公羊春秋經傳通義》文有失校。今查續四庫全書本 129 册《公羊春秋經傳通義》p13、南菁書院刻清經解續編本《公羊義疏》,"故今與'吴入州來'"之"今"皆作"令",當據改。

卷　七

1. p248,5 行,《解詁箋》云:"《穀梁》得之,……隱不成仲子爲夫人,故爲之考廟宫,若成之,得不以祔於王母乎? ……。"

按:此處引《解詁箋》文有失校。今查續四庫全書本 129 册 p573《春秋公羊經何氏釋例後録·公羊解詁箋》,"故爲之考廟宫"之"考廟宫"作"考宫","考"下無"廟"字,當據改。

2. p250,7 行,《月令章句》云:"佾,列人。每佾八人,每服冕而執戚。"

按:此處引《月令章句》文有失校。今查續四庫全書本 1201 册 p668、玉函山房輯佚书一《月令章句》,"列人"皆作"列也",當據改。

3. p253,4 行,"按:鄭氏此注疑有脱誤。伯七十里,子男五十里,自是夏殷之制。"

按:整理者在"鄭氏"下出《校勘記》曰:"'鄭氏',原訛作'何氏',《叢書》本同。以上爲鄭玄注,非何休注,據改。"此大謬也。原作"何氏此注"不誤,是指《傳》文"小國稱伯子男"下面的何休注文"小國,謂伯七十里,子男五十里"而言,並非指《疏》文中鄭氏對《王制》的注。此處爲陳立《義疏》按語,他是針對何氏注文"小國,謂伯七十里,子男五十里"而言"疑有脱誤"。他認爲"伯七十里,子男五十里","自是夏殷之制",所以在"自是夏殷之制"的後面補充説:"春秋當以公爲一等,侯爲一等,伯子男爲一等。當公百里,侯七十里,伯子男五十里。"

4. p255,5 行,《校勘記》云:"'陜',《唐石經》、諸本同。毛本'陜'作'陝',與訓文篆體合。……"

按:此處引《校勘記》文有失校。今查中華書局影印十三經註疏本 p2211《春秋公羊傳註疏》卷三所附《校勘記》,"與訓文篆體合"之"訓"作"説",作"與《説文》篆體合",當據改。

5. p260,8 行,《校勘記》云:"宋本、監本同,鄂本之作言。"

按:此句是校勘【注】文"《傳》云爾者,解不託始也"的。陳立《義疏》引《校勘記》作"宋本、監本同,鄂本之作言",有誤。此處點校者亦失校。今查中華書局影印十三經註疏本 p2211《春秋公羊傳註疏》卷三所附《校勘記》作"宋本、監本同,鄂本'云'作'言'",《公羊義疏》引"云"誤作"之",當據改。

6. p262,1—3 行,《解詁箋》云:"禮,諸侯不敢作樂,天子得賜之樂。樂以象先王之功也,周於姜嫄廟用樂舞,以《大濩》則武舞矣。此實公傳之誤也。《周官》云'凡小祭祀則不興舞',注:'王玄冕所祭者。'諸侯既不得親祭妾母,若妾祖母安得奏文樂乎?"

按：此處引《春秋公羊經何氏釋例後録·公羊解詁箋》文失校且斷句有誤。
1. 今查續四庫全書本 129 册 p573《春秋公羊經何氏釋例後録·公羊解詁箋》，
"諸侯既不得親祭妾母，若妾祖母安得奏文樂乎"句作"諸侯既不得親祭妾祖母
與妾母，安得奏文樂乎"，當出異文《校勘記》。2. "以《大濩》則武舞矣"之"以"
上，《春秋公羊經何氏釋例後録·公羊解詁箋》有"舞"字。故此句當斷爲："周
於姜嫄廟用樂舞，舞以《大濩》，則武舞矣。"據《周禮·大司樂》"舞《大濩》以享
先妣"，即姜嫄也。《律吕正聲》卷二十九云："《大夏》而上，文舞也；《大濩》而
下，武舞也。"

7. p263，1—3 行，《樂記》云："德者，性之端也；樂者，德之華也；金石絲
竹，樂之器也。詩，言其志也；歌，詠其聲也；舞，動其容也。三者本於必然，後
樂器從之。"

按：此處引《樂記》文失校且斷句有誤。1. 今查四庫全書本《禮記注疏》卷
三十八《樂記》、南菁書院刻皇清經解續編本《公羊義疏》，"三者本於必然，後樂
器從之"之"必"皆作"心"，是。此爲《四部備要》本排印時失校所誤。當據改。
2. 校正後，"然"字當屬下讀。全句當標點爲"三者本於心，然後樂器從之"。

8. p265，6 行，《五經析疑》云："聞角聲，莫不惻隱而哀者；聞商聲，無不斷
割而無事者。"

按：此處引《五經析疑》文有失校者。今查漢魏遺書鈔第四集《五經析疑》，
"莫不惻隱而哀者"之"莫"作"無"、"哀"作"慈"。當據改。

9. p266，5—6 行，《後漢書·藝文志》："魯人申公受詩於浮丘伯，爲作詁
訓，是爲《魯詩》。"

按：此處引《後漢書·藝文志》文有失校者。今查中華書局整理本《後漢
書》，此句不見《後漢書·藝文志》，引文實出《後漢書》卷一百九下《儒林列傳》
第六十九下。"藝文志"，當據改爲"儒林列傳"。

10. p266，倒 2 行，《疏》引熊氏云："……《題辭》又云：'無樂者，謂祭祀
之樂。'"

按：此處《禮記注疏》引熊氏《説題辭》文有失校者。今查四庫全書本《禮記
注疏·曲禮下疏》，"謂祭祀之樂"句作"謂無祭祀之樂"，當據補"無"字。

11. p272，4—6 行，郝氏懿行《爾雅義疏》："子方即蚜蚄，見《齊民要術》。
今食苗心小青蟲，長僅半寸，與禾同色，尋之不見，故言冥冥難知也。余族弟卿
雲言，又有小白蟲藏在苗心，么麼難辨，有此即禾葉變白色，而不能放穗矣，今
按《説文》以螟爲食穀葉者，誤。"

按：此處引《爾雅義疏》文有失校者。1. 今查續四庫全書本 187 册 p648
《爾雅義疏》下之三《釋蟲》第十五，"么麼難辨"之"么"作"幺"，是。《説文》云：
"幺，小也。象子初生之形。凡幺之屬皆从幺。"《漢書叙傳》曰："又況幺麼不及
數子。"鄭氏曰："麼音麼。小也。"原作"么"，誤。2. "今按"下，點校者出《校勘
記》云："今，原訛作'余'《叢書》本同，據《爾雅義疏》校改。"此大謬也。今查續
四庫全書本《爾雅義疏》下之三作"余"，不誤。"余按"指郝懿行自己的按語。

點校者妄改。

卷　八

1. p277,3—6 行,《公羊古義》:"《左傳》作渝,云'更成也',成猶盟也。……渝盟猶渝成也,渝成猶渝平也。公與鄭絕,鄭來渝平,隱不享國,桓莊結成,以隱爲詞,則渝盟不得爲成盟矣。……。"

按:此處引《公羊古義》文有失校者。今查四庫全書本及昭代叢書本(道光刻)本《公羊古義》卷十三,"《左傳》作渝"下有"平"字,"渝盟不得爲成盟矣"作"渝平不得爲成明矣",當據改。

2. p290,倒 1 行,《疏》曰:"一解云引《易》者,證待年于父母國,與嫡俱行也。"

按:此處引《春秋穀梁傳註疏》文有失校者。今查四庫全書本《春秋穀梁傳註疏》卷二《隱公七年》,"與嫡俱行也"之"與"上有"不"字,北京大學出版社《春秋穀梁傳註疏》整理本 p23《注》云"依文意,'與'前應有'不'字",是,當據補。

3. p293,6 行,《通義》云:"所傳聞之世,……但滕侯後旋事桓,慕義不終,不足書卒,故還從其父加録。……。"

按:此處引《公羊春秋經傳通義》文有失校者。今查續四庫全書本 129 册 p16《公羊春秋經傳通義》,"慕義不終"之"義"作"賢",當據改。

4. p305,2 行,《漢書·劉向傳》云:"戎執其使。"《鹽鐵論·論功》云:"凡伯因執而使。"不通。

按:此處引《鹽鐵論·論功》文失校、誤斷且下引號有誤。1. 今查四庫全書本《鹽鐵論·論功》,"凡伯因執而使"之"因執"作"囚執",點校者失校。"囚執",謂執季孫隱如。2. "凡伯因執而使"句,文不成義。今查四庫全書本《鹽鐵論·論功》卷十一,原文作"凡伯囚執而使不通",點校者將"不通"標在原文引號外,大謬也。3. 原下引號標至"凡伯因執而使"止,誤。今查四庫全書本《鹽鐵論·論功》卷十一,下引號當至"不通"止。故此句當標點爲"凡伯囚執而使不通"。當據改。

卷　九

1. p310,9 行,《春秋正辭》云:"不月則不言春王。……王繫之春,然後以月繫之王,歲之始,莫先於臨天下之人,而後有萬不同之事物,無不繫之於王月。……。"

按:此處引《春秋正辭》文有失校。今查續四庫全書本 141 册 p6《春秋正辭》卷一,"莫先於臨天下之人"之"之"下有"一"字。當據補。

2. p313,4—8 行,孔氏廣森《經學厄言》:"此非如圖中明堂五室十二堂之制。"《荀子》曰:"築明堂於塞外,以朝諸侯。"楊《注》:"明堂,壇也。謂巡狩至方岳之下,令諸侯爲宫,方三百步,四門,壇十有二尋,深四尺,加方明于壇上。"蓋其望祀方明,故以明堂言之。而《朝事儀》言方明之下,公侯伯子男覲位,亦並與明堂位同。漢時公玉帶上明堂圖,中有一殿,四面無壁,近泰山明堂之遺象。

　　按:此處引《經學卮言》文失校且下引號有誤。今查續四庫全書本 173 冊 p297《經學卮言》卷五,1. "圖中",《經學卮言》作"國中","令諸侯爲宮"作"會諸侯爲宮","蓋其望祀方明"作"蓋其堂祀方明"。當據改。2. "朝事儀"下點校者出《校勘記》云,原訛作"朝事義",據元吳澄《儀禮逸經》改爲"朝事儀"。今查四庫全書本吳澄《儀禮逸經》卷二目錄及篇目皆作《朝事義》。3. 此處引《經學卮言》文,原下引號標至"此非如圖中明堂五室十二堂之制"止,誤。今查續四庫全書本《經學卮言》,下引號當至"近泰山明堂之遺象"止。當據改。

　　3. p314,6—11 行,秦氏蕙田《五禮通考》云:"鄭氏據《大宗伯》以實柴祀日月星辰,因謂燔柴祭日,瘞祭月。……燔柴與瘞,自是巡守告祭天地之禮,非祭日月以爲盟神,不地與方明牽合爲一。"

　　按:此處引《五禮通考》文有失校。今查四庫全書本《五禮通考》卷二百二十二,"以爲盟神"作"以爲司盟之神","不地"作"不得"。皆當據改。

　　4. p320,3—4 行,江氏聲《尚書集註音疏》云:"何注《公羊》引此經,'此'下有'還至嵩,如初禮'六字,不知誰何妄人所增。蓋名太室爲嵩,崇高山,始於漢武,周時猶未以嵩高爲山名,況唐虞乎?"

　　按:此處引《尚書集註音疏》文有失校。今查續四庫全書本 44 冊 p369《尚書集註音疏》卷一,"蓋名太室爲嵩,崇高山"作"蓋名太室山爲崇高山";"周時猶未以嵩高爲山名"作"周時猶未以崇高名山"。當據改。

　　5. p322,6—7 行,《校勘記》云:"'日',閩本、監本、毛本同誤。鄂本作'吳',是也,當據正。即哀八年'吳伐我'是也。"

　　按:此處引《公羊註疏校勘記》文失校且下引號有誤。1. "鄂本作'吳',是也"句,今查續四庫全書本 183 冊 p57《公羊註疏校勘記》及中華書局影印《十三經註疏》附《公羊註疏校勘記》,無"是也"二字,當據刪。2. 原下引號標至"即哀八年'吳伐我'是也"止,誤。續四庫全書本《公羊註疏校勘記》卷一及中華書局影印《十三經註疏》下冊 p2211 附《校勘記》下引號當至"當據正"止。當據改。"即哀八年'吳伐我'是也"句,爲陳立《義疏》語。

　　6. p331,倒 3 行,顧氏炎武云:"南,非姓,二字衍也。"

　　按:此處引顧炎武《日知錄》文有失校。今查四庫全書本《日知錄》卷二十七《姓氏之誤》,"二字衍也"作"'姓'字衍文。""二"字當據改爲"姓"字。

　　7. p335,7—13 行,洪氏震煊《疏義》又云:"雷者,所以開發萌芽,辟除陰害。……故啓蟄以月驗雷,雉震响以耳驗雷,先幾而作,謹始慎微之道也。是以正月雷尚始閟於地中,則震電爲異明矣。……故《穀梁》註引劉向云:'雷出非其時者,是陽不能閉陰,陰氣縱逸而將爲害也。'"

　　按:此處引洪震煊《夏小正疏義》文失校且下引號有誤。今查續四庫全書本 108 冊 p206《夏小正疏義》卷一,1. "故啓蟄以月驗雷"之"月",《夏小正疏義》作"日","啓蟄以日驗雷,雉震响以耳驗雷"爲對文。當據改。2. 原下引號標至"陰氣縱逸而將爲害也"止,誤。下引號當至"謹始慎微之道也"止。當據改。“是以正月雷尚始聞於地中，則震電爲異明矣。……故《穀梁》注引劉向云：‘雷出非其時者，是陽不能閉陰，陰氣縱逸而將爲害也。’”一段，爲陳立《義疏》語。

8. p336，倒 4 行，司馬遷述董子言：“有國者不可以不知《春秋》。”前有讒賊而弗見，後有讒賊而不知。

按：此處引司馬遷《史記·太史公自序》文有失校且下引號有誤。今查《史記·太史公自序》，1.“前有讒賊而弗見，後有讒賊而不知”作“前有讒而弗見，後有賊而不知”，當據改。2. 原下引號標至“有國者不可以不知《春秋》”止，誤。《史記·太史公自序》卷一百三十，下引號當至“後有賊而不知”止。當據改。

9. p337，4—5 行，《五行志》又曰：“庶徵之恒雨，劉歆以爲《春秋》大雨，劉向以爲大水。‘三月癸酉，大雨，震電’。‘庚辰，大雨雪’。大，雨之水也；震，雷也。劉歆以爲，大雨，常雨之罰也。於始震電八日之間而大雨雪，常寒之罰也。”

按：此處引《漢書·五行傳》文失校且斷句有誤。1.“大，雨之水也”，文不成義。今查四庫全書本及中華書局整理本《漢書·五行傳》卷二十七中之上，該句作“大雨，雨水也”。“大，雨之水也”之“之”當作“雨”字。點校者失校。2. 若校改“雨”字後，此句當斷爲“大雨，雨水也”。“大雨，雨水也”是解釋上文“隱公九年‘三月癸酉，大雨，震電’”之“大雨”的；下文“震，雷也”，是解釋上文“隱公九年‘三月癸酉，大雨，震電’”之“震電”的。當據改。

10. p351，5 行，僖公二十五年：“春，王正月，丙午，衛侯毀滅邢。”《注》：“日者，爲魯憂而録之。”

按：此處引《注》文有失校。“而”下點校者出《校勘記》曰：“‘而’，原訛作‘内’，《叢書》本同，據《公羊註疏》校改。”此大謬也。今查四庫全書本《春秋公羊註疏》、續四庫全書本（南菁書院刻皇清經解續編本）130 册 p91《公羊義疏》皆作“内”字，不誤。《注》文當標點爲“日者，爲魯憂，内録之。”不知點校者爲什麼或據何本《公羊註疏》改“内”爲“而”？

11. p352，倒 2 行，《大戴禮·朝事》篇：“君親致饗，既還圭，饗食，致贈，郊送，所以相與習禮樂也。諸侯相與習禮樂，則德行修而不流也。”

按：此處引《大戴禮·朝事》文失校且斷句有誤。1.“君親致饗，既還圭”，點校者“饗”下出《校勘記》曰：“‘饗’，原訛作‘饔’，《叢書》本同，據《大戴禮記》校改。”此大謬也。今查四庫全書本《大戴禮記》及中華書局整理本《大戴禮記彙校集解》皆作“君親致饔既”，其下《注》云：“案：既，即古餼字。”則“饔既”即“饔餼”。《儀禮注疏》卷八《聘禮第八》鄭玄《注》曰：“牲，殺曰饔，生曰餼。”“饔餼”，皆指古代的祭品。《周禮·秋官·司儀》“致飧如致積之禮”句下鄭玄《注》曰：“小禮曰飧，大禮曰饔餼。”故“君親致饔，既還圭”之“饔”當作“饔”，不應改爲“饗”，點校者誤改。2.“既還圭”之“既”當屬上讀。《注》云：“案：既，即古餼字。”此句當斷爲：“君親致饔既、還圭，饗食、致贈、郊送，所以相與習禮樂也。”

卷　十

1. p367,2 行,《陳書·沈文阿傳》:"文帝即位,剋日謁廟。文阿議曰:'夫千人無君,不敗則亂;萬乘無主,不危則亡。……。'"

按:此處引《陳書·沈文阿傳》文有失校。"不敗則亂"之"敗",四庫全書本及中華書局整理本《陳書·沈文阿傳》卷三十三 p435 作"散"。

2. p367,倒 3 行,凌先生曙《公羊禮説》云……。

按:此處引凌曙書名失校。今查續四庫全書本 129 册 p333、p356,"《公羊禮説》"之"説"作"疏"。當據改。

3. p372,6 行,《禮記·王制》注云:"潔齋戒,自潔清之用。浴用湯,沐用潘。"

按:此處引《禮記·王制》注文有失校。"潔齋戒"之"潔",四庫全書本及中華書局整理本《禮記集解》皆作"絜",當據改。

卷十一

1. p386,末行—p387,1 行,《通義》云:"纍者,相連及於死之名,讀若《甫刑傳》云'大罪勿纍',字本從三田,今省,之反。《離騷》謂屈原爲湘纍,李奇注:'諸不以罪死曰纍。'荀息、仇牧皆是也。"

按:此處引《公羊春秋經傳通義》文失校且斷句有誤。1."之反"下,點校者出《校勘記》曰:"'之反',《公羊通義》作'作之反',其意不明。"今查續四庫全書本 129 册《春秋公羊經傳通義》卷二 p21,作"(纍)字本從三'田',今省作之",文通義順。意謂"纍"字本從三個"田"字,今省作爲從一個"田"字的"累"。點校者未查原書,又誤斷爲"今省,之反",致其意不明。2."今省作之反"之"反"字當屬下讀,爲"今省作之。《反離騷》謂屈原爲湘纍"。《反離騷》爲揚雄所作,見《漢書·揚雄傳上》。其云:"先是時,蜀有司馬相如,作賦甚弘麗温雅,雄心壯之,每作賦,常擬之以爲式。又怪屈原文過相如,至不容,作《離騷》,自投江而死,悲其文,讀之未嘗不流涕也。以爲君子得時則大行,不得時則龍蛇,遇不遇命也,何必湛身哉!乃作書,往往摭《離騷》文而反之,自崏山投諸江流以弔屈原,名曰《反離騷》。"故此句當斷爲:"纍者,相連及於死之名,讀若《甫刑傳》云'大罪勿纍',字本從三'田',今省之。《反離騷》謂屈原爲湘纍……"當據改。

2. p395,3—4 行,《校勘記》云:"《唐石經》原刻無第三'所'字,後磨改補入。《隸釋》載《石經》殘碑曰:桓公二年,顏氏有'所見異辭,所聞異辭,所,下缺'。然則熹平立石者,爲嚴氏《春秋》,於此無'所見異辭'三句。何氏所注者,爲顏氏《春秋》,於此有之。……。"

按:此處引《校勘記》文有誤校者且斷句有誤。1."顏氏有'所見異辭,所聞異辭,所,卜缺'"句第三"所"字卜,點校者出《校勘記》曰:"'所聞異辭,所',原訛脱爲'所聞異以',阮元《校勘記》即誤,據《隸釋》校補刪正。"今查續四庫全書183冊p59阮元《公羊注疏校勘記》作：“《唐石經》原刻無第三‘所’字，後磨改補入。《隸釋》載《石經》殘碑曰：桓公二年，顏氏有‘所見異辭，所聞異’，以下缺。”不誤。而四庫全書本《隸釋》卷十四，作“桓公二年，顏氏有‘所見異辭，所聞異’，下闕”。也不誤。阮元《校勘記》是說何氏所注者爲顏氏《春秋》，於此有“所見異辭，所聞異”句，只是“異”字以下殘缺而已。2. 點校者將阮元《校勘記》“‘所見異辭，所聞異’，以下缺”句誤斷爲“‘所見異辭，所聞異以’，下缺”，并就此認爲“阮元《校勘記》即誤”，此大謬也。“以”字屬下讀，便一切釋然。

3. p407，倒6—倒3行，李氏惇《群經識小》云：“桓二年，杞侯來朝。三年，公會杞侯于郕。十二年，公會杞侯、莒子盟于曲池。《穀梁經》文惟桓三年與《左傳經》同。二年及十二年作紀侯。《公羊經》則三處皆作紀侯。謹按，紀，侯爵。杞則初年已稱伯，後更稱子。此三年杞侯，皆紀侯之誤，當以《公羊經》爲正。……。”

按：此處引《群經識小》文有失校。今查續四庫全書本173冊《群經識小》卷五，p42，“杞則初年已稱伯”之“則”作“在”；“初”上有“春秋”二字；“此三年”作“則此三”。當據改。校改後，此句作“杞在春秋初年已稱伯，後更稱子，則此三‘杞侯’皆‘紀侯’之誤，當以《公羊經》爲正”。

4. p414，5行，范氏例云：“《春秋》上下，無王者月一百有八。桓無王者，見不奉王法。餘公無王者，爲不書正月，不得書王。”

按：此處引文有失校。今查四庫全書本《春秋穀梁注疏》卷三桓公元年《疏》引范例，“無王者月一百有八”之“月”作“凡”，全句爲“無王者凡一百有八”。當據改。

卷十二

1. p432，1行，《禮運》又云：“後聖有作，然後修火之利。”《疏》云：“謂神農也。”則嘗是庖犧以前事。

按：此處文字有失校者且下引號有誤。今查續四庫全書本130冊南菁書院刻皇清經解續編本《公羊義疏》卷十二p112，1. “則嘗是庖犧以前事”之“嘗”作“當”，當據改。此爲《四部備要》本排印時失校所誤。2. 原引文下引號標至“謂神農也”，誤，當至“則當是庖犧以前事”止。

2. p432，7—8行，李氏《易傳》引虞翻注云：“離爲日，巽爲繩，目之重者爲罟，故結繩爲罟。”

按：此處引虞翻注文有失校者。“離爲日”之“日”，四庫全書本及中華書局整理本《周易集解》引虞翻注作“目”；“目之重者爲罟”之“爲”作“唯”；皆當據改。

3. p438，7行，《校勘記》云：“依《説文》當作髀。”古書有作胭者，從身，誤。

按：此處引《公羊註疏校勘記》文失校且下引號有誤。1. “從身”下，續四庫全書本183冊《公羊註疏校勘記》卷二p60及中華書局影印本《十三經註疏》所附《校勘記》p2217有“作䏿，誤”三字，當據補。2. 原下引號標至“依《説文》當作髃"止，誤。今查續四庫全書本《公羊註疏校勘記》卷二及中華書局影印本《十三經註疏》下册所附《校勘記》，下引號當至"從身作髃，誤"止。當據改。

4. p441，倒5—倒3行，沈氏彤《釋骨》云："腰䯏骨旁，臨兩股者曰堅骨、曰大骨、曰髂。一身之伸屈司焉，故通曰機關。關之旁曰髀樞，亦曰樞機者，髀骨之入樞者也。在膝以上者曰髀骨、曰股骨，其直者曰楗，其斜上俠髖者，則所謂機也。由左臁達右髀，遠心，死稍遲，肉已不及一殺之鮮絜，故以爲賓客也。"

按：此處引沈彤《釋骨》文失校且下引號有誤。1. 今查四庫全書本《果堂集·釋骨》卷二及日本早稻田大學藏浙江巡撫採進本，"腰䯏骨旁"之"䯏"作"髁"；"臨兩股者曰堅骨"之"堅"作"監"；"其斜上俠髖者"之"髖"作"髖"。2. 原下引號標至"故以爲賓客也"止，誤。今查四庫全書本《果堂集·釋骨》及日本早稻田大學藏浙江巡撫採進本，下引號當至"則所謂機也"止。當據改。

5. p460，3行，《禮記·月令》鄭注："雩之正，當以四月。凡周之秋，五月之中而旱，亦修雩祀而求雨。因著正雩於此月。"失之矣。

按：此處引《禮記·月令》鄭注文失校且下引號有誤。1. 今查四庫全書本及中華書局影印阮刻本十三經註疏《禮記·月令》卷十六，"五月之中而旱"之"五"作"三"；"修雩祀而求雨"之"祀而"作"禮以"。2. 原下引號標至"因著正雩於此月"止，誤。今查四庫全書本及中華書局影印阮刻本《十三經註疏》《禮記·月令》鄭注，下引號當至"失之矣"止。當據改。

卷十三

1. p473，倒6—倒5行，《讀書叢錄》云："化我，即上文過我。過、化同聲，因口授，其字異耳。"哀六年《傳》"願諸大夫之化我也"，不得謂無禮。"無禮"二字是注者增成云。《穀梁傳》作"畫我"，其音義正同。

按：此處引《讀書叢錄》文失校且下引號有誤。1. 今查續四庫全書本1157册《讀書叢錄》卷六p607，"'無禮'二字是注者增成云"之"云"作"之"，點校者失校。2. 原下引號標至"其字異耳"止，誤。今查續四庫全書本《讀書叢錄》，下引號當至"其音義正同"止。當據改。

2. p488，5行，《莊子·外物》篇"乃焚大槐"，《釋文》引司馬注："焚，謂霹靂時燒火樹也。"

按：此處引《莊子·外物》文有失校。今查四庫全書本《莊子注》卷九及《經典釋文》卷二十八"謂霹靂時燒火樹也"之"火"作"大"。當據改。

卷十四

1. p510，倒2行，《左傳》隱公元年云："無寧兹許公復奉其社稷。"杜云："兹，此也。"

按：此處引《左傳》文有失校。今查四庫全書本《春秋左傳注疏》卷三，"無寧兹許公復奉其社稷"句不在"隱公元年"，而在隱公十一年。"元年"當據改爲

"十一年"。

2. p518,倒4行—p519,2行,《春秋正辭》云："辭不異乎? 祭伯來,則若非王命然也。逆王后非王命則不可,雖曰不稱主人,王命也。可以遂事乎? ……此蓋兼譏王不親迎,故謂其不重妃匹也。"

按:此處引《春秋正辭》文失校、誤斷且下引號有誤。1. 今查續四庫全書本141册《春秋正辭》卷二p26,"辭不異乎? 祭伯來"之"乎"作"於",點校者失校。如此則此句當斷爲"辭不異於祭伯來,則若非王命然也"。2. 原下引號標至"故謂其不重妃匹也"止,誤。今查續四庫全書本《春秋正辭》,下引號當至"可以遂事乎"止。當據改。

3. p520,6行,《通典》："後漢獻帝皇后父伏完,朝賀公廷,完拜如衆臣。及皇后在離宫,后拜如子禮。三公大臣議:或以爲皇后天下之母也,完雖后父,不可令后正拜私朝。或以爲當交拜,令后存人子之道,完不廢人臣之義。……。"

按:此處引《通典》文有失校。今查四庫全書本、中華書局整理本(浙江書局本)《通典》卷六十七"正拜私朝"皆作"獨拜於朝";國家圖書館所藏清抄本《公羊義疏》作"獨拜私朝"。當據改。

4. p532,7行,《校勘記》云:"《釋文》:'勠力字多作勦。'"十二年《疏》引此《注》亦作勠。

按:此處引《公羊註疏校勘記》文有失校且下引號有誤。1. 今查續四庫全書183册《十三經註疏校勘記·春秋公羊傳校勘記》卷二p63,"勠力字多作勦"之第一個"勠"字作"戮"。2. 原下引號標至"戮力字多作勠"止,誤。續四庫全書本《春秋公羊傳校勘記》下引號至"十二年《疏》引此《注》亦作勠"止。皆當據改。

卷十五

1. p534,8行,《大事表》云:"杜《註》:'陳留長垣縣東北有祭城。'高氏曰:'人但知長垣近衛,鄭不能有,因不取杜説。'而《括地志》逆以管城之祭爲祭仲邑;或又疑爲周祭伯之采地,鄭并之以封祭仲,非也。……。"

按:此處引《春秋大事表》文有失校。今查四庫全書本及中華書局整理本《春秋大事表》卷七之二p750,"而《括地志》逆以管城之祭爲祭仲邑"之"逆"作"遂"。當據改。

2. p537,倒4行,桓十五年"宋人以諸侯伐鄭,伐東郊,取牛首"。

按:此處引《左傳》文有失校。今查四庫全書本《春秋左傳注疏》,"宋人以諸侯伐鄭"事在桓公十四年,非十五年。當據改。

3. p544,倒4行,《經義述聞》云:"……孔氏巽軒《公羊通義》云:'故,如故也。言少遲久之,伺突之隙,則突依舊可出,而忽依舊可反。'……。"

按:此處引《經義述聞》文有失校。今查續四庫全書本175册《經義述聞》卷二十四p155、129册《公羊春秋經傳通義》卷二p29,"伺突之隙"之"突"皆作

"宋"，當據改。

4. p561，倒3行，顧氏炎武《唐韻正》云："曲，平聲則音區。《春秋》桓十二年'公會杞侯、莒子盟于曲池'。《公羊傳》作'毆蛇'，《汲冢書》作'區蛇'。上聲則丘羽反，去聲則丘具反。《五臣註文選》陸機《漢高祖功臣頌》云：'曲，音區句反。'"

按：此處引《唐韻正》文有失校。第一個"曲"字下，點校者出《校勘記》曰："'曲'上原有一'燭'字，《叢書》本同。該字爲衍文，《唐韻正》是另外一個字頭，據刪。"此大謬也。"曲"上"燭"字並非衍文，今查四庫全書本顧炎武《唐韻正》卷十五"入聲"，一屋、二沃、三燭、四覺……，"燭"是第三部的一個韻頭字。不當刪。"曲"是"燭"韻中的一個字。

5. p566，9行，《通義》云："此經詭例，戰伐兩舉，特恐學者疑貳爲與鄭戰，而《穀梁》乃正以爲與所伐者戰，亦可謂不善讀《春秋》矣。……。"

按：此處引《公羊春秋經傳通義》文有失校。今查續四庫全書本129冊《公羊春秋經傳通義·桓公十二年》p31，"特恐學者疑貳爲與鄭戰"之"貳"作"惑"，是。當據改。

6. p571，倒3行，舊《疏》云："蓋師不盡戰，故言戰少；敗時悉走，故不言敗多。……。"

按：此處引舊《疏》文有失校者。今查四庫全書本《春秋公羊傳注疏·桓公十三年》卷五，"故不言敗多"作"故言敗多"，無"不"字，是。當據改。

7. p574，7—10行，《通義》云："《五行傳》曰：'視之不明，是謂不悊，厥咎舒，厥罰恒燠。'……無以取冰，則春無以薦，夏無以頒，故以無言之，見人事目之之辭也。"

按：此處引《公羊春秋經傳通義》文有失校。1. "是謂不悊"之"悊"，今查續四庫全書本129冊《公羊春秋經傳通義》卷二p31及《漢書·五行志》卷二十七中之下皆作"悊"；2. "見人事目之之辭也"之"見"，續四庫全書本《公羊春秋經傳通義》卷二作"自"。當據改。

8. p575，7行，范云："孔子在於定、哀之世，而錄隱、桓、文之事，故承闕文之疑不書月，明皆實錄。"

按：此處引《春秋穀梁注疏》范注文有失校。"而錄隱、桓、文之事"句，今查四庫全書本《春秋穀梁注疏》卷四作"而錄隱、桓之事"，無"文"字。當據改。

9. p583，倒2行，何氏謂廢一祭，正傳"不如勿嘗"義，亦未爲不得《公羊》旨也。

按：此處引文有失校。點校者"何氏"下出《校勘記》曰："'何氏'上，原衍一'時'字，《叢書》本不誤，據刪。"今查續四庫全書本130冊南菁書院刻皇清經解續編本p153《公羊義疏》卷十五，"何氏謂廢一祭"句作"按，何氏謂廢一時祭"。1. 此爲《四部備要》本排印時誤植"時"字於"何"上。2. 點校者未與皇清經解續編本《公羊義疏》校對，當據皇清經解續編本《公羊義疏》將"何"上誤植之"時"移至"一"下則可也。

卷十六

1. p591,7 行,《説文·日部》:"曶,出氣詞也。從日,象氣出形。"《春秋傳》有鄭太子曶。

按:此處引《説文解字》文失校且下引號有誤。1.《説文·日部》之"日"、"從日"之"日",及《春秋傳》有"之"有",中華書局影印本 p100《説文解字》皆作"曰"。當據改。今此"曶"字,從勿、諧音,從曰、象形。俗本訛作從"日"者,非也。2. 原下引號標至"象氣出形"止,誤。今查中華書局影印本《説文解字》卷五上,下引號當至"《春秋傳》曰'鄭太子曶'"止。

2. p613,倒 3 行,《白虎通·喪服》云:"天子下至庶人,俱言喪何? 欲言身體髮膚,俱受之父母,其痛一也。"

按:此處引《白虎通》文有失校。今查四庫全書本《白虎通義》卷下,"天子下至庶人,俱言喪何? 欲言身體髮膚,俱受之父母,其痛一也"句,實出自《白虎通·崩薨》而非《喪服》篇,"喪服"當據改爲"崩薨"。

3. p614,6 行,隱元年《傳》云:"君弑,賊不討不書葬,以爲無臣子也。"

按:此處引《春秋公羊傳》文有失校。今查四庫全書本《春秋公羊傳注疏》卷三,"君弑,賊不討不書葬,以爲無臣子也"句,實出自隱公十一年《傳》而非隱元年《傳》,"元年"當據改爲"十一年"。

4. p619,倒 3 行,昭十三年《左傳》:"先王之制,諸侯之喪,士弔,大夫送葬。"

按:此處引《春秋左傳》文有失校。今查四庫全書本《春秋左傳注疏》卷五十三,"先王之制,諸侯之喪,士弔,大夫送葬"句,實出自昭公三十年《傳》而非昭十三年《傳》,"十三年"當據改爲"三十年"。

卷十七

1. p623,5 行,《至部》"臺"字下云:"从至,至而孫。孫,遁也。"

按:此處引《説文解字》文有失校。今查四庫全書本《説文解字》,"至而孫"之"孫"上有"復"字,作"至而復孫",是。當據補。

2. p626,1 行,《禮記·祭義》"敬愛則存"之存,彼《注》云:"孝子致極愛親之心,則若親之存也。"

按:此處引《禮記·祭義》文有失校。1. 今查四庫全書本《禮記註疏·祭義》,"敬愛則存"之"敬"作"致","致"即《疏》文"致極愛親之心",謂孝以嗜欲不忘於親故也。"敬"當據改爲"致"。2. "《注》云:孝子致極愛親之心,則若親之存也"句,實爲《疏》文,而非《注》文。"注"當據改爲"疏"。

3. p627,8—9 行,而辭例又以莊公當以母淫于齊,而絕其齊親,内全母子之道,故經不稱姜氏。

按:此處引文有失校。"辭例"當爲"《釋例》"之誤。"莊公當以母淫于齊,而絕其齊親,内全母子之道,故經不稱姜氏"句實出自《春秋釋例》卷三《王侯夫人出奔例第二十五》。"辭例"當據改爲"釋例"。

4. p636,末行—p637,1行,《後漢書·魯丕傳》:"對策云:古者貢士得其人有慶,不得其人者有罰。"

按:此處引文有失校者。1. "對策云:古者貢士得其人有慶,不得其人者有罰"句,並非出自《後漢書·魯丕傳》,而出自《後漢紀》卷十六《孝安皇帝紀》,爲《後漢紀·孝安皇帝紀》中魯丕對策語。"魯丕傳"當據改爲"孝安皇帝紀"。2. "古者貢士得其人"之"人"下,四庫全書本《後漢紀》有"者"字,與下句"不得其人者有罰"爲對文;當加"者"字是。3. "不得其人者有罰"之"罰",四庫全書本《後漢紀》作"讓"。當據改。

卷十八

1. p669,倒3—倒2行,【疏】《左氏》作"于滑"。杜云:"滑,鄭地。陳留襄邑縣西北。"《大事表》:"在《後漢志》襄邑有滑,此杜氏所本也。今歸德府睢州有滑亭。"

按:此處引文有失校。1. 今查《春秋左傳注疏·莊公三年》卷七杜《注》,"陳留襄邑縣西北"之"陳"上有"在"字。當據補。2. 今查四庫全書本及中華書局整理本《春秋大事表·春秋列國郡邑》卷七之二 p750,"《後漢志》"上無"在"字。當據刪。此爲《四部備要》本排印誤植失校所致。

2. p671,倒5行,閔二年《左傳》云簡書"同惡相恤"之謂也。請救邢以從簡書。

按:此處引《春秋左傳》文失校且下引號有誤。1. "閔二年"之"二",今查四庫全書本《春秋左傳注疏》,此文實出閔公元年,非閔公二年。"二"字當據改爲"元"。2. 原引號只標"同惡相恤"爲原文,誤。今查《春秋左傳注疏·閔公元年》卷十,"簡書同惡相恤之謂也。請救邢以從簡書"句全爲《左傳》原文,下引號當至"請救邢以從簡書"止。當據改。

3. p677,倒7—倒2行,劉氏逢禄難曰:"《論語》:'興滅國。'《公羊傳》:'滅者,亡國之善辭也,上下之同力者也。'故'晉人執虞公',經不言滅;'梁亡'、'沈潰',皆不得言滅。誠以滅人者當坐取王封之罪,而爲所滅者,以死社稷乃正,以出奔爲罪,而書滅則皆志其當興也。……紀侯得民之説,亦望文生義,非事實也。……。"

按:此處引劉逢禄《春秋公羊經何氏釋例》文有失校。今查續四庫全書本129册《春秋公羊經何氏釋例後錄·穀梁申廢疾》p621,"誠以滅人者,當坐取王封之罪"之"坐"下有"專"字;"以死社稷乃正"之"乃"作"爲"字;"紀侯得民之説"之"説"作"賢"字;"望文生義"之"生"作"爲"。皆當據改。

4. p677,倒1行,《通義》云:"大去者,不返之詞。其君出奔,而國爲敵所有也。由齊言之則爲滅,由絕言之則爲大去。蓋因其可諱而諱之。"

按:此處引《春秋公羊經傳通義》文有失校。今查續四庫全書本129册p39《春秋公羊經傳通義》卷三之上,無"而國爲敵所有也"之"所"字;"由絕言之則爲大去”之“絶”作“紀”；“蓋因其可諱而諱之”之“蓋”作“春秋”；是。當據改。

5. p682,5 行，舊《疏》云：“所以謂死爲吉事者，以復讐云答，以死敗爲榮故也。”

按：此處引舊《疏》文有失校。“以復讐云答”句文不成義，今查《春秋公羊傳注疏·莊公四年》卷六，“以復讐”下無“云答”二字，當據删。

6. p696,4—10 行，鄭注《曲禮》云：“交遊，或爲‘朋友’。”盧辯云：“朋友之雠不同國，厚矣。……故難一致。”

按：此處引盧辯語失校。今查四庫全書本《大戴禮記》卷五及《禮記訓纂·曲禮上第一》卷一注引，“厚矣”之“厚”上有“失”字，當據補。

卷十九

1. p701,7—12 行，孔氏廣森《經學卮言》云：“不達于天子者，《春秋》所謂未能以其名通也。”……昔齊人滅紀季，以酅爲齊附庸。酅者，紀之采也。然則多亡國之後，先世有功德者，故存録之。使世食其采，以臣屬於大國。……董仲舒説正與《書傳》合。

按：此處引《經學卮言》文失校且下引號有誤。今查續四庫全書本 173 册《經學卮言》卷五 p301,1. “昔齊人滅紀季，以酅爲齊附庸”之“季”上復有“紀”字，當據補。如此，則此句當斷爲：“昔齊人滅紀，紀季以酅爲齊附庸”。2. “然則多亡國之後”之“然則”下，續四庫全書本《經學卮言》有“附庸”二字，作“然則附庸多亡國之後”，當據補。3. “故存録之”之“存”，續四庫全書本《經學卮言》作“追”字。當據改。4. 原下引號標至“《春秋》所謂未能以其名通也”止，誤。今查續四庫全書本《經學卮言》，下引號當至“董仲舒説正與《書傳》合”止。當據改。

2. p705,倒 6 行，故《繁露·玉英》云：“遣子突征衛，不能絶諸侯，得以大亂，篡弑無已。”

按：此處引《春秋繁露》文失校且斷句有誤。1. 今查四庫全書本《春秋繁露》，“遣子突征衛”句實出自《繁露·王道》篇，“玉英”當改爲“王道”。2. “不能絶”三字當屬上讀，“侯”下逗號當删。此句當斷爲：“遣子突征衛不能絶，諸侯得以大亂”。當據改。

3. p710,7 行，舊《疏》云：“哀十二年‘公會晉侯及吳子於黃池。秋，公至自會’是也。”

按：此處引舊《疏》文有失校。“哀十二年”，今查四庫全書本《春秋公羊傳注疏》，“公會晉侯及吳子於黃池。秋，公至自會”句，實出自《春秋公羊傳注疏·哀公十三年》。當據改。

4. p716,9—10 行，《漢書·五行志》云：“《左氏傳》曰‘恒星不見’，夜明也。‘星隕如雨’，與雨偕也。劉歆以爲‘星隕如雨’，如，而也，星隕而且雨，故曰與偕也。明雨與星隕兩變相成也。”

按：此處引《漢書·五行志》文失校且下引號有誤。1. 今查四庫全書本《漢書·五行志》及《春秋左傳注疏》，"故曰與偕也"之"與"下有"雨"字，當據補。2. 引《左氏傳》文原下引號標至"恒星不見"止，誤。今查四庫全書本《春秋左傳注疏·莊公七年》，下引號當至"與雨偕也"止。當據改。

5. p721，6—7行，《易林·豫之訟》："星隕如雨，多弱無輔，强制陽陰，不得安土。"

按：此處引《易林·豫之訟》文有失校。今查四庫全書本《易林·豫之訟》卷六，"多弱無輔"作"力弱無輔"；"强制陽陰"句，作"强陰制陽"。當據改。

6. p723，倒5—p724，2行，《春秋説題辭》云："粟五變，一變而以陽生爲苗，二變而秀爲禾，三變而粲然爲粟，四變入白米出甲，五變而蒸飯可食。是生曰苗，秀曰禾，苗即禾也。《經》《傳》多以禾與諸穀並舉。……《説文》'粲'下云：'稻重一秭，爲粟二十斗。'因事難件繫，得假借通稱也。"

按：此處引《春秋説題辭》文失校且下引號有誤。今查河北人民出版社《緯書集成（中册）·春秋編·春秋説題辭》p867，1. "三變而粲然爲粟"之"爲粟"作"謂之粟"。2. 原下引號標至"得假借通稱也"止，誤。今查《緯書集成（中册）·春秋説題辭》p867，下引號當至"五變而蒸飯可食"止。皆當據改。

7. p736，6行，《通義》云："魯待齊而後克成，故得歸惡于魯。因爲内辟滅同姓之文。"

按：此處引《公羊春秋經傳通義》文有失校。今查續四庫全書本129册p42《公羊春秋經傳通義》卷三上，"故得歸惡于魯"之"魯"作"齊"。當據改。

8. p738，2行，按：隱三年《注》云："凡書兵者，正不得也。外内深淺皆舉之者，因重兵害衆，兵動則搆怨結禍，更相報償，伏尸流血無已時。"

按：此處引《注》文有失校。"隱三年《注》"，誤。此《注》文實出《春秋公羊傳注疏·隱公二年》注，"三年"當據改爲"二年"。

卷二十

1. p743，倒3行，舊《疏》云："決桓十年'鄭忽出奔衛'書之故也。子糾出奔魯，宜言來奔，而言出奔者，据齊言之也。"

按：此處引舊《疏》文有失校。"桓十年"，誤。今查四庫全書本《春秋公羊傳注疏·莊公九年》疏，"決桓十年"作"決桓十一年'鄭忽出奔衛'書之故也"，"十"下當據補"一"字。

2. p749，4—5行，《白虎通·誅伐》篇："篡者何謂也？篡猶奪也，取也。欲言庶奪嫡，孽奪宗，因奪取其位。《春秋傳》曰：'其人何？篡辭也。'"

按：此處引《白虎通·誅伐》文有失校。今查四庫全書本《白虎通·誅伐》及中華書局整理本《白虎通疏證·誅伐》p224，"因奪取其位"之"因"皆作"引"。當據改。

3. p751，5—8行，《通義》云："復讎者，雖不愛其死，要期於有成，豈以敗爲榮？……若曰'幸有此敗，莊之忘讎乃可以自解'云爾。"……齊、魯皆非能復讎者,而假襄公以見復讎之榮善,又假莊公以寬不能復讎之責,皆所以因事託義,著爲後法。

按:此處引《公羊春秋經傳通義》文失校且下引號有誤。1. 今查續四庫全書本 129 册 p43《公羊春秋經傳通義》,"齊魯皆非能復讎者"之"能"下有"誠"字;"而假襄公以見復讎之榮善"之"善"上無"榮"字。當據校改。2. 原下引號標至"莊之忘讎乃可以自解'云爾"止,誤。今查續四庫全書本《公羊春秋經傳通義·莊公九年》下引號當至"著爲後法"止。當據改。

4. p756,倒 5—倒 2 行,李氏貽德《左傳賈服注輯述》云:"《管子》:'齊僖公生公子諸兒、公子糺、公子小白。'……《白虎通·封公侯》:'《春秋經》曰:齊無知殺其君,貴妾子公子糺當立也。'"亦以糺爲次正也。《春秋》之例,諸侯庶子皆得稱"公子",以糺爲次正,故不書"公",嫌與庶子同也。

按:此處引李貽德《左傳賈服注輯述》文失校且下引號有誤。今查續四庫全書本 125 册《左傳賈服注輯述》卷四 p429—430,1. "故不書'公'"之"公"下有"子"字,當據補。2. 原下引號標至"貴妾子公子糺當立也"止,誤。據續四庫全書本《左傳賈服注輯述》下引號當至"嫌與庶子同也"止。當據改。

5. p760,倒 2 行,【傳】浚之者何? 深也。

按:此處引《傳》文有失校。今查四庫全書本《春秋公羊傳注疏·莊公九年》,"深"下有"之"字,當據補。當改作"深之也"。

6. p769,8—10 行,《大事表》云:"漢泰山郡有乘丘縣。顏師古曰:即《春秋》乘丘也。"《括地志》:"乘丘在瑕丘縣西北三十五里。"今《兗州府志》:"滋陽縣西南有古瑕丘城。"

按:此處引《春秋大事表》文失校、誤斷,且下引號有誤。今查四庫全書本及中華書局整理本《春秋大事表》卷七之一 p723,1. "兗州府志"之"志"作"治"。如此,則此句當標點爲:"今兗州府治滋陽縣西南有古瑕丘城。"2. 原下引號標至"即《春秋》乘丘也"止,誤。據四庫全書本及中華書局整理本《春秋大事表·春秋列國都邑表》,下引號當至"今兗州府治滋陽縣西南有古瑕丘城"止。當據改。

7. p770,1—5 行,馬氏宗槤《左傳補註》云:"應劭《地理風俗記》曰:'濟陰乘氏縣,故宋乘丘邑也。'《漢志》泰山郡乘氏縣,顏氏注:'公敗宋師即此地。'槤按,……則敗宋師,必在魯之近郊。"……《禮記正義》亦云:"乘丘,魯地。"

按:此處引《左傳補註》文失校且下引號有誤。1. 今查續四庫全書本 124 册 p715《春秋左傳補註》自序署名,"馬氏宗槤"之"槤"作"璉",當據改。2. 原下引號標至"必在魯之近郊"止,誤。今查續四庫全書本 124 册 p719《春秋左傳補註·莊公十年》卷一,下引號當至"乘丘,魯地"止。當據改。

8. p771,6 行,【注】此解本所以不言伐言次意也。二國纔云次,未成於伐,魯即能敗宋師,齊師罷去,故不言伐言次也。

按:此處引《注》文有失校。今查四庫全書本《春秋公羊傳注疏·莊公十年》,"二國纔云次"之"云"作"止"。當據改。

9. p773,倒3行,【注】……若自記事者書人姓名,"主人習其讀而聞其傳,則未知已之有罪焉爾",猶此類也。

按:此處引【注】文有失校。今查四庫全書本《春秋公羊傳注疏·莊公十年》,"主人習其讀而聞其傳"之"聞"作"問"。當據改。

10. p776,2行,僖十五年《疏》云:"秦、楚同類,得獲晉侯者,正以爵稱伯,非直夷狄,故興楚異。"

按:此處引《疏》文有失校。今查四庫全書本《春秋公羊傳注疏·僖公十五年》卷十一,"非直夷狄"之"直"作"真"。當據改。

卷二十一

1. p790,3行,《説文·言部》:"訐,面相斥責,相告訐也。"

按:此處引《説文·言部》文有失校。今查四庫全書本及中華書局影印清陳昌治刻本《説文解字·言部》卷三上,"面相斥責"之"責"作"罪"。當據改。

2. p792,倒2行,《史記·淮陰侯傳》:"喑噁叱咤,于人皆廢。"

按:此處引《史記》文有失校。今查四庫全書本及中華書局整理本《史記·淮陰侯列傳》卷九十二,"于人皆廢"之"于"作"千"。當據改。

3. p800,5—6行,《山海經·南山經》"成山四方而三壇",《注》:"三壇,形如人築三相累也。"

按:此處引《山海經》注文有失校。今查四庫全書本《山海經·南山經》卷一,"形如人築三相累也"之"三"作"壇"。當據改。又,"成山"下當加","號斷開。

4. p800,9—12行,《禮·覲禮》云:"爲宮方三百步,四門,壇十有二尋,深四尺,加方明于其上。"《注》:"……堂上方一丈四尺,上等、中等、下等,每面十二尺。方明者,上下四方神明之象也。所謂明神也,會同而盟。明神臨之。則謂之天之司盟。"

按:此處引《儀禮》注文有失校。今查四庫全書本及阮元刻十三經注疏本《儀禮注疏·覲禮》卷十,"堂上方一丈四尺"之"一"字作"二";"所謂明神也"上,四庫全書本及阮元刻十三經注疏本《儀禮注疏·覲禮》尚有"上下四方之神者"七字;"明神臨之"之"臨"作"監"。皆當據補改。

5. p800,末行,《新序》云:"乃會兩君就壇,兩相相揖。曹劌于劍拔刃而進,迫桓公於壇上。"

按:此處引《新序》文有失校。今查四庫全書本《新序·雜事》及中華書局整理本《新序校釋·雜事》,1. "乃會兩君就壇"之"乃"作"及";2. "曹劌于劍拔刃而進"之"于"作"手"。當據改。"手劍",謂以手持劍,猶《檀弓》言"手弓"也。

6. P801,4—5行,《呂覽》云:"將盟,皆懷劍至壇上。公左搏桓公,右抽劍以白承。管鮑進,劌拔劍口:'二君將改圖,毋或退者!'公曰:'封於汶則可,不則請死。'"

按：此處引《吕覽》文有失校。今查四庫全書本《吕氏春秋·貴信》卷十九，“毋或退者”之“退”作“進”。當據改。上文曰“莊公左搏桓公，右抽劍以自承。管鮑進”；所以此處曹劌按劍説：“二君將改圖，毋或進者。”作“進”是。

卷二十二

1. P819，2 行，《鹽鐵論·除狹》云：“古之進士，鄉擇而里選，故士修之鄉曲，升諸朝廷，行之幽隱，明呈顯著。”

按：此處引《鹽鐵論》文有失校。今查四庫全書本《鹽鐵論·除狹》及中華書局本《鹽鐵論校註》，“明呈顯著”之“呈”字皆作“足”。當據改。

2. 828，4 行，《國語·周語》：“王御不參一族。”韋《注》：“御，婦官也。參，三也。一族，父子也。故取異姓以備三，不參族也。”

按：此處引《國語·周語》注文有失校。今查四庫全書本《國語·周語》卷一，韋《注》末句“不參族也”之“族”上有“一”字。當據補。

3. p830，倒 4 行，《白虎通·嫁娶》又云：“不娶兩娣何？博異氣也。娶三國女，廣異類也。恐一國血脉相似，俱無子也。姪娣年雖少，猶從適人者，明人君無再娶之義也。”

按：此處引《白虎通·嫁娶》文有失校。四庫全書本《白虎通·嫁娶》“娶三國女”之“女”下有“何”字，作“娶三國女何？”是。當據補。

4. p832，9 行，《玉篇·象部》：“豫，逆脩也。不可逆爲備設也。”

按：此處引《玉篇·象部》文有失校且下引號有誤。1.“逆脩也”之“脩”，四庫全書本《玉篇》作“備”，當據改。2. 原標下引號至“不可逆爲備設也”止，誤。今查四庫全書本《玉篇·象部》卷二十三，下引號當至“逆備也”止。當據改。

5. p837，倒 4—倒 3 行，《説文·骨部》：“骴，鳥獸殊骨曰骴。”

按：此處引《説文解字》文有失校。“鳥獸殊骨曰骴”之“殊”，四庫全書本及中華書局影印清陳昌治刻本《説文解字》作“殘”，當據改。

6. p838，4 行，《説文》作“膌”，云：“瘦也。”或作瘠，從广得聲。

按：此處引《説文解字》文有失校。此處云“從广得聲”，誤。四庫全書本及中華書局影印清陳昌治刻本《説文解字》作“從广從束，束亦聲”，當據改。

7. p838，倒 3—p839，2 行，《公羊問答》云：“《説苑》：‘古者，有災者謂之厲。君一時素服，使有司弔死問疾，憂以巫醫。匍匐以救之，湯粥以方之。……有親長者，不呼其門。有齊衰大功，五月不服力役之征。……事畢，出乎里門，入乎邑門，至野外，此救厲之道也。’”按：痾與癘通。

按：此處引《公羊問答》文失校且下引號有誤。今查續四庫全書本 129 册《公羊答問》卷上 p445 及四庫全書本《説苑》，1.“有親長者”之“長”，《公羊答問》及《説苑》皆作“喪”；“入乎邑門”之“入”，《公羊答問》及《説苑》皆作“出”；“此救厲之道也”之“此”下，《公羊答問》及《説苑》皆有“匍匐”二字。當據補。2. 原下引號標點至“此匍匐救厲之道也”止，誤。下引號當至“痾與癘通”止。

當據改。

8. p839，6—9 行，《潛研堂答問》云：“《説文》無瘄字，未審當何從。曰：《説文》：‘瘴，惡疾也。’……《説文·羊部》別出羮字，則因《記》又‘四足曰羮’益之。《月令》：‘仲冬行春，令民多疥癘。’注：‘疥癘之病，孚甲之象。’”

按：此處引《潛研堂答問》文失校、誤斷，且下引號有誤。1. 今查上海古籍出版社整理本《潛研堂文集·答問四》卷七 p96，“則因《記》又‘四足曰羮’”之“又”作“文”，是，當據改。2.“四足曰羮”之“羮”下有“而”字。3. 原下引號標點至“孚甲之象”止，誤。下引號當至“則因《記》文‘四足曰羮’而益之”止。當據改。4.“《月令》：‘仲冬行春，令民多疥癘’”句斷句有誤，“令”字當屬上讀，當斷爲“仲冬行春令，民多疥癘”。

卷二十三

1. p853，3 行，《禮記·雜記》注云：“納幣，謂昏禮納徵也。十箇爲束，貴成數。兩兩合其卷，是爲五兩。八尺曰尋，一兩五尋，則每卷二丈也，合之則四十尺，今謂之匹，由匹偶之云與？”

按：此處引《禮記·雜記》注文有失校。“由匹偶之云與”之“由”，四庫全書本《禮記·雜記》注作“猶”，是，當據改。

2. p863，6 行，《漢書·陳湯傳》：“御史大夫貢禹、博士匡衡以爲《春秋》之義，‘許夷狄者不壹而足’。”師古曰：“言制節之，不皆稱其所求也。”

按：此處引《漢書·陳湯傳》師古注文有失校。“言制節之”之“制節”，四庫全書本《漢書》同。中華書局整理本《漢書》出《校勘記》曰：“言制節之，景祐、殿本都作‘節制’。”並且據已校改。這裏當從中華書局整理本《漢書》出校改正。

3. p868，倒 3 行，《通義》云：“曹、鄭皆同姓之伯，然曹唯終生始見，得録卒葬，與鄭同。……。”

按：此處引《公羊春秋經傳通義》文有失校。今查續四庫全書本《公羊春秋經傳通義》卷三上 p50，“然曹唯終生始見”之“然”下無“曹”字。

4. p896，4—7 行，僖三十三年《傳》，彼云：“秦伯將襲鄭，百里子與蹇叔子諫曰：‘千里而襲人，未有不亡者也。’秦伯怒曰：‘爾，宰上之木拱矣！曷知師？’百里子與蹇叔子送其子，而戒之曰：‘爾即死，必於殽之嶔巖。吾將尸爾焉。’子揖師而行。……。”

按：此處引《春秋公羊傳》文失校且標點有誤。1. 今查四庫全書本《春秋公羊傳註疏》，“曷知師”之“師”下有“出”字，作“師出，百里子與蹇叔子送其子”。此處失校，當據補。2. 補“出”字後，“師出”二字當屬下讀。此句當斷爲：“秦伯怒曰：‘爾，宰上之木拱矣！曷知？’師出，百里子與蹇叔子送其子，而戒之曰：‘爾即死，必於殽之嶔巖。吾將尸爾焉。’子揖師而行。……。”

5. p897，4 行，《新序·雜事》云：“齊桓云：出遊於野，見亡國故城，郭氏之墟。問於野人曰：‘是爲何墟？’野人曰：‘是爲郭氏之墟。’桓公曰：‘郭氏者曷爲墟？’野人曰：‘郭氏者，善善而惡惡。’桓公曰：‘善善而惡惡，人之善行也，其所以爲墟者何也?'野人曰:'善善而不能行,惡惡而不能去,是以爲墟也。'"

　　按:此處引《新序・雜事》文有失校。今查四庫全書本《新序・雜事》卷四,"齊桓云:出遊於野"之"云"作"公"字,是。原文當改作"齊桓公出遊於野,見亡國故城郭氏之墟……",當據改。

卷二十四

　　1. p900,倒3行,上六年書"衛侯朔入于齊",書入,其篡以明,正合書葬,而經不書,正以若書葬,嫌與謹篡國者同例。

　　按:此處引《春秋公羊傳》文有失校。今查四庫全書本《春秋公羊傳註疏》卷六,"衛侯朔入于齊"之"齊"作"衛",當據改。

　　2. p904,1行,《白虎通・災異》云:"日食者必殺之何?……。"

　　p904,末行,《白虎通・災異》云:"所以必用牲者,……。"

　　按:此兩處引《白虎通》文有失校。上兩個《白虎通・災異》之"災異",皆當作"災變",《白虎通》無《災異》篇,當據改。

　　3. p907,2—4行,《元命包》云:"地者,易也,言養物懷任,交易變化,含吐應節,故其立字,土力於乙者爲地。土無位而道在,故太乙不興化,人主不任部,地出雲起,雨以從天下,勤劬勞出於地,功歸於天。"

　　按:此處引《元命包》文有失校。"雨以從天下"之"從"上,四庫全書本《古微書》卷七《春秋元命包》有"合";"勤劬勞出於地"之"勤"下無"劬"字;當據補改。

　　4. p907,4行,《繁露・深察名號》云:"地出雲爲雨,起氣爲風,風雨者,地之爲,地不敢有其功,必上之於天,若從天氣者,故曰天風天雨也。勤勞在地,名一歸於天,非至有義,其孰能行此?故下事上,如地事天也,可謂忠矣。"

　　按:此處引《春秋繁露》文有失校。以下引文原標出自"深察名號"篇,誤。今查四庫全書本《春秋繁露》,實出《五行對第三十八》,當據改。

　　5. p911,3行,劉氏逢禄《解詁箋》云:"'君子辟内難而不辟外難',有師命不可去,義也。爲曹羈張義,故以觕者曰侵言之。"

　　按:此處引《解詁箋》文有失校。今查續四庫全書本129册p575《春秋公羊經何氏釋例後録・解詁箋》,"有師命不可去"下無"義也"二字,當據删。

　　6. p914,2行,《白虎通・爵》篇云:"臣子之心,俱欲尊其君父,故皆令臣子得稱其君爲公也。"

　　按:此處引《白虎通》文有失校且斷句有誤。今查四庫全書本《白虎通義》,1. 此處引《白虎通》文並非出自《白虎通・爵》篇,而是出自《白虎通・號》篇,"爵"當改爲"號";2. "臣子之心,俱欲尊其君父"句,四庫全書本《白虎通義》作"爲交接之時不私其臣子之義,心俱欲尊其君父",如此則"臣子之心"之"之"下當補"義"字,而"心"屬下讀。當斷爲:"臣子之義,心俱欲尊其君父。"

　　7. p914,3行,隱十年《傳》云:"葬,生者之事也。"

　　按:此處引文出處有失校。今查四庫全書本《春秋公羊傳注疏》卷三,"葬,生者之事也”句並非出自“隱十年《傳》”，實出隱公十一年《傳》文，當據改。

8. p917,4 行，《禮疏》云：“時季友討慶父，爲不與國政，力不能討。至莊三十二年，季子與國政，故逐慶父而酖叔牙也。若與國政，力能討而不討，則責之。故宣二年晋史書趙盾殺君，云‘子亡不越竟’是也。”

按：此處引《禮疏》文出處有失校。“時季友討慶父”之“友”下，四庫全書本《禮記註疏》卷四十三有“不”字；阮元《校勘記》云：“惠棟校宋本有‘不’字，此本‘不’字脱。閩、監、毛本同。”當據補。

9. p917，末行，《繁露·精華》云：“任賢臣者，國家之興也。……以莊公不知季子賢耶？安知病將死，召而授以國政？以殤公爲不知孔父賢耶？安知孔父已死已必死，趨而救之？”

按：此處引《春秋繁露》文有失校。“安知孔父已死已必死”之“孔父已死”，四庫全書本《春秋繁露·精華》卷三及中華書局整理本《春秋繁露義證》皆作“孔父死”，無“已”字，當據删。

10. p925,5 行，《通義》云：“大夫位隆任重，不敢妄交，無與異國爲姻媾之。《禮·喪服·齊衰三月經》：‘大夫在外，其妻、長子爲舊國君。’……。”

按：此處引《公羊春秋經傳通義》文失校且標點有誤。1. 今查續四庫全書本 129 册 p54，“不敢妄交”作“不敢外交”。2.“《禮·喪服·齊衰三月經》”之“禮”字，續四庫全書本 129 册《公羊春秋經傳通義》卷三上 p54 作“理”，此處失校。如此則“理”當屬上讀。此句當斷爲：“大夫位隆任重，不敢外交，無與異國爲姻媾之理。《喪服·齊衰三月經》……。”

卷二十五

1. p930,5 行，《通義》云：“長言者，若今去聲；短言者，若今入聲。《周官音義》劉昌宗讀伐爲抉廢反，是伐人之伐古皆去聲。《詩》曰：‘韋顧既伐，昆吾夏桀。’短言之，與桀爲韻。《六弢》曰：‘日中必㸇，執斧必伐。’長言之，與㸇爲韻。……”

按：此處引《公羊春秋經傳通義》文有失校。今查續四庫全書本 129 册《公羊春秋經傳通義》卷三上 p54，“劉昌宗讀伐爲抉廢反”之“抉”作“扶”字，是，當據改。

2. p930，倒 3 行—p931,3 行，盧氏文昭《鍾山札記》云：“長言之，短言之，蓋同一字而讀法有異。……劉熙《釋名》，……於‘風’有以橫口合唇言者，有以跛口開唇、攝氣言之者，各方不同。《漢書·王子侯表》‘襄嚊侯建’，晋灼曰：‘音内言嚊説。’……明人刻監本，疑内言是《詩·巧言》，遂改説字爲巧，以附會之。毛本作嚊説，蓋即《書》之讒説也。”

按：此處引《鍾山札記》文有失校。今查續四庫全書本 1149 册 p649 及中華書局整理本《鍾山札記》卷一，1.“攝氣言之者”之“攝”作“推”字；2.“遂改説爲巧”之“巧”，續四庫全書本及中華書局整理本作“㲯”字；3.“蓋即《書》之讒説也”之“書”上，續四庫全書本及中華書局整理本有“虞”字；皆當據補改。

3. p939，2 行，《繁露·玉英》云：“故臧孫辰請糴于齊，孔子曰：‘君子爲國，必有三年之積。一年不熟乃請糴，失君之職也。’”

按：此處引《春秋繁露》文有失校。今查四庫全書本《春秋繁露》，上引文實出自《春秋繁露》卷四《王道》篇。“玉英”當據改爲“王道”。

4. P940，末行，《繁露·玉英》云：“《春秋》之法，凶年不修舊，意在無苦民爾。苦民尚惡之，況傷民乎？傷民尚痛之，況殺民乎？故曰凶年修舊則譏，造邑則諱。是害民之小者，惡之小也。害民之大者，惡之大也。”

按：此處引《春秋繁露》文有失校。今查四庫全書本《春秋繁露》，上引文實出自《春秋繁露》卷二《竹林》篇。“玉英”當據改爲“竹林”。

5. p943，倒 3 行，○注“國滅”至“如初”。

按：此處注文字頭“如初”二字有失校。上【注】曰：“國滅卒者，從夫人行，待之以初也。”當據改爲“國滅”至“以初”。

6. p944，7—8 行，《白虎通》又云：“嫡夫人死，更立嫡夫人者，不敢以卑賤承宗廟也。”其不更立嫡者，《禮》家説。《白虎通》所載“或曰嫡死不復更立，明嫡無二，防篡殺”者，是也。

按：此處引《白虎通》文有失校。今查四庫全書本《白虎通》卷下《嫁娶》篇及中華書局整理本陳立《白虎通疏證》，無“更立嫡夫人者”之“嫡”字。是。下引《白虎通》所載“或曰嫡死不復更立，明嫡無二，防篡殺”者是也。當據刪。

7. p946，2 行，文十二年城諸及制。

按：此處引《春秋公羊傳》文有失校。今查四庫全書本《春秋公羊傳》卷十四《文公十二年》，“城諸及制”之“制”作“運”字。當據改。《左傳》、《穀梁傳》作“鄆”。同音假借，“運”當讀若“鄆”。

卷二十六

1. p956，倒 3 行，《淮南·主術訓》：“天子外屏，所以自障。故取理者遠，而所在者邇。所治者大，則所守者少。”

按：此處引《淮南子》文有失校。今查四庫全書本《淮南鴻烈解·主術訓》卷九卷十四，“故取理者遠”之“取”作“所”字。是。當據改。

2. p957，倒 2 行，彼《疏》引：“《異義》：《公羊説》：天子三臺，諸侯二。天子有靈臺以觀天文，有時臺以觀四時施化，有囿臺觀鳥獸魚鼈。諸侯當有時臺、囿臺。諸侯卑，不得觀天文，無靈臺。《左氏》説：天子靈臺，在太廟之中，雍之靈沼，謂之辟廱。諸侯有觀臺，亦在廟中。皆以望嘉祥也。《毛詩》説：靈臺，足以監視。靈者，精也，神之精明稱靈，故稱臺曰靈臺，稱囿曰靈囿，稱沼曰靈沼。……。”

按：此處《詩疏》引《異義》文有失校。今查四庫全書本《毛詩註疏》卷二十三及《駁五經異義·靈臺》，“《毛詩》説：靈臺，足以監視”之“足”上皆有“不”字。當據補。

3. p964，8 行，俞氏樾《平義》云：“閔二年《左傳》‘佩，衷之旗也’，杜注：

'旗，表也。'……《國語·晋語》'車無還表'，韋注：'表，旌旗也。'……。《晋語》：'變弗聲章，弗能移也。'《注》：'章，旌旗也。'……。"

按：此處引《群經平議》文有失校。今查續四庫全書本 178 册《群經平議》卷二十三 p372 及四庫全書本《國語·晋語》，1. "車無還表"之"還"作"退"，韋注云："表，旌旗也。車表鼓音，進退異數。"作"退"是。當據改。2. "俞樾《平義》"之"義"當改作"議"。

4. p965，末行，《繁露·王道》又云："觀乎魯莊之起臺，肆驕奢淫洪之失。"

按：此處引《春秋繁露》文有失校。今查四庫全書本《春秋繁露·王道》卷四，"肆驕奢淫洪之失"之"肆"作"知"字。此句《繁露》上下文作"……觀乎虞公、梁亡，知貪財枉法之窮；觀乎楚靈，知苦民之壤；觀乎魯莊之起臺，知驕奢淫洪之失；觀乎衛侯朔，知不即召之罪；……"。皆作"觀乎……知……"句式。當據改。

5. p972，倒 4 行，僖三十二年《傳》"爾即死"、十七年《傳》"我即死"，皆宜作若解。

按：此處引《春秋公羊傳》文有失校。"爾即死"，見《春秋公羊傳·僖公三十三年》，而非僖公三十二年。"我即死"，見《春秋公羊傳·襄公二十七年》，而非僖公十七年。當據改。

6. p975，8 行，季子和藥而進之。

按：此處引《春秋公羊傳》文有失校。今查四庫全書本《春秋公羊傳·莊三十二年》，"季子和藥而進之"之"進"作"飲"。《注》云："時季子亦有械，故能飲之。"作"飲"字是，當據改。

7. p979，5 行，毛氏奇齡《春秋毛氏傳》："徐仲山日記，每以季友酖叔牙爲過急，而胡氏極頌之。……故先誅叔牙，以翦其羽，而後慶父繼亂，可反掌定之。此雖季友專決，然亦見季之能，善于戡亂。故叔牙之酖，先已誅賊，則子般可不言弑，閔公之薨，既已討賊，則慶父之繼，并可不必言卒。此皆夫子書法，一諱國惡，而一即爲季子諱，使之無所歉于兄弟骨肉之間，所謂隱而斷，刻而能全，以其決也。"

按：此處引《春秋毛氏傳》文有失校。今查四庫全書本《春秋毛氏傳》，"則慶父之繼"之"繼"字作"縊"。當據改。

8. p980，倒 2 行，劉氏逢祿《廢疾申何》云："牙之爲母弟，《經》無起文。《穀梁》不傳張三世諸例，所謂《穀梁》之失亂也。"

按：此處引《穀梁申廢疾》文有失校。今查續四庫全書本 129 册《春秋公羊經何氏釋例後録·穀梁申廢疾》卷五 p622"所謂《穀梁》之失亂也"之"穀梁"作"春秋"。是，當據改。

9. p984，6 行，宣公十年"晋侯黑臀卒于扈"，書地者，當又自解也。

按：此處引《春秋公羊傳》文有失校。今查四庫全書本《春秋公羊傳註疏》，"晋侯黑臀卒于扈"句，實出《春秋公羊傳》宣公九年，而非"宣公十年"。"十"當據改爲"九"。

卷二十七

1. p993,2 行,二年《注》云:"繫閔公篇于莊公篇下者,子未三年,無改於父之道。"《傳》曰:"則曷爲於其封内三年稱子? 緣孝子之心,則三年不忍當也。"

按:此處引《春秋公羊傳》注文失校且下引號有誤。1."繫閔公篇于莊公篇下者"之"莊公"下,四庫全書本《春秋公羊傳·閔公元年》注無"篇"字,當據刪。2.《注》文原下引號標點至"無改於父之道"止,誤。今查四庫全書本《春秋公羊傳·閔公元年》注,下引號當至"則三年不忍當也"止。當標點爲:"繫閔公篇于莊公下者,子未三年,無改於父之道。《傳》曰:'則曷爲於其封内三年稱子?''緣孝子之心,則三年不忍當也。'"

2. p994,1 行,《左氏疏》引:"《世族譜》云:'名啓方,漢景帝諱啓,啓、開因是而亂。'杜《譜》云:'啓,從《世本》文。'"

按:此處引《春秋左傳註疏》文有失校。今查四庫全書本《春秋左傳註疏·閔公元年》卷十,杜《譜》"啓,從《世本》文"句之"啓"下有"方"字,作"啓方"。啓方,閔公名。當據補。

3. p1002,1 行,《通義》云:"慶父既以罪去,則當进諸齊,絶其公族,便常爲齊人,不當復來,故變文不言自齊來,而繫齊於上,以見義也。……。"

按:此處引《公羊春秋經傳通義》文有失校。今查續四庫全書本 129 册《公羊春秋經傳通義》卷三下 p59,1."便常爲齊人"之"便"作"使"字。當據改。2."不當復來"之"不當"下有"令"字。當據補。

4. p,1025,1 行,襄二十三年"冬,十月,乙亥,臧孫紇出奔邾",是内大夫奔,無罪者日也。

按:此處引《春秋公羊傳》文有失校。今查四庫全書本《春秋公羊傳註疏·閔公二年》,"臧孫紇出奔邾"之"邾"下有"婁"字,當據補。

卷二十八

1. p1052,5 行,《解詁箋》云:"與楚交婚爲大惡者,言自比於楚也。進楚,所以辟外公也。……。"

按:此處引《公羊春秋經何氏釋例·解詁箋》文有失校。今查續四庫全書本 129 册《公羊春秋經何氏釋例·解詁箋》p576,"言自比於楚也"之"楚"字作"夷狄",當據改。

2. p1055,3 行,《校勘記》云:"《唐石經》、諸本同。解云:舊有皆作洛者,誤也。今齊、魯之間有汶無洛。"

按:此處引《公羊註疏校勘記》文有失校。今查續四庫全書本 183 册《春秋公羊註疏校勘記》卷四 p77,"舊有皆作洛者"之"有"作"本",當據改。

卷二十九

1. p1067,5 行—1068,3 行,《通義》云:"三城各異書者:城邢,承上救邢之師；……《莊子》曰：‘《春秋》經世先王之志，聖人議而不辯。’此之謂也。”按：孔氏此論正得《春秋》“文不與”之義。

按：“孔氏此論”下點校者出《校勘記》曰：“‘孔氏此論’實爲其所引‘蕭楚’作説。宋蕭楚有《春秋辨疑》四卷。”此大謬也。這裏的“孔氏此論”，並非指蕭楚《春秋辨疑》而言，而是指上引孔廣森《公羊春秋經傳通義》文而言也。

2. p1073，1—3 行，《大事表》云：“今爲山西吉州，州治東北二十一里有北屈廢縣，爲晋北屈邑，即夷吾所居之屈也。案，《傳》二五言于公曰：‘狄之廣莫，于晋爲都。’則知蒲、屈、向皆狄地矣。”

按：此處引《春秋大事表》文失校且標點有誤。1. 今查四庫全書本及中華書局整理本《春秋大事表·春秋列國疆域表》卷四 p512，“則知蒲、屈、向皆狄地矣”之“向”下有“日”字，當據補。“屈”下“、”號當删。2. 如此則“則知蒲、屈、向皆狄地矣”句當斷爲“則知蒲、屈向日皆狄地矣”。

3. p1073，倒 4 行，《韓非子·言過》云：“荀息曰：‘君其以垂棘之璧與屈産之乘賂虞公，求假道焉，必假我道。’”

按：此處引《韓非子》文有失校。今查四庫全書本《韓非子》，並無“言過”篇。引文實出自《韓非子·十過》篇，“言過”之“言”當據改爲“十”。

4. p1077，倒 3 行，荀息曰：“臣之謀何如？”獻公曰：“子之謀則已行矣，寶則吾寶也，雖然，吾馬之齒亦已長矣。”

按：此處引《春秋公羊傳》文有失校。今查四庫全書本《春秋公羊傳》卷十僖公二年《傳》文，“荀息曰”之“曰”上有“見”字。當據補。

5. p1080，4 行，《括地志》：“貫城，今名蒙澤，縣城與今歸德商丘縣接界。”

按：此處引《括地志》文失校，且下引號及斷句有誤。1. 今查中華書局整理本《括地志·曹州》卷三，“貫城”作“貫城”；“今名蒙澤縣城”句無“縣”字。如無“縣”字，則當斷爲：《括地志》：“貫城，今名蒙澤城。”與今歸德商丘縣接界。2. 原下引號標點至“縣城與今歸德商丘縣接界”止，誤。今查中華書局整理本《括地志》，下引號當至“今名蒙澤城”止。當據改。“與今歸德商丘縣接界”句，爲陳立《義疏》語。

6. p1080，6 行，《水經·淮水》篇：“淮水又逕安陽縣故城南，江國也，嬴姓矣。今其地有江亭。《春秋》文公四年‘楚人滅江’。”

按：此處引《水經注》文有失校。今查四庫全書本《水經注》及中華書局本《水經注校證》卷三十 p703，“淮水又逕安陽縣故城南”之“又”下有“東”字，當據補。

7. p1083，8 行，《五行志》又云：“故不雨而生者，陰不出氣而私自行，以象施不由上出，臣下作福而私自成。一曰，不雨近常陰之罰，臣弱也。”

按：此處引《漢書·五行志》文有失校。今查四庫全書本及中華書局整理本《漢書·五行志中之上》卷二十七 p1391，“臣弱也”之“臣”作“君”字，當據改。

8. p1086，2 行，劉氏逢禄《解詁箋》云：“此外狄與衛，諱滅言入，正爲桓公諱。《傳》順《經》諱文,《解詁》失之。"

按:此處引《春秋公羊經何氏釋例·公羊解詁箋》文有失校。今查續四庫全書本 129 册《春秋公羊經何氏釋例後録·公羊解詁箋》卷一 p576,"此外狄與衛"之"外"作"如"字,當據改。

9. p1087,1—3 行,《繁露·必仁且知》云:"……《春秋》之法,上變古易常,應是而有天災者,爲幸國。孔子曰:'天之所幸有爲不善,而屢極。'楚莊王以天不見災,地不見孽,則禱於山川曰:'天其將亡予耶!不説無過,極無罪也。'以此觀之,天災之應過而至也,異之顯明可畏也,此乃天之所欲救也,《春秋》之所獨幸也。……。"

按:此處引《春秋繁露》文有失校。今查四庫全書本《春秋繁露》及中華書局本《春秋繁露義證·必仁且知》卷八,"爲幸國"之"爲"作"謂"字;"不説無過,極無罪也"之兩"無"字作"吾",當據改。

10. p1088,4—8 行,閻氏若據《釋地續》云:"漢賈讓奏言:'蓋隄防之作,近起戰國,雍防百川,各以自利。齊與趙、魏以河爲竟。趙、魏瀕山,齊地卑下,作隄去河二十五里,河水東抵齊隄,則西泛趙、魏,亦爲隄去河二十五里,則是河水西抵趙、魏隄,亦東泛齊矣。'……。"

按:此處引《四書釋地續》文有失校。今查四庫全書本《四書釋地續·曲防》,"亦爲隄去河二十五里"之"亦"上有"趙魏"二字,作"趙、魏亦爲隄去河二十五里",當據補。

卷三十

1. p1109,4 行,《孟子·滕文公》云:"園囿、汙池、沛澤多。"趙《注》:"沛,草水之所生也。澤,水也。"

按:此處引《孟子》注文有失校。今查四庫全書本《孟子·滕文公》,"草水之所生也"之"水"作"木"字,作"草木之所生也"。當據改。

2. p1124,2 行,杜云:"弦國在弋陽縣東南。"

按:此處引杜註文有失校。今查四庫全書本《春秋左傳注疏·僖公五年》卷十二,"弦國在弋陽縣東南"之"陽"下有"軑"字,作"在弋陽軑縣東南"。當據補。

3. p1137,倒 5—倒 1 行,《解詁箋》云:"《傳》以夫人爲聖姜,《穀梁》以爲成風,皆立妾之詞,非禮也。……《春秋》之制,諸侯世子誓於天子。得外取,公子與大夫同;不得外取,即位逆女,夫人備左右媵姪娣焉。……。"

按:此處引《解詁箋》文有失校且斷句有誤。1. 今查續四庫全書本 129 册《春秋公羊經何氏釋例後録·解詁箋》p576,"即位逆女"之"逆"下無"女"字,當删。2. "夫人備左右媵姪娣焉"之"夫人"二字當屬上讀。此句當斷爲:"《春秋》之制,諸侯世子誓於天子。得外取,公子與大夫同;不得外取,即位逆夫人,備左右媵姪娣焉。"當據改。

卷三十一

1. p1140,3—4行,《解詁箋》云:"《春秋》託齊桓公爲二伯,宋有大喪,而強會其孤,故不書諱葬,嫌爲齊桓諱,與陳侯款同例。"

按:此處引《春秋公羊經何氏釋例後録·解詁箋》文有失校。今查續四庫全書本 129 册《春秋公羊經何氏釋例後録·解詁箋》p576,"故不書諱葬"之"書"下無"諱"字,當删。當據改。又"嫌"字,《解詁箋》作"兼"。

2. p1140,7—8行,馬氏宗槤《春秋左傳古地補註》云:"酈元引《春秋古地》云:'葵丘,地名。今鄴三臺是也。'……。是葵丘宜在鄴,與宰孔勤遠略之言相合。……《考城縣志》:'葵丘東南有盟臺,其地名盟臺縣。'"

按:此處引《春秋左傳補註》文有失校,且下引號有誤。1. 今查續四庫全書本 124 册《春秋左傳補註》卷一自序署名 p715,"馬氏宗槤"之"槤"作"璉"字,當據改。2. 書名《春秋左傳古地補註》,續四庫全書本作"《春秋左傳補註》","古地"二字疑爲涉下"春秋古地"文而衍。3. "今鄴三臺"之"三"下,點校者出《校勘記》曰:"'三',原訛作'西',叢書本同,據《水經註》校改。'三'與下文'管子築五鹿、鄴、中牟'三臺相合可證。"今查續四庫全書本 124 册《春秋左傳補註》卷一自序 p723,"今鄴三臺"之"三"作"西"字。趙一清《水經注箋刊誤》卷四云:"'今鄴西臺是也',一清案:當作'鄴西三臺',落'三'字。"《玉海》卷一百六十二《三臺》云:"《水經注》魏武封於鄴,城之西北有三臺,因城爲基,巍然崇舉,其高若山。建安十五年所起。《春秋古地》云:'葵丘,地名,今鄴西臺是也。'其中銅雀臺高十丈,有屋百餘間;南則金雀臺,高八丈,有屋一百九間;北曰冰井臺,亦高八丈,有屋一百四十間,上有冰室,室有數井,井深十五丈,藏冰及石墨。又有粟窖及鹽窖,猶有石銘存焉。"《玉海》卷一百六十九《魏鄴城七門》又云:"《水經注》魏武封於鄴,爲北宫,宫有文昌殿。城之西北有三臺,皆因城爲之基。"似當依趙一清《水經注箋刊誤》作"鄴西三臺"。4. 原下引號標點至"其地名盟臺縣"止,誤。今查續四庫全書本《春秋左傳補註》卷一,下引號當標至"與宰孔勤遠略之言相合"止。當據改。

3. p1144,5行,其制則文九年《穀梁傳注》:"吉笄以象爲之,刻鏤其首以爲飾。喪笄無飾。"

按:此處引《穀梁傳注》文失校且下引號有誤。1. "文九年《穀梁傳注》",今查四庫全書本《春秋穀梁傳註疏》卷八,引文實出自《春秋穀梁注疏》卷八"僖公九年"。當據改。2. 原下引號標點至"喪笄無飾"止,誤。今查四庫全書本《春秋穀梁傳註疏》卷八,下引號當至"刻鏤其首以爲飾"止。當據改。

4. p1145,8—10行,《禮記·雜記疏》引賀瑒云:"十五許嫁而笄者,則主婦及女賓爲笄禮。主婦爲之著笄,女賓以醴禮之。未許嫁而笄者,則婦人禮之,無主婦、主賓,不備儀也。"

按:此處引《禮記·雜記疏》文有失校。今查四庫全書本《禮記注疏》卷四十三,"主賓"之"主"作"女"。當據改。

5. p1149,倒 6 行—1150,6 行,汪氏中《述學·釋三九》云:"一奇二偶,不可以爲數,二乘一則爲三,故三者數之成也。……。《論語》'三思而後行','三嗅而作',《孟子》'三咽',此不可知爲三也。《論語》子文'三仕三已',《史記》管仲'三仕三見逐'、'三戰三走',田忌'三戰三勝',范蠡'三致千金',此不必果爲三也。……故知九者,虛數也,推之十百千萬,固亦如此。……言叛者衆,非實有九國,猶《漢紀》言'叛者九起'也。"

按:此處引《述學·釋三九》文失校且下引號有誤。1. 今查續四庫全書本 1465 册《述學·釋三九》内篇一 p386,"不可以爲數"之"不"上有"一二"二字。當據補。"此不可知爲三也"之"不知"下、"此不必果爲三也"之"不必"下,續四庫全書本《述學·釋三九》皆有"其"字,當據補。2. 原下引號標點至"猶《漢紀》言'叛者九起'也"止,誤。今查續四庫全書本《述學·釋三九》,下引號當至"推之十百千萬,固亦如此"止。當據改。

6. p1160,倒 4 行—p1161,2 行,《經義述聞》云:"食,偽也。……哀二十六年《左傳》:'是食言多矣,能無肥乎?'若以食言爲偽言,則與'能無肥乎'之文了不相涉矣。而某氏《書傳》乃以食爲盡,其偽言不實。《正義》:'言而不行,如飲食之消盡,後終不行,則前言爲偽,故通謂偽言爲食言。'不幾於穿鑿而失其本怡乎?"

按:此處引《經義述聞》文多有失校。1. "哀二十六年《左傳》'是食言多矣,能無肥乎'"之"哀二十六年",《經義述聞》原誤,今查四庫全書本《左傳》,此處引文見《左傳》哀公二十五年。"哀二十六年"當出校,並據改爲"哀二十五年"。2. "而某氏《書傳》乃以食爲盡,其偽言不實"句,今查續四庫全書本 175 册《經義述聞》卷二十六 p206 作"而某氏《書傳》乃曰:食盡其言,偽不實",點校者失校且斷句有誤,當據改。3. "如飲食之消盡",續四庫全書本《經義述聞》無"飲"字。

7. p1162,倒 2 行,又閔二年《傳》云:"士蔿曰:'大子不得立矣。分之都城,而位以卿,先爲之極,又焉得立?'"

按:此處引《左傳》文有失校。今查四庫全書本《春秋左傳注疏》,此處引文實出自《春秋左傳注疏》卷十《閔公元年》,"閔二年"之"二"當據改爲"元"。

8. p1176,2 行,《元志》云:"姜岌云:'三月朔,交不應食。其五月庚午朔,去交分,入食限。'《大衍》同。"沈氏欽韓云:"今曆推之,是歲五月庚午朔,加時在盡,去交分,二十六日,五千一百九十二入食限。蓋五誤爲三。"

按:此處引沈欽韓文有失校。以上沈欽韓文爲引用《元史》卷五十三《曆二》文,今查續四庫全書本 125 册沈欽韓《春秋左氏傳補註》卷三 p32 及《元史》卷五十三《曆二》,"加時在盡"之"盡"皆作"晝"。形近而誤。當據改。

卷三十二

1. p1188,1 行,《水經注·河水》篇:"又東北逕元氏縣故城西北,而至沙丘堰。……。"

　　按:此處引《水經注》文有失校。今查四庫全書本《水經注·河水》及中華書局整理本《水經注校證·河水》p135,"又東北逕元氏縣故城西北"之"氏"字皆作"城"字,當據改。

　　2. p1188,8 行,成十五年,"梁山崩",以彼是山,得有崩道之故。

　　按:此處引《春秋公羊傳》文有失校。今查四庫全書本《春秋公羊傳注疏》,"梁山崩"在成公五年而非"成十五年","成十五年"之"十"字當據刪。

　　3. p1189,5 行,俞氏樾《群經平議》云:"……沙鹿爲河上之邑,河岸有高下,沙鹿在其最高之處,故謂之襲邑。明其重累在上,累乎平地之邑也。……。"

　　按:此處引《群經平議》文有失校。今查續四庫全書本 178 册《群經平議》卷二十三 p373,"累乎平地之邑也"之"累"字作"異","累"字疑涉上而誤,當據改。

　　4. p1194,倒 1 行,《大事表》云:"文二年'晋侯使解揚歸匡、戚之田于衛',杜《注》:'匡本衛邑,中屬鄭。孔達伐不能克。今晋令鄭還衛。'《論語》'子畏于匡',即此。……。"

　　按:此處引《春秋大事表》文有失校。今查四庫全書本《春秋左傳註疏》,"晋侯使解揚歸匡、戚之田于衛"事在"文八年";四庫全書本及中華書局整理本《春秋大事表·春秋列國郡邑表七之二》"文二年"也作"文八年"。當據改。

　　5. p1200,4 行,《通義》云:"……莠苟不似苗,何以亂苗? 利口苟不亂義,何以亂義? 二晦苟不值月晦,何以疑於月晦? 彼未審《春秋》固有以辨之也。……。"

　　按:此處引《公羊春秋經傳通義》文有失校。今查續四庫全書本 129 册《公羊春秋經傳通義》卷四 p73,"利口苟不亂義"之"亂"作"近"。"亂"字疑涉上下文而誤,當據改。

　　6. p1208,9 行—p1209,5 行,《經義雜記》云:"《説文·鳥部》:'鷊,鳥也。從鳥兒聲。《春秋傳》曰:六鷊退飛。'鶃,鷊或從鬲。鶂,司馬相如説鷊從赤。按,……《穀梁》註、疏皆作'鷊',惟《經》文'六鶃退飛',此一字從益,蓋因唐時《左傳》已有作鶃者,故後人據以易二《傳》也。"……《漢書·五行志》下之上"鶂退蜚,過宋都",師古曰:"鶂,音五狄反。"……鶃、鶂、鷊並同上,猶根據許書從兒爲正,從益者《説文》不收,故列末。……反以鶃爲正義,尾倒置矣。

　　按:此處引《經義雜記》文失校,且下引號有誤、標點有誤。1. "《漢書·五行志》下之上'鶂退蜚,過宋都'"之"上"字下,點校者出《校勘記》曰:"'上'字原脱,《叢書》本同,據《漢書》校補。"非也。今查續四庫全書本 172 册《經義雜記》卷六 p81,此句作"《漢書·五行志》下六鶃退蜚,過宋都",當斷爲"《漢書·五行志》下'六鶃退蜚,過宋都'"。不當補"上"字。此句實出《漢書》卷二十七下之上,如要出校,原文"下"字可校改爲"卷二十七下之上"。2. "反以鶃爲正義,尾倒置矣"之"義",續四庫全書本《經義雜記》卷六 p81 作"首",當據改。如此則該句當斷爲"反以鶃爲正,首尾倒置矣"。3. 原下引號標點至"故後人據以易二《傳》也”止，誤。今查續四庫全書本《經義雜記》，下引號當至“首尾倒置矣”止。當據正。

7. p1214，倒 2 行，《宋世家》：“六鶂退蜚，風疾也。”《注》引賈逵曰：“風起於遠，至宋都高而疾，故鶂逢風都退。”

按：此處引《史記·宋世家》注文有失校。今查四庫全書本《史記·宋世家》卷三十八，“故鶂逢風都退”之“都”作“却”。當據改。作“都”者疑涉上文而誤也。

8. p1217，倒 3—倒 2 行，又引鄭君云：“六鶂俱飛，得諸侯之象也，其退示其德行不進，以致敗也。俱諸侯是陽行也，被執是陰行也。與何氏義皆大同。若然，耿介自用，得取敗者。”

按：此處引《春秋穀梁傳注疏》文失校且下引號有誤。1.“俱諸侯是陽行也”之“俱”，四庫全書本《春秋穀梁傳注疏·僖公十六年》卷八作“得”；“被執是陰行也”之“執”下，四庫全書本《春秋穀梁傳注疏·僖公十六年》有“敗”字。2. 原下引號標點至“得取敗者”止，誤。今查四庫全書本《春秋穀梁傳注疏·僖公十六年》，下引號當至“被執敗是陰行也”止。皆當據改。

卷三十三

1. p1232，2—3 行，《説苑·尊賢》云：“桓公得管仲，九合諸侯，一匡天下，畢朝周室，爲五霸長。失管仲，任竪刁、易牙，身死不葬，尸流出户。一人之身，榮辱俱施，何者？其所任異也。”

按：此處引《説苑·尊賢》文有失校。今查四庫全書本《説苑·尊賢》及中華書局本《説苑校證》，“尸流出户”之“尸”皆作“蟲”。當據改。

2. p1247，6 行，劉氏寶楠《愈愚録》云：“……陳氏《禮書》謂后之六宮，亦正宮在前，五宮在後，其制如王之燕寢。諸侯之制殺于天子，《宮人》疏：‘路寢一，中寢一，側室一。’《內則》所云者是也。……。”

按：此處引《愈愚録》文有失校且《宮人》疏下引號有誤。1. 今查續四庫全書本 1156 册《愈愚録》卷三 p255 及四庫全書本陳祥道《禮書》卷四十四，“其制如王之燕寢”之“燕”皆作“五”。2.“中寢一”之“中”，續四庫全書本《愈愚録》及四庫全書本《周禮注疏·宮人》皆作“燕”。原注云：“天子六寢，則諸侯當三寢。亦路寢一，燕寢一，側室一。《內則》所云者是也。”當據改。3.《宮人》疏下引號原標點至“側室一罪”止，誤。今查四庫全書本《周禮注疏·宮人》，下引號當至“《內則》所云者是也”止。

卷三十四

1. p1269，末行—p1270，1 行，《漢書·王褒傳》《四子講德論》：“蓋君爲元首，臣爲股肱，明其一體，相待而成。有君而無臣，《春秋》刺焉。”

按：此處引《漢書》文有失校且下引號有誤。1. 今查四庫全書本《漢書》，“君爲元首，臣爲股肱，明其一體，相待而成”句，實出《漢書·魏相丙吉傳》，而非《漢書·王襃傳》。"王襃傳"當據改爲"魏相丙吉傳"。2. 原下引號原標點至"《春秋》刺焉"止,誤。今查四庫全書本《漢書·魏相丙吉傳》,下引號當至"相待而成"止。當據改。

2. p1271,8行,宣三年《左傳》:"狂狡輅鄭人,鄭人入于井。倒戟而出之,獲狂狡。君子曰:'失禮違命,宜其爲禽也。'"

按:此處引《左傳》文有失校。今查四庫全書本《春秋左傳注疏》卷二十一,此引文實出自《左傳·宣公二年》,"宣三年"當據改爲"宣二年"。

3. p1272,倒2行—倒1行,《水經注·濟水》篇:"濟水又東逕東緡縣故城北,故宋地。《春秋》齊侯伐宋,圍緡。《十三州記》曰:'山陽有東緡縣。鄒衍曰"余登緡城以望宋都地"者也'。"

按:此處引《水經注》文有失校。今查四庫全書本《水經注·濟水》卷八及中華書局整理本《水經注校證》,無"余登緡城以望宋都地"之"地"字,當據删。

4. p1280,6—11行,劉氏逢禄《解詁箋》云:"按,據《左氏》事説《經》,此鄭君之學,不得以難何氏。……婦人有三從之義,王子有行遯之權,貴戚且不得專廢置,而謂臣下得易位乎? 稱母命廢立者,趙盾之私心,而霍光、王莽祖之以亂漢者也。……書'出居'者,猶'公孫于齊'、'居于鄆'之義,非謂隱如得逐君也。……書居于鄭者,明諸侯當憂勤反正之,與王室亂,天王居於狄泉同義。……。"

按:此處引《春秋公羊經何氏釋例後録·公羊申墨守(原名解詁箋)》文有多處失校。1. 今查續四庫全書本129册《春秋公羊經何氏釋例後録·公羊申墨守(原名解詁箋)》p577,"此鄭君之學"之"學"作"陋";2. "貴戚且不得專廢置"之"專廢置",續四庫全書本《春秋公羊經何氏釋例後録·公羊申墨守(原名解詁箋)》作"易位";3. "而謂臣下得易位乎"之"易位",續四庫全書本《春秋公羊經何氏釋例後録·公羊申墨守(原名解詁箋)》作"專廢置";4. "稱母命廢立者"之"立",續四庫全書本《春秋公羊經何氏釋例後録·公羊申墨守(原名解詁箋)》作"主";5. "趙盾之私心"之"私心",續四庫全書本《春秋公羊經何氏釋例後録·公羊申墨守(原名解詁箋)》作"故智";6. "書'出居'者",續四庫全書本《春秋公羊經何氏釋例後録·公羊申墨守(原名解詁箋)》無"居"字;7. "居于鄆",續四庫全書本《春秋公羊經何氏釋例後録·公羊申墨守(原名解詁箋)》無此三字;8. "非謂隱如得逐君也"之"隱",《公羊申墨守(原名解詁箋)》作"意";9. "明諸侯當憂勤反正之"之"諸侯",續四庫全書本《春秋公羊經何氏釋例後録·公羊申墨守(原名解詁箋)》作"天子"。皆當據改。

5. p1285,4—5行,《儀禮·喪服記》又云:"爲人後者,於兄弟降一等,報。於所爲後之兄弟之子,若子。兄弟皆在他邦,降一等。不及知父母,與兄弟居,加一等。"

按:此處引《儀禮·喪服記》文有失校。今查四庫全書本《儀禮·喪服記》卷十一,"兄弟皆在他邦,降一等"之"降"作"加"字,《疏》云:"'在他邦加一等'者,二人共在他國,一死一不死,相愍不得辭於親眷,故加一等也。"當據改。

6. p1287，1—2 行，何君《廢疾》云："曹殺其大夫，亦不稱名姓，豈可復以爲祖乎？"鄭釋之曰："宋之大夫書子姓，禮，公族有罪，刑於甸師氏，不與國人慮兄弟也，所以尊異之。……《春秋》辭同事累者甚多，隱去即位爲見讓，莊去即位爲繼弑，是復可以此例非之乎。"

按：此處引文有失校。今查四庫全書本《春秋穀梁注疏·僖公二十五年》卷九，1. "宋之大夫書子姓"之"書子"二字作"盡名"；2. "《春秋》辭同事累者甚多"之"累"作"異"。當據改。

7. p1292，6 行，《通義》云："……不嫌使大夫敵公，故反得從乎内而貴録之也。事若相錯，意實相成。"

按：此處引《公羊春秋經傳通義》文有失校。今查續四庫全書本 129 册《公羊春秋經傳通義》卷四 p80，"故反得從乎内而貴録之也"之"從"下有"接"字，當據補。

卷三十五

1. p1307，末行—p1308，2 行，《水經注·河水》篇："又東，逕燕縣故城北，則有濟水自北來注之。亦謂之濟津，故南津也。《春秋》僖公二十八年，晉將伐曹，曹在衛東，假塗于衛，衛人不許，還，自南河濟，即此。"

按：此處引《水經注》文有多處失校。1. "則有濟水自北來注之"，今查四庫全書本《水經注·河水》卷五無此九字，且在"逕燕縣故城北"下注云："此句之下衍'則有濟水自北來注之'九字。"中華書局整理本《水經注校證》p133 亦無此九字，當據删。2. "亦謂之濟津"上，四庫全書本及中華書局整理本《水經注校證》有"河水于是有棘津之名"九字，當據補。3. "亦謂之濟津"，四庫全書本及中華書局整理本《水經注校證》作"亦謂之石濟津"。四庫全書本注云："原本及近刻並脱'石'字，今考，即祚城縣東北石濟津。"當據補。

2. p1313，8 行，王氏引之《周秦名字解詁》云："定九年：'得寶玉大弓。'《左傳》：'陽虎歸寶玉大弓，書曰："得器用也。"'凡獲器用曰得。……。"

按：此處引王引之《經義述聞》文失校且標點有誤。1. 今查續四庫全書本 175 册《經義述聞》卷二十三 p128，"周秦名字解詁"之"周秦"二字作"春秋"，故"王氏引之《周秦名字解詁》云"句當改爲"王氏引之《春秋名字解詁》云"。2. "書曰：得器用也。凡獲器用曰得"之"器用也"三字，當屬下讀，"得"下當加逗號斷開，作"書曰'得'，器用也。凡獲器用曰得"。《左傳·定公九年》："凡獲器用曰得，得用曰獲。"這裏的"書曰得"是指《經》文"得寶玉大弓"之"得"。

3. p1324，9 行，《釋文》："守，乎又反，本又作狩。"

按：此處引《經典釋文》文有失校。今查四庫全書本《經典釋文·孝經音義》卷二十三，"乎又反"作"手又反"，是。當據改。

卷三十六

1. p1362，9 行，成七年《傳》："不免牲，故言乃不郊也。"《注》："不免牲，當坐盜天牲,失事天之道。"

　　按:此處引《春秋公羊傳》文有失校。今查四庫全書本《春秋公羊傳》卷十七,引文實出"成公十年","成七年《傳》"之"七"當據改爲"十"。

　　2. p1368,倒2行—p1369,1行,《周禮·大宗伯》云:"以血祭祭社稷、五祀、五嶽,以貍沈祭山林、川澤,以疈辜祭四方百物。"《注》:"……鄭司農云:'罷辜,披磔牲以祭,若今時磔狗祭以止風。'玄謂,祭山林曰貍,川澤曰沈,順其性之含藏。疈牲胷也。疈而磔之,謂磔禳及蜡祭。"

　　按:此處引《周禮·大宗伯》注文有失校。今查四庫全書本《周禮·大宗伯》卷十八注,"疈牲胷也"之"疈"上,復有"疈"字,作"疈,疈牲胷也"。當據補。

　　3. p1372,1行,《三禮義宗》又云:"凡祭天神有二玉,禮神者訖事即收,祀神者與牲俱燎。"

　　按:此處引《三禮義宗》文失校。今查玉函山房輯佚書卷二十五《三禮義宗》,1."凡祭天神有二玉"之"神"下有"各"字;2."凡祭天神各有二玉"下有"一以禮神,一則燔之"八字。當據補。

　　4. p1374,3—4行,《儀禮古義》云:"按,文當云握本作按。依鄂本改。"

　　按:此處引《儀禮古義》文失校且下引號有誤。1.今查四庫全書本《九經古義·儀禮古義》卷九,"本作按"之"本"下有"或"字,"按"作"膚",如此則該句當斷爲"按,文當云握,本或作膚"。當據改。2.原下引號標點至"依鄂本改"止,誤。今查四庫全書本《九經古義·儀禮古義》,下引號當至"本或作膚"止。當據正。

　　5. p1374,9—12行,翁氏方綱《兩漢金石記》云:"《傳》文初無'雲'字,唐人《類書》引此乃加一雲字,曰'唯大山雲爾',誤也。何休《注》曰:'言其觸石理而出,無有膚寸而不合。'下文'河海潤乎千里',彼《注》曰:'亦能通氣致雨,潤澤及于千里。'據此,則所謂出合者,山之氣爲之也。觀此《白石神君碑》,上言出'讚天地長育萬物',下言'澍雨沾洽',信知《公羊》二語之不指雲矣。"

　　按:此處引《兩漢金石記》注文有失校且有誤標。1.今查續四庫全書本892冊《兩漢金石記·白石神君碑》卷十一p429及四庫全書本《隸釋》卷三、卷二十五引《白石神君碑》,"上言出'讚天地長育萬物'"之"出"皆作"幽"字,且爲"白石神君碑"碑文。此句當標點爲"上言'幽讚天地,長育萬物'"。2."河海潤乎千里"之"乎",《兩漢金石記》作"于"。當據改。3."唐人《類書》引此乃加一雲字"之《類書》二字,並非專指某本"類書",而是泛指"類書"一類的書。所以,此書名號當刪掉。

卷三十七

　　1. p1382,9行,○決宣十二年,書"晋人會狄於攢函",書地也。

　　按:此處引《春秋公羊傳》文有失校。今查四庫全書本《春秋公羊傳註疏》卷十八,"晋人會狄於攢函"事見"宣公十　年"秋,"宣十二年"之"二"當據改爲"一"。

2. p1383,3—6行,《穀梁注》云:"晋自莊公以前不書于《春秋》,又不言文公之入及鄭忽之殺,何乎? 徐邈通之曰:'……'若鄰國相望而情志否隔,存亡禍福,不以相關,則它國之使,無由得書,故告命之事絕則記注之文闕,此蓋内外相與之常也。……。"

按:此處引《春秋穀梁傳》注文有失校。今查四庫全書本《春秋穀梁傳註疏·僖公三十二年》卷九,"則它國之使,無由得書"之"使"作"史",是,當據改。

3. p1409,3行,昭二十三年《左傳》:"樂祁曰:魯君喪政四公也矣。"

按:此處引《春秋左傳》文有失校。今查四庫全書本《春秋左傳註疏》,"樂祁曰:魯君喪政四公矣"句,實出昭公二十五年,"昭二十三年《左傳》"之"三"當據改爲"五"。

4. p1409,5行,《漢書·食貨志》云:"魯自文公以後,禄去公室,政在大夫。"

按:此處引《漢書》文有失校。今查四庫全書本《漢書》,"魯自文公以後,禄去公室,政在大夫"句,實出卷二十八下《漢書·地理志》,"食貨志"當據改爲"地理志"。

卷三十八

1. p1411,6—8行,《通典》:"博士徐禪議曰:按,文公之書即位也,僖公未葬。蓋改元之道,宜其親告,不以喪闕。昔代祖受終,亦在諒陰。既正其位於天郊,必告成命於父祖。予莫大於正位,禮莫盛於改元。《傳》曰:'元,始也,首也,善之長也,故君道重焉。'"

按:此處引《通典》文有失校。今查四庫全書本及及中華書局整理浙江書局本《通典》卷五十五,"亦在諒陰"之"陰"皆作"闇";"予莫大於正位"之"予",皆作"事",當據改。

2. p1415,倒3行,下七年《注》文云:"文公欲久喪而後不能,喪娶逆祀,外則貪利取邑。"

按:此處引《春秋公羊傳》注文有失校。今查四庫全書本《春秋公羊傳註疏·文公七年》卷十三,"文公欲久喪而後不能"之"文公"下有"内則"二字,與下文"外則"爲對文,當據補。

3. p1427,5—10行,《通典》引徐邈説云:"《左傳》稱'孔悝反祏',又《公羊》'大夫聞君之喪,攝主而往',……按,喪之銘旌,題別亡者,設重於庭,亦有所憑,祭必有尸,想像乎存。此皆自天子至士,並有其禮,但制度降殺爲殊,何至於主唯侯王而已? ……"

按:此處引《通典》引徐邈文有失校。今查四庫全書本及中華書局整理浙江書局本《通典·卿大夫士神主及題板》卷四十八,"想像乎存"之"乎"皆作"平"。中華書局整理本出《校勘記》云:"'平'原訛作'乎',據北宋本、傅校本、遞修本、明抄本、明刻本改。下同。按:《魏書·禮志二》亦作'平'。"當據改。

4. p1432,倒5—倒4行,吳氏紱云:"此即練祭也。以一蓁言,則曰小祥。

以服變除之節言,則曰練。《左傳》特記于主,以此推之,祥禫皆特祭,則於寢行
之,可知敖謂特祭於祖廟不可從。”

按:此處引吳紱語有失校。此處引吳紱語,實見於四庫全書本《儀禮義疏》
卷三十三。本書(《公羊義疏》)p163有“吳氏紱□□□□云”,亦未寫書名,
其實也出自《儀禮義疏》。今查四庫全書本《儀禮義疏》,“以服變除之節言”之
“以服”作“以三年服者”;《左傳》特記于主”之“記”作“祀”;“以此推之”作“烝
嘗禘于廟,國君禮也”;“則於寢行之”上尚有“不於廟”三字。

5. p1433,倒2行—p1434,1行,《檀弓疏》引:“《異義》:‘戴《禮》及《公羊》
說虞主埋於壁兩楹之間。一說埋之於廟北牖下。《左氏》説虞主所藏無明文。’
鄭校之云:‘案《士喪禮》重與柩相隨之禮,柩將出,則重倚於道左。柩將入於
廟,則重止於門西。……。’”

按:此處引《檀弓疏》引《異義》文有失校。今查四庫全書本《禮記注疏·檀
弓下》卷九《疏》文,“鄭校之云”之“校”字作“駁”字,當據改。

6. p1438,2—4行,《校勘記》云:“閩、監本同。毛本上‘當’作‘堂’,宜據
正。《儀禮經傳通解》‘上當作常。’鄂本:‘下當作常’,皆誤。”又云:“按:當作
藏於廟中所常奉事也。質家藏於室。蓋各本有誤,俟再考。”

按:此處引《校勘記》文有失校。今查中華書局影印本《十三經註疏·春秋
公羊傳註疏校勘記》及續四庫全書本183册《春秋公羊傳註疏校勘記·文公二
年》卷五p87,“當作藏於廟中所常奉事也”之“中”下有“堂”字,作“當作藏於廟
中堂,所常奉事也”。當據補。

7. p1450,倒5行—p1451,1行,沈氏彤《禘祫年月説》云:“於周天子,則
當從橫渠張子之説,以禘即司尊彝之追享。……祫之月當如周,備物而合食於
冬十月,侯與王不宜殊,其間歲而舉,則降於天子一等也。”

按:此處引沈彤《果堂集·禘祫年月説》文有失校。今查皇清經解本卷三
百二十九《果堂集·禘祫年月説》p10,“備物而合食於冬十月”句,無“於冬十
月”四字。

8. p1455,8行,朱氏彬《禮記訓纂》:“吳幼清曰:‘……祫,合也。謂雖無
廟,而得有廟者合祭也。大夫蓋祫於曾祖,而上及高祖;上士則祫於祖廟,而上
及曾祖、高祖;中士、下士則祫於禰廟,而上及祖與曾祖、高祖也。’其説是也。”

按:此處引《禮記訓纂》文有失校且下引號有誤。今查續四庫全書本105
册《禮記訓纂》卷十六p544—545,1.“而得有廟者合祭也”之“得”下有“於”字。
2.“大夫蓋祫於曾祖”之“祖”下有“廟”字,當據補。3.原下引號標點至“其説
是也”止,誤。今查續四庫全書本《禮記訓纂》,下引號當至“而上及祖與曾祖高
祖也”。皆當據改。“其説是也”四字爲陳立《義疏》語。

9. p1457,2—5行,《守桃疏》云:“惠公當昭,隱公爲穆,桓公爲昭,莊公爲
穆,閔公爲昭,僖公爲穆。今升僖公於閔公之上爲昭,閔公爲穆,故云逆
祀。……明本以僖、閔昭穆別,故於後皆亂也。”

按:此處引文有失校。此云“《守桃疏》云”,今查四庫全書本《周禮注疏》,

以下引文實出自《冢人疏》，"守祧"當據改爲"冢人"。

10. p1465，2 行，《穀梁》桓二年《傳》："子貢曰：'冕而親迎，不已重乎？'孔子曰：'合二姓之好，以繼萬世之後，何謂已重乎？'"

按：此處引《春秋穀梁傳》文有失校。今查四庫全書本《春秋穀梁注疏》卷三，引文實出《穀梁》桓三年《傳》，"桓二年"當據改爲"桓三年"。

卷三十九

1. p1470，7 行，《事文類聚》引《春秋佐助期》云："螽之言蟲，赤頭黑身，兩翼而行，陰中陽也。螽之爲言，衆暴衆也。"

按：此處引《藝文類聚》文有失校。今查四庫全書本《藝文類聚·災異部·蝗》卷一百，引文實出《藝文類聚》引《春秋佐助期》，文字稍有不同。"事文類聚"當據改爲"藝文類聚"。

2. p1470，倒 3 行，《事文類聚》引《漢含孳》云："蝗起乎貪，螽者飛而甲爲害，故天雨螽，則刑法醜。"

按：此處引《藝文類聚》文有失校。今查四庫全書本《藝文類聚·災異部·蝗》卷一百，引文實出《藝文類聚》引《春秋含孳》，"事文類聚"，當據改爲"藝文類聚"。又"漢含孳"，四庫全書本《藝文類聚·災異部·蝗》作"春秋含孳"。

3. p1471，3—6 行，《經義雜記》云："《穀梁》'著於上，見於下，謂之雨'，此即所謂'上下皆合言甚'也。曰'雨墜'，著於上也。……楊《疏》引鄭玄云：'墜地而死。'與董、劉義合。《公羊》何氏本董仲舒。杜《注》云：'宋人以其死爲得天祐而來告，故書。'與劉子俊'卒遇賊陰而死'之説爲合。"

按：此處引《經義雜記》文有失校，且導致誤改原文。1. 今查續四庫全書本 172 册《經義雜記》卷十六 p162，"曰'雨墜'"之"墜"作"螽"。2. "《公羊》何氏本董仲舒。杜《注》云"句下，點校者出《校勘記》曰："'杜注'，原訛倒作'注杜'，《叢書》本同，據理正之。"今查續四庫全書本 172 册《經義雜記》卷十六 p162，原文作"《傳》：'雨螽者何？死而墜也。'何注：'以先言雨也。螽猶衆也。衆死而墜者，群臣將爭强，相殘賊之象。是後大臣比爭鬬相殺。蓋由三世内娶，貴近妃族，禍自上下，故異之云爾。'本董仲舒説。杜云'宋人以其死爲得天祐而來告，故書'，與劉子俊'卒遇賊陰而死'之説爲合。"由此可知，《經義雜記》"本董仲舒説"之"説"，《公羊義疏》引時改作"注"，點校者未查《經義雜記》原文，誤倒"注杜"二字，且出校勘記，大謬也。此句當依《經義雜記》回改爲："《公羊》何氏本董仲舒注。杜云……。"

4. p1478，倒 5 行—倒 4 行，《穀梁傳》："含，一事也；賵，一事也。兼歸之，非正也。"《疏》："其曰且，志兼也。"

按：此處引《春秋穀梁傳》文有失校。"《疏》"下，點校者出《校勘記》曰："'疏'，原脱，《叢書》本同。下文'其曰且，志兼也'非《傳》文，乃楊士勛《疏》文。據《穀梁註疏》校補。"今查四庫全書本《春秋穀梁傳註疏·文公五年》卷十，原文作："含，一事也；賵，一事也。兼歸之，非正也。其曰且，志兼也。""其曰且，志兼也",仍爲《傳》文,非楊士勛《疏》文,且無"疏"字。點校者出《校勘記》誤補"疏"字,此大謬也。當據正。

5. p1478,倒2行—p1479,3行,孔《疏》駁賈服云:"《禮·雜記》:'諸侯相弔之禮,含襚賵臨,同日而畢,與介代有事焉,不言遣異使也。……春秋之世,吉凶賀弔,罕能如禮。王之崩葬,魯多不行。魯之有喪,寧能盡至?'全無所譏,不含又無貶責,既含且賵便責兼之,不可。是禮備不可,是禮備不如不備,行禮不如不行,豈有如此之理哉!……。"

按:此處引孔《疏》駁賈服文有失校。今查四庫全書本《春秋左傳注疏·文公五年經疏》卷十八,"不可"下並無"是禮備不可"五字,當據刪。

6. p1485,7行—9行,《大事表》云:"鄀,今襄陽府宜城縣西南九十里有鄀城鄀,本在秦、楚界上。爲今河南南陽府淅川縣。僖二十五年,'秦、晉伐鄀',楚人戍以爭之,不克,遂徙之南郡鄀縣爲附庸,即今地也。縣入楚爲邑。定六年後避吳北去,徙都于此,仍名鄀,謂之鄢鄀。《傳》所謂'遷鄀于鄀'是也。"

按:此處引《春秋大事表》文有失校且斷句有誤。今查四庫全書本及中華書局整理本《春秋大事表·春秋列國疆域表》卷四p519,"今襄陽府宜城縣西南九十里有鄀城鄀"之"鄀"字作"鄀",且當屬下讀。此句當斷爲"今襄陽府宜城縣西南九十里有鄀城。鄀,本在秦、楚界上"。當據改。

7. p1511,倒6—倒2行,《穀梁傳》:"其以官稱,無君之辭也。"《注》引:"何氏《廢疾》云:'近上七年,宋公王臣卒、宋人殺其大夫,不言官,今此在三年中言官,義相違。'鄭君釋之曰:'七年殺其大夫,此實無君也。今殺其司馬,無人君之德耳。司馬、司城,君之爪牙,守國之臣,乃殺其司馬,奔其司城,無道之甚,故稱官以見輕慢也。'"《傳》例,稱人以殺之,有罪也。此上下俱失之。

按:此處《注》引何氏《廢疾》文失校且下引號有誤。1. "稱人以殺之,有罪也"之"之"字,《春秋穀梁注疏·文公八年》注作"殺"字,如此,則此句當斷爲"稱人以殺,殺有罪也"。2. 原下引號標點至"故稱官以見輕慢也"止,誤。今查四庫全書本《春秋穀梁傳注疏·文公八年》卷十,下引號當至"此上下俱失之",當據改。

卷四十一

1. p1517,1—4行,《白虎通·爵》篇云:"……《尚書》曰'高宗諒闇三年'是也。《論語》曰:'君薨,百官總己以聽於冢宰三年。'緣孝子之心,則三年不忍當也,故三年除喪,乃即位統事。踐阼南面,朝臣下稱王,以發號令也。故天子、諸侯,凡三年即位,終始之義乃備。所以諒闇三年,卒孝子之道。……。"

按:此處引《白虎通·爵》文有失校且斷句有誤。今查四庫全書本《白虎通·爵》卷上及中華書局本《白虎通疏證》卷一,1. "踐阼南面"之"踐阼"下有"爲主"二字。當據補。2. 依四庫全書本《白虎通·爵》,"踐阼南面"之"踐阼"下補"爲主"二字後,該句當斷爲:"踐阼爲主,南面朝臣下,稱王以發號令也。"

2. p1518,倒2行—p1519,5行,劉氏寶楠曰"冢宰聽治",其證有可考者。

《孟子》云："舜相堯二十有八載。堯崩，三年之喪畢，舜避堯之子於南河之南。""舜薦禹於天，十有七年，舜崩。三年之喪畢，禹避舜之子於陽城，天下之民從之，若堯崩之後不從堯之子而從舜也。禹薦益於天，七年，禹崩。三年之喪畢，益避禹之子於箕山之陰。"夫不於堯、舜、禹始崩之時避政而去，而必俟三年之後，明三年之喪，王世子不言，而皆爲冢宰攝政也。其後如武王崩，周公攝政，亦是據《閔予小子》詩序，則嗣王除喪，初朝於廟。而成王此時尚未能親政，故周公復攝行之。管、蔡所以疑周公者，正因成王除喪，猶聽政於周公故也。

按：此處引劉寶楠《論語正義》文失校且下引號有誤。今查續四庫全書本156 册及中華書局整理本《論語正義》，1."亦是據《閔予小子》詩序"之"亦是"下有"此禮"二字，當據補。如此，則此句當斷爲"其後如武王崩，周公攝政，亦是此禮。據《閔予小子》詩序，則嗣王除喪，初朝於廟。"2. 原下引號標點至"冢宰聽治"止，誤。今查續四庫全書本及中華書局整理本《論語正義·憲問》卷十七 p604，此句上引號當從"《孟子》云"始，下引號當至"猶聽政於周公故也"，當據改。3."其證有可考者"下當作"："號。

3. p1529,1 行，《易·繫辭傳上》："動静有常。剛柔斷矣。"《注》云："剛動而柔止也。"

按：此處引文失校且誤改。"《注》云"之"注"，原作"韓"，點校者"注"下出《校勘記》曰："'注'，原作'韓'，《叢書》本同，據《周易正義》改。"此大謬也。原作"韓云"不誤，是指韓康伯《周易註》語。今查四庫全書本韓康伯《周易註·繫辭上》卷七，"動静有常。剛柔斷矣"下《注》云："剛動而柔止也。動止得其常體，則剛柔之分著矣。"正爲此處所引。

4. p1546,1 行—5 行，《漢書·五行志》云："劉向以爲，是時周室衰微，三國爲大，可責者也。天戒若曰：不行禮義，大爲夷狄之行，將至危亡。其後三國皆有簒弑之禍，近下人代上之痾也。劉歆以爲，人變屬黄祥。一曰，屬贏蟲之孽；一曰，天地之性人爲貴，凡人爲變，皆屬皇極下人代上之痾云。……。"

按：此處引《漢書·五行志》文有失校且斷句有誤。今查四庫全書本及中華書局整理本《漢書·五行志》，1."近下人代上之痾也""皆屬皇極下人代上之痾云"之兩"代"字皆作"伐"字，當據改。2."劉歆以爲，人變屬黄祥"之"人變"二字當屬上讀，作"劉歆以爲人變，屬黄祥"。

5. p1546,6 行—8 行，汪氏中《釋三九》云："一奇二偶不可以爲數，二乘一則爲三，故三者數之成也。於是先王之制禮，凡一二之所不能盡者，則以三爲之節，三加三推是也。此制度之實數也，因而生人之措辭，凡一二之所不能盡者，則約之三，以見多，此言語之虛數也。實數可稽也，虛數不可執也。故此亦記其三，以志異。"

按：此處引《釋三九》文下有失校且下引號有誤。今查皇清經解本卷七九九《汪拔貢述學·釋三九上》，1."三加三推是也"之"推"下有"之屬"二字；"以見多"之"見"下有"其"字。當據補。2. 原下引號標點至"以志異"止，誤。今查皇清經解本卷七九九《汪拔貢述學·釋三九上》，下引號當至"虛數不可執也”，當據改。“故此亦記其三，以志異”句，爲陳立《義疏》語。

卷四十二

1. p1553，6—7行，《毛詩疏》引《鄭志》：“張逸問：《傳》曰‘山川能説’，何謂也？答曰：兩詩或言説，説者，説其形也；或曰述，述者，述其故事也。述讀如遂事不諫之遂。”

按：此處《毛詩疏》引《鄭志》文有失校。今查四庫全書本《毛詩註疏》卷四及中華書局整理本《皮錫瑞全集·鄭志疏證·毛詩志》卷三，1.“兩詩或言説”之“詩”字皆作“讀”，如此，則此句當斷爲：“張逸問：《傳》曰‘山川能説’，何謂也？答曰：兩讀。或言説，説者，説其形勢；或云述，述者，述其故事也。”2.《毛詩疏》引《鄭志》及《鄭志疏證》“説其形也”之“形”下有“勢”字，當據補。

2. p1565，倒2行，《釋文》：“運，二《傳》作‘鄆’，後皆爾。按，運、鄆皆從軍聲，通，此作運者，假借字也。”

按：此處引《經典釋文》文失校且下引號有誤。今查四庫全書本《經典釋文·春秋公羊音義》卷二十一，1.“後皆爾”之“爾”字作“同”，當據改。2.原下引號標點至“假借字也”止，誤。今查四庫全書本《經典釋文》，下引號當至“後皆同”。當據改。“按，運、鄆皆從軍聲，通，此作運者，假借字也”句，當爲陳立《義疏》語。

3. p1572，倒3行—倒2行，《毛詩·大雅序》：“《清廟》，祀文王也。”

按：此處引《毛詩序》文有失校。今查四庫全書本《毛詩注疏》，引文“《清廟》，祀文王也”句實出《毛詩註疏》卷二十六《周頌·清廟之什序》，“《毛詩·大雅序》”之“大雅”當據改爲“《周頌·清廟之什》序”。

4. p1574，6行，【注】如周公死，當以魯公爲祭祀主。加日者，成王始授其茅土之辭。《禮記·明堂位》曰：“封周公於曲阜，地方七百里，革車千乘。”蓋以爲有王功，故半天子也。

按：此處引注文有失校。今查續四庫全書本130册《公羊義疏》卷四十二p411，“加日者”之“日”作“曰”。“加曰”者，指《傳》文“曰：生以養周公”之“曰”字。當據改。

5. p1579，1行—4行，《白虎通·崩薨》篇：“養從生，葬從死。周公以王禮葬何？以爲周公踐阼理政，與天同志，展興周道，顯天度數，萬物咸得，休氣充塞，原天之意，子愛周公與文、武無異，故以王禮葬，使得郊祭。……。”

按：此處引《白虎通》文有失校。今查四庫全書本《白虎通義》卷下，引文實出自《白虎通·喪服》篇而非《崩薨》篇。“崩薨”當據改爲“喪服”。

6. p1580，6行—11行，《經義述聞》云：“《疏》曰：‘正以山脊曰岡，故知騂犅爲赤脊矣。’引之謹案：牛有赤色謂之騂，犅則自脊以外非赤色也。《魯頌·閟宮》篇‘享以騂犧’，《傳》曰：‘騂、赤、犧，純也。’《箋》曰：‘赤牛純色。’今唯脊毛赤，而餘則否，豈純色之謂乎？……騂犅，猶言騂牡耳。《小雅·信南山》曰：‘祭以清酒，從以騂牡。’”

按：此處《經義述聞》文失校且標點有誤。今查續四庫全書本 175 册《經義述聞》卷二十四 p161，1.“牛有赤色謂之騂”之“有”作“脊”，下文有云“今唯脊毛赤，而餘則否”。作“脊”是，當據改。2.“牛有赤色謂之騂，犅則自脊以外非赤色也”句之“犅”字當屬上讀。【注】云：“騂犅，赤肩，周牲也。”騂犅謂赤特也。《説文》云：“犅，特也。”“特，牛父也。”是犅與牡名異而實同，“騂犅”猶云騂牡，特變文以與牡相對耳。3.“騂、赤、犧，純也”句斷句有誤，當斷爲：“騂，赤。犧，純也。”

7. p1585，倒 4—倒 3 行，廩古作溓，《周易·文言傳》鄭注曰：“溓，讀如群公溓之溓。”古書傳作立心與水相近，然則群公溓猶群公慊也。

按：此處引文有失校。“古書傳作立心與水相近”之“傳”，當作“篆”字。這裏失校。“作立心與水相近”是指篆體“慊”的“忄”旁與“溓”的“氵”旁非常相近。本書上 1584 頁 5 行引《拜經日記》亦云：“鄭《注》：‘慊，讀如“群公溓”之溓，古書篆作立心與水相近，讀者失之，故作溓。’”作“篆”是，當據改。

8. p1587，5 行—6 行，○注“不月”至“上月”。《校勘記》出“不”云：“鄂本同，閩、監、毛本誤作‘書’。”

按：此處引《校勘記》文有失校誤改。整理者在“不”下出《校勘記》曰：“‘不’下原衍‘月’字，《叢書》本同，據阮元《校勘記》校删。”又在“作”下下出《校勘記》曰：“‘誤作’，原訛作‘不誤’，《叢書》本同，據阮元《校勘記》校改。”整理者在這裏一删一改，皆大謬也。今查續四庫全書本 130 册《公羊義疏》p414 及 183 册阮元《公羊註疏校勘記》p90 原文皆出“不月”作“鄂本同，閩、監、毛本‘不’誤‘書’”。阮元的《校勘記》是指《傳》文“久不修也”的《注》文“不月者，知久不修，當蒙上月”之“不月”而言。阮元是説《注》文中的“不月”二字，與鄂本同；而閩、監、毛本之“不”字誤作“書”字，成爲“書月”。所以此處當斷爲：“《校勘記》出‘不月’云：鄂本同；閩、監、毛本‘不’誤‘書’。”

卷四十三

1. p1600，7 行—9 行，《通義》云：“謹案：子稱卻缺也。凡以手計數者，屈四指，伸小指，則爲四，偏屈五指，還伸小指，則爲六，此軍中遥相語。舉手小指以示卻缺，言接菑比之於指，如計四數者然也，獲且如計大數者然也。其實皆以小指喻庶孼爾。”

按：此處引《公羊春秋經傳通義》文有失校。今查續四庫全書本 129 册《公羊春秋經傳通義》卷五 p99，“獲且如計大數者然也”之“大”作“六”，是，當據改。

2. p1603，8 行—9 行，《穀梁傳》：“其曰人，何也？微之也。何爲微之也？長轂五百乘，綿地千里。”《疏》：“過宋、鄭、滕、薛，復入千乘之國，欲變人之主。至城下，然後知，何知之晚也！”

按：此處引《春秋穀梁傳》文有失校。“《疏》”下，點校者出《校勘記》曰：“‘疏’，原脱。《叢書》本同。以下引文非《穀梁傳》經文，出自楊士勛《穀梁疏》，據《穀梁註疏》校補。"此大謬也。今查四庫全書本《春秋穀梁傳註疏》卷十一，"《疏》"字下仍爲《春秋穀梁傳》文，而非楊士勛《穀梁疏》文。此處失校，誤加"疏"字。當據回改。

　　3. p1613，倒 5 行—p1614，1 行，劉氏寶楠《愈愚録》云："……從竹則爲筍，爲篠也"《漢書·嚴助傳》："乘轎而隃領。"服虔曰："轎音橋梁，謂隘道輿車也。"臣瓚曰："今竹輿車也，江表作竹輿以行是也。"項昭曰："陵絕水曰轎，音旗廟反。領，山領也。不通船車，運轉皆擔輿也。"師古曰："服音、瓚説是也。項氏謬矣。此直是以轎過領耳，何云陵絕水乎！"如師古説，是轎爲輿狀，即今之肩輿也。

　　按：此處引劉寶楠《愈愚録》文有失校且下引號有誤。今查續四庫全書本 1156 册《愈愚録》卷一 p231，1. "此直是以轎過領耳"之"是"作"言"，當據改。2. 原下引號標點至"從竹則爲筍，爲篠也"止，誤。今查續四庫全書本《愈愚録》卷一，下引號當至"即今之肩輿也"。當據改。

　　4. p1614，7 行—p1615，2 行，俞氏樾曰："……夫篠輿不妨亦有筍名，然敖死已久，而猶得於篠輿尸，傳致其尸，萬無是理。……。"

　　按：此處引俞樾《群經平議》文有失校。今查續四庫全書本 178 册《群經平議》卷二十三 p375，"而猶得於篠輿尸"之"尸"作"中"，是，當據改。

　　5. p1623，2 行—3 行，舊《疏》云："若直言不及盟，文體已具，足見不得盟矣。而更言齊侯不及。"何欲道是時不肯盟者是齊侯也。若直言季孫行父會齊侯于陽穀，不及盟。不妨行父不及，無以見齊侯不肯矣。

　　按：此處引舊《疏》文失校且下引號有誤。今查四庫全書本《春秋公羊傳注疏·文公十六年》卷十四，1. "而更言齊侯不及。何欲道是時不肯盟者是齊侯也"之"何"作"者"。如此，則此句當斷爲："而更言齊侯不及者，欲道是時不肯盟者是齊侯也。"2. 原下引號標點至"而更言齊侯不及"止，誤。今查四庫全書本《春秋公羊傳注疏·文公十六年》，下引號當至"無以見齊侯不肯矣"。當據改。

　　6. p1625，倒 3 行—末行，《校勘記》云："《唐石經》、諸本同。"舊《疏》云："解云：正本作'菑丘'，故賈氏云：《公羊》曰'菑丘'，《穀梁》曰'師丘'。今《左氏》經作'鄆'字。"《經義雜記》曰："……《公羊疏》唐以前人爲之，所據者皆晉、宋古書，故猶見正本，與賈景伯合也。"

　　按：此處引《公羊註疏校勘記》文失校且下引號有誤。1. "舊《疏》云"下，點校者出《校勘記》曰："'舊《疏》云'三字原脱，《叢書》本同。以下文字引自《公羊傳》徐彦《疏》，據補。"此大謬也。爲點校者未查阮元《校勘記》所致。今查續四庫全書本 183 册《公羊註疏校勘記》卷五 p91，以上引文皆爲阮元《校勘記》文，根本無"舊《疏》云"三字，點校者不應該據徐彦《疏》補"舊《疏》云"三字。2. 原下引號標點至"《唐石經》、諸本同"止，誤。今查續四庫全書本《公羊註疏校勘記》，下引號當至"與賈景伯合也"。當據改。

　　7. p1625，末行—p1626，1 行，《水經注·潁水篇》："細水又東南，逕宋公縣故城北,縣即所謂郜丘者也。秦伐魏取郜丘,謂是邑矣。"

按:此處引《水經注》文有失校。"逐宋公縣故城北"之"公"下,點校者出《校勘記》曰:"'公'字原脱,《叢書》本同,據《水經注》校補。"今查四庫全書本《水經注》及中華書局整理本《水經注校證》p516,皆無"公"字。且四庫全書本《水經注》自《注》云:"案,'宋'下近刻衍'公'字。"點校者不當補"公"字。

8. p1631,1行,《公羊問答》:"問:此何代之法?曰:《説文》:'梟,不孝鳥也。故日至捕梟磔之。從梟頭在木上。'梟首義取此。……。"

按:此處《公羊問答》引《説文》文有失校。今查續四庫全書本129册《公羊問答》卷下p449及徐鉉校注本《説文解字》卷六上,"從梟頭在木上"之"梟"皆作"鳥"。是,當據改。

9. p1633,7行,《解詁箋》云:"秦穆公子康公也,至此卒者,因穆公之賢,且此接内也。……。"

按:此處《公羊春秋經何氏釋例後録‧解詁箋》文有失校。今查續四庫全書本129册《公羊春秋經何氏釋例後録‧解詁箋》p579,"且此接内也"之"此"作"比",是,當據改。

【作者簡介】駢宇騫,中華書局編審,主要從事傳世文獻和出土簡帛文獻的整理與研究。

《四庫全書》南宋人《易》類著作提要辨證十則

楊新勛

【摘　要】　四庫各提要就南宋人馮椅《厚齋易學》、王宗傳《童溪易傳》、易祓《周易總義》、李過《西谿易説》、李心傳《丙子學易編》、趙以夫《易通》、蔡淵《周易經傳訓解》、魏了翁《周易要義》、鄭汝諧《東谷易翼傳》和方實孫《淙山讀周易記》在書名、卷數、版本以及提要文字等方面有不實、差異之處，對其版本也交代不清。通過匯校四庫所有提要、核實《四庫全書》所收書以及查考相關文獻，力圖考證事實原貌，梳理四庫提要源流，對提要所載加以澄清，訂正各提要存在的主要問題，並對其版本作一梳理。

【關鍵詞】　厚齋易學　童溪易傳　周易要義　淙山讀周易記

四庫提要是四庫館臣爲編纂《四庫全書》所撰寫的系列提要文獻，包括分纂稿提要、匯總提要、刊本提要、庫本提要及總目提要五種類型，內容豐富，是我國古代目録學的集大成之作；但毋庸諱言，四庫提要在書名、卷數、版本、作者及內容等方面存在諸多問題，影響著人們的使用，所以又有胡玉縉、余嘉錫、李裕民、崔富章等的訂補著作問世。筆者因從事經部提要的課題工作，得撰成南宋人易類提要辨正十則，祈方家垂教。

一、馮椅《厚齋易學》五十卷

馮椅(1140—1232)是南宋著名的易學家，《厚齋易學》爲其名作，在宋元之際頗有影響。本書，文淵閣《四庫全書》本書前提要(以下簡稱"《文淵閣提要》")[①]、文溯閣《四庫全書》本書前提要(以下簡稱"《文溯閣提要》")[②]、文津閣《四庫全書》本書前提要(以下簡稱"《文津閣提要》")作"五十卷"[③]，《四庫全書總目》(以下簡稱"《總目》")[④]、《四庫全書簡明目録》(以下簡稱"《簡目》")作

【基金項目】本文爲國家社科基金課題《四庫提要經部辨正》(18BZW092)的階段成果。

① 　[宋]馮椅《厚齋易學》卷首，《景印文淵閣四庫全書》第 16 册，臺灣商務印書館，1986 年，頁 1。
② 　金毓黻編《文溯閣四庫全書提要》第 1 册，中華書局，2014 年，頁 98。
③ 　《文津閣四庫全書提要匯編》第 1 册，商務印書館，2014 年，頁 44。
④ 　[清]永瑢等撰《四庫全書總目·上册》，中華書局，1965 年，頁 15。

“五十二卷”①。今覈文淵閣、文津閣庫本《厚齋易學》實皆作五十卷，均有《附錄》二卷，若《附錄》不合數，則作“五十卷”是，作“五十二卷”非，是《文淵閣提要》《文溯閣提要》《文津閣提要》據實著録。然《總目》《簡目》後出，何以改作“五十二卷”？楊按：《宋史·藝文志》著録馮椅“《易學》五十卷”，元代胡一桂《周易啓蒙翼傳》和董真卿《周易會通》亦著録馮椅“《易輯》五十卷”，馬端臨《文獻通考》也是著録“《厚齋易學》五十卷”，是馮椅原書五十卷，但已亡佚。今本《厚齋易學》爲《永樂大典》輯佚本，具體分卷爲輯者據馮椅《自序》和相關言論重新釐定，《文溯閣提要》《文津閣提要》《總目》《簡目》等皆言“今反覆參校，釐爲《輯注》四卷、《輯傳》三十卷、《外傳》十八卷，仍分三書，以還其舊”，合計三書都五十二卷，今天津圖書館藏紀昀删定《四庫全書總目》稿本正作“五十二卷”②，則《總目》《簡目》著録爲“五十二卷”似承稿本而來。今覈文淵閣、文津閣庫本《厚齋易學》之《輯傳》實作二十八卷，是《文溯閣提要》《文津閣提要》《總目》《簡目》言“《輯傳》三十卷”有誤，《總目》稿本未覈原書，以致僅據提要言論誤改爲“五十二卷”，《總目》《簡目》又承《總目》稿本而誤。實際上，諸提要中，僅《文淵閣提要》作“《輯傳》二十八卷”，今細覈文淵閣原提要諸行皆十七字，惟有“《輯傳》二十八卷”之行十八字，又此行字迹與他行略異，當爲後來挖改，則《文淵閣提要》初作“三十卷”，是諸提要所據原稿誤標爲“三十卷”也。

然有關卷數仍有可説者。文淵閣、文津閣庫本《厚齋易學》卷五十之後有附録二卷，爲馮椅所編之《先儒著述》上下二卷，但不能據此認爲當從《總目》《簡目》標“五十二卷”。因爲《總目》《簡目》書名著録方式一般將原書卷數與附録卷數分列，並不合在一起統計，如“《易數鉤隱圖》三卷附《遺論九事》一卷”“《易學啓蒙小傳》一卷附《古經傳》一卷”等。四庫收書有附録者不一，附録信息一般不見於文淵閣、文津閣庫本原書的版心，而是在附録的版心列“附録”於書名之下，書前提要有的繫於原書名和卷數之下，也有的省略不言③。《總目》和《簡目》大多核實後據實來一併著録原書書名、卷數和附録書名、卷數，則《總目》《簡目》只標“《厚齋易學》五十二卷”均未能揭示馮椅書後附録之情況。

除《簡目》外，諸提要皆言“考胡一桂《啓蒙翼傳》引宋《中興藝文志》云‘寧宗時，馮椅爲《易輯註》《輯傳》《外傳》，猶以程迥、朱熹未之盡正孔傳名義，乃改“彖曰”“象曰”爲贊’”云云。楊按：館臣此處爲節引，所言雖同胡一桂《周易啓蒙翼傳·中篇》“馮椅厚齋易輯五十卷”條，只是胡氏書“寧宗時”下有注“嘉定十年”，但胡氏書此處云“《宋藝文志》序云”，而非“宋《中興藝文志》云”，提要所言似不出胡氏書。董真卿《周易會通·因革》“《易輯》五十卷”條全同胡氏書。馬端臨《文獻通考》卷一七六“《厚齋易學》”條引作“《中興藝文志》云”，雖内容同胡氏書，但卻未注明時間爲“寧宗嘉定十年”。四庫提要既言“寧宗時”，當亦

①　[清]永瑢、紀昀等撰《欽定四庫全書簡明目録》，《景印文淵閣四庫全書》第6册，頁10。

②　[清]永瑢、紀昀等撰《紀曉嵐删定〈四庫全書總目〉稿本》第1册，國家圖書館出版社，2011年，頁428。

③　楊按：對於原書有附録者，《四庫全書總目》卷首《欽定四庫全書凡例》及卷中按語皆無言及。

非出《文獻通考》。朱彝尊《經義考》卷三一"馮氏椅《厚齋易學》"條引《中興藝文志》文字全同胡氏書①,但又未言"胡一桂《啓蒙翼傳》"。蓋館臣據《經義考》此處撰稿,故言"宋《中興藝文志》"云云,但館臣實未覈《經義考》引文出處,誤標爲"胡一桂《啓蒙翼傳》"。

《文淵閣提要》言"其蒐採亦頗博洽,如王安石、張弼、張汝明、李椿年、李元量、李舜臣、閭丘昕、毛樸、馮時行、蘭廷瑞諸家,其全書今皆不傳,尚藉是以存梗概",《文溯閣提要》《文津閣提要》於此無"張弼",天圖《總目》稿本、殿本《總目》同《文淵閣提要》,浙本《總目》"張弼"置於"張汝明"下。按:館臣此處所言指《輯傳》,《輯傳》確如館臣所言"蒐採頗博洽",今計多達四十餘家。張弼字舜元,賜號葆光處士,蒲陽人,著《易解》十卷,章惇曾於紹聖二年(1095)表進,今不傳。《輯傳》中張弼解頗夥,皆以"張舜元曰"領起,則此"張弼"不可無也,《文溯閣提要》《文津閣提要》當漏抄。張汝明字舜文,吉州太和人,登元祐壬申(1092)第,大觀中特改宣教郎,擢監察御史,出判寧化軍,知岳州卒,年五十四,《宋史》有傳,著《易索》十三卷,今亦不傳。《輯傳》張汝明解亦多見,皆以"張舜文曰"領起,但較張弼少近半。張弼、張汝明皆生卒年無考,二人活動時間相近,似張弼略早,《文淵閣提要》《總目》先"張弼"後"張汝明"較爲近理。然本書附錄《先儒著述上》置張汝明《易索》於張弼《易解》右,是馮椅誤認爲張汝明先於張弼,浙本《總目》似據此移"張弼"於"張汝明"下。

趙爾巽《清史稿·藝文志》載宋馮椅《厚齋易學》五十二卷,乾隆三十八年(1773)王際華等奉敕輯②,王氏即四庫館臣,從《永樂大典》採輯者。

二、王宗傳《童溪易傳》三十卷

是書,諸提要皆作三十卷,李致忠據《天禄琳琅書目後編》所録卷二七前序推測全書初作三十二卷,三十卷本爲刻書時改變分卷所致③。李說所推似是。今按:朱彝尊《經義考》所引董真卿"宗傳字景孟,臨安人,太學上舍。《易傳》三十二卷,淳熙丙午林焞作序"語④,見於董氏著《周易會通·姓氏》⑤。前此,胡一桂《周易啓蒙翼傳·中篇》已有此言⑥,當爲董氏所本。實際上,此說最早見於馮椅《厚齋易學·附録二》⑦,內容全同胡氏、董氏所引。林焞序原作於淳熙丙午年(1186)。林氏序中言王宗傳"既第之三年教授曲江,越二年而書成",宗傳淳熙八年(1181)進士,既第之三年又越二年,恰是丙午年,則此序蓋因書成

① [清]朱彝尊《經義考》卷三一,中華書局,1998年,頁177。
② [清]趙爾巽等《清史稿》,第2册,中華書局,1998年,頁1121。
③ 李致忠《北京圖書館藏宋版書叙録(九)》,《文獻》1992年第4期,頁171。
④ [清]朱彝尊《經義考》卷三二,中華書局,1998年,頁181。
⑤ [元]董真卿著《周易會通·姓氏》,《景印文淵閣四庫全書》第26册,頁81。
⑥ [元]胡一桂《周易啓蒙翼傳·中篇》,《景印文淵閣四庫全書》第22册,頁276。
⑦ [宋]馮椅《厚齋易學·附録二》,《景印文淵閣四庫全書》第16册,頁837。

而撰。需要説明的是，今宋開禧元年(1205)刻本林焞序言王宗傳"大書其影曰
'三十之卷易書'"，"三十之卷"語頗怪誕，序後有"開禧更元，族子駧客武陵，以
書來"云云，疑"三十之卷"初刻時作"三十二卷"，到開禧元年刊刻將畢時更改
爲"三十之卷"以與調整後之三十卷本合，"開禧更元"云云亦爲刻書時改定，遂
與馮椅所載不合。

　　對於本書版本，《薈要總目》言"今依內府所藏通志堂刊本繕録，據明毛晋
影宋鈔本恭校"①，《總目》書名下標註"直隸總督採進本"②，並不一致。楊按：
天圖《總目》稿本亦注"直隸總督採進本"。今覈《四庫採進書目》著録《童溪易
傳》兩部：一爲《兩江第一次書目》之《童溪易傳》，三十卷，七本；二是《湖北巡撫
呈送第一次書目》之《王童溪易傳》，三十卷，十二本。《四庫採進書目》之《直隸
省呈送書目》計共二百三十八種，無《童溪易傳》，未明《總目》標註"直隸總督採
進本"所據。摛藻堂《四庫薈要》本《童溪易傳》卷二、四、八、十、十四、二十、二
二、二四、二六、三十卷末附有校記，所言"刊本"云云，情況正與《通志堂經解》
本同，又卷二葉十一至十三"乃見天則"至"而聖人之大寶"間有近兩葉闕文，亦
與《通志堂經解》本同，是《薈要》本《童溪易傳》出於《通志堂經解》本，並有所校
改。《薈要總目》言"據明毛晋影宋鈔本恭校"，毛氏影宋抄本今不見，今宋刊本
諸卷之首多有毛晋之印，書經毛晋之手，毛氏據之影抄是可能的，翁方綱《通志
堂經解目録》"童溪易傳三十卷"條引何焞"汲古宋本，俞石澗收藏，後闕二卷，
非全書，屢考其始末。寄來京師，跋中竟未及此"語正説明了這一點③。《天禄
琳琅書目‧影宋抄經部》有《童溪易傳》二函十二册，函數册數均同《天禄琳琅
書目後編》之宋刊本，疑《薈要總目》據此而言。然《薈要》本校記從未言及"影
宋抄本"，疑《薈要總目》僅是標註而已，館臣似並未據影宋抄本校正。今中國
國家圖書館藏宋刊小字本《童溪易傳》，爲宋開禧元年建安劉日新宅三桂堂刻
本，半葉十四行，行二十四字，卷首有"俞貞木""錫山秦汴""唐伯虎""毛晋私
印""汲古主人""謙牧堂藏書記""乾學""徐健庵"等印，則是書自毛晋、褒之後，
經錢謙益之手，又爲徐乾學所得，因此被印入《通志堂經解》。通志堂刊本源出
宋開禧元年刊本，有同有異：一是通志堂本卷二七之首載王宗傳《序》，正同《天
禄琳琅書目後編》所載；二是此本卷二葉八至十有近兩葉闕文，今國圖之宋刊
本恰好爲第六葉，此葉空白，只是宋刊本葉五終於"亢龍有悔與"，故自此下始
脱，較《通志堂經解》本少"時偕極乾元用九乃見天則"十一字，疑爲《通志堂經
解》刊刻者據《易‧文言》補。將文淵閣庫本與通志堂本、《薈要》本對校，發現
三者相似度極高，卷二七之首也有王宗傳《序》，文淵閣庫本卷二脱文處也有
"時偕極乾元用九乃見天則"十一字，只是《薈要》本有多處校改，文淵閣庫本有

　　① ［清］陸費墀《欽定四庫全書薈要總目》，景印摛藻堂《四庫全書薈要》本，臺灣世界書局，1988
年，第1册，頁98。
　　② ［清］永瑢等撰：《四庫全書總目‧上册》，中華書局，1965年，頁15。
　　③ ［清］翁方綱《通志堂經解目録》，《通志堂經解目録外四種》本，臺灣新文豐出版公司，1984年，
頁2。

改有不改；又《欽定四庫全書考證》卷二首列《童溪易傳》①，所録校記數量多於《薈要》本校記，亦言"刊本"云云，所言刊本情況與《通志堂經解》本同，其言校改與文淵閣庫本同。可見，文淵閣庫本也是據《通志堂經解》謄録，但校改與《薈要》本不同。

《四庫全書初次進呈存目》（以下簡稱"《初目》"）②、《文淵閣提要》、《文溯閣提要》、《文津閣提要》、《總目》皆云"宗傳之説，大概祧梁、孟而宗王弼，故其書惟憑心悟，力斥象數之弊，至譬於誤注《本草》之殺人"，言王宗傳"大概祧梁、孟而宗王弼"近是，但言"其書惟憑心悟，力斥象數之弊，至譬於誤注《本草》之殺人"則非是。正如陸心源《儀顧堂題跋》所言，此書"引程伊川之説最多，蓋程氏學也"③。此外，此書又時引胡瑗、司馬光、蘇軾、朱震、張載、王安石、周敦頤及楊時、龔原、耿南仲等人之説。今人何俊認爲王宗傳治《易》能擺脱具體的現象，表現了理論上的自覺，其《童溪易傳》的明理路徑是"據乎其會"和"立乎其巔"，強調"性得其正"和"其本在我"，從而擱置了理的存在，爲洛學轉向心學打通了道路，但"其本在我"是由"理之固然"推衍所得，終是與心學立乎其大的直接以心立論有一間之隔，《童溪易傳》構成了程頤《伊川易傳》與楊簡《慈湖易傳》思想範式意義上的中間環節④。可見，《童溪易傳》與《慈湖易傳》還不同，《文淵閣提要》《文溯閣提要》《文津閣提要》《總目》把王宗傳與楊簡並列並不合適。事實上，王宗傳是書並非"惟憑心悟"，如書中頗有些地方引程頤言"理"之説，也有許多地方大談"天下之理""物理"等等，其對"理"的基礎性闡釋正承程頤而來，其易學可以説是在程頤《易傳》基礎上的發展。對於象數，王氏也有自己的認識，並非"力斥"。館臣之言當來自王宗傳《自序》，然有誤解。王宗傳《自序》云："世之言《易》者孰不曰捨是數不可以言《易》也，捨是象不可以言《易》也？而聖如夫子亦必曰是數與象《易》所不廢也。然所以爲是數與象者，或不知其説焉，則自一以往而有不可勝計之數，自形色貌象以往而有不可勝計之象，雖夫子亦末如之何矣。何也？聖人之於《易》，徒知據乎其會而已矣。據其會，則凡憧憧於吾前者，莫吾眩也。聖人之於《易》也，徒知立乎其巔而已矣。立其巔，則凡紛紛乎吾下者，莫吾度也。然則，是數也，是象也，不知務其所以然之説也而可乎？夫苟捨是而役役於不可勝計之地，此夫子所謂《易》之過也。然則，捨數與象不可以爲《易》，而其過也乃數與象也。則金石草木所以爲《本草》也，而其殺人也乃金石草木也。"⑤可見，王氏是要據乎象數之會，立乎象數之巔，務其所以然之説，並非要捨棄象數，而是反對停留尤其是局限於象數，正

---

① ［清］王太岳等纂輯《欽定四庫全書考證》，《景印文淵閣四庫全書》第 1497 册，頁 43—46。

② 江慶柏等整理《四庫全書初次進呈存目》，人民文學出版社，2015 年，頁 5。

③ ［清］陸心源《儀顧堂題跋》卷一，陸心源著、馮惠民整理《儀顧堂書目題跋叢編》，中華書局，2009 年，頁 22。

④ 何俊《再論洛學向心學的轉化——〈童溪易傳〉對〈伊川易傳〉的延異》，《中國哲學史》2018 年第 3 期。

⑤ ［宋］王宗傳《易傳原序》，《童溪易傳》卷首，《景印文淵閣四庫全書》本，第 17 册，頁 3。

如金石草木是《本草》中的藥材,不可或缺,但要有好的醫生和醫術,如果沒有好的醫生和治療方案的運用,用錯了藥,金石草木就可以殺人了。館臣言是書"惟憑心悟,力斥象數之弊,至譬於誤注《本草》之殺人"云云實對宗傳《自序》有誤解。

　　雖然王宗傳生平不詳,《童溪易傳》不見於《宋史·藝文志》,但從《天禄琳琅書目後編》所載此書卷二七王宗傳又《序》來看[①],此書初撰於淳熙戊戌(1178),淳熙八年撰成《續傳》,而自林焞《序》看最遲至淳熙十三年此書已成三十二卷之本,完成時間爲南宋前中期,要早於朱熹《易本義》,則文淵閣庫本將此書排在馮椅《厚齋易學》之後並不合宜[②],尤其是考慮到《厚齋易學·附録二》曾載有《童溪易傳》就更不合適了。這樣的排序實不如《初目》將《童溪易傳》置於《易裨傳》之上、摛藻堂《四庫薈要》將《童溪易傳》置於《周易輯聞》之前合適。

三、易祓《周易總義》二十卷

　　對於本書,《總目》書名下標注"副都御史黄登賢家藏本"[③],《四庫採進書目》僅見於《浙江第四次吴玉墀家呈送書目》,著録爲"《周易總義》。二十卷,宋易祓著,四本"[④],又《浙江採集遺書總録·甲集》著録有《周易總義》二十卷,注"寫本",云:"右宋著作郎寧鄉易祓撰。略訓詁而明大義,每卦總爲一説,標於卦首。胡一桂云:'紹定間祓侍經筵日,嘗以是編陪講。'"[⑤]此寫本《周易總義》當即吴玉墀家所獻。《四庫採進書目》無黄登賢家藏本書目,未明《總目》標注所據。

　　此書,除庫本之外,中國國家圖書館還藏有一清抄本,二十卷,卷首有"莘田半畝研室""鐵琴銅劍樓"二印,知是本原爲瞿氏鐵琴銅劍樓舊藏。此本每卷首葉署"長沙易祓學",每卷末皆有"長沙郊夢祥校正"字樣。《鐵琴銅劍樓藏書目録》卷一著録此書,注"舊鈔本"。是本卷首有陳章《周易總義序》和李壼《序》。陳氏《序》作於紹定戊子(1228)夏四月旦,署"門人朝議大夫知信州軍州事兼管内勸農營田使僊居縣開國男食邑三百户陳章";李氏《序》作於紹定四年(1231)立秋前三日,云"鄉守謝侯鋟其所著《易總義》《舉隅》二書,且以遺余,欲使序之",署"眉山李壼書於武信玉山堂"。陳氏《序》專爲《周易總義》撰,李氏《序》爲謝氏刊刻《周易總義》《易學舉隅》二書撰,晚三年。知此鈔本可溯源於

---

　　①　[清]于敏中、彭元瑞等著《天禄琳琅書目·天禄琳琅書目後編》,上海古籍出版社,2007年,頁402。

　　②　《欽定四庫全書凡例》(永瑢等撰《四庫全書總目》卷首,頁17)云:"其餘(楊注:指帝王著作之外)概以登第之年、生卒之歲爲之排比,或據所往來倡和之人爲次。"馮椅紹熙四年(1193)進士。

　　③　[清]永瑢等撰《四庫全書總目》,頁16。

　　④　吴慰祖校訂《四庫採進書目》,商務印書館,1960年,頁84。

　　⑤　[清]沈初等撰,杜澤遜、何燦點校《浙江採集遺書總録》,上冊,上海古籍出版社,2010年,頁5。

紹定四年謝氏合刻本。謝氏刻本曾載於趙希弁《讀書附志》[①]，言《周易總義》二十卷、《易學舉隅》四卷。陸氏《皕宋樓藏書志》也載有一部舊抄本，書已下落不明，但從著錄的特徵看應該與國圖清抄本相同。雖然庫本和清抄本均爲二十卷，内容基本相同，但《中國古籍總目》將清抄本排在庫本之後，認爲清抄本源出庫本，並不正確。因爲，除《簡目》外，諸提要皆未言及李氏《序》，文淵閣、文津閣庫本《周易總義》卷首亦無此《序》，從僅清抄本有李氏《序》這一點來看，清抄本也不會出於庫本，此外庫本陳氏《序》署"門人陳章"，而清抄本署全銜也説明其别有來源。那麽，庫本《周易總義》與清抄本不同，是不是就意味著二本源流不同呢？問題並不這麽簡單。今將文淵閣庫本與清抄本對校發現，除了清抄本有李氏《序》外，需説明者有：一是庫本和清抄本有不同異文，互有正誤，如陳章《序》庫本"《坤》則自元而反於元"不辭，清抄本作"《坤》則自貞而反於元"是；《乾》卦辭"乾元亨利貞"庫本所載易祓解末句爲"此乾之所以爲大而無侔也"，清抄本無"而無侔"三字；二是《明夷》卦，庫本置於卷十一之首，清抄本置於卷十二之末；三是兩本自卷十《大壯》卦始，至卷十一《家人》卦均有多處闕文，所闕位置和内容基本相同，只是清抄本闕文之處略多。這些闕文情況説明，庫本所據的底本和清抄本可能溯源於同一印版刷印時間較晚而又不同的後印本，由於刷印時間較晚致使卷十、十一有許多漫漶不清之處，所以庫本和抄本也只好闕如。相對來説，庫本的底本的刷印又較清抄本的底本稍早，漫漶之處略少，所以闕文也略少；而清抄本源出一個刷印稍晚的印本，所以闕文略多。當然，自後印本至庫本和清抄本均經歷了傳抄。這樣的話，庫本和清抄本可以溯源於同一個祖本，其文字的差異主要是後來傳抄造成的，也有因所據版本刷印時間先後不同造成文字模糊致使人們辨認有誤和闕文略異。可見，庫本也可溯源於紹定四年謝氏合刻本。

四、李過《西谿易説》十二卷

本書，僅《總目》書名下標註"浙江吳玉墀家藏本"[②]，其他提要並無版本信息。《四庫採進書目》儘《浙江省第四次吳玉墀家呈送書目》著錄此書，云"《西谿周易序説》。十二卷，宋李過著。二本"[③]，《總目》標注與此合。又《浙江採集遺書總録·甲集》著錄《西谿易説》十二卷，注"寫本，中有闕文"，云："右宋興化李過撰。馮氏椅謂其多所發明，第於上下經及十翼次第，輒以意爲移掇，未

　　　① ［宋］趙希弁《讀書附志》，［宋］晁公武撰，孫猛校證《郡齋讀書志校證》本，上海古籍出版社，2011年，頁1090。

　　　② ［清］永瑢等撰《四庫全書總目·上册》，頁16。

　　　③ 吳慰祖校訂《四庫採進書目》，頁84。［清］翁方綱撰，吳格整理《翁方綱纂四庫提要稿》著錄書名爲《西谿周易序説》，注云"'序説'謂其卷前之序也，書則名爲《易説》"。《翁方綱纂四庫提要稿》，澳門特別行政區政府文化局、澳門中央圖書館、上海科技文獻出版社，2005年，頁8。

免爲後儒所議。"①當即吳玉墀家藏本。文淵閣、文津閣庫本均來源不明，兩本有同有異：同如二本均爲二十卷，又雖然二本提要均云"其書首爲《序説》一卷"，然二本均題"西谿易説原序"，又如卷一《乾》卦"元亨利貞"之解"以君子勿用也"下同有闕文，卷六末"皆重明繼離也"下同有闕文，等等；異如卷一《乾》卦"元亨利貞"之解"兼三才而兩之"，文淵閣庫本"兼"誤作"蒸"，文津閣庫本不誤，又文淵閣庫本卷十二《未濟》卦"上六有孚"云云之解有六處闕文，文津閣庫本均不闕。可見，兩本雖然可能底本相同，但仍有不同。

　　《西谿易説》今存清抄本三部，其中南京圖書館藏兩部，中國國家圖書館藏一部。南圖一部爲焦循舊藏，半葉十行，行二十二字；另一部爲丁氏嘉惠堂舊藏，素抄，亦半葉十行，行二十二字，卷首有四庫提要，提要全同《總目》且無校上時間，當抄自《總目》。兩本内容基本相同，其闕文與文淵閣庫本亦基本相同，是二本可能與文淵閣庫本底本同源；但又有不同，如二本之《序説》雖均題"西谿易説序説"與庫本"兩谿易説原序"不同，二本《原序》之《歸藏齊母經》之小字庫本皆作大字，二本卷六末"皆重明繼離也"下同有"故下體之離既"六字爲庫本所無，二本卷十二《未濟》卦"上六有孚"同作"上九有孚"而庫本作"上六有孚"（按：作"上九"是），又二本此處解中"六甫三年"，文淵閣庫本"甫"作小字"闕"，文津閣庫本作"則"字，文淵閣庫本"此象曰亦不失節也"之"失"二本同誤作"知"，文淵閣庫本"所以窮生生不窮之意也"之"生生"二本同誤作"先生"，文淵閣庫本"天地之道"二本同誤作"天地之化"，文淵閣庫本"故以水火之正終焉"八字二本同無，文淵閣庫本書末"終始之意義蓋如此"二本同作"終始之義意其出此"。則兩抄本關係十分密切，或前後相承或據同一底本謄抄，它們雖可説與文淵閣庫本同源，但與文淵閣庫本又有一定距離，至少不但它們都並不出於文淵閣庫本，而且其底本與文淵閣庫本底本也有不同。國圖所藏清抄本原爲瞿氏鐵琴銅劍樓舊藏，二十卷，卷首也有提要，提要署校上時間爲"乾隆五十一年十一月"，比文津閣提要所署校上時間還要晚兩年，當自南三閣中抄出②。是本提要後爲"西谿易説序説"一卷，卷一、六闕文處同文淵閣、文津閣庫本，但卷十二《未濟》作"上九有孚"云云，解中"四國伐逆"至"亦不失節也"大段文字脱去。若此抄本果出於南三閣之一，則此本"西谿易説序説""上九有孚"等處可證明南三閣或保存了所據底本（或爲四庫館所收到的吳玉墀本）原貌，文淵閣、文津閣庫本在謄録時均出現了一些變動和錯誤，但國圖所藏清抄本脱去"四國伐逆"至"亦不失節也"大段文字則説明南三閣因原文有六處闕文也作出了刪削。

　　《文淵閣提要》《文溯閣提要》《文津閣提要》《總目》與國圖清抄本所載提要

---

　　①　［清］沈初等撰，杜澤遜、何燦點校《浙江採集遺書總録》上册，頁5。
　　②　楊按：七閣中，文淵閣《四庫全書》完成最早，於乾隆四十六年十二月抄成，後文溯閣、文源閣、文津閣《四庫全書》依次隔年抄成；乾隆四十七年七月"續繕三分書"，南三閣開抄，至乾隆五十二年四月，南三閣《四庫全書》抄成。

均內容相同,翁方綱分纂稿相對簡單①,但不難看出,前數提要均在翁稿基礎上改撰而成。雖然翁稿建議存目,但對是書評價相對較高,基本依從馮椅《厚齋易學·附錄二》"多所發明"之評;而《文淵閣提要》《文溯閣提要》《文津閣提要》《總目》則並不認可此説,轉而從其"割裂經文"方面坐實其"汩亂顛倒,殆不可訓",又指出其"自亂其例"之舉,進而認爲"其亂經之罪,與詁經之功,固約略可以相當也",表現出評價角度的不同和更加嚴苛的傾向。

五、李心傳《丙子學易編》一卷

李心傳(1166—1243)是南宋著名的史學家,其《建炎以來繫年要録》《建炎以來朝野雜記》《道命録》等皆爲史學名著,他也是著名的經學家,於《易》《詩》《禮》《春秋》皆有説,《丙子學易編》就是其易學著作。本書各提要均作"一卷",出自俞琰節本,並非原書。據此書之《通志堂經解》本和《薈要》本卷首所載《丙子學易編目録》和李心傳《後序》知是書原作十五卷。李心傳弟子高斯得守桐江,曾將李心傳的《學易編》與《誦詩訓》合刊,當亦爲十五卷本。十五卷本雖不見於趙希弁《讀書附志》、王應麟《玉海》等,也不見於《宋史·藝文志》,但《宋史》本傳言李心傳有《學易編》五卷,疑"五"上脱"十"字,當爲十五卷本。明朱睦㮮《授經圖義例》卷四著録《丙子學易編》十五卷,則十五卷本應流傳到了明代,俞琰正據此類十五卷本的一個較早本子節録,周中孚認爲"朱氏《經義考》始載其原書十五卷"②不確。

《薈要總目》言"依内府所藏通志堂刊本繕録恭校"③,《總目》書名下標注"兩江總督採進本"④。覈《四庫採進書目》,僅其《兩江第一次書目》著録《丙子學易編》,云"宋李心傳著。一本",《總目》標注與此合。《通志堂經解》本爲此書今存最早本,書内題"丙子學易編　節本",首爲納蘭成德《序》,次爲李心傳《丙子學易序》,再次爲《秀巖與黃直卿論易編往來書》(含李心傳書及黃榦復書各一篇),後爲《丙子學易編目録》並附李心傳《後序》,之後爲《學易編》正文,書末有俞琰《跋》。《薈要》本首爲李心傳《丙子學易編序》,次爲《丙子學易編原目》並附李心傳《後序》,書末附校記四十一條,無俞琰《跋》。校記每言"刊本"有訛或脱,館臣據文句或他書改正、增補,所言"刊本"情況正與《通志堂經解》同,知《薈要》本確據通志堂刊本繕寫,只是刪去了原納蘭氏《序》、李心傳與黃榦《往來書》和俞琰《跋》。文淵閣庫本亦首爲李心傳自序,然無《丙子學易編目録》,書末無校記,但有李心傳《後序》和俞琰《跋》。比勘《薈要》本與文淵閣庫本,二本相似度極高,《薈要》本之校改處,文淵閣庫本也大多相同,知二本作了

---

① [清]翁方綱等撰,吳格、樂怡標校整理:《四庫提要分纂稿》,上海書店出版社,2006年,頁8。
② [清]周中孚《鄭堂讀書記補逸》卷一,周中孚著,黃曙輝、印曉峰標校《鄭堂讀書記》,下册,上海古籍出版社,2009年,頁1214。
③ [清]陸費墀《欽定四庫全書薈要總目》,景印摛藻堂《四庫全書薈要》本,第1册,頁100。
④ [清]永瑢等撰《四庫全書總目·上册》,頁16。

大致相同的校改,但文淵閣庫本與《薈要》本應該没有相承關係,如文淵閣庫本有俞琰《跋》,《薈要》本無之,即證明文淵閣庫本並不出於《薈要》本。《欽定四庫全書考證》卷二有《丙子學易編》校記十二條,亦言"刊本"云云,所言"刊本"情況皆與通志堂刊本合,文淵閣庫本這十二處地方皆同《考證》校記意見,知文淵閣庫本也出於通志堂本,謄録時吸納了館臣的校改意見。今核《考證》這十二條校記與《薈要》本校記有同有不同,其校記的校改意見也多與《薈要》本不同。可見,文淵閣庫本繕寫時據例删除了《丙子學易編目録》,又移李心傳《後序》於書後俞琰《跋》前,館臣謄録時有些地方作了與《薈要》本相同的校改,又新增了館臣的校改意見。從這個意義上説,後出的文淵閣庫本的校勘要優於《薈要》本。

《薈要總目》言李心傳"宋禮部侍郎兼秘書監",今按《南宋館閣續録》卷七言李心傳嘉熙二年(1238)"十月除權工部侍郎兼秘書監"[①],此爲其所任最高官職,《宋史》本傳言其爲工部侍郎"未幾,復以言去,奉祠居潮州"[②],五年後於淳祐三年(1243)去世,則《薈要總目》所言有誤,李心傳没有任禮部侍郎,其他諸提要言其"歷官至工部侍郎兼秘書監"是。

《初目》《文淵閣提要》《總目》言"所取惟王弼、張子、程子、郭雍、朱子五家之説,而以其父舜臣《易本傳》之説證之,亦間附以己意",後又言"心傳《自序》,稱採王氏、張子、程子與朱文公四家之傳,而間以周子、邵子及先君子之説補之,自唐以上諸儒字義之異者亦附見焉。而琰《跋》所列則無周子、邵子,而有郭子和。子和,郭雍之字,即著《郭氏傳家易説》者也。心傳原書不存,未詳孰是。考邵子、周子《通書》《皇極經世》,雖皆闡《易》理,而實于《易》外別自爲説,可以引爲義疏者少;而郭雍則具有成書,或心傳之《序》傳寫有誤歟",前後齟齬。今按:據李心傳《後序》"特取王氏、張子、程子與朱文公四家之傳,而間以周子、邵子及先君子之説補之,自唐以上諸儒字義之異者亦附見焉。其有得於心,思可助諸先生之説者十一二也"[③]語,知李氏所取甚多,非只王弼、張子、程子、郭雍、朱熹五家及李舜臣之説。今覈此一卷節本,所引甚夥,宋以前者如京氏、虞氏、馬氏、鄭玄、王肅、王弼、韓康伯、賈公彦、郭京等,宋人如程頤、張載、王安石、蘇軾、遊酢、朱熹、張葆光、李舜臣、張行成等人易説均有引用,諸提要言所取易家皆有不足;又此書引到了郭立之言論即郭雍之父忠孝語,蓋出於《郭氏傳家易學》,是俞琰言"有郭子和"亦是。

本書,《薈要提要》《文溯閣提要》《文津閣提要》前後相承,文字略同;《文淵閣提要》《總目》内容略同於《初目》而更爲豐富,似諸提要文字分別來源於兩個分纂稿,後由《初目》和《薈要提要》分襲而成兩個提要文本序列。還應指出,考慮到《文淵閣提要》校上時間略早於《文溯閣提要》《文津閣提要》,且内容全同於《總目》,疑《文淵閣提要》爲據《總目》稿本重寫之抽换稿。

---

①　[宋]陳騤、佚名撰《南宋館閣叙録》卷七,《南宋館閣録、叙録》,中華書局,1998年,頁254。

②　[元]脱脱等撰《宋史》第37册,中華書局,1997年,頁12985。

③　[宋]李心傳《丙子學易編後序》,景印文淵閣《四庫全書》第17册,頁795。

六、趙以夫《易通》六卷

　　對於此書版本,各提要並未言明,僅《總目》書名下標註"江蘇巡撫採進本"①。《四庫採進書目》著録《易通》兩部:一見《江蘇省第一次書目》,六卷,五本;一見《浙江省第四次汪啓淑家呈送書目》,六卷,二本。《總目》標注與《江蘇省第一次書目》合。姚鼐分纂稿曾言"是書首題'大中大夫試禮部尚書兼修玉牒官兼侍讀官臣以夫進'"②,尚可見其保留宋本之貌,姚氏據此推測趙氏時"蓋解樞密後所居職",又據其自序"成於丙午之夏"語,推測此書成於淳祐六年,當是。《浙江省第四次汪啓淑家呈送書目》著録之本,又見於《浙江採集遺書總録·甲集》,著録爲"《易通》六卷。寫本",云"右資政殿學士長樂趙以夫撰……其書有莆田黄續相與參定"③。只可惜這兩種進呈本今已不見。今存是書最早傳本即文淵閣庫本。

　　《初目》《文淵閣提要》《文溯閣提要》《文津閣提要》《文瀾閣提要》《總目》皆言"朱彝尊《經義考》曰'宋志'十卷"④,考《經義考》卷三三"趙氏以夫《易通》"條"十卷"上無"宋志"二字⑤,且《宋史·藝文志》並未著録《易通》,則館臣所言非是,提要認爲《宋志》著録"十卷"爲"連《或問類例圖象》言之"之推測語亦屬無稽。趙希弁《讀書附志》、王應麟《玉海》、馬端臨《文獻通考》並未著録《易通》,俞琰《周易集説》多引是書,作"虚齋趙氏",其《讀易舉要》稱"趙虚齋",《讀易舉要》卷四云"趙以夫用之撰《虚齋易説》,又撰《易圖》。淳祐間表進,有御筆題於卷首"⑥,胡一桂《周易啓蒙翼傳》著録爲"趙虚舟《易通》六卷《或問類例圖象》四卷",明《文淵閣書目》著録爲"易趙以夫通一部六册",朱睦㮮《萬卷堂書目》著録爲"《周易通》六卷"(《經義考》所注"《聚樂堂書目》作六卷"當與此類),其《授經圖》作"《易通》六卷",焦竑《國史經籍志》著録"《周易通》六卷",等等,均爲六卷,傳本亦作六卷,並無"十卷"之本,疑朱彝尊《經義考》著録有誤。

　　自《初目》始襲朱彝尊《經義考》據《閩書》"以夫作《易通》,莆田黄續相與上下其論"語,推測"是書實出黄續參定",後《文淵閣提要》《文溯閣提要》《文津閣提要》《文瀾閣提要》沿之,《總目》又據趙汝騰《庸齋集·繳趙以夫不當爲史館修撰奏事》"以代筆進《易》"語坐實,至《簡目》遂云"或以爲田莆黄續所代作"。此説,恐似是而非。據史料看,趙以夫仕履有聲,與黄續、劉克莊等友善,似非

---

①　[清]永瑢等《四庫全書總目》,頁16。
②　[清]翁方綱等撰,吳格、樂怡標校整理《四庫提要分纂稿》,頁388。下同。
③　[清]沈初等撰,杜澤遜、何燦點校《浙江採集遺書總録》上册,頁6。
④　江慶柏等整理《四庫全書初次進呈存目》,頁11;趙以夫《易通》卷首,《景印文淵閣四庫全書》第17册,頁797;金毓黻編《文溯閣四庫全書提要》第一册,頁104;《文津閣四庫全書提要匯編·經部》,頁49;趙以夫《易通》卷首,《文瀾閣四庫全書》第12册,杭州出版社,2015年,頁1;永瑢等撰《四庫全書總目·十册》,頁17。
⑤　[清]朱彝尊《經義考》卷三三,頁186。
⑥　[宋]俞琰《讀易舉要》卷四,《景印文淵閣四庫全書》第21册,頁468。

如趙汝騰所言竊據他人之作者，且俞琰、胡一桂等並未言黃績參定之事，尤《易通》書前有以夫自序"以進于上，庶幾仰裨聖學緝熙之萬一"云云，俞琰《讀易舉要》言書成表進後"有御筆題於卷首"，其出竊據或黃績參定的可能性不大。黃績字德遠，寶慶二年（1226）進士，爲朱熹四傳弟子，著有《四書遺說》《近思録義類》等。正如姚鼐分纂稿所言，《易通》"言卦象、卦氣、互體、納甲諸事，與宋儒之言《易》殊不類，其中亦無一字及程、朱諸賢"，與程朱易學不侔，因此黃績與他"上下其論"，爭執論難。則趙氏、黃氏學既不同，黃氏參定之舉恐難著手。明萬曆刻本《蒲陽文獻列傳》之《黃績傳》云黃績"晚聞趙以夫作《易通》，與之上下其論，以夫謂爲益友"①，下標出於《事述》，是爲有據，細繹此處，知原出文有借趙氏彰顯黃績之學意，但並未言"參定"，則"參定"之舉恐無，不過從中正可見《易通》確爲趙作無疑。明末何喬遠《閩書》、清初李清馥《閩中理學淵源考》所言黃績事當源出《蒲陽文獻列傳》，均不言"參定"。"參定"之說始見於《浙江採集遺書總録》，館臣又據《閩書》坐實，似是而非也。趙汝騰學宗朱熹，與以夫同時，史稱守正不撓，能疾言諫諍，但又顛怪尊大，誕謾無狀，如館臣於其文淵閣本《庸齋集》書前提要云"是則宋季士大夫崇尚道學，矯激沽名之流弊，亦不容爲汝騰諱矣②"，其《繳趙以夫不當爲史館修撰奏事》言"以代筆進《易》"語指趙以夫進《易通》之奏爲他人代筆，未免言過其實，館臣據之言黃績"參定"之說恐非實。

七、蔡淵《周易經傳訓解》二卷

本書書名，翁方綱分纂稿與《文溯閣提要》《文津閣提要》作"周易卦爻經傳訓解"③，《文淵閣提要》《總目》《簡目》作"周易經傳訓解"④。對於書名，《文淵閣提要》《總目》承翁方綱分纂稿言"真卿又言其《繫詞》《文言》《說卦》《序卦》《雜卦》亦皆低一字，則此本無之。又《經義考》載淵弟沈《後序》稱'《易》有太極之說、知至知終之義、正直義方之語，皆義理之大原，爲後學之至要，實發前賢之所未發'云云，其文皆在《繫辭》《文言》，則是書原解《繫辭》《文言》諸篇，非但解卦爻，確有明證，不應揭'卦爻'以標目"，認爲"蓋真卿所見者四卷全本，朱彝尊所見佚其一卷，此本又佚其一卷，傳寫者諱其殘缺，因於書名增入'卦爻'二字"，故《文淵閣提要》《總目》《簡目》於書名刪去"卦爻"二字。自俞琰《讀易舉要》卷四著録書名"《節齋周易經傳訓解》"和焦竑《國史經籍志》卷二著録蔡淵

①　[明]鄭嶽《莆陽文獻列傳》，明萬曆刻本。

②　[宋]趙汝騰《庸齋集》書前提要，《景印文淵閣四庫全書》第1181册，頁236。

③　[清]翁方綱等撰，吳格、樂怡標校整理《四庫提要分纂稿》，頁8；金毓黻編《文溯閣四庫全書提要》第一册，頁105；《文津閣四庫全書提要彙編·經部》，頁50。

④　《景印文淵閣四庫全書》第17册，頁797；永瑢等撰《四庫全書總目·上册》，頁17；永瑢、紀昀等撰：《欽定四庫全書簡明目録》，《景印文淵閣四庫全書》第6册，頁11。

"《易傳訓解》四卷"來看①，館臣推測董真卿所見爲四卷本蓋是；然《文淵閣提要》《總目》《簡目》改此書名卻非是。翁方綱分纂稿言此本名"卦爻經傳上下篇訓解"，《總目》書名下標註"浙江吳玉墀家藏本"，確如楊洪升所言《總目》所據即《浙江第四次吳玉墀家呈送書目》著録之本②，《浙江第四次吳玉墀家呈送書目》著録之"二本"正與翁方綱所言"上、下二册"相合，此本《浙江採集遺書總録·甲集》著録書名正作"周易卦爻經傳上下篇訓解"③，翁方綱據此删去"上下篇"撰名"周易卦爻經傳訓解"，其言"抄本題曰'卦爻經傳上下篇訓解'"當省略原書名之"周易"二字④。文淵閣、文津閣庫本亦作此書名。此名，與朱彝尊《經義考》所言三卷本"周易經傳訓解"不同，《浙江採集遺書總録·甲集》曾云："今本止上、下篇各一卷。繹其題名，又似《繫辭》以下原未嘗釋者。又朱氏録有九峰後序，今本無之，而此有開禧乙丑自序，爲朱氏所不録。意傳本或有異同耳。"今考朱睦㮮《授經圖》卷四載《周易經傳訓解》二篇，似二卷本亦淵源有自。即使退一步講，確如《文淵閣提要》《總目》所考，蔡書原爲四卷，此二卷本爲殘本，書名"卦爻"二字爲書賈所增，提要考明其實即可，既非全本，版本又無變化，則自不必遽更書名。對於蔡書，俞琰《讀易舉要》卷四著録爲《節齋周易經傳訓解》，《玉海》卷三六、《萬姓統譜》卷九七著録爲《周易訓解》，《考亭淵源録》卷十二著録爲《易訓解》，《文淵閣書目》卷一、《國史經籍志》卷二著録爲《易傳訓解》，應爲一書。元明人各以所便名書，書名不一，是《文溯閣提要》《文津閣提要》"舊本皆稱'經傳訓解'"語非實。至清初，書名、版本固定，既據《周易卦爻經傳訓解》二卷謄録，則《文淵閣提要》《總目》《簡目》之改殊無謂也。

　　《文淵閣提要》《文溯閣提要》《文津閣提要》《總目》皆言"據董真卿《周易會通》稱此書以大象置卦辭下，以象傳置大象後，以小象置各爻辭後，皆低一字以別卦、爻，與此本體例相合"，《簡目》亦言此書"皆抵一字以別卦、爻"。按：《周易會通·因革》言：《周易經傳訓解》，案其書經二篇，以孔子大象置逐卦辭之下，象傳又置大象之後，小象各置爻辭之後，皆低一字以別卦、爻辭。"⑤則知蔡書原卦辭、爻辭皆頂格；卦辭後爲大象，大象後爲象傳，小象繫爻辭後，均低一字書寫。今文淵閣庫本例同，館臣言董氏所言"與此本體例相合"，知文淵閣庫本謄録時保留了底本體例。正如王鳴盛《蛾術編》所言，蔡氏此編纂體例已與朱熹《易本義》用古本不同，而復合王弼所纂之例，這反映了呂祖謙、朱熹復古《易》體例在此後衍生中的通俗化演變現象。當然，校讎《周易會通》，可知館臣"皆低一字以別卦、爻"語下脱一"辭"字，"卦、爻"指卦畫、爻畫，與"卦、爻辭"

①　[宋]俞琰《讀易舉要》卷四，《景印文淵閣四庫全書》第 21 册，頁 469；焦竑《國史經籍志》卷二，明徐象橒刻本。

②　楊洪升《〈四庫全書〉底本續考》，《聊城大學學報》，2008 年第 5 期。

③　[清]沈初等撰，杜澤遜、何燦點校《浙江採集遺書總録》上册，頁 5。下同。

④　楊按：翁方綱撰，吳格整理《翁方綱纂四庫提要稿》此書提要前著録書名《周易卦爻經傳上下篇訓解》"（《翁方綱纂四庫提要稿》，澳門特別行政區政府文化局，澳門"中央"圖書館、上海科學技術文獻出版社，2005 年，頁 9），正可證也。

⑤　[元]董真卿《周易會通·因革》，《景印文淵閣四庫全書》第 26 册，頁 101。

別,此"辭"字當有。又董真卿學出胡一桂,其《周易會通》多來自胡氏《易附錄纂疏》和《易學啓蒙翼傳》,館臣所引董氏此處語源出胡氏《易學啓蒙翼傳·中篇》,文字全同,則《文淵閣提要》《文溯閣提要》《文津閣提要》《總目》不當言"據董真卿《周易會通》"云云,而當言"據胡一桂《易學啓蒙翼傳》"云云,因其更早,且距離蔡氏原書更近也。

又翁方綱分纂稿言"然真卿又言其以《繫辭》《文言》《説卦》《序卦》《雜卦》亦皆低一字",殿本《總目》與翁稿略同只是無"然"字;《文淵閣提要》《文溯閣提要》《文津閣提要》、稿本《總目》此處"然真卿"作"然楷",浙本《總目》作"董楷"。今覈翁氏及館臣所引亦出於董真卿《周易會通·因革》,原文作"《繫辭》《文言》《説卦》《序卦》《雜卦》皆低一字書",自當以作"真卿"爲是,殿本《總目》最終改爲"真卿"是矣。董楷南宋後期人,其《周易傳義附錄》已改吕祖謙、朱熹古《易》體例,然《周易傳義附錄·凡例》雖言其所編《周易經傳附錄》"仿節齋蔡氏例以象傳、大小象、文言各下經文一字,使不與正經紊亂",①卻並未言及《繫辭》《説卦》等傳,故作"董楷"非是。如上所論,董真卿此處所言亦源自胡氏《易學啓蒙翼傳·中篇》,翁方綱分纂稿及殿本《總目》繫於董真卿實不如繫於胡一桂更近蔡氏書也。

對於此書,翁方綱分纂稿著眼書之殘缺和書名給出的意見是"不應遽存其目",但後《四庫全書》實收錄此書,《文溯閣提要》《文津閣提要》均言"然淵於易理最深,所作《易象意言》已從《永樂大典》裒輯刊行,此書雖非完帙,而梗概略具,尚足以資考證,故姑從原本錄之焉",正面給出了收錄原因,評價還是較高的。校上時間較早的《文淵閣提要》反無《文溯閣提要》《文津閣提要》的這段話,而内容全同天圖《總目》稿本,則《文淵閣提要》應爲後來據《總目》稿本重抄的抽換稿。自《文溯閣提要》《文津閣提要》至《總目》,可見出館臣對蔡氏此書評價日趨降低。

八、魏了翁《周易要義》十卷

魏了翁(1178—1237)是南宋中後期著名的理學家,《周易要義》爲其《九經要義》之一。對於此書,《總目》書名下標注"副都御史黄登賢家藏本"②,邵懿辰《四庫全書簡明目錄標注》云"四庫著錄係天一閣舊鈔本"③,兩者不合。崔富章《四庫提要補正》認爲邵氏所言可信④,然邵氏並未給出依據,崔氏據《四庫採進書目》《浙江採集遺書總錄》給出了旁證。今核《四庫採進書目》中載有兩部十卷本《周易要義》,一爲浙江吴玉墀家呈送,一爲范懋柱家呈送,而《都察院富都御史黄交出書目》未載《周易要義》,未明《總目》所據。《浙江採集遺書

---

①　[宋]董楷《周易傳義附錄·凡例》,《景印文淵閣四庫全書》第 20 册,頁 7。
②　[清]永瑢等撰《四庫全書總目·上册》,頁 17。
③　[清]邵懿辰撰、邵章續錄:《增訂四庫簡明目錄標注》,上海古籍出版社,2000 年,頁 18。
④　崔富章著:《四庫提要補正》,杭州大學出版社,1990 年,頁 17。

總錄·甲集》中《周易要義》標爲"鄞縣范氏天一閣寫本"①,即范懋柱家呈送本,崔氏蓋據此定其爲天一閣本。按:范氏《天一閣書目》之"進呈書"首列"《周易要義》十卷",則范氏確曾進呈此書。但是由於《四庫全書》之《周易要義》底本未見,則似乏論定《四庫全書》以天一閣本爲底本之鐵證。今核文淵閣庫本《周易要義》卷首有清高宗御題詩,末云"四庫廣搜羅,懋柱出珍藏。鈔刻俾歸之,牖世文教昌。卷首題五言,用賁世守長"②,明言是書爲范氏呈送,則文淵閣庫本確據天一閣寫本謄錄,邵氏、崔氏所言確矣,《總目》所標實誤。

　　《文溯閣提要》《文津閣提要》言魏氏"因取諸經註疏正義之文"以成是書,《文淵閣提要》、殿本《總目》於此云"因取諸經註疏之文",今核天圖《總目》稿本亦作"因取諸經註疏之文"。按:"正義"即"疏",《文溯閣提要》《文津閣提要》言"疏"又言"正義"爲重複,非是;至天圖《總目》稿本時館臣已刪之,誠是;殿本《文淵閣提要》《總目》當承《總目》稿本而刪。

　　《文淵閣提要》《總目》言:"王禕《雜說》云:'孔穎達作《九經正義》,往往援引緯書之説,歐陽公常欲删而去之,其言不果行。迨鶴山魏氏作《要義》,始加黜削,而其言絕焉。'"《文溯閣提要》《文津閣提要》於此無"雜說"和"其言"。按:提要所引文字見於王禕《王忠文集》卷二十,此卷卷首標"雜著",有《九誦》《文評》《文原》《述騷》等,提要所引出自其中的《叢録》,王氏云"向予讀書青巖山中,遇有所見,輒鈔以爲書,謂之'叢録'",則《文淵閣提要》《總目》標"雜說"非是。又提要引王禕"孔穎達作《九經正義》"語,雖出於王禕《叢録》,但其説實非是。唐初孔穎達實只主持編纂了《五經正義》,並未作《九經正義》,《九經正義》至中唐以後才形成,是王禕語有誤。王禕語蓋出於歐陽修《論刪去〈九經正義〉中讖緯劄子》"至唐太宗時,始詔名儒撰定九經之疏,號爲'正義'"③。《九經正義》中《周禮疏》《儀禮疏》爲賈公彥主持纂修,《穀梁傳疏》爲楊士勛作,《公羊傳疏》爲徐彥作,徐彥唐德宗貞元至憲宗長慶年間人,是歐陽修所言不够精確,但尚未繫於孔穎達一人,而王禕全繫於孔穎達名下則愈益非是。館臣襲王禕説而不加訂正,未免失察。

　　《文溯閣提要》《文津閣提要》言魏氏《九經要義》"今所見惟此書及《尚書要義》《儀禮要義》猶爲完本云",《文淵閣提要》《總目》言"今諸經或存或佚,不能復合,故今以世有傳本者各著於録",未言四庫收書之數。按:四庫共收魏了翁《周易要義》《尚書要義》《儀禮要義》《春秋左傳要義》四部,此外存世有《毛詩要義》《禮記要義》二部,四庫未收,是《文溯閣提要》《文津閣提要》所言不全。

　　《文淵閣提要》《總目》皆言朱彝尊《經義考》之《易》類載《周易集義》,未載《周易要義》,認爲朱氏"似乎即以《集義》爲《要義》",並據方回《周易集義跋》考定《集義》與《要義》爲二書,後崔富章又進一步申明之。按:《集義》與《要義》確

①　[清]沈初等撰,杜澤遜、何燦點校《浙江採集遺書總録》上册,頁5。
②　[宋]魏了翁《周易要義》卷首,《景印文淵閣四庫全書》第18册,頁123。
③　[宋]歐陽修撰、李逸安點校《歐陽修全集》第四册,中華書局,2001年,頁1707。

爲二書，《要義》輯編《周易》之註、疏、釋文，《集義》輯編宋儒十七家《易》説，兩書内容不同，今均有存世，且刻本、鈔本不一。朱彝尊《經義考》未載《要義》爲遺漏，甚非。然朱氏此舉可能與其編纂《經義考》主要依據目録書和目驗有關，南宋後期以來，俞琰《讀易舉要》、王應麟《玉海》、胡一桂《周易啟蒙易傳》、董真卿《周易會通》等均只著録《集義》而未著録《要義》，在無書可據時朱氏未著録《要義》，恐非混淆《集義》與《要義》那麼簡單，朱氏於他經《要義》多據《宋史·藝文志》著録而注曰“未見”或“佚”，應該説《宋志》於《易集義》下明言“又《易要義》十卷”，朱氏是不會無視的，且朱氏輯録的方回、虞集、王禕、張萱等資料均有《周易要義》也證明了這一點。可見，朱氏《經義考》未著録《周易要義》説明，在未見《周易要義》原書且事實未明之前，他只是默守目録書成規而已。不管怎樣，《周易要義》與《周易集義》是兩部書，朱氏未著録是一缺憾。對此，范邦甸《天一閣書目》已指出朱氏之誤，《清通志》也指出這一點。

　　本書各提要中，《文溯閣提要》《文津閣提要》與《文淵閣提要》《總目》有同有異，屬於同一提要系統但又有明顯變化。文淵閣庫本雖然校上時間最早，《文淵閣提要》言爲“乾隆四十二年二月校上”，《文溯閣提要》《文津閣提要》所言校上時間均晚於《文淵閣提要》所言，然《文溯閣提要》《文津閣提要》内容相同，與《文淵閣提要》明顯不同，主要有三點：一是對於王禕所言《要義》黜削讖緯，《文溯閣提要》《文津閣提要》言“洵有功於聖經者矣”，《文淵閣提要》言“則亦甚與以廓清之功矣”；二是《文淵閣提要》增加了考證《經義考》以《集義》爲《要義》的内容。前者反映了館臣對讖緯之學的不同評價，後者是新的文獻考定；三是有一些具體文字的改動，如上文所言刪除與“疏”重複的“正義”二字，改動《文溯閣提要》《文津閣提要》“所見惟此書及《尚書要義》《儀禮要義》猶爲完本”等文字。《文淵閣提要》和《總目》内容完全相同，而且也與天圖《總目》稿本完全相同，《文淵閣提要》當爲據《總目》稿本重寫的抽換稿①。

---

　　① 楊按：對於天津圖書館藏紀昀刪定《四庫全書總目》稿本的抄成時間，夏長樸《天津圖書館藏紀曉嵐刪定〈四庫全書總目〉稿本）的編纂時間與文獻價值》（《台大中文學報》2014 年 3 月第 44 期）一文認爲應早於乾隆四十六年二月，劉浦江《天津圖書館藏〈四庫全書總目〉殘稿研究》（《文史》2014 年第 4 輯）一文認爲抄寫時間爲乾隆五十一年，後夏長樸又發表《重論〈天津圖書館藏紀曉嵐刪定〈四庫全書總目〉稿本）的編纂時間》（《湖南大學學報》2016 年第 6 期），認爲天圖《總目》稿本的編纂時間可定在乾隆四十八年二月。筆者發現抄成於乾隆四十九年十一月的文津閣《四庫全書》書前提要多同乾隆四十七年抄成的文溯閣《四庫全書》書前提要，與天圖《總目》稿本和今藏中國國家圖書館的《總目》稿本不同，而天圖《總目》稿本、國圖《總目》稿本多與文淵閣《四庫全書》書前提要和殿本《總目》相同，似乎天圖《總目》稿本和國圖《總目》稿本的抄成時間晚於文津閣《四庫全書》的抄成時間，沒有夏長樸認爲的那麼早（夏長樸《試論國家圖書館藏〈四庫全書總目〉稿本殘卷的編纂時間》認爲國圖《總目》稿本抄成於乾隆四十七年四月至七月之間，《中國四庫學》第三輯，中華書局，2019 年）。

九、鄭汝諧《東谷易翼傳》二卷

是書，姚鼐分纂稿與《文溯閣提要》《文津閣提要》書名作“易翼傳”①，《薈要總目》《總目》《簡目》作“東谷易翼傳”②，《薈要提要》《文淵閣提要》作“鄭東谷易翼傳”③，文淵閣庫本簽、卷首和版心皆題“易翼傳”。按：《直齋書録解題》卷一、俞琰《讀易舉要》卷四、馬端臨《文獻通考》卷一七六及《宋史·藝文志》作“易翼傳”，馮椅《厚齋易學》作“鄭氏翼傳”，胡一桂《周易啓蒙翼傳》作“周易翼傳”，《文淵閣書目》著録有“鄭氏易翼”和“鄭氏易翼傳”各一部。應該説，“易翼”“易翼傳”“周易翼傳”一也，均指鄭氏此作。《薈要》本出自《通志堂經解》本，通志堂刻本簽題“東谷易翼傳”，書内版心刻“鄭東谷易翼傳”，卷首納蘭成德序題“東谷鄭先生易翼傳序”，每卷首葉第一行刻“東谷鄭先生易翼傳×經”（此同國圖所藏元大德殘本），鄭汝諧子如岡《跋》稱書爲“易翼傳”，知此書名原爲“易翼傳”，以人稱“東谷易翼傳”或“鄭東谷易翼傳”也。

是書，姚鼐分纂稿未言卷數，《薈要總目》《文津閣提要》題“四卷”，《薈要提要》《文淵閣提要》《文溯閣提要》《總目》《簡目》皆言“二卷”。按：《薈要》本據通志堂刻本謄録，通志堂刻本二卷，雖歷來書目凡有著録卷數者皆作二卷，然《薈要》本卷數並未全依通志堂刊本，而是將原“上經”“下經”又各分上下，實爲四卷，則《薈要總目》言“四卷”爲據實著録，《薈要提要》言二卷當自通志堂刊本而言，與《薈要》本實際卷數不吻合。文淵閣、文津閣庫本分卷亦同《薈要》本，實作四卷，則《文津閣提要》作“四卷”是，《文淵閣提要》《總目》《簡目》標“二卷”則非是。

對於本書底本，《薈要總目》言“依内府所藏通志堂刊本繕録，據元鄭陶孫本恭校”，《總目》書名下標注“兩江總督採進本”。今按：今國圖藏元大德年間鄭陶孫刻本，僅後一卷，二册，曾爲毛晉汲古閣舊藏，後藏鐵琴銅劍樓。是書行款、文字與通志堂刊本基本相同，但有些地方文字空闕或殘破，通志堂本文字多不闕，則通志堂本或出元大德本一系，但其本優於今存元大德本。另外，通志堂本後附之鄭如岡《跋》中五處“如岡”皆闕“岡”字，元大德本之如岡《跋》皆不闕，只是“岡”字潦草難辨而已，蓋通志堂本刊刻時未辨出“岡”字。《薈要》本上經上卷末附校記一條，上經下、下經上卷末各附校記兩條，均言底本爲“刊本”，或據文義或據監本等改，並未言及元鄭陶孫本，其下經上卷末兩條校記所

① ［清］翁方綱等撰，吳格、樂怡標校整理《四庫提要分纂稿》，頁388；金毓黻編《文溯閣四庫全書提要》第一册，頁108；《文津閣四庫全書提要匯編·經部》，頁51。
② ［清］陸費墀《欽定四庫全書薈要總目》，景印摛藻堂《四庫全書薈要》第1册，頁99；永瑢等撰《四庫全書總目·上册》，頁18；永瑢、紀昀等撰《欽定四庫全書簡明目録》，《景印文淵閣四庫全書》第6册，頁11。
③ ［清］鄭汝諧《易翼傳》卷首，景印摛藻堂《四庫全書薈要》第7册，頁424；［清］鄭汝諧《易翼傳》卷首，《景印文淵閣四庫全書》第18册，頁303。

言“刊本”情況,與通志堂本、元大德本文字相同,知《薈要》本確據通志堂刊本謄録,似乎並未據元大德本校勘。文淵閣庫本文字與《薈要》本幾乎相同,不同有二:一是《薈要》本五條校記,《薈要》本全作了改動,文淵閣庫本改了三處,有兩處未改,同通志堂刊本,這反映了文淵閣庫本與《薈要》本謄録時的不同處理方式;二是文淵閣庫本卷末附鄭如岡、鄭陶孫二《跋》,其中如岡《跋》中除最後一處作“如岡”外其餘四處均作“如”,闕“岡”字。可見,文淵閣庫本也是據通志堂刊本謄録。因姚鼐分纂稿已辨出卷末所附爲如岡、陶孫二《跋》,館臣因此得補如岡《跋》文末署名;但文中其餘四處“如岡”名之“岡”字仍闕如。

姚鼐分纂稿言“陳振孫乃謂其‘立朝多爲善類所不可’,然其不可之故未聞,未定其人爲何如也”。按:鄭汝諧在朝任大理寺少卿,曾直陳亮獄之冤。紹熙四年(1193)四月二十七日,鄭汝諧除權吏部侍郎,次日給事中黄裳繳奏,五月二日除黄裳兵部侍郎,實奪黄封駁之職,鄭、黄二人俱不就職;後樓鑰連上三狀,繳奏鄭汝諧,汝諧終出知池州。汝諧在朝敢於直言,能辨獄案,不依附韓侂胄,由大理寺少卿權吏部侍郎確有越級之嫌,以致朝議紛紜。

姚鼐分纂稿言是書“解《困》《井》爲性命之卦,其説頗失之鑿”,未免過苛,且有拘守之見。後《薈要提要》調整爲“其説亦别”,且生發爲“然朱子解經,於程子亦多所改定。蓋聖賢精義,愈闡愈深。沈潛先儒之説,其有合者疏通之,其未合於心者别抒所見以發明之,於先儒乃爲有功。是固不必守一先生之言,徒爲門户之見也”之論,對宋儒《易》學的評價客觀,氣象轉大,遂爲後來諸提要所承。

鄭汝諧與楊萬里、朱熹、陳傅良等同時,鄭如岡《跋》言其《易翼傳》“研精覃思,凡數十年而後就”,只是鄭汝諧出於慎重,其書没有廣爲流傳,則《四庫全書薈要》將《易翼傳》置於王應麟所輯《周易鄭注》後、文淵閣《四庫全書》將其置於魏了翁《周易要義》之後甚不合宜。

十、方實孫《淙山讀周易記》二十一卷

本書書名,《初目》《文淵閣提要》《總目》《簡目》作“淙山讀周易記”[①],《文溯閣提要》《文津閣提要》作“淙山讀周易”[②]。按:明祁承爜《澹生堂書目》著録爲“《方淙山讀周易》十卷,六册”,阮元《文選樓藏書記》卷五著録爲“《讀周易》”,今南京圖書館藏清抄本(以下簡稱“清抄本”)各卷首題“讀周易”,文淵閣、文津閣庫本每卷首和版心均作“淙山讀周易”。自文淵閣庫本方氏《自序》和《後序》作“淙山讀周易序”“淙山讀周易後序”及《四庫全書考證》言書名“淙山讀周易”以及《初目》《文淵閣提要》《文溯閣提要》《文津閣提要》《總目》皆言

---

① 江慶柏等整理《四庫全書初次進呈存目》,頁 11;《淙山讀周易記》卷首,《景印文淵閣四庫全書》第 19 册,頁 573;永瑢等撰《四庫全書總目·上册》,頁 19;永瑢、紀昀等撰《欽定四庫全書簡明目録》,《景印文淵閣四庫全書》第 6 册,頁 12。

② 金毓黻編《文溯閣四庫全書提要》第一册,頁 112;《文津閣四庫全書提要匯編·經部》,頁 55。

"此書舊本但題曰《讀周易》"來看,書初名"讀周易","淙山讀周易"之稱即從"讀周易"出。自《宋史·藝文志》著録爲"方實孫《讀易記》八卷"來看,書稱"記"也較早。明《文淵閣書目》著録爲"方實孫《淙山讀易記》,一部,六册",後朱睦㮮《萬卷堂書目》、焦竑《國史經籍志》均著録爲《讀易記》十六卷,朱彝尊《經義考》著録爲"淙山讀周易記",《初目》《文淵閣提要》《總目》《簡目》蓋據此定名爲"淙山讀周易記";然據文淵閣、文津閣庫書之實來看書名應以"淙山讀周易"爲是,四提要據傳統命名與實際收書不符。又劉克莊《後村集》之《方寔孫經史説》言其書云"易説"、全祖望《鮚埼亭詩集》卷六言"方淙山易",二名當爲泛稱,並非準確書名。

　　本書作者,諸提要皆言"方實孫",然文淵閣庫本卷一至十八署"方寔孫",卷十九至二十一署"方實孫"。按:《宋史·藝文志》作"方實孫",後世目録書亦多作"方實孫",祁承㸁《澹生堂書目》作"方實",當脱"孫"字,僅焦竑《國史經籍志》和阮元《文選樓藏書記》作"方寔孫"。劉克莊《後村集》有五處詩文與方氏有關,均作"方寔孫"。今存清抄本《讀周易》各卷皆署"淙山方寔孫端仲",考慮到文淵閣庫本署名,似乎方氏本名"寔孫"。古人多"寔""實"混用,故亦寫作"實孫"。

　　本書卷數,《初目》作八卷,言"此本仍作八卷,則猶從宋刻録出也",《文淵閣提要》《文溯閣提要》《文津閣提要》《總目》《簡目》皆作二十一卷,且言"又不知誰所分也"。則八卷本與二十一卷本當非一本。按:《初目》所言八卷本後世不見。《總目》書名下標注"山東巡撫採進本",但不見於《四庫採進書目》之《山東巡撫呈送第一次書目》和《第二次書目》,未明《總目》標注依據。《四庫採進書目》僅《浙江省第四次吳玉墀家呈送書目》著録有吳玉墀家呈送之《讀周易》,云"十卷""四本",與《初目》《總目》所言又均不同,則文淵閣庫本所據底本應與此十卷本無關。《文淵閣提要》《文溯閣提要》《文津閣提要》《總目》皆轉引《經義考》所引曹溶"《宋志》八卷,《澹生堂目》作十卷,《聚樂堂目》作十六卷"語,《文淵閣提要》和《總目》又在此基礎上言:"今世所行凡二本:一本不分卷,不知孰合之;此本凡上經八卷、下經八卷、《繫辭》二卷、《序卦》《説卦》《雜卦》各一卷,又不知誰分也。"楊按:《文淵閣提要》和《總目》所言不實。據《初目》和上引《浙江省第四次吳玉墀家呈送書目》來看,四庫館曾收到過八卷本和十卷本,則至少應言有不分卷、八卷、十卷、二十一卷凡四本也。《浙江採集遺書總録·甲集》言此十卷本爲秀水朱氏曝書亭寫本,則當爲朱彝尊舊物,後散出爲吳玉墀家所有,道光年間又爲阮元所有,並録入《文選樓讀書記》。又全祖望《鮚埼亭詩集》卷六曾言己有"方淙山易",爲澹生堂舊物,祁承㸁彌甥谷林曾向全氏索購,全靳而不予,則全氏所藏即《澹生堂目》之十卷本。遺憾的是,這兩種十卷本今已難覓。由於八卷本、十卷本今無見,二者什麼關係亦無緣得知。今天可以清抄本來管窺一下不分卷、八卷本、十六卷本和二十一卷本及其關係。清抄本六册,半葉十行,行二十字,"恒"字缺末筆,避宋真宗諱,似乎淵源甚早。雖然該館著録此本二十一卷,但其分卷並非自卷一至卷二十一,而是《讀周易》上經從卷一至八、下經從卷一至八，《讀繫辭》雖分上下，但和《讀説卦》《讀序卦》（誤作《讀卦序》）《讀雜卦》一樣均不計卷，似乎又可合稱不分卷，或僅據《讀周易》稱八卷本或十六卷本，稱"二十一卷"是將《讀繫辭》《讀説卦》《讀卦序》《讀雜卦》看作五卷與前面的《讀周易》十六卷相合的結果。則此清抄本可看作二十一卷本之前的本子。如果文淵閣庫本底本真的標卷從一至二十一的話，那麼這個底本當在清抄本或其同系統本基礎上進一步發展而成。將清抄本與文淵閣庫本對校，也似乎能證明這一點。這兩本文字不同主要有：一是兩本《讀周易》之前均有六圖及解，清抄本首葉第一行有"易則河圖洛書圖"，文淵閣庫本無，文津閣庫本有目録作"涼山讀周易圖説"，又清抄本《易卦變合圖》中有些卦有外圈，文淵閣庫本無；二是清抄本《讀雜卦》後有一葉，始"九三爻同乎兑"終"先儒已言之矣"，似爲書中脱葉，文淵閣庫本無；三是《四庫全書考證》卷二有本書校記十五條，館臣據孔傳、孔疏或程傳給出了校改意見，文淵閣庫本這十五處全同《考證》校記所改，而清抄本有八處同《考證》所指訛誤，有七處同《考證》所改，似乎説明文淵閣庫本底本這七處訛誤確爲此系統版本之新增；四是清抄本與文淵閣庫本有些異文，如《讀周易》下經卷一首葉清抄本"有《艮》《兑》《巽》《震》又各有上下"，文淵閣庫本作"有《艮》《兑》《震》《巽》之各有上下"，清抄本"《巽》《震》"次序誤倒，文淵閣庫本"又"訛作"之"，又清抄本《讀説卦》之末"獨於《坎》《艮》"，文淵閣庫本作"獨於《艮》《坎》"，文淵閣庫本次序誤倒。四方面説明清抄本雖然有訛誤和竄亂，但來源似較文淵閣庫本的底本早，其八處訛誤同文淵閣庫本底本説明兩者關係較密切，二十一卷的文淵閣庫本底本應在清抄本系統較後的本子上改定而成。還應提到，《中國古籍總目》著録國圖藏有明抄殘本，僅存上經卷六至八，下經卷一，此本應與清抄本前後相承。

　　本書各提要，《文溯閣提要》《文津閣提要》似均以《初目》爲基礎增衍而成，《總目》又據《文溯閣提要》《文津閣提要》所據之本加以增衍，《文淵閣提要》疑爲撤換復據《總目》重抄者。

　　【作者簡介】楊新勛，文學博士，南京師範大學文學院教授，主要研究中國經學與四庫學。

《四庫全書總目》詔令奏議類提要條辨

王 勇

【提　要】《四庫全書總目》雖是一部偉大的目録學著作，但其中錯誤亦甚多。自成書以來，勘誤未斷。這部分成果之彙聚，可以參考中華書局整理本《欽定四庫全書總目（整理本）》、魏小虎《四庫全書總目彙訂》，及近年來所發表相關論文、論著。今以中華書局《四庫全書總目》（以下簡稱“《總目》”）爲底本，參照前人研究，新辨《總目》詔令奏議類之失十二條。

【關鍵詞】　四庫全書總目　詔令奏議　辨誤

1. 《左史諫草》一卷

　　《總目》：宋吕午撰。午字伯可，歙縣人。嘉定四年進士，官至起居郎、右文殿修撰、知漳州。事迹具《宋史》本傳。①

　　按：《總目》記載書籍作者“官至”之例，一般記録其實際歷官中最後或最高官職。考《宋史》本傳，但稱：“遷起居郎兼史院官，官至中奉大夫，閑居一紀卒，年七十有七，累贈至華文閣學士、通奉大夫。”②不言吕午爲“右文殿修撰、知漳州”。“右文殿修撰、知漳州”實乃館臣據本書所附方回《左史吕公家傳》所增。考《家傳》言其寶祐三年（1255）十二月九日卒，又言：“公平生所敬獨徐參政清叟、董丞相槐，令子師尊之。程丞相元鳳同里、同經，後公二十一年生，相友善。公身後除右文殿修撰、知漳州，四年丙辰春旨守本官職致仕，以生存出命，董、程在政府爲之也。”③知右文殿修撰、知漳州爲卒後所除之官，非其實際歷官，著此與《總目》書官至之例不合。

2. 《楊文忠公三録》七卷

　　《總目》：明楊廷和撰。……《視草餘録》蕭大亨爲之序。又有自序，謂官内閣時，凡朝廷奏對之詞，政事可否之議，隨事録之。序題嘉靖六年，而所記止於嘉靖二年，則廷和以嘉靖三年正月去位也。（頁498）

【基金項目】本文爲全國高校古委會直接資助項目《四庫總目補正》（批准編號1957）成果。

① ［清］永瑢等《四庫全書總目》，中華書局，1965年，頁497。以下皆標注頁碼。
② ［元］脱脱等《宋史》，中華書局，1985年，頁12298。
③ ［宋］吕午《左史諫草》，《景印文淵閣四庫全書》第427册，臺灣商務印書館，1986年，頁409。

按："正月"當作"二月"，楊廷和去位在嘉靖三年（1524）二月，非嘉靖三年正月。《明史·楊廷和傳》："廷和先累疏乞休，其後請益力。又以持考獻帝議不合，疏語露不平。三年正月，帝聽之去。責以因辭歸咎，非大臣道。然猶賜璽書，給輿廩郵護如例，申前蔭子錦衣衛指揮使之命。給事、御史請留廷和，皆不報。"①考《明史》之初稿萬斯同《明史》卷二六五《楊廷和傳》作"廷和遂再疏引疾，帝遽聽之"②，初不載其去職年月，去職年月乃後來修《明史》者所增，遂爲《總目》所本。然考《明世宗實錄》卷三六、嘉靖三年二月："丙午，少師兼太子太保吏部尚書華蓋殿大學士楊廷和乞致仕，許之。初，廷和以議禮不合，又諫織造忤旨，力求去。有詔勉留，再疏遂允，賜勅馳驛還。令有司月給米六石，歲撥夫八人，仍命吏兵二部擬論功世蔭以聞。時言官交章請留，不聽。"③則去位在嘉靖三年二月，非正月。《明史》雖本《明實錄》而來，然已訛作"正月"，《總目》又誤因之。

3.《垂光集》二卷

《總目》：明周璽撰。……是集上卷載疏十三篇，上於弘治朝者七，上於正德朝者六。（頁 499）

按：《總目》所謂"上於弘治朝者七"中，即《論貢舉疏》（弘治十五年正月初八日）、《論罷興作疏》（弘治十一年④）、《論釋無辜疏》（弘治十二年五月十二日）、《論重名器疏》（弘治十年六月十五日）、《論欺罔疏》（弘治十四年五月二十三日）、《論運法疏》（弘治十四年七月十三日）、《論治化疏》（弘治十八年五月二十九日）等七篇。考弘治十八年（1505）五月乙酉朔，據《明史·孝宗紀》，是年五月"辛卯，崩於乾清宮"⑤，即五月初七崩，武宗於五月十八日壬寅即位。而《論治化疏》末題"弘治十八年五月二十九日具題"⑥，是已入武宗一朝，特循例未改元而已。則從其實當著錄"上於孝宗朝者六，上於武宗朝者七"。

《總目》又云：《明史》本傳但稱其劾法王真人，劾太監齊元，侍郎李溫，太監苗逵，尚書崔志端、熊翀、賈斌，都御史金澤、徐源。又應詔陳八事，劾大僚賈斌等十一人、太監李興等三人、勳戚張懋等七人、邊將朱廷等三人。（頁 499）

按："十一人"當作"二人"。《明史·周璽傳》："正德元年復應詔陳八事，中劾大僚賈斌等十一人，中官李興等三人，勳戚張懋等七人，邊將朱廷、解端、李

①　［清］張廷玉等《明史》，中華書局，1974 年，頁 5039。
②　［清］萬斯同《明史》，《續修四庫全書》第 328 冊，上海古籍出版社，1995 年，頁 516。
③　《明世宗實錄》，臺灣"中央研究院"歷史語言研究所校印本，頁 899。
④　筆者按：此篇文淵閣四庫本未題年月。然疏中稱"今歲毓秀亭之建"。考《明史·宦官·李廣傳》："（弘治）十一年，廣勸帝建毓秀亭於萬歲山。"（頁 7784）則是疏乃弘治十一年所上。
⑤　［清］張廷玉等《明史》，頁 196。
⑥　［明］周璽《垂光集》，《景印文淵閣四庫全書》第 429 冊，頁 274。

稽等三人。"①《總目》據以著録,似當無誤。考其所謂"應詔陳八事"在本集《論興革疏》中,其言:"竊見近年以來,名器日濫,士風日靡。且如鴻臚寺掌寺事、禮部尚書賈斌,本以庸流,濫叨上卿。光禄寺卿張駿等,亦由雜進,至階三品。官爵冗濫,士論不平,合無將各衙門堂上官員不由科目、雜流進用者,如鴻臚寺等項官員止陞本衙門正卿,以後年勞雖多,止增俸級,不得濫叨。尚書侍郎官銜如内閣中書,不係進士、舉人别項進用者,陞職止於五品。以後論績或賞賜或加俸,不許濫叨顯職。且官爵所以賞功,而尚書官銜,論道經邦者得帶之,雜流供職者亦帶之,章服所以命德,而乘軒之榮,倡牧阜民者得乘之,執役書寫者亦乘之。致使正途縉紳,一概回避,於事體有乖,於體統不順,召致災變,或係於此。然揆度義理,自宜區别。必如前項處置,庶爲得宜。臣再查得近日傳陞、乞陞官員,俱奉詔旨降調。禮部精繕司郎中劉准亦在乞陞數内,何幸漏網。乞敕吏部將劉准及臣所未知者,逐一查奏定奪,照例降級調用,授以應該衙門官職,不得濫膺部屬正印。如此則名器稍重而臣工知勸,天意可回矣。一汰不職,以新治化。臣竊聞傅説告高宗曰:'惟治亂在庶官,官不及私昵,惟其能。爵罔及惡德,惟其賢。'方今内外官員,盡職辦事者固多,而曠職廢事者不少。以内言之,如内官監太監李興生事營造"②云云。其"太監李興"以下諸人,則確如《總目》所述。此其上疏原文,可見但提及賈斌、張駿二"大僚"。又考《明武宗實録》卷九、正德元年(1506)正月,亦載此上疏,亦作:"近來名器日濫,如掌鴻臚寺事禮部尚書賈斌、光禄寺卿張駿等本以庸流雜進,士論不平。自後不由科目進者,宜止陞本衙門正卿。年勞雖多,止增俸給,不得監與尚書侍郎官秩。如内閣中書不係進士舉人進者,陞職止於五品。以後論績,或賞賜,或加俸,不許濫叨顯職。又近日傳陞乞陞官員俱奉詔旨降調,而禮部郎中劉准亦乞陞者,何幸漏網。乞敕吏部將准及臣等所未知者逐一查奏,照例降調,其汰不職,以新治化。"③亦無十一人大僚之數,皆可證"十一人"當作"二人"。

　　4.《玉坡奏議》五卷

　　　　《總目》:明張原撰。原字士元,三原人。正德甲戌進士,授吏科給事中。以疏論時事,謫貴州新添驛丞。嘉靖元年,召復故官。(頁499)

　　按:《明世宗實録》卷九、正德十六年(1521)十二月:"復除吏科給事中張原於兵科。原先以傳奉謫邊方驛丞,今奉詔復職也。"④則復官在正德十六年,尚未改元,不得稱"嘉靖元年"。

　　　　《總目》又云:坎坷八年,其志不挫,益以慷慨直諫自許。如《正殷通等陞職世襲疏》……《停司禮監乞請疏》……今具載集中。當其賜環之初,趙漢與之同科,贈之以詩,有"碧桃雨露空千樹,老竹冰霜見一竿"句,又有"回

---

①　[清]張廷玉等《明史》,頁4984。
②　[明]周璽《垂光集》,頁279—280。
③　《明武宗實録》,臺灣"中央研究院"歷史語言研究所校印本,頁287—288。
④　《明世宗實録》,頁328。

來龍劍星文在,遲暮提攜得共看"句。今載漢《漸齋詩稿》中。(頁499)

　　按:據《四庫全書》所收此書,《正殷通等陞職世襲疏》,"正"當作"止"。此篇在卷二,原題《止殷通等乞陞職世襲疏》。其稱"今殷通等無汗馬之勞,尺寸之功,徒以一時遭際,顧欲得世襲官職,以自比於軍功之列。臣恐邊陲將士聞之解體"①云云,則是諫止之"止"。又,"回來"辭氣不暢,據《四庫全書存目叢書》所收明嘉靖三十四年(1555)刻趙漢《漸齋詩草》上卷《甲申三月答張士原省中述懷次韻》詩,"回來"當作"向來"②,《總目》字訛。

　　5.《南宮奏稿》五卷

　　　　《總目》:明夏言撰。……此本爲御史王廷瞻所刊行,即其官尚書時所上。(頁499—500)

　　按:《四庫全書》本前有嘉靖十三年(1534)汪文盛序,言夏言"爰托侍御王君廷瞻刻之,寄示幽鄙,且命爲叙"③云云,則刻書者名王廷瞻,《總目》作"瞻"誤。王廷瞻,字稚表,黃岡人,《明史》卷二二一有傳,嘗任御史,故汪序稱"侍御"。

　　6.《兩垣奏議》一卷

　　　　《總目》:明逯中立撰。……其中《論公用舍》《論修史用人》及《論會推閣臣》三疏,本末略具《明史》本傳。蓋中立以是三疏,一忤旨停俸,一見忌輔臣,一被貶外授,故史特摘録於本傳。(頁500)

　　按:考《明史·逯中立傳》凡載二疏。一爲"行人高攀龍,御史吳弘濟,南部郎譚一召、孫繼有、安希範咸以爭趙用賢之罷被斥,中立抗疏曰:'諸臣率好修士,使踡伏田野,誠可惜也。陛下怒言者,則曰出朕獨斷,輔臣王錫爵亦曰至尊親裁'"④云云,一爲"未幾,文選郎顧憲成等以會推閣臣事被斥,給事中盧明諏救之,亦貶秩。中立上言:'兩年以來,銓臣相繼屏斥。尚書孫鑨去矣,陳有年杜門求罷矣,文選一署空曹逐者至再三,而憲成又繼之。臣恐今而後,非如王國光、楊巍,則不能一日爲冢宰'"⑤云云。核之前疏出《論公用舍》一疏。後疏出《請容直臣以勸百僚疏》,即《總目》所言《論會推閣臣》。知爲《明史》所摘用者唯《論公用舍》及《請容直臣以勸百僚疏》二疏,未及《論修史用人》。其因《論修史用人》"見忌輔臣"之事,《明史》但言"有詔修國史,錫爵舉故詹事劉虞夔爲總裁。虞夔,錫爵門生也,以拾遺劾罷。諸御史言不當召。而中立詆虞夔尤力,並侵錫爵,遂寢召命。"⑥實未嘗引其疏中文字。《總目》謂《明史》三疏皆摘録於本傳,失檢。

　　7.《靳文襄奏疏》八卷

　　　　《總目》:國朝靳輔撰。輔字紫垣,鑲紅旗漢軍,初授翰林院修撰,官至

---

① 　[明]張原《玉坡奏議》,《景印文淵閣四庫全書》第429册,頁364。
② 　[明]趙漢《漸齋詩草》,《四庫全書存目叢書》集部第68册,齊魯書社,1996年,頁10。
③ 　[明]夏炎《南宮奏稿》,《景印文淵閣四庫全書》第429册,頁410。
④⑤⑥ 　[清]張廷玉等《明史》,頁6017。

總督河道、兵部尚書,文襄其謚也。(頁 501)

按:編修、修撰爲清代翰林院二職,據《清史稿·職官二》,修撰從六品,編修正七品。宣統元年,並改從五品①。《清史稿》靳輔本傳稱"順治九年,以官學生考授國史館編修,改內閣中書,遷兵部員外郎"②云云,則初授者爲翰林院編修,非翰林院修撰。又據清王士禛所撰《光禄大夫總督河道提督軍務兵部尚書兼都察院右副都御史靳文襄公輔墓誌銘》,稱:"年十九,入翰林爲編修,朝章國故,已極博綜。遷兵部職方司郎中、通政使司右通政,遂進武英殿學士,兼禮部侍郎"③云云,亦言其初授爲翰林院編修,不載嘗任修撰。《總目》謂初授翰林院修撰,誤。

8.《代言録》一卷

《總目》:明楊士奇撰。……是書乃其《東里別集》之一種。所録皆在內閣撰擬碑册詔誥之文。自永樂四年至正統九年,每篇末具標年月日。(頁 503)

按:《四庫全書》之《東里別集》卷一即《代言録》。考其中所録大多篇末標舉年月日,但亦有文前已述而篇末不言者,如《册貴妃文》《文皇帝尊謚册文》《文皇后尊謚册文》;有前後均無年月者,如《昭容誥文》《觀天之器銘》等。《總目》稱"每篇末具標年月日",不確。

《總目》又云:……洪熙元年六月十二日《即位詔》款有云:"原差去官養官員人等即便回京,毋致重擾軍民。"《實録》載此篇"毋致重擾軍民"句作"不許託故遲延"。則此書當爲士奇初稿,臨時或更加潤飾,《實録》由定本録之耳。又加洪熙元年八月初六日《諭吏部申明薦舉敕》,自"中有廉潔公正"句下尚有十五句,而今本《實録》載此篇皆脱之。(頁 503)

按:《明實録》所載《即位詔》,本作"不許託故稽延",《總目》"稽"誤作"遲"字。又,《諭吏部申明薦舉敕》自"中有廉潔公正"句下,《東里別集·代言録》尚有:"才堪撫字者,悉以名聞。務合至公,以資實用,不許徇私濫舉。如所舉之人受贓④有犯贓罪者,並舉者連坐。蔽賢不舉,國有明憲。夫天下生民之安否,係於守令之得失爾,尚慎重簡界,以副朕惓惓斯民之心。欽哉! 故諭洪熙元年八月初六日。"⑤即《總目》所論。考《明宣宗實録》卷七、洪熙元年(1425)八月載此詔:"才堪撫字者,悉以名聞。務合至公,以資實用,不許徇私濫舉。如所舉之人受職有犯贓罪者,舉者連坐。蔽賢不舉,國有明憲。夫天下生民之安否,係於守令之得失爾,尚慎重簡界,以副朕惓惓斯民之心。欽哉!"⑥未嘗

①　趙爾巽等《清史稿》,中華書局,1977 年,頁 3309。
②　趙爾巽等《清史稿》,頁 10114。
③　[清]錢儀吉纂,靳斯校點《碑傳集》,中華書局,1993 年,頁 2126—2127。
④　筆者按:"受贓"當加《實録》作"受職",四庫本誤。
⑤　[明]楊士奇《東里別集》,《景印文淵閣四庫全書》第 1239 册,頁 600—601。
⑥　《明宣宗實録》,臺灣"中央研究院"歷史語言研究所校印本,頁 188。

有脱。《總目》若非失檢，當所據之本未完。

9.《葉文莊奏疏》四十卷

《總目》：明葉盛撰。……盛初官兵科給事中，有《西垣奏草》九卷。出官山西參政，協贊軍務，有《邊奏存稿》七卷。巡撫兩廣，有《兩廣奏草》十六卷。巡撫宣府，有《上穀奏草》八卷。其子淇，初併《水東稿》《開封紀行稿》《菉竹堂》《涇東稿》，合爲九十卷，刻於衡州。（頁504）

按：考明李東陽《懷麓堂集》卷二八《葉文莊公集序》：“《葉文莊公集》若干卷，帙同而名異。其曰《水東稿》者，爲諸生及爲給事中，參政，爲都御史巡撫宣府而作；曰《開封紀行稿》者，爲給事奉使河南而作；曰《菉竹堂稿》者，在廣東、西巡撫而作；曰《涇東稿》者，爲禮、吏二部侍郎而作。詩則以次彙録，文則計體而分，皆公手自編定。而總之曰《文莊集》者，則其子貢士晨所名。”①當即《總目》所論之事。葉盛惟一子，其名爲晨。明錢穀《吳都文粹續集》卷四四彭時《明正議大夫吏部左侍郎諡文莊葉公神道碑銘》載：“公凡再娶，先金氏，贈淑人。繼耿氏，刑部尚書耿清惠公之女，封淑人。子男一，晨，補國子生。”②則“其子淇”當作“其子晨”。

10.《本兵疏議》二十四卷

《總目》：明楊博撰。……此集爲其子士俊所編。（頁506）

按：“士俊”當作“俊士”。《四庫全書存目叢書》收有明萬曆十四年（1586）師貞堂刻本，據是刻，卷前有《恭請先襄毅公本兵疏議序狀》，末題“萬曆三年秋八月望日孤子楊俊士稽顙百拜謹狀”③。則此人爲楊俊士。明焦竑《國朝獻徵録》卷二五徐階《光禄大夫柱國少師兼太子太師吏部尚書贈太傅諡襄毅楊公博神道碑銘》：“子男五：俊民，嘉靖壬戌進士，太僕少卿；俊士，萬曆甲戌進士，鳳翔府推官；俊彦，官生；俊卿，隆慶戊辰武舉第一人，管錦衣衛事指揮使；俊臣，官生。”④明張居正《張太岳先生文集》卷一三《光禄大夫柱國少師兼太子太師吏部尚書贈太保⑤諡襄毅楊公墓誌銘》：“諸子皆才賢。段夫人生：俊民，嘉靖壬戌進士，太僕少卿；俊士，萬曆甲戌進士，鳳翔府推官；俊彦，官生；俊卿，隆慶武舉第一人，管錦衣衛事指揮使。……側室賀氏、何氏。賀生子俊臣，官生。”⑥張四維《條麓堂集》卷三〇《光禄大夫柱國少師兼太子太師吏部尚書贈太傅諡襄毅虞坡楊公行狀》：“公配段氏……生子男四人：俊民，嘉靖壬戌進士，太僕寺少

---

① ［明］李東陽《懷麓堂集》，《景印文淵閣四庫全書》第1250册，頁295。

② ［明］錢穀《吳都文粹續集》，《景印文淵閣四庫全書》第1386册，頁393。

③ ［明］楊博《本兵疏議》，《四庫全書存目叢書》史部第61册，頁230。

④ ［明］焦竑《國朝獻徵録》，《四庫全書存目叢書》史部第101册，頁291—292。

⑤ 筆者按：此文所據爲明萬曆四十年刻本，稱太保，文中亦稱：“上震悼，爲輟朝一日。賜祭葬，贈太保，諡襄毅。”考之《明神宗實録》卷三〇、萬曆二年十月所附傳記，稱“賜祭葬，贈太傅，諡襄毅”。則當作“太傅”，此本誤。

⑥ ［明］張居正《張太岳先生文集》，《四庫全書存目叢書》集部第113册，頁484。

卿。……俊士,萬曆甲戌進士,陝西鳳翔府推官。……俊彥,官生。……俊卿,隆慶戊辰武舉第一人,管錦衣衛事指揮使。……側室賀氏、何氏。賀生男一:俊臣,官生。"①又,楊博爲蒲州人。蒲州屬平陽府。諸方志如《(萬曆)平陽府志》《(乾隆)蒲州府志》所載均同。以上均可證其名"俊士",非"士俊"。

　　　　《總目》又云:始嘉靖三十四年,迄隆慶六年,皆博爲兵部尚書時所上,
　　　　故名曰《本兵疏議》。(頁506)

　　按:據《明史·楊博傳》,楊博先任兵部尚書,後:"久之,改吏部尚書。隆慶改元……大學士高拱掌吏部,薦博堪本兵。詔以吏部尚書理兵部事。……六年,高拱罷,乃改博吏部,進少師,兼太子太師。明年秋,疾作,三疏乞致仕歸。逾年卒。贈太傅,諡襄毅。"②考《明世宗實錄》卷四二〇、嘉靖三十四年(1555)三月:"陞總督薊遼保定都察院右都御史楊博爲兵部尚書。"③其後《明世宗實錄》卷五六三、嘉靖四十五年(1566)十月:"改少保兼太子太保兵部尚書楊博爲吏部尚書。"④即《明史》所言"久之,改吏部尚書"事。明焦竑《國朝獻徵錄》卷二五徐階《光禄大夫柱國少師兼太子太師吏部尚書贈太傅諡襄毅楊公博墓表》載厥後之事:"改吏部尚書。未幾,莊皇帝即位,大黜群吏。……後二年,一品三考,加少傅,兼太子太傅。……又二年……公遂謝政去。後二年起家,以原官掌兵部事。明年今天子即位,召公還吏部。"⑤其後至卒一直爲吏部尚書,但兼掌兵部而已。據《明史·七卿年表》,嘉靖四十五年之後至隆慶六年兵部尚書依次有趙炳然、郭乾、霍冀、郭乾、楊博、談綸⑥。其中楊博之任在隆慶五年(1571)十月(《明史》原注:"三月起,十月任。")至隆慶六年(1572)六月(《明史》原注:"六月改吏部。")即徐階《墓表》所謂"後二年起家,以原官掌兵部事",此表與《墓誌》所載不同。據《明實錄》所載,其起用年月在隆慶五年三月,隆慶五年七月已有"管兵部事少傅楊博等條陳申飭薊昌二鎮秋防事宜。一定戰守"⑦云云,則七月已在任,《明史》作"十月"疑誤。復考此篇,即本集卷二一之《責成薊昌遼保諸鎮邊臣及時整飭邊備疏》,以《明實錄》定之,此時乃"管兵部事"。然則以官職而言,嘉靖三十四年至嘉靖四十五年,確在兵部尚書之任,所上諸疏亦確爲兵部尚書時所上。至嘉靖四十五年十月至隆慶六年間,本集所收奏疏乃其隆慶五年、六年所上,其時乃《明史》所謂"以吏部尚書理兵部事"之時,非時任兵部尚書,《總目》不得統謂"皆博爲兵部尚書時所上"。

　　①　[明]張四維《條麓堂集》,《續修四庫全書》第1351册,頁765。
　　②　[清]張廷玉等《明史》,頁5658。
　　③　《明世宗實錄》,頁7281。
　　④　《明世宗實錄》,頁9027。
　　⑤　[明]焦竑《國朝獻徵錄》,《四庫全書存目叢書》史部第101册,頁294。
　　⑥　[清]張廷玉等《明史》,頁3470—3472。
　　⑦　《明穆宗實錄》,頁1452。

11.《平倭四疏》三卷

《總目》:明章焕撰。焕字揚華,一字茂實,長洲人。嘉靖戊戌進士,官至督理南京倉儲、右副都御史。焕初由刑部主事改吏部,擢南京太僕寺卿。(頁507)

按:"刑部主事"當作"禮部主事"。明俞汝楫《禮部志稿》卷四二"主事"類下載:"章焕,懋實,直隸吳縣人。嘉靖戊戌進士,二十五年任。陞吏部稽勳員外郎,歷漕運副都御史。"①明雷禮《國朝列卿紀》卷一五四:"章焕字懋實,直隸吳縣人。嘉靖戊戌進士,任禮部主事。二十七年,陞吏部稽勳司員外。二十八年轉考功。二十九年陞驗封司郎中,轉考功。三十年陞南京太僕寺■②卿。三十四年陞光禄寺卿。三十六年陞巡撫河南右僉都御史。三十八年陞總督漕運右副都御史。三十九年改督南京糧儲,未任下獄。"③所載履歷甚悉。綜上,可知"刑部主事"當作"禮部主事"。

12.《南宮奏牘》二卷

《總目》:明高拱撰。……嘉靖壬戌,拱爲禮部左侍郎,改吏部,進禮部尚書,召入直廬,皆在一年之中。(頁507)

按:高拱由禮部左侍郎,改吏部左侍郎,進禮部尚書,召入直廬,其事非在一年之中。明焦竑《國朝獻徵録》卷一七載郭正域《光禄大夫柱國少師兼太子太師吏部尚書中極殿大學士贈太師高文襄公拱墓誌銘》:"公没且二十四年,而嗣子務觀乃得請易名之典,上予謚文襄。謚法因事有功曰襄,上念公功在社稷也。既得請而務觀乃敢乞志文。按狀公名拱,字肅卿。……壬戌,陞禮部左侍郎兼學士,知貢舉。科場諸弊百五十年所不能正者,革之殆盡。癸亥,改吏部左侍郎兼學士,掌詹事府事。……乙丑,主考會試。所爲程士文奇傑縱横,傳誦海内。六月,陞禮部尚書,兼學士。……丙寅,進兼文淵閣大學士,參預機務。未幾,召入直,賜直房。"④可見其任吏部左侍郎在嘉靖四十一年壬戌(1562),改吏部左侍郎在嘉靖四十二年癸亥(1563),陞吏部尚書在嘉靖四十四年乙丑(1565),入直在嘉靖四十五年丙寅(1566)。中間相隔四年,非一年之内事。考《明史·高拱傳》:"四十一年,擢禮部左侍郎。尋改吏部,兼學士,掌詹事府事。進禮部尚書,召入直廬。撰齋詞,賜飛魚服。四十五年,拜文淵閣大學士,與郭樸同入閣。"⑤《明史》於嘉靖四十一年後未詳書年歲,故《總目》誤爲一年之事。

【作者簡介】王勇,中國古典文獻學博士,山東理工大學齊文化研究院講師,研究方向爲古文獻學。

---

① [明]俞汝楫《禮部志稿》,《景印文淵閣四庫全書》第597册,頁785。
② 筆者按:"■"符乃墨釘。據《明實録》所載章焕歷官,此處當爲"少"字。
③ [明]雷禮《國朝列卿紀》,《四庫全書存目叢書》史部第94册,頁729。
④ [明]焦竑《國朝獻徵録》,《四庫全書存目叢書》史部第100册,頁627。
⑤ [清]張廷玉等《明史》,頁5638。

論《文淵閣四庫全書》本《考古圖》的底本
來源及其價值
——兼論《四庫全書》纂修與清宮天禄琳琅藏書之關係

李振聚

【提　要】《文淵閣四庫全書》本《考古圖》十卷《續考古圖》五卷《釋文》一卷，源出清宮天禄琳琅所藏錢曾影宋鈔本。《文津閣四庫全書》本《考古圖》所據底本源出清乾隆黄晟亦政堂校補重印明寶古堂本。學術界論及《四庫全書》本《考古圖》底本的相關問題，僅以文津閣本立論，認爲《四庫全書》本《考古圖》源出元刻本或明刻本，而非影宋鈔本，忽視了《文淵閣四庫全書》本《考古圖》的底本來源及版本價值，亦忽視了《四庫全書》的纂修與清宮天禄琳琅藏書之關係。

【關鍵詞】　《考古圖》　《四庫全書》　底本

　　《考古圖》《續考古圖》《考古圖釋文》三書，世所傳以《考古圖》十卷較爲常見。錢曾藏有這三種書的宋刻本，得於無錫顧宸，後歸泰興季振宜，又歸崑山徐乾學。錢曾復從徐乾學借鈔，其圖亦令良工繪畫，不失毫髮，紙墨更精於槧本[①]。此影鈔本，後來貢入内府，爲清宮天禄琳琅之珍藏，《天禄琳琅書目》著録[②]。《文淵閣四庫全書》本《考古圖》十卷《續考古圖》五卷《釋文》一卷即據天禄琳琅所藏錢曾影宋鈔本鈔録。而錢曾、季振宜、徐乾學遞藏的宋本後來不見著録，或已亡佚[③]，錢曾的影宋鈔本毁於嘉慶二年的乾清宫大火，所以《文淵閣四庫全書》中保存的這個鈔本就彌足珍貴。《續考古圖》及《考古圖釋文》二書，自宋以後再無刻本，清光緒十三年歸安陸心源據傳鈔翁方綱鈔本刊刻，始爲人所習知。清乾隆間纂修《四庫全書》，四庫全書館匯集各地進呈之本乃至内府所藏之本、武英殿庫貯之本甚多，皆僅有《考古圖》十卷而已，並無《續考古圖》

---

　　① ［清］錢曾撰，丁瑜點校《讀書敏求記》卷二，書目文獻出版社，1984年，頁41。錢曾云："《考古圖》十卷之外尚有《續考》五卷，《釋文》一卷，乃北宋鏤版，得於無錫顧宸家，後歸泰興季振宜，又歸崑山徐乾學。曾復從乾學借鈔，其圖亦令良工繪畫，不失毫髮，紙墨更精於槧本。"

　　② ［清］于敏中等奉敕撰《天禄琳琅書目》，上海古籍出版社，2007年，頁112。

　　③ 陸心源《續考古圖叙》云："相傳徐氏傳是樓之書，雍正中全歸怡賢親王之安樂堂。安樂堂之書，同治初亦不能守，潘伯寅、翁叔平兩尚書各有所得，朱修伯宗丞、楊協卿太史得之爲多。是書宋本不知所歸，夫物之顯晦有時，時之先後有數。安得一旦宋本復出，以慰嗜古者之望，而快余之夙願也乎。"

五卷及《考古圖釋文》一卷。《浙江採輯遺書總録》亦云："按大臨又有《續考古圖》五卷《釋文》一卷,世所罕傳,惟見錢曾《敏求記》。"①學術界對《四庫全書》本《考古圖》底本來源進行討論,李玉奇《〈考古圖〉錢曾藏本非影宋本考》認爲錢曾影宋之本非源出宋本,而是元大德本②。范楨《北宋吕大臨考古圖的版本考察》則認爲《四庫全書》本《考古圖》出於錢曾影鈔明寶古堂本③。無論是元大德本,還是明代寶古堂刻本,皆無《續考古圖》五卷《釋文》一卷,不可能是《四庫全書》所據之本。那麼《四庫全書》中所收的附帶有《續考古圖》五卷《釋文》一卷的《考古圖》的底本來源尚值得進一步考索。

一、《文淵閣四庫全書》本《考古圖》所據底本考

（一）纂修《四庫全書》時,各省採進諸書及武英殿庫房所貯藏之本,皆無《續考古圖》及《考古圖釋文》,此二書非文淵閣《四庫全書》承用之本。

各省採進之書。如《江蘇省第一次書目》:"《考古圖》(十卷,吕大臨著),四本。"④《江蘇採輯遺書目録簡目》:"《考古圖》十卷,宋汲郡吕大臨著。"⑤《江蘇採輯遺書目録》:"《考古圖》共十卷。"⑥

《浙江第四次汪啓淑家呈送書目》:"《考古圖》十卷,吕大臨著,五本。"⑦《浙江採集遺書總録簡目》:"《考古圖》十卷(刊本),宋汲郡吕大臨撰。"⑧《浙江採集遺書總録》:"《考古圖》十卷,刊本。今本爲元大德間陳翼子重所修定。按大臨又有《續考古圖》五卷《釋文》一卷,世所罕傳,惟見錢曾《敏求記》。"⑨

《六次續採》:"《考古圖》(十卷,宋吕大臨著),五本。"⑩

武英殿庫房中檢出之書。如:《武英殿第一次書目》:"《考古圖》(十卷宋吕

---

① ［清］沈初等輯,《浙江採集遺書總録》,北京圖書館出版社影印本,2006年,頁376。案,《續》及《釋文》皆宋趙九成所撰。

② 李玉奇撰《〈考古圖〉錢曾藏本非影宋本考》,《古籍整理研究學刊》2001年第5期。錢曾曾以元刻本校此書,《讀書敏求記》記述云:"間以元刻讎校,紙牾脱落,幾不成書。按,錢曾影鈔宋本《考古圖》,號稱北宋刊板,今觀文淵閣四庫全書所録,當爲南宋刻本。陸心源《續考古圖序》亦云《續考古圖》爲南宋刻本:"《續考古圖》遵王所藏南宋刊本,與《考古圖》並行,得之無錫顧詢遠,後歸季滄葦。"似錢曾所藏北宋刊本《考古圖》亦非真北宋刊本,當與《續考古圖》合刊於南宋。李文疑錢曾所藏北宋本有問題,但據文津閣本立論,實未見文淵閣四庫全書本。

③ 范楨撰《北宋吕大臨考古圖的版本考察》,《藝術生活》2014年第2期。

④ 吴慰祖校定《四庫採進書目》,商務印書館排印本,1960年,頁5。

⑤ 《四庫採進書目》,頁211。

⑥ ［清］黄烈編《江蘇採輯遺書目録》,北京圖書館出版社影印歸安姚氏咫進齋鈔本,2006年,頁200。

⑦ 《四庫採進書目》,頁101。

⑧ 《四庫採進書目》,頁267。

⑨ 《浙江採集遺書總録》,頁376。

⑩ 《四庫採進書目》,頁165。

大臨著。《續考古圖》五卷《釋文》一卷）四本。"①按翁方綱《纂校四庫全書事略》一書記載辦理武英殿藏書中有羅更翁考訂本《考古圖》。《四庫全書總目》存目著錄《別本考古圖》十卷，題曰內府藏本，當即此本②。此內府藏本並無《續考古圖》五卷、《釋文》一卷，爲吳慰祖妄增③。

　　（二）翁方綱分纂稿④、《四庫全書總目》皆題曰"內府藏本"，且云"此本勘驗印記，即曾所手錄"，並臚舉與傳世諸本異同，"字句行款之異同不可縷舉，而參驗文義，皆以此本爲長"。翁氏所撰《考古圖》分纂稿，刊載清光緒間歸安陸心源所刊《續考古圖》《考古圖釋文》之後。潘祖蔭藏傳錄翁方綱所鈔錄《續考古圖》五卷《考古圖釋文》一卷，後有二跋，其第一跋，即四庫全書館提要之底藁也。陸心源又從潘祖蔭處轉錄，爲陸氏刊刻《續考古圖》之底稿。陸心源序云："《考古圖》，宋時甚行，至元而陳仁子刊於茶陵，至明而有泊如齋、寶古堂兩刊，故流傳甚廣。《續圖》《釋文》，宋以後無刊本，著錄家亦復罕見，余求之數十年而未得。同治己卯漢陽葉氏京邸藏書散入廠肆，郵來目錄，列有此書，亟托陳小舫閣學購之，而已不可物色矣。甲申之夏，晤潘伯寅尚書于吳門，見插架有之，從翁覃溪手抄過錄者，後有二跋。覃溪所據即遵王影摹之本。其第一跋，即四庫全書館提要之底稿也。爰借錄而壽之梓。不見宋本，無從是正，其有斷爛，未敢肊更。"⑤翁氏所撰《考古圖》分纂稿及其他二跋即附載清光緒歸安陸心源所刻《續考古圖》卷末。

　　又乾隆皇帝於乾隆三十九年七月二十五日諭旨中明確："內府舊藏"不只包括武英殿庫房之書，還包括"其官板刊刻，及各處陳設、庫貯者"⑥。而天祿琳琅藏書就屬於內府中"各處陳設、庫貯者"。因此，《四庫全書總目》取天祿琳琅藏書用爲底本，當遵乾隆皇帝諭旨題曰"內府藏本"。翁氏分纂稿首云："內府藏本《考古圖》十卷《續考古圖》五卷《釋文》一卷，宋呂大臨撰。"後具列異同，其所校者，一一校核，所據當爲亦政堂本。分纂稿後，又有翁氏跋數則："此書僅得見館寫副本，或謄錄手寫多誤，抑或錢氏影寫原本有誤，皆未可知也。其

---

　　①　《四庫採進書目》，頁 194。杜澤遜師有按語云："存目十卷，亦云內府藏本，即此本也，無《續》及《釋文》，吳慰祖妄增。"

　　②　[清]莫友芝撰，傅增湘訂補《藏園訂補郘亭知見傳本書目》，中華書局，2009 年，頁 643。

　　③　吳慰祖校訂本《武英殿第一次書目》這樣著錄："《考古圖》（十卷宋呂大臨著。《續考古圖》五卷《釋文》一卷）四本。"括弧中的部分（十卷宋呂大臨著。《續考古圖》五卷《釋文》一卷）是吳慰祖增補的內容。吳慰祖以《四庫全書總目》逆推進呈諸目，以爲進呈諸目皆應有"（十卷宋呂大臨著。《續考古圖》五卷《釋文》一卷）"這部分內容，實際不然，以上所舉各家進呈之本以及武英殿舊藏之本皆無"（《續考古圖》五卷《釋文》一卷）"這部分內容。因《續考古圖》五卷、《釋文》一卷這部分內容，宋以後並未刊行，世所流行之本，只有《考古圖》十卷而已。惟天祿琳琅藏本三部分內容俱全。《文淵閣四庫》全書即據天祿琳琅藏本抄錄，《四庫全書總目》也是據此撰寫提要。吳慰祖以爲《四庫》所收之本即諸家進呈之本，此失考也。

　　④　[清]翁方綱撰《考古圖》分纂稿，浙江美術出版社影印清光緒十三年歸安陸心源刻《續考古圖》五卷末附，2017 年，頁 827。

　　⑤　[清]陸心源撰《續考古圖》序，浙江美術出版社影印清光緒十三年歸安陸心源刻《續考古圖》五卷卷首，2017 年，頁 1。

　　⑥　《高宗純皇帝實錄》卷九六三，乾隆三十九年七月二十五日。

確可定者,方綱校勘之,次亦即改寫,而其未改者尚極多。"而《四庫全書總目》提要稿,即據翁氏分纂稿損益而成。

　　四庫館臣謹遵聖旨,不可不慎,其撰寫分纂稿時也應添注版本來源信息。《四庫全書初次進呈書目》俱未列藏所信息,其成書時間,夏長樸認爲成書於乾隆四十年五月至四十一年正月之間,則忽視了乾隆三十九年頒發諭旨這則重要史料。劉浦江認爲這是截止至乾隆三十九年七月爲止已進呈提要的彙編本,主要證據就是乾隆三十九年乾隆皇帝的諭旨。劉氏之説,較可信從。

　　由此可見,翁氏所見四庫館謄録副本是源出天禄琳琅所藏的錢曾影宋鈔本。《文淵閣四庫全書》中所録的《考古圖》十卷《續考古圖》五卷《釋文》一卷是否就是翁方綱所見的這個謄録副本呢? 需要經過進一步的校勘,才能知道結果。

　　(三) 四庫館臣選擇底本時,以内府藏本校當時進呈諸本,皆經審慎校核,《四庫全書總目》中多臚列異同。今日復校諸本,文淵閣本與別本皆有不同之處,文淵閣本當別有來源,非通常所謂之"元大德本"或"明寶古堂本"。

　　如卷一"娟氏鼎"説明"説文云籀文作𩇕"。"𩇕"字,文淵閣本有,元大德茶陵陳氏刻本、(以下簡稱"元刻本"。)明萬曆泊如齋刻本、(以下簡稱"泊如齋本",明天啓鄭宏經校刻本翻刻自泊如齋本,無多校正,不復列舉。)明萬曆二十九年吳萬化寶古堂刻本、(以下簡稱"寶古堂本"。)清乾隆十七年天都黃晟亦政堂校補重印明寶古堂本、(以下簡稱"亦政堂本"。)文津閣本皆無。

　　卷二"⿰𠄌旅鬲"釋文,文淵閣本作"釋闕"二字。文津閣本有"云商父乙卣有非宝盖析字"。寶古堂本、亦政堂本作"薛尚功云商父乙卣有非字,此乃其半,盖析字也。旁一字奇古,未可考"。泊如齋本無釋文。

　　卷二"仲信父方旅甗"説明,文淵閣本僅有"右得於好時,以黍尺黍"九字,下注"缺"字。文津閣本作"右得於好時,以黍尺黍量校之,縮八寸有半,衡尺有二寸。自唇至隔,口深八寸四分,四足皆中空。甗容六斗四升,足容斗有六升"。泊如齋本、寶古堂本、亦政堂本作"右得於好時,以黍尺黍量校之,縮八寸有半,衡尺有二寸。自唇至隔底,深八寸四分,四足皆中空。甗容六斗四升,足容斗有六升。按舊圖云:咸平三年,好時令黃鄆獲是器,詣闕以獻。詔句中正杜鎬詳其文,惟史字揚南仲謂不必讀爲史,當爲中,音仲。《集古》云:中設銅箄,可以開闔,制作神精"。

　　卷七"走鐘"圖上,寶古堂本、亦政堂本、文津閣本有文字"五鐘聲制異銘文同",文淵閣本無。

　　卷八"邛州天寧寺僧捧敕佩"圖二,説四十六字。文淵閣本有。元刻本、泊如齋本、寶古堂本、亦政堂本、文津閣本皆無。

　　卷九多京兆田氏"鹿盧鐙"圖一,説四十七字。文淵閣本有,元刻本、泊如齋本、寶古堂本、亦政堂本、文津閣本皆無。

　　以上所舉諸例,可見文淵閣本與諸本不同,與文津閣本也有較大差異。可知文淵閣本與文津閣本所據也非同一個底本。

　　《四庫全書總目》承用翁方綱分纂稿,亦稱《四庫全書》承用内府所藏錢曾影宋鈔本,與《天禄琳琅書目》著録相合。《四庫存目標注》亦云:"清初錢曾影宋鈔本,即從前本出。後歸天禄琳琅,《四庫全書》據以收録,錢曾影鈔本當已毀於嘉慶二年宫火。"[1]學術界在討論《四庫全書》本《考古圖》的底本來源時,如李玉奇《〈考古圖〉錢曾藏本非影宋本考》認爲《四庫全書》本《考古圖》源出影鈔元大德本非真影宋本,並列舉數條證據:"卷首'《考古圖》所藏姓氏'諸家之後,有'考訂默齋羅更翁'七字,可知所據錢曾藏本實係影鈔羅更翁考訂之元大德本,而非影宋本。"文淵閣本無"《考古圖》所藏姓氏",更無"考訂默齋羅更翁"七字,有此二項者爲文津閣本。當日四庫館臣非未見元羅更翁本,《四庫全書總目》存目之中著録《別本考古圖》即元大德羅更翁本。此本僅有《考古圖》十卷,無《續考古圖》五卷《釋文》一卷。如果説錢曾藏本是影鈔羅更翁考訂之元大德本,《續考古圖》五卷《釋文》一卷又來源何本呢? 范楨《北宋吕大臨考古圖的版本考察》認爲,《四庫全書》本《考古圖》出於錢曾影鈔明寶古堂本,連影鈔元刻本都算不上。也不能解釋《續考古圖》《釋文》二書來源何處的問題。二人致誤的根源在於僅據文津閣本而立論,非真見文淵閣本[2]。雖同爲《四庫全書》,但二閣之本有截然不同的區别。那麽文津閣本《考古圖》底本是來源何處呢?

二、論《文津閣四庫全書》本《考古圖》所據底本

　　(一) 文津閣本源出於刻本,而非鈔本,從上文所列文淵閣本與諸本異同看,與文淵閣本亦有不同。如卷一"蠆鼎"説明後,文津閣本衍"娟氏鼎河南"五字。寶古堂本、亦政堂本"蠆鼎"説明已至本頁之末,與下頁"娟氏鼎河南"相接,文津閣本鈔寫時,抄手遂將下頁第一行頂格之"娟氏鼎河南"五字,亦認作爲"蠆鼎"説明文字,接鈔致誤。此可見文津閣本所據之本當爲寶古堂本或亦政堂本。

　　又卷首"考古圖所藏姓氏",文淵閣本無。泊如齋本作上下二行排列,且姓氏末復有"元默齋羅更翁考訂/明新都丁雲鵬/吴廷羽/汪耕繪圖/吴元滿篆銘/劉然書録/汪泉補録"七行,與文津閣本不合,知非文津閣本所據之本。文津閣本"考古圖所藏姓氏"以及姓氏末題名,全同寶古堂本、亦政堂本。再校諸各本文字,文津閣本與寶古堂本、亦政堂本有近緣關係。

　　如卷一"乙鼎"釋文,文淵閣本"乙　作毛"。寶古堂本、亦政堂本、文津閣本"乙"下有"○"。元大德茶陵陳氏刻本、泊如齋本釋文僅有一"乙"字。

　　卷二"方乳曲文大鬲"圖二,寶古堂本、亦政堂本、文津閣本有"方乳曲文次

　　①　《四庫存目標注》,頁 1757。
　　②　《文津閣四庫全書》本《考古圖》,1987 年中華書局《宋人著録金文叢刊》據以影印,較爲易得,雖然臺灣商務印書館 1983 年即已影印出版《景印文淵閣四庫全書》,大陸學者當日並非能輕易得見。至《文淵閣四庫全書》電子版普及之後,始爲人所常用。

鬲同上"標名八字。文淵閣本無。

卷三"四足疏盖小敦"藏者,文淵閣本作錢江李氏,泊如齋本、寶古堂本、亦政堂本、文津閣本作"廬江李氏"。

卷四"隋彝"下藏者"新平張氏"右,泊如齋本有"隋與廬同"四字,亦政堂本、文津閣本殘存"廬同"二字。文淵閣本僅有"新平張氏"四字。以上所舉諸例,可見文津閣本出於寶古堂本系統。亦政堂本實際據寶古堂本校補重印者,二者同出一系,略有不同。容庚所撰《考古圖述評》云:"寶古本《三古圖》板,乾隆間爲天都黃晟所得,修補爲亦政堂。"[1]再校諸他處文字,可以確定文津閣本當據亦政堂本抄錄。

《考古圖》每卷卷前目録,文淵閣本皆無,文津閣本有。如卷三卷前目録,文津閣本次序與文字全與亦政堂本同,而與寶古堂本不同。目録中"邾敦"下銘"一百七字"中"七"字,文津閣本、亦政堂本皆作一字空格,寶古堂本"七"字不缺。"四足疏盖小敦"中"敦"字,文津閣本、亦政堂本皆無,寶古堂本有。"太公缶"中"公"字,文津閣本、亦政堂本皆無,寶古堂本有。"銘十二字",文津閣本、亦政堂本作"銘十"。以上皆是文津閣本出於亦政堂本之證。

文津閣本並不全同亦政堂本,多有校改之處。

如卷一"孔文父飲鼎"圖一,銘十四字,説五十一字,元刻本、泊如齋本、寶古堂本、亦政堂本皆無。此文津閣本添補之例。

卷一"鄭方鼎"下藏者"廬江李氏"四字,文淵閣本、文津閣本有,元大德茶陵陳氏刻本、泊如齋本、寶古堂本、亦政堂本皆無。

卷一"雲鼎"下藏者"丹陽蘇氏"四字,元刻本、泊如齋本、寶古堂本、亦政堂本皆有,文淵閣本、文津閣本無。

卷一"饕餮鼎"釋文"戊"字,元刻本、泊如齋本無,寶古堂本、亦政堂本、文淵閣本、文津閣本有。

卷二"某父鬲"銘文,泊如齋本作環形排列,寶古堂本、亦政堂本、文淵閣本、文津閣本皆作長方二行排列。

卷三"散季敦"藏者"京兆吕氏"四字,文淵閣本、文津閣本有,泊如齋本、寶古堂本、亦政堂本無。

卷三"邾敦"圖多一盖圖。按此圖文淵閣本、文津閣本有,元刻本、泊如齋刻本、寶古堂刻本、亦政堂本皆無。

卷四開封劉氏"小方壺"圖,乃祕閣"方文方壺"圖,祕閣"方文方壺"圖,乃開封劉氏"小方壺"圖,今本互相顛倒。按此二圖文淵閣本、文津閣本位置正確,元刻本、泊如齋本、寶古堂本、亦政堂本位置皆互相顛倒。

卷四"獸環壺"藏者亦政堂本作"京兆吕氏",泊如齋本、寶古堂本、文淵閣本、文津閣本作"河南文氏"。

卷八所載諸器所藏姓氏,諸本皆缺,惟文淵閣本、文津閣本存。

---

①　容庚撰《考古圖述評》,中華書局《宋人著録金文叢刊》影印本,2005年,頁6。

卷九"一華雞足鐙"說明，文淵閣本、文津閣本作"右不知所從得，無銘識"，元刻本、泊如齋本"右不知所從得，高二寸七分，徑縮四寸半，衡二寸一分，容七合重一斤，無銘識，有蓋，爲轉關鹿盧以開闔，蓋上貯油，以仰錐爲炷"，亦政堂本無此段文字。

卷九"高奴鬲"藏者文淵閣本、文津閣本作"華陰宋氏"，泊如齋本、寶古堂刻本、亦政堂本皆作"宋氏"。

卷十新平張氏《連環鼎壺》說明一段文字，文淵閣本、文津閣本作"右一器得於壽陽。高五寸，深四寸六分，徑二寸半，容二升有半。一器不知所從得，量度未考，皆無銘識，其形制頗同，如壺而三足，其蓋皆爲三環，如鼎敦蓋卻之可以置諸地，皆有連環以爲提"，元刻本、泊如齋本、寶如堂本、亦政堂本皆作"右所從得及度量銘識皆闕失無可考，惟樣存於此"。

卷十多廬江李氏《鐎斗》圖一，按文淵閣本、文津閣本有，元刻本、泊如齋本、寶如堂本、亦政堂本無。

卷十《獸鑪》第二圖後多說三十五字，按文淵閣本、文津閣本有，元刻本、泊如齋本、寶古堂本、亦政堂本今存"右得於壽春"五字。

由以上所舉可見，文津閣本雖出於亦政堂本，然經過校正工作，且這些校正多與文淵閣本相合。可以推測文津閣本所據之亦政堂本，當經過與文淵閣本相近或有親緣關係的版本校勘，此校勘者極有可能是翁方綱。

（二）由《續考古圖》《考古圖釋文》二書推測，文津閣《考古圖》底本所據當爲經過翁方綱校正之後的亦政堂本，翁氏的校正工作主要依據四庫館謄録錢曾影宋鈔本來進行。

《續考古圖》《考古圖釋文》二書，宋以後再無重刻者，清光緒十年陸心源於潘祖蔭處得見一個鈔本，這個鈔本乃過録翁方綱鈔本而來，而翁方綱鈔本所據即四庫館謄録天禄琳琅所藏錢曾影宋鈔本，陸心源據以刊刻行世，始爲世所習見。陸心源序述其得書及校刻始末云："《續圖》《釋文》宋以後無刊本，著録家亦復罕見，余求之數年而未得。同治己卯，漢陽葉氏京邸藏書散入廠肆。郵來目録，列有此書。亟託陳小舫閣學購之，而已不可物色矣。甲申之夏，晤潘伯寅尚書于吳門，見插架有之，從翁覃溪手抄過録者，後有二跋。覃溪所據即遵王影摹之本，其第一跋即四庫全書館提要之底稿也，爰借録而壽之梓。"[1]《續考古圖》文津閣本與清光緒十三年歸安陸心源刻本（以下簡稱"陸刻本"）一致，而與文淵閣本略有不同之處。

如《續考古圖》卷二"父乙罍"銘文，文津閣本、陸刻本皆無，文淵閣本有。

卷二"爵"下有小字一行"四器形制略同今圖其一"，文津閣本、陸刻本皆無，文淵閣本有。

卷三"父丁卣"銘文，文津閣本、陸刻本無，文淵閣本有。

---

① ［宋］趙九成《續考古圖》五卷，浙江人民美術出版社影印清光緒十三年歸安陸心源刻本，2017年，頁576—580。

卷四"公誩鐘"銘文,文津閣本、陸刻本無,文淵閣本有。

卷四"父辛鼎"下釋文,文津閣本、陸刻本有,文淵閣本無。

卷五"非鬲"上銘文,文淵閣本未刻,文津閣本、陸刻本有,文淵閣本無。

卷五"父乙斗"銘文,文津閣本、陸刻本在器上,文淵閣本另刻于半頁上。

對照《續考古圖》《考古圖釋文》二書[1]的兩個版本,即清光緒十三年歸安陸心源刻本與文津閣本,文津閣本與陸刻本接近,陸刻本出翁方綱鈔本,那麽便可推測,《文津閣四庫全書》中此二書,當日或據翁方綱鈔本過録者。而《考古圖》一書,雖然所據之本爲亦政堂本,但亦經翁方綱校改。翁氏當日所據之本並非天禄琳琅影宋鈔原本,而是武英殿據天禄琳琅藏本謄録的副本,謄録手寫多誤,翁方綱多加校改。其于分纂稿後追記:"此書僅得見館寫副本,或謄録手寫多誤,抑或錢氏影寫原本有誤,皆未可知也。其確可定者,方綱校勘之,此亦即改寫,而其未改者尚極多,然此猶以楷文言之,若篆則古文本無定本,實不敢以臆斷,故多有仍其樣書之者。至於同一引《説文》而忽楷忽篆,或與今《説文》本同,又或不盡合,凡若此類,亦皆依其舊書之,將以待考云爾。方綱又記。"[2]此可以解釋《續考古圖》《考古圖釋文》二書文淵閣本、文津閣本、陸刻本雖同出一系,而略有不同之原因。

(三)文津閣本謄録之草率。文津閣本《考古圖》書前提要截取四庫館所定提要而成,文淵閣本提要四頁,文津閣本僅有二頁,觀其截取行格以及文末署名,當爲有意爲之。文津閣本提要"臣等謹案《考古圖》十卷《續考古圖》五卷《考古圖釋文》一卷"至"而參驗文義,皆以此本爲長,信善本也。乾隆四十九年十一月恭校上"。提要末有"總纂官臣紀昀臣陸錫熊臣孫士毅/總校官臣陸費墀"二行,正足二頁之數。文津閣本變四頁提要爲二頁,爲省謄寫之勞。

卷首諸家之序,有萬曆癸卯焦竑序、元祐七年吕大臨序、大德己亥陳才子序、大德己亥陳翼子序、乾隆十八年黃晟序。文津閣本僅録吕大臨序一篇,其餘諸家之序,概皆芟除。當亦爲四庫館省謄寫之勞,意欲速成而有意爲之。

書中所摹諸圖銘文,諸本皆摹作陰文,文津閣本多作陽文,故多失其真。蓋陽文易於臨寫,而陰文艱於摹繪。如《續考古圖》卷一"銅虎符"銘文,卷一所附四圖銘文,卷三"冰鑒"後一圓環形銘文,文津閣本皆改繪作陽文,與諸本作陰文者,皆不同,蓋繪手省寫所致。四庫覆校之人,多斤斤於文字的正誤,而不及序跋之有無,圖繪之精粗。

三、文淵閣本《考古圖》與文津閣本底本不同原因之推測

《文淵閣四庫全書》本《考古圖》提要末,所署時間爲乾隆四十六年十月,《文津閣四庫全書》本《考古圖》提要末所署時間爲乾隆四十九年十一月,可見

---

①　《中國古籍善本書目》著録清鈔本《續考古圖》五卷《考古圖釋文》一卷,上海圖書館藏。

②　[清]翁方綱撰《考古圖》分纂稿,浙江美術出版社影印清光緒十三年歸安陸心源刻《續考古圖》五卷末附,2017 年,頁 827。

文淵閣本成書在前，文津閣本鈔成在後，二閣成書並非一時。纂修期間，屢有底本遺失的記載。

（一）纂修《四庫全書》期間之底本遺失。乾隆四十五年五月王杰參奏武英殿提調陸費墀遺失各書底本四五百種，陸費墀爲掩己過，令謄録人員捐書繕寫以塞責。可見當日四庫全書館底本遺失情況已較爲嚴重。至本年五月，查明陸費墀實際遺失三十餘種，與三月份清點遺失四五百種相差懸殊，或此期間，陸費墀已經覓工鈔補，尚有三十餘種未能購覓而得。那麼四庫館原藏底本，與遺失後再購覓繕寫所得之底本，當互有出入，不能一致。加以七閣之書，成書時間非一，曠日持久，所用底本亦不能完全劃一，自是情理之中。

《文淵閣四庫全書》書前提要，所署時間爲作乾隆四十六年，《文津閣四庫全書》書前提要，所署時間爲作乾隆四十九年。文淵閣本《考古圖》鈔竣，影宋本即還歸天禄琳琅，迨鈔寫其餘諸份時，已不及再申前請，而是就近檢得館中進呈舊本鈔寫以應命。另館中底本多有遺失，購覓賠補之間，必不能完全同原本。文津閣本鈔成於乾隆四十九年，急於應命，唯翁氏藏本附有《續考古圖》《考古圖釋文》，三書俱全，只能借録以應命而已。以是文淵閣本與文津閣本雖同出四庫館抄録，而所據底本有異也。

（二）翁方綱所見亦爲謄録副本。翁方綱于分纂稿後追記："此書僅得見館寫副本，或謄録手寫多誤，抑或錢氏影寫原本有誤，皆未可知也。其確可定者，方綱校勘之，此亦即改寫，而其未改者尚極多。"由文津閣本《續考古圖》《考古圖釋文》與翁方綱鈔本同源可知，文津閣本《考古圖》《續考古圖》《考古圖釋文》當來自翁方綱校正本。翁氏這個版本，《考古圖》用亦政堂本，翁氏當依照四庫館謄録副本校改于上。而《續考古圖》《考古圖釋文》二書，傳本既尠，只能鈔録四庫館謄録之本，再加校正。四庫館謄録副本在文淵閣本謄録完成之後，或已遺失，而四庫館所儲進呈諸本又無《續考古圖》《考古圖釋文》二書。翁氏身爲四庫館臣，且其校鈔之本，既全且備，取作文津閣本之底本，自在情理之中。而抄寫文津閣本時，鈔手急於應命，倉促謄寫，不能一一校核翁氏校改之處，故僅能吸收翁氏部分校改成果，而其餘部分皆仍亦政堂本之舊。故文津閣本體式、文字等皆從亦政堂本而來，所改部分皆與文淵閣本同。後世之人，不知其中差別，僅據文津閣本以立論，遂疑文淵閣本亦非出於錢曾影宋鈔本，故不能得其真。

四、由《考古圖》來看《四庫全書》纂修與天禄琳琅藏書之關係

清乾隆九年，皇帝命内廷翰林檢閲内府藏書，擇宋元明各朝善本進呈覽定，珍藏在昭仁殿，親書"天禄琳琅"。乾隆四十年，由于敏中奉敕撰《天禄琳琅書目》十卷，著録圖書四百二十九種。嘉慶二年這批藏書毀於宮火，後又重新搜集爲天禄琳琅續藏。乾隆三十八年四月二十八日，乾隆皇帝辦理《四庫全

書》有諭旨已經提及内府舊藏和《永樂大典》："現今所有内府舊藏並《永樂大典》内檢出各種,及外省進到之書,均分别應鈔應刊,以垂永久。"①乾隆皇帝提及的這些"内府舊藏"包不包括天禄琳琅的藏書,今天學術界尚有疑問。由《四庫全書》中所收《考古圖》等書來研究,我們會發現纂修《四庫全書》與天禄琳琅藏書之間,關係密切,不止取用天禄琳琅藏書作爲謄録底本那麽簡單,也有在纂修過程中發現宋元秘本充實天禄琳琅藏書的情況。

(一) 纂修《四庫全書》時,自武英殿庫房中所檢出宋元舊本送藏天禄琳琅。送入天禄琳琅之書,經過乾隆皇帝之鑒别題詠,一般會鈔入《四庫全書》。如《九家集注杜詩》《五百家注柳子厚集》等。《天禄琳琅書目》著録之宋刊《九家集注杜詩》即自武英殿庫貯中發現,而移藏於天禄琳琅之中。乾隆三十九年(1774)五月,乾隆皇帝於《題郭知達集九家注杜詩》"適以遺編搜四庫,乃斯古刻見漕司"句下小注記述此書發現之經過："此書舊藏武英殿,僅爲庫貯陳編,無有知其爲宋槧者。兹以校勘《四庫全書》,向武英殿移取書籍,始鑒及之。而前此竟未列入天禄琳琅,豈書策之遇合遲早亦有數耶?"②《天禄琳琅鑒藏舊版書籍聯句》小注亦云："《九家集注杜詩》,是書從武英殿庫貯殘書内檢得之。"③次年正月,于敏中奉敕編《天禄琳琅書目》著録此書,過録乾隆皇帝御製詩,但並未録及詩中小注。

《五百家注柳子厚集》同《九家集注杜詩》一樣,得自武英殿庫貯殘書。《天禄琳琅鑒藏舊版書籍聯句》小注："《五百家注柳子厚集》乃武英殿舊貯,因新得《五百家注韓集》取校之,同爲韓醇刊本,足稱雙璧。"④

(二)《四庫全書》取用天禄琳琅藏書爲底本。乾隆三十八年四月二十八日,乾隆皇帝辦理《四庫全書》有諭旨已經提及内府舊藏和《永樂大典》云："現今所有内府舊藏並《永樂大典》内檢出各種,及外省進到之書,均分别應鈔應刊,以垂永久。"⑤乾隆皇帝又在諭旨中規定"内府舊藏"不只包括武英殿庫房之書,還包括"其官板刊刻、及各處陳設庫貯者"。故《四庫全書總目》題曰内府藏本者,應包含武英殿庫貯、内府刊刻諸本及宫廷之内各處陳設書籍。而天禄琳琅藏書舊屬於内府中"各處陳設庫貯者"。《四庫全書總目》於《考古圖》條下題曰内府藏本者,即爲天禄琳琅所藏錢曾影宋鈔本,且文淵閣本《考古圖》前有乾隆皇帝御題,正與《天禄琳琅書目》著録相合。翁方綱《纂校四庫全書事略》載辦理内府藏書之書單,計有南書房、武英殿、御書房、齋宫、圓明園、瀛臺諸處。可見内府藏書來源不一,當日應有一次大規模的利用過程。郭伯恭《四庫全書纂修考》論四庫書之淵源,列舉内府本時就提及存放天禄琳琅藏書的"昭

①　《高宗純皇帝實録》卷九三三,乾隆三十八年四月二十八日。
②　[宋]郭知達輯《九家集注杜詩》三十六卷,臺灣商務印書館《景印文淵閣四庫全書》本,第1068册,頁1。按此詩《天禄琳琅書目》著録,並未録及小注。
③　[清]于敏中等奉敕撰《天禄琳琅書目》,上海古籍出版社,2007年,頁6。
④　《天禄琳琅書目》,頁6。
⑤　《高宗純皇帝實録》卷九三三,乾隆三十八年四月二十八日。

仁殿"云:"内廷藏書,專供御覽,自明至清初,弆置甚富。如皇史宬、懋勤殿、摛藻堂、昭仁殿、武英殿、景陽宫、上書房、内閣大庫、含經堂等處,或在宫掖,或在御園,皆所謂内廷者也。凡取自上列各處藏書者,謂之内府本。"①可見郭伯恭認爲《四庫全書》纂修過程中是利用了天禄琳琅的藏書的。天禄琳琅藏書爲宫廷藏書之粹,又與《四庫全書》纂修密切相關,不可小覷。

四庫館利用内府藏書,特別是各宫陳設以及天禄琳琅藏書的時候,肯定不能如使用武英殿庫貯之本和翰林院藏進呈本那樣方便。故在《四庫全書》纂修初期,翁方綱《纂校四庫全書事略》中所舉的内府各個宫殿陳設之書,列入應鈔者,檢《四庫全書總目》著録和《文淵閣四庫全書》謄鈔者多换做進呈本。由此推測,當時利用天禄琳琅藏書時,不會讓謄録者將乾隆皇帝珍視的宋元舊本分册領取隨意翻閱謄録,應該先有一個謄録副本,也就是翁方綱所見到的這個謄録副本。當然以《考古圖》這種書的這個情况,是否可以説明四庫館利用内府藏書特別是天禄琳琅舊藏的時候,都有一個録副的過程呢? 值得進一步探究。

《四庫全書》七閣之本既成書時間不一,所據底本亦有差別。今所存若文津閣、文溯閣本價值亦不可與文淵閣本等量齊觀,應各據其本而論之。《四庫全書》與天禄琳琅藏書的關係密切,也就是説《四庫全書》也是追尋天禄琳琅藏書遺蹤的一個重要的綫索。雖然《天禄琳琅書目》前編著録原書已毁於清嘉慶二年的宫火,但《文淵閣四庫全書》中保存的《考古圖》十卷《續考古圖》五卷《釋文》一卷,是研究天禄琳琅藏書中這三種書文本的重要依據。這也爲我們研究一些重要典籍,特別是僅知天禄琳琅曾藏,而今天已經亡佚的版本,如天禄琳琅舊藏宋刻本《謝宣城集》等,提供重要綫索。因此,《四庫全書》本底本來源及其價值應當重估。

【作者簡介】李振聚,山東大學文學院博士後,研究方向爲目録、版本、校勘學,中國經學。

① 郭伯恭撰《四庫全書纂修考》,嶽麓書社,2010年,頁75。

《王子年拾遗记》版本校理随札

林　嵩

【提　要】《王子年拾遺記》的存世版本，可分爲"世德堂本"與《稗海》本"兩大系統。《稗海》本不收蕭綺的《録》，各篇不列子目，在具體文字上也與世德堂本有所出入。四庫本《拾遺記》總體上屬於《稗海》本系統，但又根據世德堂本系統的本子與類書引文校改了部分文字。四庫館臣對《拾遺記》的讎校是盡心而有成績的，但其背後的學術觀念、對作家作品的認識及其具體工作規範卻與今人有異。

【關鍵詞】　王子年拾遺記　王嘉　四庫本　版本學　古籍整理

　　《王子年拾遺記》原名《拾遺記》，是由苻秦道士王嘉撰作，又經梁代蕭綺整理、編録的一部雜史。歷史上叫《拾遺記》或《拾遺録》的書很多，如《冥報拾遺記》《宋拾遺録》《大業拾遺記》等，都曾簡稱爲《拾遺記》。爲了避免混淆，後來有些本子就直接把書名稱爲《王子年拾遺記》。

　　《拾遺記》現有的傳本中，既有單刻本，又有爲數衆多的叢書本；而在收録叢書或雜鈔類著作的過程中，既有全秩收録的，又有節鈔節録的；另外還有將原書第十卷專記古代神話中的諸多僊山的部分，冠以《拾遺名山記》之名而別本單行的。下文要討論的，只取内容相對完整的全十卷的本子，暫不涉及節鈔或別裁的本子。

一、世德堂本與《稗海》本之比較

1. 世德堂本

　　目前能見到的《拾遺記》的最早的刻本是明代嘉靖年間吳郡顧春的世德堂所刊的《王子年拾遺記》（以下稱"世德堂本"）。此本半葉十行，行十八字，是根據宋本翻刻的，保留了較多宋本的痕迹。其中"轅""項""殷""筐""恒""徵""禎"等字皆避宋諱而缺筆；"禎"字或以小字添注"御名"二字，可以推測，該本的源頭可能是北宋仁宗年間的刊本。

　　世德堂本卷前是全書的總目録，正文首題"王子年拾遺記卷第一"，而後才是蕭綺的《序》，再後詳列第一卷的子目"庖犧、神農、黄帝、少昊、高陽、高辛、唐堯、虞舜"，子目之後才是"春皇庖犧"的具體條目。以下各卷也都是先列子目、後條目。楊守敬認爲這是"唐人卷軸本之式",而後代的本子不僅把蕭綺的《序》移到了全書之前,還删掉了每卷之前的子目,以致"大失古式"。所以楊守敬曾提出:"安得好事,以此本重刊而還宋本之舊乎!"①正是出於這種"存舊"的想法,我們在爲《子海》整理《拾遺記》時,保留了世德堂本的這個特點。

通過對異文比對,不難發現,《拾遺記》比較常見的幾種叢書本,如《古今逸史》本、《漢魏叢書》本、《歷代小史》本、《祕書二十一種》本、《百子全書》本等,都是從世德堂本而來的。其中《祕書》本翻刻自《古今逸史》本。日本在寶曆二年(1752)刻的《拾遺記》(以下稱"和刻本"),也是以《古今逸史》本爲底本的,其天頭有日本人所作的校語(現已影印出版,見長澤規矩也解題的《和刻本漢籍隨筆》第十集)。近代的《叢書集成初編》本用的也是《古今逸史》本。《百子全書》本則是從《漢魏叢書》本而來的。

需要説明的是,明代李栻輯刻的《歷代小史》中所收的《王子年拾遺記》是將全十卷的原書合併爲一卷收入的,但删去了蕭綺的《録》。《拾遺記》原書是分條的,李栻把有些小條目進行了歸併。從形態上看,《歷代小史》本與世德堂本的差距頗大,但文字上仍然是屬於世德堂本系統的。

2.《稗海》本

叢書本中最爲特殊的是《稗海》本,它與世德堂本有比較顯著的差別。一是《稗海》本不收蕭綺的《録》,二是各篇不列子目,三是具體文字上與世德堂本有比較大的出入。關於這三點,略作説明如次。

第一,目前我們看到的《拾遺記》,應該説都是蕭綺整理、編録後的傳本,包括《稗海》本,它的源頭也是有《録》的,只是《録》後來被删掉了。卷六中有一段蕭《録》:

> 録曰:夫丹石可磨而不可奪其堅色,蘭桂可折而不可掩其貞芳。伏后履純明之姿,懷忠亮之質,臨危受命,壯夫未能加焉,知死不吝,馮媛之儔也:求之千古,亦所罕聞。汉興,至於哀、平、元、成,尚以宫室,崇苑囿,而西京始有弘侈,東都継其繁奢;即違採椽不斫之制,尤異靈沼遵儉之風。考之皇圖,求之志録,千家萬户之書,台衛城隍之廣,自重門构宇以來,未有若斯之費溢也。孝哀廣四時之房,靈帝修裸遊之館,妖惑爲之則神怨,工巧爲之則人虐,夷国渝家,可爲慟矣!及夫靈瑞嘉禽,豔卉殊木,生非其壤,詭色訛音,不稟正朔之地,無涉圖書所記,或緣德業以來儀,由時俗以具質,咸得而備詳矣。歷覽群經,披求方册,未若斯之宏麗矣。

其中"漢興"以下云云,各本都是提行頂格的,也就是説作爲《拾遺記》正文來處理的;但其實"漢興"以下的文字,都是論贊之語,顯然是蕭《録》而誤入正文的。如果《稗海》本的源頭是一種不帶《録》的《拾遺記》,那麼就根本不應該出現這一段文字。

_____

① 楊守敬《日本訪書志》卷八,清光緒丁酉刊本。

　　第二,現有各篇的子目,是早先原有而被刊落的,還是編校者後加的呢?我們傾向認爲,子目也是原有的。主要有三方面的理由。首先,據前引楊守敬的説法,世德堂本各卷先列子目、後有條目的形制,不僅是"宋本之舊",還可以進一步追溯到唐代,是唐卷軸本的普遍樣式。

　　其次,從《拾遺記》的文例看,全書按朝代順序編排,子目中標示了朝代名稱,正文中出現帝號或王號時,就不再重複朝代的名字。《稗海》本因爲刪去了子目,正文中出現的帝號或王號,有時就容易混淆,所以只好在文中再把朝代加上。如卷四的子目之一是"燕昭王",正文首句爲"王即位二年",《稗海》本因無子目,只得在句首添加王號,改作"燕昭王即位二年",且"燕昭王即"四字採用了雙行小字的方式。可以想見是在原本"王即"二字的位置上挖改成"燕昭王即"四個字,解決因無子目而造成文意不清的問題。卷七的情況與此相同,子目是"魏",正文頭一句本來是"文帝所愛美人"。刪去子目之後,文帝就不知道是哪朝的文帝了,因此只好又在正文開頭加上"魏"字。《稗海》本的"魏文"二字也是用了雙行小字的處理方式,更加説明這"魏"字是後加的。

　　還有因爲加了朝代名稱而加出了新問題的情況,如卷四中的這兩條:

> 　　泰始十年,有浮支國獻望舒草,其色紅,葉如荷。近望則如卷荷,遠望則如舒荷,團團似蓋;亦云月出則葉舒,月没則葉卷。植於宮中,因穿池廣百步,名曰望舒荷池。愍帝之末,移入胡,胡人將種还胡中,至今絶矣。池亦填塞。

> 　　祖梁國獻蔓金苔,色如黄金,若縈聚之,大如雞卵,投於水中,蔓延於波瀾之上,光出照日,皆如火生水上也。乃於宮中穿池廣百步,時觀此苔以樂宮人。宮人有幸者,以金苔賜之,置漆盤中,照耀滿室,名曰夜明苔;著衣襟則如火光。帝慮外人得之,有惑百姓,詔使除苔塞池。及皇家喪亂,猶有此物,皆在胡中。

　　這兩段話在現存各本中,都是析爲兩條的。"祖梁國獻蔓金苔"的"祖"字之前,《稗海》本與文淵閣《四庫全書》本有並"晋"字。其實這兩條所講的都是遠人來獻異草,宮中穿池栽植;及喪亂,池平而望舒草、蔓金苔悉入胡地,末句云"皆在胡中"即此證也,故此不應當析而爲二。因爲原本分章有誤,使"祖梁國獻蔓金苔"一事變得突如其來,所以《稗海》本、四庫本中才加了"晋"字,但加了"晋"字之後,又不符合全書的文例了,因爲這些遠邦異國和中土的王朝並無臣屬關係,甚至不在同一時空之内,所以不當有"晋祖梁國"這樣的提法[①]。

　　再次,不同版本的《拾遺記》在條目劃分方面的差異,有時也與子目之有無相關聯。最典型的是卷四,世德堂本這一卷有兩個子目,分別是"燕昭王五事"與"秦始皇四事"("五事"與"四事"皆作小字)。"燕昭王五事"子目下分別是:王即位二年、四年、七年、八年、九年等五條;"秦始皇四事"子目之下分別是:

---

　　① 另參拙文《〈拾遺記〉書志著録與文本譌舛辨證》,《書目季刊》第五十卷第一期,2016 年 6 月,頁 71—72。

“始皇元年騫霄國獻刻玉善畫工”“始皇好神僊之事”“始皇起雲明臺”及“張儀、蘇秦二人同志好學”與“秦王子嬰立”等幾條。《稗海》本雖然没有子目標題，但在條目劃分方面，與世德堂本是完全相同的，説明舊本原文應該就是這個樣子的。問題主要出在“秦始皇”的部分，“張儀、蘇秦二人同志好學”與“秦王子嬰立”是兩個完全不相關的故事，但世德堂本與《稗海》本中這兩個故事都是連成一條的。而比較晚出的《百子全書》本（屬世德堂本系統）與四庫本（屬《稗海》本系統）都把“秦王子嬰立”單獨出來，另成一條。這樣分條雖然看起來更明晰、合理，但無形中多出了一條，與子目中“四事”的數目不合了（《百子全書》本雖有子目，但删去了子目中的小字“四事”，所以無此問題）。這反過來可以説明，連同小字“四事”在内的子目，都是舊本原有的。正是爲了尊重舊本，力圖使條目總數與子目中原有的數字相合，世德堂本只好削足適履，容忍兩個不相干的故事合併爲一條。如果子目是編校者後加的，就不存在這個問題了，只要改一下數目字即可。

　　第三，就没有《録》與子目這兩點看，《稗海》本在形態上與原本相距較遠，時代上也比世德堂本晚出；且在具體文字方面，《稗海》本又有與世德堂本不同的來源。世德堂本有多處竄行脱文的地方，可據《稗海》本補足，已能説明此問題。

　　　1. 王登崇霞之臺，乃召二人［來側，時香風歘起，二人］徘徊翔轉，殆不自支。（卷四）
　　　2. 少君曰：“可遥見，不可同於帷幄。”［帝曰：“一見足矣，可致之。”少君曰：“黑河之北有暗海之都也，出潜英之石”］，其色青，輕如毛羽……（卷五）
　　　3. 每輕風時至，飛燕殆欲隨風入水，帝以翠纓結飛燕之裙，［游倦乃返。飛燕後漸見踈，］常怨恚曰：“妾微賤，何時復預纓裙之游？”（卷六）
　　　4. 馥好讀書，嗜酒，每醉［歷月不醒，於醉］時好言帝王興亡之事。（卷九）

　　以上引文中方括號内的文字，都是世德堂本中脱落而據《稗海》本補入的。這幾處脱文的性質，同屬於“因同字而脱字例”[①]。第一句是因爲出現了兩個“二人”，抄刻的時候跳脱了中間的幾個字。二、三兩句則是一段話中分別多次出現“少君”“飛燕”的人名，手民看花眼，漏下一整句，致使句意無法理解。這四處竄行脱文的地方，頭尾兩個例子，如果不進行對校，幾乎看不出原文有什麽毛病；中間兩個例子，儘管一讀就讀不通，但如果没有可靠的本子或他書引文做參照，只靠動腦筋是補不出來的。像這幾個例子，如果只在世德堂本系統的幾個本子裏做校勘，問題是解決不掉的。這也説明《稗海》本的文字另有來歷。

---

① 陳垣《校勘學釋例》，上海書店，1997 年，頁 21。

有人發現《稗海》本系統的文字與世德堂本差距較大,但與《太平廣記》的引文多能相合,因此懷疑"《稗海本》可能是從《太平廣記》等書中輯出。……由於《太平廣記》在輯録小説材料進行編排的時候,儘量保存了小説的原文,因此,《稗海》本中的材料較前一系統更接近古本原貌"①。這種推測是完全没有根據的。首先,《稗海》本是全十卷的本子(只是删去了蕭綺的《緑》),不是節鈔或别裁的本子。《太平廣記》全書俱在,但靠《太平廣記》是輯不出整部的《拾遺記》的;而且就算把現存類書中所有的材料都加起來,也凑不成一部十卷的《拾遺記》。換一個角度想,在一部書已有傳本的情況下,非要從《太平廣記》裏鈎沉,這不是違背常理了嗎? 其次,《稗海》本的很多文字的確與《太平廣記》的引文相合,但還應該看到,世德堂本的文字常能與《太平御覽》的引文對上②。《太平廣記》和《太平御覽》是同時代編成的書,僅從這一方面看,不存在誰比誰更接近古本的問題。其三,針對前面舉的竄行脱文方面的例子,反過來看,是否存在世德堂本不脱而稗海本脱漏的情況呢? 當然也有。例如卷九的這一句:

> 即於御前賜青鐵硯,此鐵是于闐國所獻而鑄爲硯也;賜麟角筆,以麟角爲筆管,此遼西國所獻;[側理紙萬番,此南越所獻],後人言陟里與側理相亂,南人以海苔爲紙,其理縱横邪側,因以爲名。

因爲涉前後兩處"所獻",《稗海》本中"側理紙萬番,此南越所獻"十字刊落。

因此綜合起來看,在具體文字方面,世德堂本與《稗海》本互有優劣,二者各有不同的源頭。不能説《稗海》本的文字就比世德堂本"近古"或"近真"。

二、四庫本對原書之校改

文淵閣《四庫全書》所收的《拾遺記》(以下稱"四庫本"),從總體上看,是屬於《稗海》本系統的,但四庫本根據《漢魏叢書》本與類書引文校改了一部分文字。如卷四的"此蛾出於員丘之穴,穴洞達九天,中有細珠如流沙,可穿而結,因用爲珮,此是神蛾之矢也",這個"矢"字,在四庫本中被改爲"火",依據就是《漢魏叢書》本③。遺憾的是這個地方没有改對。"神蛾之矢"的"矢"就是《史記·廉藺列傳》裏"一飯三遺矢"的"矢";"火"乃無形之物,是不可能變成"細珠如流沙"的。

概括而言,四庫本校改的内容包含以下三個方面:

---

① 王興芬《王嘉與〈拾遺記〉研究》,中國社會科學出版社,2017年,頁66。

② 如世德堂本卷三:"越謀滅吴,蓄天下奇寶、美人、異味,以進於吴。殺三牲以祈天地,殺龍蛇以祠川岳;矯以江南億萬户民,輸吴爲備保越",《太平御覽》卷一八五引文與此相同。"殺三牲……輸吴爲備保越"句,《稗海》本及《太平廣記》卷二七一引文作"得陰峰之瑶、古皇之驪、湘沅之鱓"。

③ 《四庫全書考證》卷七二《子部·拾遺記》:"燕昭王條此是'神蛾之火'也,刊本'火'訛'矢',據《漢魏叢書》本改。"(文淵閣本)

　　第一，《四庫全書》歷來最受人詬病的一條，即犯了清廷忌諱的字眼，如"戎狄"之類，都要剷改。《拾遺記》最後一段蕭《錄》裏有一句"睹華戎不同寒暑律人獨禽"，雖然四庫本的《拾遺記》是不帶《錄》的，但四庫本《説郛》所收的《拾遺名山記》裏還是有這一句，其中"華戎"二字就被改爲"中外"①。不過《拾遺記》全書涉"違礙"的，大概也就這不起眼的一處；且這處不論是改或不改，都令人看不懂，姑且存而不論。

　　第二，原本中的一些文字，館臣認爲出錯了或不合規範的，即作修改。如卷一"奏嬥娟之樂"的"嬥"，包括《稗海》本在内的各本皆作"嫂"（按："嫂"爲"嫂"之異體），四庫本改作"嬥"。

　　又，卷八"及吳滅而晋踐祚"句，世德堂本、《稗海》本均作"踐晋祚"，和刻本校曰："'踐晋祚'疑當作'晋踐祚'。"《漢魏叢書》本、四庫本即改作"晋踐祚"（四庫本"祚"字作"阼"）。

　　又，卷六"不先親而不食新味也"句，和刻本校曰："'而'下多一'不'字。"四庫本改"不食"爲"自食"。

　　這三處改動都屬於用規範的文字或用法來校改古書的。"不先親而不食新味"一句的大意是説孝子遇有新鮮的食物，總是先想到父母，不會先於父母親品嘗新口味，句意並不難理解。這一句世德堂本與《稗海》本皆無異文，説明老早傳下來的本子裏就是這麼寫的；而且我個人傾向認爲，作者的原話可能就是這樣。"不先於父母親，不品嘗新口味"，如果在口語裏這樣説，大概不太有人會覺察出有什麼問題，因爲它表達的意思是明晰的；寫成文字之後，歷來人們沒看出問題的地方，四庫館臣看出了"破綻"，還有就是和刻本的整理者看出來了。我認爲這是因爲四庫本與和刻本的整理者採用了嚴格合乎形式邏輯的語法規範來審視古書中的文本。

　　第三，原書在年代與史實方面出現的一些疏誤，館臣考證出來之後，儘可能地修改了。如卷三"至敬王之末，定公二十四年，魯人鉏商田於大澤，得麟以示夫子，繫角之紱尚猶在焉"，《春秋》記載的孔子獲麟的年代是魯哀公十四年，故四庫本改"定公二十四年"爲"魯哀公十有四年"。

　　又，卷六"昭帝元始元年，穿淋池。"，元始是平帝年號，四庫本改"元始"爲"始元"。"章帝永寧元年，條支國來貢異瑞"，永寧爲安帝年號，四庫本改"章"爲"安"。"靈帝初平三年，游於西園"，初平是獻帝年號，四庫館臣認爲"初平"應爲"熹平"或"中平"之訛。"至魏咸熙中，先所投燭處夕夕有光如星"，咸熙是魏元帝年號，元帝是曹魏的末帝，可是後又提到"至魏明末"，時間錯亂了，四庫本改"咸熙"爲"黄初"；卷七"咸熙元年，谷習出守常山郡"，王嘉又把"咸熙"誤記爲魏文帝之年號，這個"咸熙"，四庫本也改爲"黄初"②。"昔漢武帝寶鼎

---

① 《説郛》卷六十六《拾遺名山記》，《四庫全書》文淵閣本。
② 《四庫全書考證》卷十二《子部·拾遺記》，"昭帝始元元年，刊本始元二字互倒，據《漢書》改。""刊本安訛章，據《漢書》改。""案初平爲獻帝年號，此當是'熹平'或'中平'之訛。""刊本'黄初'訛'咸熙'，今改。"

元年,西方貢珍怪",“寶鼎"是三國孫皓的年號,四庫本改"寶鼎"爲"元鼎"。

又,卷九裏寫了一個名叫姚馥的羌人,九十八歲,原書中説"姚襄則其祖也"。姚襄是姚萇的兄長,王嘉最後又是被姚萇殺死的,因此姚萇的孫輩人物出現在王嘉的書裏是有違常理的。四庫本這句改作"即姚襄之祖",儘管不一定符合事實,但至少輩份是理順了。

關於史實方面的錯誤,也有四庫館臣認爲有問題而暫時没有修改的。如《四庫全書考證》裏的這一條:

> “張承之母孫氏"條:“昔吴王闔閭葬其妹,殉以美女、珍寶。"案:“妹",《吴越春秋》作“女"。又,“及承生,位至丞相、輔吴將軍,年踰九十。"案《吴志》:張承官奮威將軍,卒于赤烏九年,年六十七。其父昭,輔吴將軍,嘉禾五年卒,年八十七。父子俱未爲丞相。然陳壽《三國志》多詳于魏而略于吴、蜀,則此所載,亦可資參証。附識。

《拾遺記》是雜史,是小説,本來就是向壁虚構的,對於書中涉及的人與事,其實不必以看正經、正史的眼光來對待。余嘉錫就曾經説過:“是故諸子之書,百家之説,因文見意,隨物賦形。或引古以證其言,或設喻以宣其奥。譬如童子成謡,詩人詠物,興之所至,稱心而談。若必爲之訓詁,務爲穿鑿,不惟事等刻舟,亦且味同嚼蠟矣。夫引古不必皆虚,而設喻自難盡實,彼原假此爲波瀾,何須加之以考據。"①故這一類考據實屬不太必要者。不過,館臣雖然認爲有問題,但到底還是没有改(或不知道怎麽改合適),態度終歸還是審慎的。

總起來看,四庫館臣對《拾遺記》的讎校是盡心的,也是有成績的,只是其學術觀念、對作家作品的認識及具體的工作規範與今人有異。首先,按照目前古籍整理工作的做法,通常會選取年代較早、質量也比較好的世德堂本做底本。館臣選擇了《稗海》本而没有用世德堂本,推測起來,不外有兩種可能:一是條件的限制,徵書時可能没有徵到世德堂本,而其餘《稗海》《古今逸史》《漢魏叢書》等都是萬曆年間編刻的,年代差不多。二是四庫館臣可能不認可蕭綺的《録》,所以乾脆就選了不帶《録》的《稗海》本做底本。《總目》裏説:

> 嘉書蓋仿郭憲《洞冥記》而作,其言荒誕,證以史傳皆不合。……綺《録》亦附會其詞,無所糾正。然歷代詞人,取材不竭,亦劉勰所謂“事豐奇偉,辭富膏腴,無益經典,而有助文章"者歟?虞初九百,漢人備録;六朝舊籍,今亦存備採掇焉。②

從清代樸學的觀點看,王嘉的《拾遺記》荒誕不經,蕭綺的《録》更是附會的東西,都没有什麽史料方面的價值。只是因爲《拾遺記》本身的文辭還比較優美,歷代引用的人很多,所以勉强收入《全書》,“備採掇"而已。蕭綺的《録》連引用的人都很少,直接就不收了。如果是因爲這兩個原因而選了《稗海》本作

---

① 余嘉錫《古書通例》卷二《古書多造作故事》,中華書局,2007年,頁253。
② 《四庫全書總目提要》卷一四二,中華書局,1965年,下册,頁1270。

底本，我認爲是可以諒解的。

　　其次，前引《稗海》本竄行跳脱的十個字“側理紙萬番，此南越所獻”，四庫本據《藝文類聚》補作“賜側理紙，後人謂之陟厘”①。其實比對世德堂本系統的本子，這處脱文是不難補上的。而且我們已經知道，館臣手頭肯定是有《漢魏叢書》本的。既然有版本可查，爲什麽館臣取《藝文類聚》而舍《漢魏叢書》呢？我想這也許就是清代人的觀念所致——類書的年代早，《藝文類聚》是唐代人編的，比明代的本子要早得多，館臣認爲年代早的會更可靠。在没有電腦檢索的時代裏，在類書裏獲得一段可資校補古書的材料，確實令人如獲至寶，難以割愛。但是從今天的觀點看，版本依據要優於他書證據。根據類書補脱文，並不是最優的方案。類書的引文經常是“概引”“節引”或“意引”，類書中保留古書文字的片段，純是客觀造成的結果，並不像有人所想像的那樣，類書會儘量忠實于原文。

　　再次，四庫本的《拾遺記》最大的特點或成績，在於校改出一些文字與史實方面的疏誤。可儘管館臣的考據癖已經很重，進行了一些不必要的考據，也還是有些史實與年代方面的疏漏没有考據出來。《拾遺記》卷三：“僖公十四年，晋文公焚林以求介之推。”按《左傳》的記載：“晋侯賞從亡者，介之推不言禄，禄亦弗及。”這件事發生在魯僖公二十四年②。看來《拾遺記》中“十四年”宜改爲“二十四年”。可要照這樣研究整理下去，就有點替古人改書的意思了。

　　因爲著述者自身的疏忽，在寫作過程中出紕漏的情況歷來是有的。魯迅在 1920 年寫的《風波》中的“捧著十八個銅釘的飯碗”，根據上文，“十八”應做“十六”。魯迅在一九二六年十一月二十三日致李霽野的信中曾説：“六斤家只有這一個釘過的碗，釘是十六或十八，我也記不清了。總之，兩數之一是錯誤的，請改成一律。”看來魯迅本人是同意改過來的，不過這一處直到 1979 年版的《呐喊》裏，也還是没有改過來③。

　　當“存舊”與“求真”的原則發生嚴重衝突的時候，應當首先遵從哪一項原則？從事古籍整理的人，是要做一個忠實原著的“讎校者”，還是應該成爲勇於糾謬的“編輯者”，古籍整理的邊界究竟應在什麽地方？這是一個值得繼續討論的問題。

　　【作者簡介】林嵩，文學博士，北京大學中國語言文學系、中國古文獻研究中心副教授，研究方向爲古文獻學、古籍整理。

---

　　①　《四庫全書考證》卷七二，《子部·拾遺記》：“刊本脱‘賜側理紙’四字，據《藝文類聚》增。”
　　②　《春秋左傳正義》卷一五，《十三經注疏》，中華書局，1980 年，下册，頁 115。按：這一處錯誤是北京大學中文系博士生馬英傑首先發現的。
　　③　《呐喊》，人民文學出版社，1979 年，頁 56。

陶宗儀《南村輟耕録》版本源流考

王雪玲　賈二强

【提　要】　元末明初人陶宗儀所撰《南村輟耕録》自成書以來，屢經棗梨，刻本蕃多，除《四庫全書》本及鈔本外可歸爲元刻本和明刻本兩大系統，前者的祖本是元至正二十六年刻本，繼之者有明初本、明成化十年戴珊本以及民國陶湘覆刻本和《四部叢刊三編》影印本；後者的祖本疑爲明成化五年彭瑋刻本，繼之者有明嘉靖玉蘭草堂本、萬曆六年徐球重修本、明末毛晉汲古閣《津逮秘書》本以及清末許氏恒遠堂刻本、上海福瀛書局刻本、上海廣文堂刻本。《南村輟耕録》各刻本差異較大，即使同一系統的刻本也不例外。經仔細比勘，可以斷定明刻本系統文字優於元刻本系統，其中玉蘭草堂本最佳，徐球重修本與毛晉《津逮秘書》本略遜一籌；元刻本則不如明初本，戴珊本最劣，陶湘覆刻本經過校勘，轉勝戴本，然尚不及玉蘭草堂本。

【關鍵詞】　南村輟耕録　元刻本　明初本　戴珊本　玉蘭草堂本

引　言

《南村輟耕録》是元末明初人陶宗儀在松江（今上海市松江區）躲避戰亂時撰寫的一部筆記，全書三十卷，“凡伍佰捌拾肆事”。陶氏友人邵亨貞稱其“凡六合之内，朝野之間，天理人事，有關於風化者，皆采而録之”①。同時人孫作則謂其“上兼六經百氏之旨，下極稗官小史之談，昔之所未考，今之所未聞。其采摭之博，侈於白《帖》；研核之精，擬於洪《筆》”②。明清兩代引用、評説《南村輟耕録》者頗多，抑揚褒貶，莫衷一是，四庫館臣則綜而論之，認爲其“於有元一代法令制度，及至正末東南兵亂之事，紀録頗詳。所考訂書畫文藝，亦多足備參證。惟多雜以俚俗戲謔之語，閭里鄙穢之事，頗乖著作之體”③。今天看來，記載元代史事及人物的筆記雜著寥若晨星，無論是與之前的唐宋、還是之後的

＊本文是全國高校古委會項目“《南村輟耕録》整理與研究”（項目編號：1860）階段性成果。

① ［明］陶宗儀《南村輟耕録》卷首邵亨貞《南村輟耕録疏》，中華書局，1959 年。
② ［明］陶宗儀《南村輟耕録》卷首孫作《南村輟耕録叙》，中華書局，1959 年。
③ ［清］永瑢《四庫全書總目》卷一四一《子部·小説家類·輟耕録》，中華書局，1965 年，頁 1203。

明清都無法相提並論，僅此一點，《南村輟耕録》的價值即當引起足夠的重視，而研究利用《南村輟耕録》，其版本源流及優劣是一個不容忽視的問題。

《南村輟耕録》自元末首刻以來，屢經雕版，刻本綦多，清代藏書家著録時已多有混淆。學人在整理研究《南村輟耕録》時，對其版本問題每有涉及，惟吳曉鈴先生《〈輟耕録通檢〉序文》所述較爲清晰：

> 此書版本，傳世綦多。其最古者，號稱元順帝至正二十六年丙午（1366）刊本。繼有明憲宗成化五年己丑（1469）華亭彭氏刻本，明世宗嘉靖間（1522—1566）玉蘭草堂刻本，明神宗萬曆六年戊寅（1578）華亭徐氏修補舊刻本，明神宗萬曆三十二年甲辰（1604）華亭王氏重修本、舊抄本。清浙江許氏恒遠堂刻本，清廣文堂刻本。①

然吳氏所述尚有遺漏，亦未交待各版本之間的關係。筆者不揣淺陋，梳理各家著録，結合現存刻本，試對《南村輟耕録》的版本系統、各刻本之間的源流遞嬗，以及版本優劣等問題進行初步探討，不當之處，尚祈指正。

一、《南村輟耕録》版本題記

《南村輟耕録》刻本多達十餘種，兹按刊刻印行先後，梳理主要刻本兼及著録情况如下。

（一）元本

據《南村輟耕録》的内容及時人孫作撰於“至正丙午夏六月”的叙，其成書當不晚於元順帝至正二十六年（1366），付梓亦當在是年。孫作字大雅，江陰（今江蘇省江陰市）人，“元季挈家避兵於吳，盡棄他物，獨載書兩簏。士誠廩禄之，旋以母病謝去，客松江，衆爲買田築室居焉”②。孫作有《滄螺集》五卷行世，其中卷四《陶先生小傳》記陶宗儀生平甚詳，所撰《南村輟耕録叙》又稱“余友天台陶君九成”，可見二人過從甚密。

今國家圖書館（下文簡稱國圖）藏有《南村輟耕録》元刻本一部（善本號03523，下文簡稱元本），封面題簽“《輟耕録》，元刊八本”。此本係足本，凡 8 册，大黑口，四周雙邊，半葉 12 行 25 字，卷首依次爲孫作《南村輟耕録序》③、《南村輟耕録總目》（分上、中、下三欄排列，末有“凡伍佰捌拾肆事”七字）。各卷首行頂格大題“南村輟耕録卷之幾”，次行低數格題“天台陶宗儀九成”，正文條目無標題。此本具備元中後期刻本的一般特點，簡筆俗體字尤多，僅目録可見者如“總”作“緫”“關”作“関”“浙”作“淛”“興”作“㒷”“舉”作“㪯”“寶”作“宝”“學”作“㕘”“斷”作“断”“戲”作“戯”等。正文中的簡筆俗體字也觸目皆是，如

---

①　吳曉鈴《吳曉鈴集·〈輟耕録通檢〉序文》，河北教育出版社，2006 年，第 2 册，頁 74。

②　《明史》卷二八五《文苑傳》，中華書局，1974 年，頁 7326。

③　案：《南村輟耕録》各本所録孫作《叙》有異，元本、明初本作《南村輟耕録序》，戴珊本、玉蘭草堂本作《南村輟耕録叙》，徐球重修本、《津逮秘書》本則作《輟耕録叙》。

“葬”作“塟”“蠻”作“蛮”，“體”作“骵”“幕”作“幙”等。又正文凡遇“上”“帝師”“太子”“后”“太后”“陛下”“天子”“君”“太祖”“國朝”“武宗”“祖宗”“世祖”“軍”“祖”“朝”“制”“詔”“國”等字詞，或提行，或空格。又此本卷首鈐有“紹基秘笈”“鐵琴銅劍樓”印，蓋清中期入藏瞿氏鐵琴銅劍樓。檢《鐵琴銅劍樓藏書目録》，其子部小説家類著録元刊本《南村輟耕録》一部：“題南村陶宗儀撰。此至正丙午所刻本。目後自記：凡伍佰捌拾肆事。有孫作序。”[①]又陸心源《皕宋樓藏書志》：“《南村輟耕録》三十卷，元刊本。元天台陶宗儀九成撰。孫作序（至正丙午）。”[②]據此，國圖所藏係元至正二十六年刻本當無誤。

臺灣學者昌彼得認爲《南村輟耕録》成書於元末戰亂之際，“《輟耕録》脱稿之時，正戰端方啓”，當時官方正在刊刻的書籍尚且因戰亂而中輟，更何況像《輟耕録》這種需經朋友醵資雕版的私人著作？又鑒於此書對方國珍、徐壽輝、張士誠之興兵造亂多有記叙並斥責，“獨於明太祖朱元璋之起，未曾述及，即偶有涉及明軍者，亦僅簡稱集慶軍。設其書刻於元末，當不致有此忌諱”[③]。昌彼得先生没有述及《南村輟耕録》的現存刻本情況，僅據個别文字推測此書不當刻於元末似失於武斷。

（二）明初本

今國圖藏有《南村輟耕録》明初刻本（善本號 18255）一部，凡 8 册，大黑口，四周雙邊，半葉 12 行 25 字，缺 28—30 卷，配以毛氏《津逮秘書》本。卷首依次爲孫《序》《總目》（分上、中、下三欄排列，末有“凡伍佰捌拾肆事”七字）、邵亨貞《南村輟耕録疏》。各卷首行、次行所題與元本同，正文條目亦無標題。是本新增邵《疏》未署年月，具體刊刻時間不得其詳。邵亨貞字復孺，元末明初人，《明史·藝文志》著録有《蛾術文集》十六卷，《四庫全書》收録其《野處集》四卷，《四庫提要》稱“自其祖已占籍松江”，“亨貞終於儒官，足迹又不出鄉里”[④]。陶宗儀《書史會要》謂邵亨貞“博通經史，贍於文辭，且工篆、隸”[⑤]，《南村輟耕録》卷十五録有邵亨貞《沁園春》二首，可見陶宗儀與邵亨貞同居松江，過從甚密。

國圖藏《南村輟耕録》明初本係黄裳經藏，封面有黄裳題簽“明初刻南邨輟耕録，來燕榭珍藏記”，卷首有黄裳題記，書中鈐有“黄裳藏本”“黄裳青囊文苑”“容家書庫”“木雁齋”等印。第二十七卷末題“辛卯春三月望前一日海上所收。黄裳藏書”。此本與元本行款、版式均同，字體相近，極易混淆，黄裳始憑目測認爲是明初刻本，後幾經比較，又認爲“此真元刻矣”，手書題記曰：

　　①　［清］瞿鏞《鐵琴銅劍樓藏書目録》卷一七《子部·小説類》，《清人書目題跋叢刊》第 3 册，中華書局，1990 年，頁 256。

　　②　［清］陸心源《皕宋樓藏書志》卷六四，《清人書目題跋叢刊》第 1 册，中華書局，1995 年，頁 716。

　　③　昌彼得《陶南村先生年譜初稿》，應再泉、徐永明、鄧小陽編《陶宗儀研究論文集》，浙江人民出版社，2006 年，頁 505—506。

　　④　［清］永瑢《四庫全書總目》卷一六七《集部·别集類·野處集》，中華書局，1965 年，頁 1449。

　　⑤　［明］陶宗儀撰、徐永明點校《書史會要》卷七，北京師範大學出版社，2016 年，頁 174。

去冬余於修文堂孫實君得見有常熟寄來書單一紙，中有正德刊《讕言長語》、元刊殘本《輟耕録》等，即囑其寄來一閱。後《讕言長語》已來，即收之矣，而殘元本則久未至也，後乃知其售於吳瀚。今日吳估又來，遂又以此本示余，即論價收之。取與鐵琴銅劍樓所藏本对觀，板式全同，只字畫筆鋒微有異处，不知何故。澇喜齋尚有元板一部，聞爲十行本，亦未能取校。以余目驗，此殆有明初葉所刊也。按丁氏《善本書室藏志》有成化刊本，云前有成化十年華亭錢溥序，謂刊於松江郡庠者，亦未能定是此本否。姑懸一解於此，以待它日考定。原書佚去尾三卷，尚冀他日更遇殘卷配全，假以暇日，取舊紙手録，尚亦非難事也。余本有玉蘭草堂本一部，印已在後，不如此本遠甚。前已与抱經堂主人易書時換去，今齋中只存此不全本矣。辛卯穀雨前二日黄裳記。

今日讀莫氏五十万卷樓所藏成化本，題記云半葉十行廿二字，卷後且加刻三葉，知非此本。然則此真元刻矣，喜而書此。辛卯三月廿六日書。①

根據行款及改簡筆俗體字爲正體字的特點，此本似刻於明初，黄裳目驗當無誤，審其字體版式行款，係翻自元本無疑。

傅增湘《藏園訂補郘亭知見傳本書目》著録有明初刊本一部："十二行二十五字，黑口，四周雙闌。目後有'凡五百八十四事'一行，楊守敬藏，號爲元刊本。"②又杜信孚《明代版刻綜録》著録有《南村輟耕録》一部，謂"明洪武二十二年嚴陵邵亨貞刊"③，所據乃《南京圖書館善本書草目》，今核檢此目則謂"明洪武間邵亨貞等集貲刊，後代修補"④，並未言及刻書時間，杜氏所言不知何據。

（三）彭瑋本

清人沈濤《元槧本南村輟耕録跋》曰："陶南村《輟耕録》，海虞毛氏刻入《津逮秘書》中，蓋據成化間華亭彭氏之本，末有成化己丑中秋日華亭彭瑋跋語。"⑤沈氏所據似爲毛氏《津逮秘書》本《南村輟耕録》卷末所附彭瑋跋語。此外，今國圖藏本中有兩部嘉靖玉蘭草堂本（善本號 04931、13589）卷四後亦附有彭瑋跋語，末句云"成化己丑中秋日華亭彭瑋識"。據此，華亭人彭瑋於明成化五年（1469）或曾刻過《南村輟耕録》。然彭瑋其人無考，所刻《南村輟耕録》未見傳本，著録亦稀。

成化十年戴珊刻本卷首錢溥《南村輟耕録叙》稱《南村輟耕録》"傳寫訛舛，

---

　　①　[明]陶宗儀《南村輟耕録》卷首，國圖藏明初刻本（善本號 18255）。
　　②　[清]莫友芝撰、傅增湘訂補、傅熹年整理《藏園訂補郘亭知見傳本書目》卷一一上《子部·小説家類》，中華書局，2009 年，頁 846。
　　③　杜信孚《明代版刻綜録》卷三，江蘇廣陵古籍刻印社，1983 年，頁 ??。
　　④　南京圖書館編《南京圖書館善本書草目》，南京圖書館館藏油印本。
　　⑤　[清]沈濤《十經齋文集》卷四，《清代詩文集彙編》第 578 册，上海古籍出版社，2010 年，頁 364。

久失其真,近見陝右白公大本"①。成化十年之前,《南村輟耕録》有元本、明初本和彭瑋本,雖不知陝右白公何許人,而"大本"似指彭瑋本,蓋較 10 行 25 字的元本和明初本而言。

(四) 戴珊本

戴珊本是《南村輟耕録》諸本中影響較大的刻本。戴珊字廷珍,浮梁(今江西省浮梁縣)人,"天順進士,爲御史,督學南畿"②。戴珊刻書當受時掌南京翰林院事的錢溥之托。錢溥字原溥,號九峰,華亭(今上海市松江區)人,正統四年(1439)進士,授檢討,遷春坊左贊善,天順六年(1462)奉命出使安南,成化九年(1473)起掌南京翰林院事,十二年升南京吏部左侍郎,官至吏部尚書,謚文通③。錢溥在《南村輟耕録叙》中對戴珊本的刊刻經過叙之甚詳,謂其因見鄉賢陶宗儀《南村輟耕録》"傳寫訛舛,久失其真",先獲"陝右白公大本",繼而又"訪求得先生的本"④,於是交由學政戴珊主持刊刻。《叙》中所言"陝右白公大本"或即彭瑋本,"的本"當爲明初本⑤。

今國圖藏有潘祖蔭經藏戴珊本一部(善本號 17563),凡 16 册,大黑口,四周双邊,半葉 10 行 22 字,卷首有缺頁,今存孫《叙》、《總目》(分上、中、下三欄排列)、邵《疏》,未見錢溥《叙》,或許卷首缺頁即是。各卷首行、次行所題與元本同,正文條目亦無標題。此本鈐有"潘祖蔭藏書記""黄丕烈印""懷璞子""金瑾之印"等。上"明初本"條引黄裳題記謂"滂喜齋尚有元板一部,聞爲十行本,亦未能取校"者,當即是本。民國涵芬樓以此本影入《四部叢刊三編》(簡稱叢刊本)。此外,國圖還藏有兩部戴珊遞修本,一爲傅增湘經藏本(善本號 11342),12 册,卷首錢溥《叙》殘缺不全,民國陶湘曾據以覆刻(簡稱陶本)。二爲王廣業、臧仲韜經藏本(善本號 15893),16 册,卷首錢溥《南村輟耕録叙》完整無缺。

(五) 玉蘭草堂本

今國圖藏有陸錫熊經藏玉蘭草堂本《南村輟耕録》一部(善本號 04931,簡稱玉本),凡 4 册,白口,左右雙邊,半葉 10 行 21 字,卷首依次爲孫作《叙》、《南村先生傳》、《總目》(分上、中、下三欄排列)、邵《疏》。各卷首行、次行所題與元本同,正文條目無標題。此本有朱學勤跋、李鼎元批點並跋,張穆、翁心存識語,鈐有"雲間陸耳山珍藏書籍"等印,版心有"玉蘭草堂"四字,又此本遇"上""制"等字提行或空格,尚存舊刻面貌,卷四後附彭瑋跋,似出自成化五年彭氏刻本。據諸藏家識跋及鈐印,此書初爲陸錫熊藏,後歸李鼎元,再歸張穆、翁心

---

①　[明]錢溥《南村輟耕録叙》,國圖藏《南村輟耕録》戴珊遞修本(善本號 13893)卷首。案:國圖所藏潘祖蔭經藏戴本缺錢溥《叙》,傅增湘經藏本錢溥《叙》殘缺不全,惟此本完整無缺。

②　[明]劉元卿撰、彭樹新編校《劉元卿集》外編《江右名賢編·名臣·戴珊》,上海古籍出版社,2014 年,頁 1164。

③　《(正德)松江府志》卷二九《人物·名臣》,《上海府縣舊志叢書》,上海古籍出版社,2011 年,第 1 册,頁 445。

④　[明]錢溥《南村輟耕録叙》,國圖藏戴珊遞修本(善本號 15323)《南村輟耕録》卷首。

⑤　元本刊刻粗劣,舛误極多,墨釘、空字不一而足,明初本多有訂正補缺,優於元本。

存，最後爲朱學勤購得，幾經輾轉，至今猶存，實屬難得。諸家識跋除張穆“此明刻本”和朱學勤“汲古閣刻本中有脱去數葉者，此爲舊本，最不易得”外，均未涉及版本問題。傅增湘《藏園訂補邵亭知見傳本書目》著録《南村輟耕録》條增補“明嘉靖玉蘭草堂刊本”：“十行二十一字，白口，左右雙闌，版心下方有‘玉蘭草堂’四字，陰陽面各二字。盛昱遺書。”①

玉本存世較多，册數及卷首内容不一，恐係重修遞補改裝所致。此外《中國古籍善本書目》又著録有明玉蘭草堂刻萬曆三十二年王圻重修本，鄭振鐸經眼此本，詳見《西諦書話》②。又上海圖書館所藏王圻重修本有葉景葵手書題識曰：“萬曆甲辰雲間王圻重修本。附刻《秋江送別圖》並贈詩及序，爲原刻所無，頗罕見，因録存之。景葵記。乙卯長夏。”③

（六）徐球重修本

今國圖藏有明萬曆六年（1578）徐球重修本（善本號15323，簡稱徐本）一部，凡六册，白口，左右雙邊，半葉10行21字，卷首有孫作《輟耕録叙》，無“南村”二字，草書；又有萬曆六年徐球《輟耕録引》、孫作《南村先生傳》以及邵亨貞《輟耕録疏》、《輟耕録目》（分上、下兩欄排列）。各卷首行大題“輟耕録卷第幾”，惟卷一次行題“南村陶宗儀”，正文條目有標題。此本鈐有“麗藻樓”“金瑾鑒藏”“清聲閣書籍印”“静補齋”“李芝綬讀書記”“長樂鄭振鐸西諦藏本”等印。正文有缺頁，最後一卷末頁滿行，鈐有“長樂鄭氏藏書之印”。此書蓋徐球重修，近世經李芝綬、鄭振鐸遞藏，《西諦書目》著録“明刊萬曆六年徐球重修本”《輟耕録》六册即此本④。

徐球，華亭人，明南京刑部、工部侍郎徐陟（嘉靖首輔徐階弟）之子，《徐司寇覺庵公傳》載：“徐陟，字子明，初號望湖，已更達齋，晚又更覺庵，華亭人，太師文貞公之弟也。……公之子中書球、楚雄守琳、太仆丞琰而下皆能以孝友世其家云。”⑤《青浦望族》曰：“徐球，字虞卿，號鳳岩，又號師庵，徐陟長子。以縣學生入國子，謁選授武英殿中書舍人，未幾引疾歸。歸田後，惟著述自娛，間作行草擘窠書，端重有法。暇則延墨卿詞客，相與吟詠，晚歲有神僊黄白之好。”⑥徐球《輟耕録引》曰：

> 《南村輟耕録》，海内士人愛而刻之、刻而傳者衆矣。邇來惜乏善本，

　①　［清］莫友芝撰、傅增湘訂補、傅熹年整理《藏園訂補邵亭知見傳本書目》卷一一上《子部·小説家類》，中華書局，2009年，頁846。

　②　鄭振鐸《西諦書話》卷二謂其於中國書店見玉蘭草堂刊《南村輟耕録》全帙，“首附《秋江送別圖》，爲堵文明所繪，並有貝瓊、趙偰、錢宰、牛諒、詹同、周子諒、張孟兼、王澤、富禮及宋濂諸人送陶九成東歸詩，貝瓊並有序。……諸詩及圖爲各本所無。……此本别有萬曆甲辰王圻重修序。然此圖却非圻所增入。蓋東歸詩頁下仍均有‘玉蘭草堂’四字。”（北京：三聯書店，1983年，頁305—306。）

　③　葉景葵《葉景葵文集》，上海科學技術文獻出版社，2016年，頁865。

　④　鄭振鐸《西諦書目》卷二《子部·雜家類》，頁306。

　⑤　［明］何三畏編《雲間志略》卷　五《人物·徐司寇覺庵公傳》，臺灣學生書局據明刊本影印，1987年，頁1107—1111。

　⑥　上海市青浦區博物館編《青浦望族》，《青浦文化叢書》，上海人民出版社，2016年，頁195。

友人楊君有是刻，頗可觀。予藏之室，幾三越寒暑，緣多病置之不問。入春病漸可，乃思而閱之，中間缺雜數十板，予爲之補輯成編，得不爲棄物，不敢自私，將以廣播諸四方，因著其顛末如此。若夫是書之合作，則先達諸公之論已列簡端，予烏能贅一辭？萬曆戊寅歲冬月華亭徐球識。①

由此可知，徐球重修所據是楊君藏本，此楊君不知何許人。萬曆六年之前，《南村輟耕録》有元本、明初本、彭本、戴本和玉本，徐本爲 10 行 21 字有標題本，顯然與 10 行 25 字無標題的元本、明初本和 10 行 22 字無標題的戴本不是一個系統。據此推測，楊君藏本和戴本卷首錢溥《叙》所言"陝右白公大本"似爲同一版本，或即上承成化五年華亭彭瑋刻本。玉本所題書名均有"南村"二字，目録分上、中、下三欄排列，而徐本卷首及各卷首行所題書名均無"南村"二字②，目録分上、下兩欄排列，兩者關係應較疏遠，然行款均 10 行 21 字，版式同爲白口左右雙邊，文本亦皆較精善，徐本則又似有玉本之影響。《天禄琳琅書目後編》著録此本，謂"前有至正丙午孫作序，並南村先生傳，又邵亨貞募刻是書疏，萬曆戊寅徐球補刻識，乃明初舊版重修者"③，鄭振鐸曾購得"萬曆戊寅徐球刊本"一部，稱其與玉蘭草堂本同樣精善④。

（七）《津逮秘書》本

明末毛晋汲古閣彙刊《津逮秘書》，其中第九集收有《南村輟耕録》（簡稱毛本）。《津逮秘書》底本主要來源於胡震亨所輯《秘册彙函》殘版⑤、家刻綠君亭本及其後增益自刻⑥，《秘册彙函》未收《南村輟耕録》，其底本當另有來源。毛本之版式行款與徐本悉同，均爲白口，左右雙邊，書名位於版心上方，半葉 10 行 21 字；卷首有孫作《輟耕録叙》，草書；《輟耕録目》分上、下兩欄排列；各卷首行頂格大題"輟耕録卷第幾"（惟第十七卷首行大題有"南村"二字），僅卷一次行低數格題"南村陶宗儀"，正文條目均有標題。沈濤《元槧本南村輟耕録跋》謂毛本"蓋據成化間華亭彭氏之本"⑦，吳曉鈴、徐朝暉二人亦認爲毛本出自彭

---

① ［明］陶宗儀《南村輟耕録》卷首，國圖藏萬曆六年徐球重修本（善本號 15323）。

② 今國圖所藏徐球本惟第十七卷首行大題有"南村"二字，恐係徐球重刻而原本此葉缺失所致。

③ ［清］彭元瑞等《天禄琳琅書目後編》卷一六《明版子部》，《清人書目題跋叢刊》第 10 册，頁 416—417。

④ 鄭振鐸《西諦書話》，頁 306。

⑤ 海鹽胡震亨萬曆年間所刊《秘册彙函》後毀於於火，殘版为毛氏所得，成爲毛氏《津逮秘書》的底本。雍正《浙江通志》卷一七九《人物‧胡震亨》引《嘉興府志》曰："凡海虞毛氏書，多震亨所編定也。"（《雍正》浙江通志》卷一七九《人物》，《中國地方志集成‧省志輯‧浙江》第 6 册，第 685 頁。）毛晋《津逮秘書序》云："邇鹽官胡孝轅氏復以《秘册》二十餘函相屬，惜半燼於武林辛酉之火，予爲之補亡，並合予舊刻，不啻百有餘種，皆玉珧紫弦，非尋常菽粟也。"（（明）毛晋撰、潘景鄭校訂《汲古閣書跋‧津逮秘書》，上海古籍出版社，2005 年，頁 124—125。）

⑥ 傅增湘《借月山房彙鈔序》曰："毛子晋得胡震亨《秘册彙函》版，益以家刻綠君亭諸本，復爲增廣成《津逮秘書》十五集一百四十三種，流傳五百五十年漸就散佚，坊肆每有翻刻零本。"（張海鵬輯《借月山房彙鈔》卷首，臺北：文海出版社影印本，1981 年。）

⑦ ［清］沈濤《十經齋文集》卷四，《清代詩文集彙編》第 578 册，頁 364。

本①。今彭本未見傳本,而徐本與毛本不惟諸多相同,甚或欄綫界行的缺斷亦有若合符節之處,知徐刻之書版後入於毛氏被收入《津逮秘書》,二本實屬同刻。惟毛氏補入彭跋而去徐《引》、孫《傳》和邵《疏》。又徐本、毛本卷十第一至四頁版心均有"汲古閣"三字,恐係毛氏重刻時所補徐本之缺版。清光緒十一年上海福瀛書局重刻本、上海廣文堂刻本均出自毛本。

上述刻本主要刻於明代,且多與松江有關。松江古稱華亭,別稱雲間,陶宗儀於元末因避兵亂徙家松江,與諸生"買地結廬,遂居以老",寓居松江幾近五十年,教授弟子外,與本籍及寓居松江的文人往來唱和,"晚益閉門著書,世所共傳《說郛》一百卷,《輟耕録》三十卷,《書史會要》九卷,《四書備遺》二卷,其未脫稿者不與焉"②。《(正德)松江府志》及徐象梅所纂《兩浙名賢録》均爲陶宗儀立傳,顯然視陶宗儀爲松江先賢,故有明一代,《南村輟耕録》一再刊刻,不絕於史,自崇禎間毛氏《津逮秘書》本以後始與華亭關係漸遠。有清一代,《南村輟耕録》新刻稀見,《四庫全書》本竄改之處甚多,此不置論。

二、諸本之淵源遞嬗、關係及異同

《南村輟耕録》的刻本雖多,但根據字體、行款及版式(見《諸刻本字體行款版式詳表》)可歸爲兩大系統,即元刻本系統和明刻本系統,各刻本之間的承遞關係詳見《諸本之淵源遞嬗及關係》。

(一) 元刻本系統

元刻本系統先後有元本、明初本和戴本、陶本③,諸本在字體、行款及版式等方面同中有異。

元刻本系統各本均爲趙體字、大黑口、四周雙欄,卷首《南村輟耕録總目》分上、中、下三欄排列,正文各卷首行大題"南村輟耕録卷之幾",次行題"天台陶宗儀九成",正文各條目無標題,且正文遇"世祖""世皇""上"等字或提行、或空格。

明初本同元本,半葉 10 行 25 字,卷首《南村輟耕録總目》末均有"凡伍佰捌拾肆事"七字,不同之處有四:一是明初本《總目》後增加了邵《疏》;二是字體未變,筆畫稍顯粗拙,即黃裳所謂"板式全同,只字畫筆鋒微有異處";三是改元本中的簡筆俗體字爲正體字;四是校改了元本中的大部分訛誤。

戴本出自明初本,變化有三:一是改半葉 10 行 25 字为 10 行 22 字;二是《總目》末無"凡伍佰捌拾肆事"七字;三是舛誤增多。戴本校刻時雖對明初本中的訛奪有所訂正,但同時又增加了大量新的錯誤,訛脫衍倒不一而足,正如

① 詳見吳曉鈴《吳曉鈴集·〈輟耕録通檢〉序文》,河北教育出版社,2006 年,第 2 册,頁 77。徐朝暉《〈南村輟耕録〉詞彙研究》,廣東人民出版社,2015 年,頁 14。

② [明]孫作《滄螺集》卷四《陶先生小傳》,《叢書集成續編》第 111 册,上海書店出版社影印本,1994 年,頁 310。

③ 民國《四部叢刊三編》本係影印戴本。

古人所云"校書如掃塵,一面掃,一面生"①。如卷一"列聖授受正統"條載憲宗桓蕭皇帝"在位九年,壽五十二"②,元本、明初本同,戴本則作"壽五十"。案元憲宗係成吉思汗之孫,忽必烈之兄,《元史·憲宗本紀》載元憲宗諱蒙哥,戊辰年即南宋嘉定元年(1208)十二月三日生,己未歲即南宋開慶元年(1259)七月癸亥崩於釣魚山,"壽五十有二,在位九年"③。顯然戴本訛奪"二"字,之後玉本、徐本、毛本皆承其訛作"壽五十"。

陶本據傅增湘藏戴本覆刻,精雕細刻,紙墨俱佳,且陶氏曾取明初小字本(即明初本)、玉蘭草堂本校勘,改正了戴本中的大部分訛誤,勝出戴本,惜校勘仍欠精審,亦未附校記。叢刊本據潘祖蔭藏戴本影印,承謬襲訛,誠爲憾事。

(二) 明刻本系統

明刻本系統的祖本疑爲彭本,繼之者有玉本、徐本和毛本。與元刻本系統相比較,明刻本系統在字體、版式、行款等方面都發生了變化,首先是玉本改元刻本系統的趙體字爲嘉靖本方板整齊的歐體字,徐本、毛本則爲萬曆本通行的方體字,版式也由大黑口、四周雙邊變爲白口、左右雙邊;其次,徐本、毛本卷首及卷內所題書名均無"南村"二字,又於正文各條目增加了標題。

據前文所述,徐本和毛本蓋源自彭本,一脈相承,惟序跋多寡不一,恐係重修或重刻時任意增删所致。徐本卷十七首行大題作"南村輟耕録卷第十七",與全書題名無"南村"二字不符,似爲徐球重修時補刻彭本"中間缺雜數十版"之明證;又徐本與毛本卷十第一至四頁版心有"汲古閣"三字,似爲毛氏重刻時補刻徐本之缺版。

玉本與徐本、毛本雖同爲半葉 10 行 21 字本,但差異較大,不同之處有三:一是玉本卷首及卷內書名均題作"南村輟耕録",徐本、毛本則無"南村"二字;二是玉本卷首《南村輟耕録總目》分上、中、下三欄排列,徐本、毛本卷首《輟耕録目》則分上、下兩欄排列;三是玉本各卷條目無標題,而徐本、毛本則有標題。

黃永年先生認爲明刻本在明中期即從正德到隆慶時期發生了重大變化,"變化的最顯著之點,即字體由前此的趙體突然改換成整齊的歐體,而版式也由前此的大黑口變成了白口。這個變化始於正德,劇於嘉靖,下及隆慶,其中尤以嘉靖時所刻的數量既多,質量又高,成爲明刻本以至我國版本史上的一大特色,'嘉靖本'也隨之成爲了版本目録上的專用詞語"④。玉本即可見嘉靖本的特色。

① [宋]沈括撰、金良年點校《夢溪筆談》卷二五,中華書局,2017 年,頁 198。
② [明]陶宗儀《南村輟耕録》卷一,中華書局,1959 年,頁 9。
③ 《元史》卷三《憲宗本紀》,中華書局,1976 年,頁 54。
④ 黃永年《古籍版本學》,鳳凰出版傳媒集團、江蘇教育出版社,2009 年,頁 119。

諸刻本字體行款版式詳表

刻本	字體	版式行款格式	序跋	目録及内容	其他
元本 至正二十六年	趙體	同元本。	孫作《南村輟耕録序》	《南村輟耕録總目》分上、中、下三欄；各卷首行大題"南村輟耕録卷之幾"，次行題"天台陶宗儀九成"。 各卷條目無標題。	《總目》末有"凡伍百捌拾肆事"七字。
明初本	趙體	大黑口、四周雙邊，半葉 10 行 25 字，"上""制"等字提行或空格。	孫作《南村輟耕録序》 邵亨貞《南村輟耕録疏》	同元本。	同元本。
彭瑋本 成化五年		不詳。	彭瑋識語。		
戴珊本 成化十年	趙體	大黑口、四周雙邊，半葉 10 行 22 字，"上""制"等字提行或空格。	錢溥《南村輟耕録叙》 孫作《南村輟耕録叙》 邵亨貞《南村輟耕録疏》	同元本。	
玉蘭草堂本 嘉靖間	歐體	白口，左右雙邊，半葉 10 行 21 字，"上""制"等字提行或空格。	孫作《南村輟耕録叙》 孫作《南村先生傳》 邵亨貞《南村輟耕録疏》 卷四末有彭瑋識語	同元本。	
徐球重修本 萬曆六年	方體	白口，左右雙邊，半葉 10 行 21 字，無提行或空格。	孫作《輟耕録叙》 徐球《輟耕録引》 孫作《南村先生傳》 邵亨貞《輟耕録疏》	《輟耕録目》分上、下兩欄；各卷首行大題"輟耕録卷第幾"（惟第十七卷首行大題有"南村"二字）；卷一次行題"南村陶宗儀"。各卷條目有標題。	卷十第一至四頁版心有"汲古閣"三字。
津逮秘書本	方體	同徐本。	孫作《輟耕録叙》 全書卷末有彭瑋跋、毛晋識	同徐本。	同徐本。

諸本之淵源遞嬗及關係：

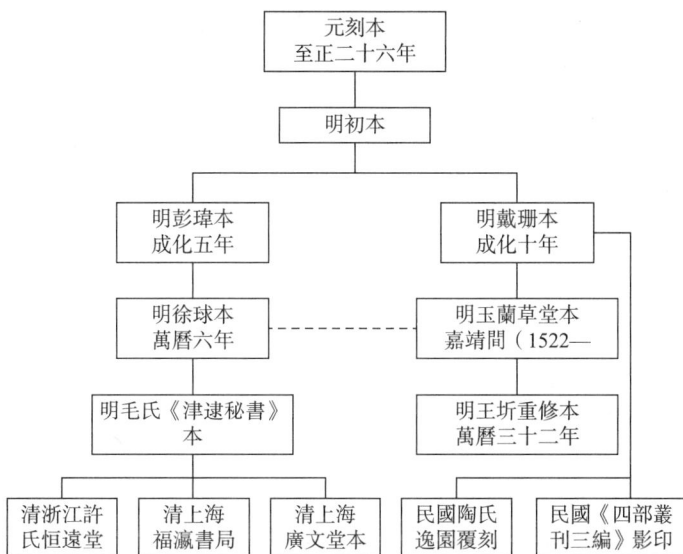

```
                        元刻本
                      至正二十六年
                          │
                        明初本
                          │
        ┌─────────────────┴─────────────────┐
     明彭瑋本                              明戴珊本
     成化五年                              成化十年
        │                                   │
     明徐球本 ─ ─ ─ ─ ─ ─ ─ ─ ─ ─ ─ ─ 明玉蘭草堂本
     萬曆六年                          嘉靖間（1522—
        │                                   │
   明毛氏《津逮秘書》                      明王圻重修本
        本                              萬曆三十二年
        │                                   │
  ┌─────┼─────┐                      ┌─────┴─────┐
清浙江許  清上海   清上海          民國陶氏      民國《四部叢
氏恒遠堂  福瀛書局 廣文堂本        逸園覆刻      刊三編》影印
```

三、各本之比較及其優劣

《南村輟耕録》刻本衆多，各刻本之間差異也較大，經仔細勘校，筆者認爲明刻本系統各本訛奪較少，優於元刻本系統。就元刻本系統而言，初刻元本不如後刻之明初本，而戴本最劣，陶本勝出戴本，但又不及明初本；而明刻本系統中玉本最善，徐本與毛本略遜一籌。

首先，元本雖係初刻，但舛誤較多，後出且行款相同、字體相近的明初本，在改正元本中的部分俗體、異體字的同時，對元本中的舛誤也多有校正，顯然優於元本。如卷二"錢幣"條言"今陛下龍興朔漠，君臨中夏"①，明初本及以後各本皆作"中夏"，元本則誤作"中真"。同卷"弓字"條謂"弓即卷字"②，明初本及以後各本皆作"即"，元本則誤作"節"。卷五"假宅以死"條謂"先生讓正寢居之"③，明初本及以後各本皆作"正寢"，惟元本誤作"三寢"。又如同卷"披秉歌訣"條："天子郊祀與祭太廟日，百官陪位者皆法服。凡披秉須依歌訣次第，則免顛倒之失。歌曰：'襪履中單黃帶先，裙袍蔽膝綬紳連；方心曲領藍腰帶，玉珮丁當冠笏全。'"④明初本及以後各本皆同，惟元本誤"皆"爲"曆"、誤"領"爲"煩"。

其次，戴本雖然對元本、明初本中的舛誤有所訂正，但同時又增加了許多新的錯誤，似爲《南村輟耕録》諸本中舛誤最多的刻本。戴本刊刻粗率，訛脫衍

① ［明］陶宗儀《南村輟耕録》卷二"錢幣"，中華書局，1959年，頁26。
② ［明］陶宗儀《南村輟耕録》卷二"弓字"，中華書局，1959年，頁31。
③ ［明］陶宗儀《南村輟耕録》卷五"假宅以死"，中華書局，1959年，頁57。
④ ［明］陶宗儀《南村輟耕録》卷五"毀前朝玉璽"，中華書局，1959年，頁57。

倒不一而足,其中形近誤字觸目皆是。顯而易見的訛誤如卷十一"鬼室"條引《松窗雜記》"呼其名百日,畫夜不歇","畫"當作"晝"。卷十二"張道人"條謂"時月色微明,晝師吳碧山尚未寢","晝"當作"畫"。此外戴本還存在大量人名、地名、名物等訛誤。如卷五"平反"條載中書左丞李德輝"字仲寶,通州潞縣人",諸本皆作"仲實"。案《通州志·人物》載"李德輝,字仲實,通州潞縣人。中統三年,授太原路總管。至郡,崇學校,表孝節,勸耕桑,立社倉,一權度,凡可以阜民者,無不爲之。嘉禾瑞麥,凡六出其境"①。又《元史·李德輝傳》亦曰"李德輝字仲實,通州潞縣人"②。顯然戴本有誤。又同卷"三教"條記載孛术魯翀回答皇帝詢問"三教何者爲貴"事,孛术魯翀係元朝官員,《元史·孛术魯翀傳》曰:"孛术魯翀字子翬,其先隆安人。……至大四年,授翰林國史院編修官。"③諸本皆作"孛术魯翀",戴本則誤將"翀"字拆分爲"中羽"。卷二十六"瑞應泉"條謂"湖州長興州金沙泉,唐時用此水造紫荀茶進貢",諸本皆作"紫筍茶"。案《元和郡縣圖志》載湖州長城縣西北四十二里有顧山,"貞元以後,每歲以進奉顧山紫笋茶,役工三萬人,累月方畢"④。《新唐書·地理志》載江南道之常州晉陵郡、湖州吳興郡土貢有"紫筍茶"⑤。諸如此類,不勝枚舉。

　　再次,陶本雖以戴本爲底本,但陶氏付梓時用明初本、玉蘭草堂本校勘,對戴本中的舛誤多所校正,明顯優於戴本。遺憾的是陶本校勘欠精,間有漏校失校,尚不及明初本。如卷四"論詩"條稱"故國朝之詩,稱虞、趙、楊、范、揭焉。范即德機先生椁,揭即曼碩先生傒斯也"。其中"德機先生椁"指"元詩四大家"之一的范梈,字德機,《元史》有傳,元本誤作"椁",明初本改作"椁",但後出的戴本、玉本、徐本、毛本仍誤作"椁",陶本失校亦誤作"椁"。又如卷二十二"聖門弟子"條載孔門弟子"字子丕者,曰惟商秦,楚人",元本、玉本、徐本均作"秦商"(明初本殘缺)。案:《史記·仲尼弟子傳》曰"秦商字子丕"⑥,杜佑《通典》載玄宗開元二十七年八月制,谓"七十子並宜追贈:曾參贈郕伯,……秦商贈上洛伯,……"⑦。陶本承戴本之訛仍作"商秦"。更爲遺憾的是陶本徑改戴本而不出校記,又用變單行大字爲雙行小字的辦法增補脫文,用改字的辦法處理衍文,凡此皆有失嚴謹。

　　最後,明刻本系統之玉本、徐本和毛本在後出各本中錯誤相對較少,優於元刻本系統各本,其中玉本最善,徐本、毛本略遜一籌。如《南村輟耕録》卷二"蕭先生"條關於元代學者蕭蚪姓名各本記載不一,蕭蚪字維斗,《元史》有傳,

①　馬蓉等點校《永樂大典方志輯佚·通州志》,中華書局,2004 年,第 1 册,頁 57。
②　《元史》卷一六三《李德輝傳》,頁 3815。
③　《元史》卷一八三《孛术魯翀傳》,頁 4219。
④　[唐]李吉甫撰《元和郡縣圖志》卷二五,中華書局,1983 年,頁 606。案"筍"係"笋"之異體。
⑤　《新唐書》卷四一《地理志》,中華書局,1975 年,頁 1058。
⑥　《史記》卷六七《仲尼弟子傳》,中華書局,1975 年,頁 2223。
⑦　[唐]杜佑《通典》卷五三《禮》,中華書局,2016 年,第 4 册,頁 1472。

蘇天爵所撰《元故集賢學士國子祭酒太子右諭德蕭貞敏公墓志銘》曰：“謹案，蕭氏益都人，國初著籍京兆。公諱𨋀，字維斗。年二十餘，郡守以茂才推擇爲掾。未幾，新郡倅至。倅西域人，怒則惡言詈吏。公歎曰：‘如此尚可仕乎？’乃置文書於案，即日謝去。隱於終南山下，鑿土室以居之。”①但元本誤作“蕭㪍”，明初本已校正爲“蕭𨋀”，之後戴本又誤作“蕭斗㪍”，玉本、徐本、毛本皆不誤。又卷五“題跋”條“劉須溪先生會孟題《蘇李泣別圖》云”，各本均作“劉須溪”，惟毛本誤作“柯須溪”。劉須溪即宋理宗時人劉辰翁，字會孟，號須溪，廬陵人，有《須溪集》《須溪詞》。又卷九“萬柳堂”條“乳燕雛鶯弄語，對高柳鳴蟬相和”，“雛鶯”，徐本、毛本誤作“雅鶯”。同卷“樹鳴”條謂海鹽州趙初心“率子侄輩詣先塋汛掃松楸”，徐本、毛本誤“侄”爲“姓”。

四、餘　論

　　清代以來，藏書家在著録《南村輟耕録》時對其刻本情況認識不一，著録混亂，其版本源流、優劣等問題一直懸而未決，主要體現在混淆版本和不辨優劣兩個方面。

（一）混淆版本

1. 誤明初本或戴本爲元刻

清人沈濤《元槧本南村輟耕録跋》曰：

　　予在洺州得一本，於帝、后、太子等字皆空一格，其標題曰《南村輟耕録》，蓋元時初刊本，前有青溪野史邵亭（亨）貞募刻疏一篇，爲毛本所無，録目後有“凡五百捌拾肆事”一語，較毛本二十二卷少禽戲一事，餘俱相同。其中可訂毛本之誤者不一而足，即如第七卷“官制資品”一條“從七、從仕郎”，考《元史·百官志》：文散官四十二，有從事郎，從七品，《元典章》作“從仕”。予所見元人碑刻皆作“從仕郎”，無作“從事郎”者。此本作“仕”，正與《元典章》合，而毛本作“事”，蓋淺人據誤本《元史》所改，洵乎閣帖以祖石爲珍，蘭亭以初拓爲貴也。②

檢元本和明初本，兩者目録後均有“凡五佰捌拾肆事”七字，目録及元本卷二十二正文（明初本卷二十二缺第二至第十頁）均無“禽戲”條，前文已言邵《疏》乃明初本所增，沈氏所見似爲明初本而非元本。又前述黃裳終誤明初本爲元刻、傅增湘著録謂楊守敬稱所藏明初本“號爲元刊”均屬此類。

　　此外，戴本雖訛奪較多，但因其行款、格式、字體與元本、明初本大同小異，後人多誤作元刻。潘祖蔭《滂喜齋藏書記》著録元刻《南村輟耕録》三十卷，十

---

①　［元］蘇天爵著，陳高華、孟繁清點校《滋溪文稿》卷八《碑志》，中華書局，2008年，頁115。
②　［清］沈濤《十經齋文集》卷四，《清代詩文集彙編》第578冊，頁364。

六册，謂"前有青溪野史邵亨貞募刻疏。……其人與南村同時，則猶爲元刻"①。潘氏經藏《南村輟耕録》今藏國圖，卷首鈐有"潘祖蔭藏書記"印，半葉10行22字，是戴本無疑。而上海商務印書館在張元濟的主持下影印《四部叢刊》，其三編所收《南村輟耕録》即以潘祖蔭滂喜齋藏戴本为底本，内封題"上海涵芬樓景印吳縣潘氏滂喜齋藏元刊本"。民國陶氏覆刻《南村輟耕録》，所用底本爲傅增湘經藏戴本，此本今亦歸藏國圖，卷首有傅增湘手書題記：

> 此明成化刊本，余昔年得之翰文書坊中，多補版，又鈔補二册，友人陶蘭泉假去覆刊，刊成而第四册乃失去，因以新紙補印一卷配入，居然完好矣。此本誤字極多，陶氏付梓時，取明初小字本、玉蘭堂本合校，庶幾正定可傳焉。乙亥正月下浣藏園老人記。②

惜此題記寫於陶氏覆刻之後，陶本卷首内封題"癸亥孟春武进陶氏景元本刊"，卷末牌记題"癸亥正月陶氏逸園模善本重雕乙丑冬工竣"。顯然張元濟、陶湘均誤戴本为元刻。

　　2. 混淆玉本與徐本

　　玉本與徐本在版式、行款等方面同中有異，玉本單黑魚尾而徐本無魚尾，玉本目録分三欄而徐本分兩欄，玉本正文條目無標題而徐本有標題，玉本題《南村輟耕録》而徐本題《輟耕録》。李一氓在其所藏玉蘭草堂本(今藏國圖，善本號18761)的卷首過録《天禄琳琅書目續》卷十六内容如下：

> 明陶宗儀撰。宗儀字九成，號南村，台州人，洪武中舉人材不就，書三十卷，凡肆佰捌十二條③，於元時典章制度人物爲詳，蓋猶在元時所作。前有至正丙午孫作叙，並南村先生傳，又邵亨貞募刻是書疏，萬曆戊寅徐球補刻識，乃明初舊版重修者。作字大雅，江陰人，洪武中曾爲國子助教，授司業，見《明史·文苑傳》。亨貞字復孺，嚴州人，官松江府學訓導，有《蛾術集》。④

此文見《天禄琳琅書目後編》，據叙述所著録的當是萬曆六年徐球重修本，與李一氓所藏玉蘭草堂本實非一本，恐怕是李一氓將《天禄琳琅書目後編》著録的徐球重修本誤作玉蘭草堂本了。

　　此外葉德輝《郋園讀書志》著録有明玉蘭草堂刻本，又謂其從子蠣甫亦得此書，並詳記其事曰：

---

①　[清]潘祖蔭《滂喜齋藏書記》卷二，《中國歷代書目題跋叢書》第2輯，上海古籍出版社，2007年，頁64。

②　[明]陶宗儀《南村輟耕録》卷首，國圖藏戴珊遞修本(善本號11342)。

③　案：今國圖藏李一氓舊藏玉蘭草堂本目録有缺頁，尚有532條，此數當爲《天禄琳琅書目》著録徐球重修本的條目數，但與今國圖所藏徐球重修本585條之數不符，與元刻本所題"伍佰捌拾肆事"也有較大出入，疑有誤或係殘本。

④　此題記又見(清)彭元瑞等撰《天禄琳琅書目後編》卷一六《明版子部》，《清人書目題跋叢刊》第10册，頁416—417。

前有萬曆戊寅華亭徐球補版引,稱"友人楊君有是刻,中間缺雜數十版,予爲之補輯成編,得爲不棄物"云云。戊寅爲萬曆六年,是此書之刻必在嘉靖中葉後。惟楊君不著其名字,竟不知爲何許人。又卷四於十六葉另起,附刻十七、十八、十九三葉,系補記"楊璉真珈掘發宋陵,及明太祖歸葬宋帝舊陵"事,後題"成化己丑中秋日,華亭彭瑋識"。此三葉版心下亦有"玉蘭草堂"四字,則又似成化刻本矣。成化己丑爲五年,推到萬曆六年,中經弘治、正德、嘉靖三朝,凡百餘年,刻者又斷非徐球之友可知。且成化刻書,皆黑口本,字亦不似嘉靖時之方整。詳記於此,以待考版本者辨焉。①

此處所記當爲玉蘭草堂重修本,重修時於卷首補刻了徐《引》,《中國古籍善本書目》及《柏克萊加州大學東亞圖書館中文古籍善本書志》均著録有"明玉蘭草堂刻萬曆六年徐球重修本"②,與葉德輝從子所藏爲同一本,均非徐本,只因卷首補刻有徐《引》,從而導致著録者誤將其與徐本混爲一談。

(二) 不辨優劣

除混淆版本外,對各本优劣的認識也有偏差。

首先,因誤戴本爲元刻,陶湘據以覆刻,《四部叢刊三編》據以影印,戴本廣爲流傳,往往被誤作善本。鄭振鐸《西諦書話》曰:"《輟耕録》爲余常引用之書,然初收者卻爲鉛印本及汲古閣刊本。後復得玉蘭草堂初印本殘帙二册。迨《四部叢刊》影元本出,諸本似皆可廢。武進陶氏之影元刊本,亦已不足重視。"③雖然傅增湘在戴珊遞修本卷首的題記中已經指出"此本誤字極多",惜未引起後人注意,後來的整理者仍多以戴本或出自戴本的陶本或叢刊本作爲底本。

其次,毛本與徐本原屬同刻,文本精善,雖不及玉本,卻勝出元本和戴本,而清代學人認識則不然。其時對汲古閣本的評價普遍不高,葉德輝《書林清話》備舉孫從添、黄丕烈、顧廣圻、陳鱣、段玉裁諸家對汲古閣本的指摘,且稱"其刻書之功,非獨不能掩過,而且流傳謬種,貽誤後人"④,毛氏《津逮秘書》本《南村輟耕録》也未能幸免。前引沈濤《元槧本南村輟耕録跋》稱其所見元本(實爲明初本)"可訂毛本之誤者不一而足",但僅舉毛本誤"從仕郎"爲"從事郎"一例不足以説明問題。葉德輝《郋園讀書志》直言家藏的《津逮秘書》本太過平常,"不甚珍秘"⑤。又黄裳在其所藏明初本題記中指出後出之玉蘭草堂本遠不如明初本⑥。凡此,皆因未及通篇校勘而急於下結論所致。

———————————

① 叶德輝《郋園讀書志》卷五,《中國歷代書目題跋叢書》,上海古籍出版社,2010 年,頁 244。
② 《中國古籍善本總目・子部》卷一六《雜家類》,上海古籍出版社影印本,1994,頁 558。《柏克萊加州大學東亞圖書館中文古籍善本書志・子部》,上海古籍出版社,2005 年,頁 185。
③ 鄭振鐸《西諦書話》,北京:三聯書店,1983 年,頁 305。
④ 葉德輝《書林清話》卷七《明毛晋汲古閣刻書之一》,上海古籍出版社,2012 年,頁 156。
⑤ 葉德輝《郋園讀書志》卷五,上海古籍出版社,2010 年,頁 244。
⑥ [明]陶宗儀《南村輟耕録》卷首,國圖藏明初本(善本號 18255)。

　　綜上所述,《南村輟耕録》版本多而複雜,不經認真仔細地比勘,僅憑字體行款等特徵難以釐清系統,判定優劣。事實證明版刻時間的早晚不是判定刻本質量優劣的唯一標準,從事古籍整理,梳理版本,選擇善本作底本十分重要,不容忽視,否則貽害無窮。

　　【作者簡介】王雪玲,陝西師範大學古籍整理研究所教授,主要從事歷史文獻學、古籍整理、清代學術史研究;賈二强,陝西師範大學古籍整理研究所教授,主要從事歷史文獻學、版本學、中國古代史研究。

《瀛奎律髓》所引梅堯臣集版本考
兼論其校勘價值

董　雙

【提　要】　方回所編《瀛奎律髓》選録唐宋律詩衆多,對別集校勘具有重要價值。《律髓》所用梅集"刊本",雖亦是六十卷本,但並非殘宋本。基於《律髓》録詩順序與別集篇次大致相符,將選詩"回溯"至承襲殘宋本的正統本,則可推知"刊本"與殘宋本來源於一個母本,"刊本"祖此本而來;殘宋本屬於另一版本分支,將母本中謝編本之外的部分,挖取歐選,置於謝編之後,由此導致殘宋本"第二條綫"編年上的犬牙交錯現象。"刊本"提供異文甚多,夏、冒諸人和朱校本,尚未充分挖掘《律髓》之校勘價值。

【關鍵詞】　瀛奎律髓　梅堯臣集　版本　校勘

　　方回《瀛奎律髓》(以下簡稱《律髓》)選録唐宋五七言律詩共 3014 首,成書於元至元二十年(1282),明成化三年(1467)皆春居士重刻該書,爲現存最早版本①。梅堯臣詩文集現存最早版本爲殘宋本,紹興十年(1140)汪伯彦刻,嘉定十六年(1223)至嘉定十七年(1224)重修,現僅存 13 至 18 卷、37 至 60 卷②。《律髓》選録梅堯臣詩歌 126 首,排在第四位③。《律髓》收詩宏富,且成書距唐宋未遠,故其收詩所據版本極爲珍貴。對於殘宋本佚失的部分,《律髓》所據版本最爲接近梅堯臣詩歌原貌,而對於殘宋本殘存的三十卷,《律髓》也具有校勘價值,且對於認識梅集早期的版本情況具有重要意義。

一、《律髓》所據"刊本"非殘宋本

　　梅堯臣生前、身後均有作品結集,且因詩名早著,其作品在宋代有廣泛的

---

① 　[元]方回《瀛奎律髓》,《中華再造善本》影印本("明清編"第 137 種),國家圖書館,2010 年。以下所引《瀛奎律髓》皆據此版本,不再一一出注。按,《律髓》所選梅詩 126 首,朝鮮刊本以及《瀛奎律髓匯評》校勘記異文極少,可忽略。

② 　[宋]梅堯臣《宛陵集》,《中華再造善本》影印本("唐宋編"第 346 種),國家圖書館,2004 年。以下所引殘宋本皆據此版本,不再一一出注。

③ 　三野豐浩統計《律髓》收梅堯臣詩 127 首,與白居易並列第三位。按,《律髓》實際收詩 126 首,《答高判官和唐店夜飲》同時收入"宴集類"與"酒類",作品重出,三野豐浩計爲二詩,不妥。三野豐浩《略論〈瀛奎律髓〉所收録的陸遊作品》,《宋代文化研究》第 16 輯(2009 年 3 月),頁 490 至 522。

流傳度。《郡齋讀書志》著録"《梅聖俞宛陵集》六十卷、《外集》十卷"①;《直齋書録解題》著録"《宛陵集》六十卷、《外集》十卷"②;《宋史》本傳載録《宛陵集》四十卷③,《宋史·藝文志》著録"《梅堯臣集》六十卷、《後集》二卷"④。由此可見,兩宋時期梅堯臣詩文全集本應以六十卷本的形式流傳。《解題》曰:"凡五十九卷爲詩,他文賦才一卷而已。"⑤與今存殘宋本相符。殘宋本是指紹興十年汪伯彦刻,嘉定十六年至嘉定十七年重修本。汪序曰:"梅堯臣詩集自遭兵火,殘編斷簡靡有全者,幸郡教官有善本。"⑥由此可知,在北宋時期六十卷本已有刻本流傳,可惜經過戰火,多非全秩,而殘宋本即據宣州郡學所存善本刊刻。

方回在《律髓》中並未明言所據梅集版本,但其在《臘日雪》下評曰:"刊本誤以'獵'爲'臘',予輒改定。"⑦則方回所用版本爲刻本,而非抄本。又,《挑燈杖》下方回云:"宛陵集第四十八卷如此著題詩《蠅》《蛙》《蚊》《犬》之類一十七首。"⑧既然方回評語中已然提到第四十八卷,則"刊本"應爲六十卷本系統。此外更舉數例,以佐上述判斷。第一,《和梅花》下方回評曰"前一詩見第十卷湖州後作,後三詩見第十二卷"⑨。今查四首七律在正統本所屬卷數,均與方回所述吻合⑩。正統本第十卷卷前目録在"宛陵先生文集目録卷第十"左一行標明"湖州後詩",且從第十二卷開始不再標明該卷詩歌所作時地,亦與方回同。第二,《新秋雨夜西齋文會》下方回評"此皆聖俞西京詩"⑪。按,此首與上一首《依韻和子聰夜雨》,二詩繫於正統本的卷二、卷一,卷前目録標明"西京詩"。第三,《朧月》方回評曰此首在文彦博貝州軍中拜相詩(《宣麻》)之後⑫,又說《朧月》之後亦有《未晴》《夜陰》《夜暗》(應爲《夜晴》),上述五詩位於正統本三十一卷,順序相符。上揭《挑燈杖》方回評語中所言四詩順序亦與殘宋本同。綜上,"刊本"不僅亦爲六十卷本,且就方回評語所及卷次和篇目順序,亦

----

① 按,孫猛校語曰:"《外集》十卷,袁本、宛委本無此四字。"晁公武《郡齋讀書志》,上海古籍出版社,1990年,頁988。
② 陳振孫《直齋書録解題》,上海古籍出版社,2015年,頁494。
③ 《宋史》卷四四三《梅堯臣傳》,中華書局,1985年,頁13092。
④ 《宋史》卷二〇八《藝文七》,頁5363。
⑤ 《直齋書録解題》,頁494。
⑥ 《宛陵集》卷六〇。
⑦ 《瀛奎律髓》卷二〇。按,下文凡云"刊本"者,皆指《律髓》選録梅堯臣詩歌所用之梅集版本。
⑧ 《瀛奎律髓》卷二七。
⑨ 《瀛奎律髓》卷二〇。
⑩ 按,《和梅花》位於正統本卷十二,殘宋本已佚。然據祝尚書觀點,明正統本應源於紹興本。今筆者又就《律髓》所録詩歌,將正統本與殘宋本對校,正統本與殘宋本有異文的爲第63、102、108、109、121首,其中63、108、102爲正統本訛誤,多因形近;109異文與《律髓》同,與殘宋本可兩存,"七""十"發生異文的原因蓋亦是形訛。121涉及文集體例。除此之外,正統本與殘宋本一致。綜上,在殘宋本佚失部分,以正統本爲依據,談其卷次、篇目順序等,大致是可信的。上述言及"第某某首"是按《律髓》選録梅詩的排序。
⑪ 《瀛奎律髓》卷一七。
⑫ 《瀛奎律髓》卷二二。

同于殘宋本。

　　那麼"刊本"是否就是紹興本或重修本呢？僅就殘宋本所存半璧與《律髓》對勘，除去詩歌入選時方回所附加的一些因素，所得異文就有四十四處之多。其次，《次韻景彝赴省宿馬上》，殘宋本題下小注"此篇在《答述舊》前"[①]。《律髓》於朝省類亦選録二詩，無注。按，此小注似非詩人或編者所加，蓋是殘宋本刊刻者爲了保存所據底本的原貌而作的説明，亦有可能是殘宋本所據底本在傳流過程中所加，但《律髓》並未作出調整，可見所用並非殘宋本或殘宋本所據善本。再次，《律髓》所據"刊本"有三首詩標有異文[②]。其中《建溪新茗》繫於卷十二，殘宋本佚，姑且不討論。《蠅》"與蚊更害夜"，殘宋本作"更"，《律髓》作"争"，下注"一作更"[③]。《較藝和王禹玉内翰》"五星明處夜堂深"，"處"，《律髓》作"聚"，下小注"一作處"；"白蟻戰來春日暖"，"暖"，《律髓》作"永"，下小注"一作暖"。此三處標注的異文與殘宋本同，可確知"刊本"並非殘宋本，但異文是否來自殘宋本呢？該詩"萬蟻戰來春日永"的"萬"，殘宋本作"白"；"金明池苑可能尋"的"金"，殘宋本作"清"。然《律髓》所據"刊本"雖與殘宋本有異文，但並未標注，由此可推測《律髓》所據"刊本"的編刻者並未看到殘宋本。

二、"刊本"在所屬六十卷本系統内的地位

　　六十卷本的結集情況，迄今仍無定論。《四庫提要》云："其詩初爲謝景初所輯，僅十卷。歐陽修得其遺稿增並之，亦止十五卷。其增至五十九卷，又他文賦一卷者，未詳何人所編。"[④]夏敬觀説："依梅氏出處之迹，前二十三卷，當即景初及歐公所選之本，與後三十六卷之詩，各爲起訖，其次第亦無甚凌躐，蓋必彼時坊賈搜輯所遺，與謝歐所選匯刻而成。"[⑤]朱東潤吸收了夏敬觀的"兩條綫"[⑥]的説法，並以之作爲編年的依據，首先肯定"准諸古人編集以聯句附於卷末之例，前十一卷自爲起訖，似爲最初之定本"，但認爲"謝選爲十卷本，歐陽修加以補充爲十五卷本。十五卷和二十三卷之間無前後相承之迹，因此無從斷定是二人所選之本"[⑦]。祝尚書提出"重編説"，認爲"其時文集已經散佚，汪伯彦等以北宋傳世之詩集各本及當時猶存之《外集》，重釐爲六十卷，以詩獨多，

---

　　①　《宛陵先生文集》卷一八。

　　②　《律髓》所録 126 首梅詩中只有三首録有異文，則該異文並非方回對梅集進行校勘所得，當是所據"刊本"即是如此。

　　③　《瀛奎律髓》卷二七。

　　④　[清]永瑢等《四庫全書總目》，中華書局，1965 年，頁 1320。

　　⑤　張元濟《涉園序跋集録》，古典文學出版社，1957 年，頁 215。

　　⑥　朱東潤《梅堯臣集編年校注》"叙論"，上海古籍出版社，2006 年，頁 35。

　　⑦　《梅堯臣集編年校注》"叙論"，頁 49。按，"補充"一説似可商榷，梅堯臣於嘉祐五年(1060)病逝於汴京，歐陽修此時亦在汴任職，故於其家"得遺稿千餘篇"，"並舊所藏"，"掇其尤者六百七十七篇"，編爲十五卷，所謂"掇其尤者"，即經過删選之本。因此收詩止于慶曆六年(1046)的謝編本與嘉祐六年(1061)的歐選本，去其重，而得二十三卷，是可能的。

而輯文於散佚之餘,故僅一卷;而正因爲有文一卷,故不得稱詩集"①。

　　筆者通過將《律髓》所選詩篇,按照從前往後的順序,對應正統本所在的卷數,試圖進一步檢驗殘宋本與"刊本"在卷次、篇次上的一致性。此操作基於兩點:第一,《律髓》爲按門類,且每類之下又分體的選本,根據常情推測,編選者應當根據所據別集版本從前往後進行選錄,而不是隨意翻閱摘録以免遺漏佳作,固然編選者可能多次增删,如體例嚴格,亦當遵循原本篇目順序。因此,《律髓》在每一門類下五、七言不同體裁内的詩歌順序,亦應與所據版本篇目順序大致相符。觀察下表可知,除節序類是按節令先後編排之外,其餘門類仍大體按照先後順序②。第二,由上揭可知,正統本祖殘宋本而來,雖然在篇目上有所删减,但就卷次和篇目次序上,基本延續了殘宋本,由於殘宋本佚失三十卷,所以我們把《律髓》選詩"回溯"到殘宋本的"影子"正統本。具體情況列表如下:

表一:《律髓》選目回溯表③

類別	《律髓》順序	體裁	明正統本卷數
登覽類	1. 金山寺	五言	8
朝省類	2. 殿後書事	七言	20
	3. 較藝和王禹玉内翰	七言	52A
	4. 謝永叔答述舊之作和禹玉	七言	52B
	5. 較藝贈永叔和禹玉	七言	52C
	6. 次韻景彝赴省宿馬上	七言	18
懷古類	7. 金陵	五言	40A
	8. 丫頭石	五言	40B
	9. 夏日晚霽與崔子登周襄故城	五言	7A
	10. 夏日陪提刑彭學士登周襄王故城	五言	7B
	11. 淮陰	五言	33B
	12. 塗山	五言	34
	13. 與夏侯繹張唐民游蜀岡大明寺	五言	33A
	14. 和張民朝謁建隆寺二次用寫望試筆韻	七言	46
風土類	15. 宣州二首	五言	43A

---

①　祝尚書《宋人別集叙録》,中華書局,1999年,頁141。

②　按,較爲特殊的一點是,每個類別的第一首或前兩首往往並不是按照卷次順序選録,如梅花類、雪類、懷古類等等,雖然方回在體例中並未言及如此安排的原因,我們或許可做一推測,即同門類同體裁的第一首或許是方回最爲標舉的。

③　按,表中A、B、C等表示一卷中詩歌出現的先後順序。

類別	《律髓》順序	體裁	明正統本卷數
	16.	五言	43B
	17. 任適尉烏程	五言	3B
	18. 余姚陳寺丞	五言	3A
	19. 送晁質夫太丞知深州	五言	56
	20. 送劉敞秘校赴婺源	五言	18
	21. 送洪秘丞知大寧監	五言	57
	22. 送鮮于秘丞佽通判黔州	五言	53
	23. 魯山山行	五言	7
	24. 送番禺杜杆主簿	五言	22
	25. 送李閣使知冀州	五言	23
春日類	26. 春寒	五言	27
	27. 寒食前一日陪希深遠游大字院	五言	1
秋日類	28. 秋日家居	五言	42
晨朝類	29. 曉	五言	43
	30. 夢後寄歐陽永叔	五言	35
	31. 朝	七言	43
暮夜類	32. 暝	五言	43A
	33. 夜	五言	43B
	34. 吳正仲見訪回日暮必未晚膳因以解嘲	五言	41
節序類	35. 嘉祐己亥歲旦呈永叔内翰	五言	19
	36. 春社	五言	佚
	37. 七夕	五言	30
	38. 和臘前	七言	12
	39. 上元從主人登尚書省東樓	七言	51A
	40. 自和	七言	51B
	41. 又和	七言	51C
	42. 依韻和李舍人旅中寒食感事	七言	24
晴雨類	43. 依韻和子聰夜雨	五言	1
	44. 新秋雨夜西齋文會	五言	2
	45. 依韻和僉判都官昭亭謝雨回廣教見懷	五言	40A
	46. 春夜聞雨	五言	40B

類別	《律髓》順序	體裁	明正統本卷數
	47. 夏雨	五言	4
	48. 新霽望岐笠山	五言	6
	49. 觀水	五言	7
	50. 和小雨	五言	12
	51. 舟中值雨裴刁二君相與見過	五言	8
	52. 次韻和景彝元夕雨晴	五言	23
	53. 感春之際……	五言	26
	54. 韓子華約游園上馬後雨作遂歸	五言	32A
	55. 集英殿賜百官宴以雨放	五言	32B
茶類	56. 閣門水	五言	49
	57. 吳正仲遺新茶	五言	41
	58. 穎公遺碧霄峰茗	五言	36
	59. 建溪新茗	五言	12
	60. 茶磨	五言	43
	61. 依韻和杜相公謝蔡君謨寄茶	七言	15
酒類	62. 臘酒	五言	12
	63. 答高判官知唐君夜飲(酒類)	五言	47
	64. 村醪	五言	34
梅花類	65. 紅梅	五言	36
	66. 梅花	五言	1
	67. 依韻答僧圓覺早梅	五言	48
	68. 九月見梅花	五言	4
	69. 依韻和叔治晚春梅花	七言	10
	70. 梅花	七言	12A
	71. 梅花	七言	12B
	72. 和梅花	七言	12C
賦雪類	73. 和欲雪二首	五言	12(其一)
	74.	五言	12(其二)
	75. 雪詠	五言	4
	76. 臘日雪	五言	6
	77. 十五日雪三首	五言	17A

類別	《律髓》順序	體裁	明正統本卷數
	78.	五言	17B
	79.	五言	17C
	80. 次韻和范景仁舍人對雪	五言	19
	81. 次韻和酬刁景純春雪戲意	七言	19
月類	82. 中秋與希深別後月下寄	五言	3
	83. 朧月	五言	31
	84. 依韻和歐陽永叔中秋邀許發運	七言	33A
	85. 和永叔中秋夜會不見月酬王舍人	七言	33B
閑適類	86. 閑居	五言	41
	87. 岸貧	五言	33A
	88. 村豪	五言	33B
	89. 田人夜歸	五言	34
	90. 小村	七言	34
送別類	91. 送祖擇之赴陝府	五言	21
	92. 送王待制知陝府	五言	14B
	93. 送張景純知邵武軍	五言	14A
	94. 送錢駕部知卬州	五言	14C
	95. 送洪州通判何太博若穀先歸新淦	五言	15A
	96. 送邵戶曹隨侍之長沙	五言	15B
	97. 送鹽官劉少府古賢	五言	40
	98. 送陸介夫學士通判泰州	五言	15C
	99. 送徐君章秘丞知梁山軍	五言	15D
	100. 送刁景純學士使北	七言	50
	101. 送唐紫微知蘇台	七言	52B
	102. 送張待制知越州	七言	52A
	103. 送余少卿知睦州	七言	53
	104. 送趙諫議知徐州及	七言	15
著題類	105. 燕	五言	32
	106. 蠅	五言	48A
	107. 挑燈杖	五言	48B
	108. 送李殿丞通判蜀州	七言	54

續表

類別	《律髓》順序	體裁	明正統本卷數
	109. 二月七日吴正仲遺活蟹	七言	43
陵廟類	110. 淮陰侯廟	五言	40
	111. 新開壙路	五言	44
	112. 古冢	五言	7
	113. 春日拜壟經田家	七言	37
邊塞類	114. 兵	五言	31
	115. 故原有戰卒死而復蘇來説當時事	五言	8
	116. 擬王維觀獵	五言	12
川泉類	117. 金明池游	五言	32
	118. 東溪	七言	43
庭宇類	119. 碧瀾堂	五言	35
	120. 寄題徐都官新居假山	七言	9
論詩類	121. 太師杜相公篇章真草過人遠甚而特獎後進流於詠言輒依韻和	七言	40
技藝類	122. 畫真來嵩		33
釋梵類	123. 與正仲屯田游廣教寺	五言	41
	124. 題松林院	五言	37A
	125. 過永慶院	五言	37B
	126. 過山陽水陸院智洪上人房	五言	47

　　首先,方回是否有意按照順序進行選詩呢? 或者説我們進行推論的基礎是否可行? 通過上表可知,"晴雨類"十三首詩中,只有第45、46、50三首在順序中出現"跳脱"現象,又如"送別類"十四首中,除去每類第一首有"標舉"傾向,最後一首可能是選後續補造成的"跳脱"之外,剩餘十二首只有第97首違背順序。"賦雪類"亦是如此。筆者又抽樣調查了"登覽類""春日類""懷古類"内的王安石詩歌,亦大體按照順序選録。由此,雖然分類分體選本體例不嚴、選者多次重複修改,甚至抄寫、刊刻者造成混亂,上述情況都在所難免,但是上揭第一個基點,無論在理論上,還是此表顯示,都大體是合理的。有基於此,我們推測方回所據"刊本"篇目次序可能在局部上與殘宋本有所不同。其中筆者觀察到,《律髓》選目出現在別集同一卷中的篇次順序尤爲嚴格,其中涉及同一卷中的兩首或三首詩,按順序排列的爲十五組,不按順序的只有四組。那麽,在這四組中,"刊本"的篇目次序便有可能與殘宋本有所區別。

　　此外,一個值得注意的反常現象是:"送別類"第95至99首中,按順序排列的十五卷的四首詩中,中間插入一首四十卷的詩。選者選詩,在閱讀未完成一卷時,會突然選入一首間隔三十五卷的詩歌,然後再繼續回到目前閱讀的卷數繼續選詩嗎? 這種現象恐怕也難以用"體例不嚴"來解釋。筆者認爲,這種現象牽扯到紹興本或其所據"善本"的結集情況。朱東潤在爲梅集繫年時,曾繪制了"《宛陵文集》分卷編年表"①,並爲"兩條綫"每一段都説明了時間上的起止範圍②。我們將第一條綫的前半段命名爲 A1,後半段是 A2(1048—1049年,1051—1053 年,1058—1060 年),第二條綫爲 B(1045—1048 年,1049—1051 年,1053—1058 年)。A1 連貫無斷續,而 A2 與 B 則均有斷續,令人驚訝的是,A2 與 B 在時間上的無縫契合,且部分年份點分屬兩段。這種現象是如何造成的呢? 夏敬觀、朱東潤、祝尚書均語焉不詳。筆者認爲,《律髓》反映的這種現象便是一個切入口。A1、A2、B 均按時間順序排列,而上述位於卷四十的 97,恰恰與位於十五卷 95、96、98、99 同作於皇祐四年、五年間。又如 19 至21,分别位於 56 卷、18 卷、57 卷,均爲嘉祐三年的作品。由此,筆者推測,A2、B 之前是按時間順序編年的一個本子,在紹興本或其所據"善本"結集時,編刻者能看到謝景初編本、歐選本和一個 A2+B 本子。編刻者欲保留歐選本的原貌,遂在 A2+B 中"挖取"歐選,並將之提前,位於謝編本 A1 卷次之後,由此造成了 B 綫與 A2 的若合符契。而《律髓》所見"刊本"或許便是 A2 與 B 未分化時的本子,由此自然年份相近的詩歌便可先後入選。此外,除了 A1 卷一至卷十一卷每卷卷首標有該卷詩作所作地點外,其餘在第 25、27、31、32、34、38卷的卷内的某一詩題下,亦有標示所作時間,且均在 B 段内。A1 段主要以仕宦遷轉之地提示紀年,而 B 段則直接標出時間,可見是兩種不同的紀年編集之法,而唯獨"鑲嵌"在 B 段内的 A2 段没有紀年的標誌,亦可見 A2 選本的性質,和曾經被"吸納"入 B 段的痕迹。

如上述推斷可信,則"刊本"和殘宋本之上必有一個本子,這個本子 A2 尚未從 B 段中分化出來,此本之後更有一本,僅在用字上出現變化,"刊本"承襲此本而來。而殘宋本則是承擔了未分化本的歐選部分的"挖取"工作。由此形成六十卷本的兩個版本分支。

三、"刊本"的異文價值

朱東潤在《叙論三·梅堯臣集的版本》中梳理其明清版本時,指出:

> 從我們所看到的康熙四十一年(一七〇二)的宋犖本看,在用字方面,宋犖本和正統本、萬曆本有很大的不同,這説明了宋犖本另有承繼。③

根據祝尚書的研究,萬曆本的祖本爲正統本,且清代其他本子或補刻萬曆

---

① 《梅堯臣集編年校注》"叙論",頁 46。
② 《梅堯臣集編年校注》"叙論",頁 49。
③ 《梅堯臣集編年校注》"叙論",頁 52。

本,或祖正統本①。那麼宋犖本承繼之本與明本的異文是來自一個現已佚失的本子,還是源于刊刻者的有意校改? 如果是後一種情況,體量龐大、去宋未遠的《律髓》或許是其攫取異文的淵藪。據筆者統計,在 126 首入選梅詩中,宋犖本與正統本存在異文的詩歌共有 14 首,異文與《律髓》相同者 1 首。由此可知,不僅"刊本"今日已經佚失,且明清刻本對於"刊本"異文的吸取,無論是以別集還是選本的形式,都不曾得到體現。"刊本"異文獨特性藉《律髓》得以保存。

　　然而,現有研究對《律髓》異文的重視仍然不够。目前對梅集進行全面校勘、編年、注釋的是朱東潤《梅堯臣集編年校注》。朱東潤在"前言"中指出,"校的方面,我利用了夏先生的成果,但是没有把夏先生的成果直接搬過來",且備存朱祖謀、冒廣生注家之説②。然經筆者查驗,第一,常有漏校之處。如《與夏侯繹張唐民游蜀岡大明寺》③有三處異文,夏敬觀未出校④,朱東潤引《律髓》只出校"田衣"一處⑤。第二,不標異文出處。如《中秋與希深別後月下寄》,夏敬觀云:"林當爲臨誤。"⑥"臨"出自《律髓》。第三,冒廣生、夏敬觀等人校勘中的"疑誤"之處,《律髓》提供了版本依據,如《答高判官知唐店夜飲》《送李殿丞通判蜀州》。由此可見,諸家並未全面利用《律髓》進行校勘。兹將《律髓》所據"刊本"的異文價值撮舉如下:

　　1. 可考正統本删削篇目

　　傅增湘初獲殘宋本,便"取校明刊本,補佚詩百篇"⑦。張元濟跋《宛陵先生文集》曰:"紹興原刊,惜殘佚已多,存僅及半,然已有詩八十七首,爲明刻二本所無。"⑧除據殘宋本半璧校勘明本,所得明本删削篇目之外,朱東潤從亡佚的三十卷亦推測出二者區別⑨。此處增補二例:(1) 方回在《殿後書事》評語中云:"此乃和范景仁《殿中雜題》三十九首取其一",此組詩收於卷二十,殘宋本佚,而現存正統本只存三十八首,組詩冠題爲《和范景仁王景彝殿中雜題三十八首並次韻》。此法同朱東潤所舉正統本删削《農具》組詩,而改題名十五首爲十三首。(2)《春社》不見殘宋本、正統本,是正統本的有意删削,抑或紹興本已經佚失? 該詩據《律髓》得傳。

　　2. 可證正統本篡改篇次

　　《律髓》"著題類"選録《蠅》《挑燈杖》,評語中言及"宛陵集第四十八卷如此

①　《宋人別集敘録》,頁 143—145。
②　《梅堯臣集編年校注》"前言",頁 2。
③　此節殘宋本存的部分,據殘宋本録詩句,殘宋本佚失的部分,據正統本録詩句。
④　夏敬觀、趙熙著,曾克端纂集《梅宛陵詩評注》,臺灣商務印書館,1983 年,頁 316。
⑤　《梅堯臣集編年校注》,頁 465。
⑥　《梅宛陵詩評注》,頁 32。
⑦　莫友芝撰,傅增湘訂補《藏園訂補郘亭知見傳本書目》,中華書局,2009 年,頁 1110。
⑧　張元濟《涉園序跋集録》,古典文學出版社,1957 年,頁 215。
⑨　《梅堯臣集編年校注》"叙論",頁 51。

著題詩《蠅》《蛙》《蚊》《犬》之類一十七首"①。評語中所涉四首詩是十七首中非連續的四首,殘宋本卷前目録和卷内篇次如下:(1)《蠅》;(6)《挑燈杖》;(7)《蛙》;(9)《蚊》;(11)《犬》。正統本卷前目録順序如下:(1)《挑燈杖》;(2)《蠅》;(7)《蛙》;(9)《蚊》;(11)《犬》。然卷内篇次同殘宋本。佐以《律髓》先《蠅》後《挑燈杖》的選詩順序,可確證正統本對卷前目録的改動,提三字標題"挑燈杖"于前,蓋是因爲剩餘十六首一字標題,每列刻四首,整潔美觀。

3. 可見正統本體例之變

《太師相公篇章真草過人遠甚而特獎後進流於詠言輒依韻和》,正統本"相公"前有"杜"字,殘宋本、《律髓》均無。按,殘宋本在此詩之前收録杜衍《鄉有好事者出君謨行草八分書數幅中有聖俞詩一首因成拙句以識二美》,收録和詩原作,更符合宋代編集體例,而正統本增添"杜"字,蓋是因爲删掉了杜詩原作。《依韻和酬太師相公》亦同此例。

4. 保留六十卷本祖本的痕迹

《送李殿丞通判蜀州》,殘宋本、正統本同,唯《律髓》作《送李殿丞通判蜀州賦海棠》。按,"風土類""送別類"中,雖詩題模式多如"送+(被送者姓名)+官名+地名",但"風土類"詩歌多突出地域因素,彙集多種風物,而"送別類"多夾雜時地典故,重在表達惜別、勸慰的情緒。該詩收入"著題類",首聯總起"嘗聞蜀國海棠盛,因送李侯宜有詩"②,其餘句句圍繞海棠一物,且方回選詩無據己意增添詩題的體例,蓋"刊本"即如此,而殘宋本詩題較其祖本恐已有删削。

5. 異文與史實、人事合

《丫頭石》,(1)詩題,殘宋本作《丫頭石》,《律髓》作《丫頭岩》。按,宋代詩人多稱"丫頭岩",如劉弇、趙崇鈖、喻良能、方岳、彭仲衡、白玉蟾均有同題之作,又如朱熹《次韻擇之過丫頭岩》、李曾伯《詠丫頭岩》、艾性夫《丫頭岩詩載牆壁間無慮數十百首,形容蓋有盡之者矣,輒復寄興以俟采詩者擇焉》,而將"丫頭"與"石"連稱的,只有梅堯臣此詩,蓋作"岩"爲是。(2)"年算赤烏近,書疑黄象多"。殘宋本"黄",《律髓》作"皇"。按,皇象爲三國吳人,善書。"赤烏"對"皇象",乃詩格中"假對真"之法③。此外,稍晚文獻如《輿地紀勝》卷十七、元張鉉《金陵新志》卷十二引《慶元志》,均作"皇象"。誤"皇"爲"黄",不僅於史實有礙,亦忽視了聖俞運用"假對真"詩格之用心。(3)"聞説趙高今已老,試教圖畫兩三枝",殘宋本"高",《律髓》作"昌"。按,《歸田録》卷二云:"近時名畫,李成、巨然山水,包鼎虎,趙昌花果⋯⋯昌花寫生逼真,而筆法軟俗,殊無古人

---

①② 《律髓》卷二七。

③ 《蔡寬夫詩話》云:"詩家有假對,本非用意,蓋造語適到因以用之,若杜子美'本無丹灶術,那免白頭翁',韓退之'眼穿長訝雙魚斷,耳熱何辭數爵頻',借'丹'對'白',借'爵'對'魚',皆偶然相值,立意下句,初不在此,而晚唐諸人遂立以爲格,賈島'捲簾黄葉落,開户子規啼',崔峒'因尋樵子徑,得到葛洪家'爲例,以爲假對勝的對謂之高手,所謂癡人面前不得説夢也。"郭紹虞輯《宋詩話輯佚》,中華書局,1980年,頁400。

格致,然時亦未有其比。"①詩中既云"兩三枝",當爲擅畫花果的趙昌。

《答高判官知唐君夜飲》,(1)正統本作"君",殘宋本、《律髓》作"店"。夏敬觀曰:"唐君,疑'唐店'誤,宋本'君'作'店'。"②按,梅堯臣又有《四月十三日唐店寄錢推官》云:"昨夜月如水,君能携酒來。破除愁悶去,洗滌肺腸開。露氣林間落,河聲地底回。相知不須早,語合自無猜。"月夜、黄河、飲酒,時間、地點、活動均相同,且朱東潤將其同系于嘉祐元年,二者僅隔一詩,則應作"店"無疑。(2)殘宋本作"知",《律髓》作"和"。夏敬觀曰:"知,疑'和'誤。"③按,由《四月十三日唐店寄錢推官》可知,梅堯臣曾投宿唐店,且從"露宿勤王客,相從月下來"的"相從"一語可知,唐店夜飲除詩人、高判官外應該還有他人(可能是錢推官),所以應是高判官先有四月十三日的和詩,再是詩人的答詩。

《中秋與希深別後月下寄》"南樓足佳興,好在謝林川"。"林",《律髓》作"臨"。夏敬觀云:"林當爲臨誤。"④按,當爲謝臨川,梅集中多次將謝絳比作謝靈運,謝靈運有《南樓中望所遲客》詩,李善注:"謝靈運《遊名山志》:'始寧又北轉一汀,七里,直指舍下園南門樓,自南樓百許步對横山。'"⑤

6. 異文符合詩歌形式、内容的要求

《送李殿丞通判蜀州》"日愛西湖照空錦","空",《律髓》作"宫"。夏敬觀曰:"諸本皆作'空'。朱孝臧云:'空疑宫誤。'"⑥按,"宫錦"是,以"醉看春雨洗燕脂"之"燕脂"對"宫錦",爲工對,均是對海棠花的比喻。

《春夜聞雨》,(1)"檐斜滴野簷,窗缺揺春燈","揺",《律髓》作"擺"。"揺"字則三平尾,犯忌。(2)"孺子睡中語,歸人行未能",《律髓》作"行人歸未能"。按,因無法判斷他人的活動是出行還是歸家,"歸人"在詩歌中常指向作者,此詩作于至和元年(1054),堯臣丁母憂居宣城,且由"檐斜""春燈",可確知其居家,則詩人聽到的是"行人";以"孺子"對"行人",更具張力,也暗含詩人暫脱行役的恬淡與自得;"春雨"似非惡劣的天氣情況,不會使"歸人"阻雨,且末句溪水已漲上灘棱,似乎也暗示着春雨有助河道水漲,從而使行人早歸,堯臣詩思之細膩於此可見。

《畫真來嵩》"與我貨布不肯受,此之醫卜曾非庸"。(1)"我",《律髓》作"以"。夏敬觀校曰:"'與爾',各本訛作'與我',今正。"(2)"此",《律髓》作"比"。夏敬觀校曰:"'比之',各本皆訛作'此之',今正。"⑦曾克端纂集《梅宛陵詩評注》録夏注:"'此',古微(按,朱祖謀)疑'比'誤。"⑧按,朱、夏均未明言版本依據。朱東潤雖以《律髓》參校,但並未採用《律髓》異文,仍採用萬曆本的

①　歐陽修《歐陽修全集》,中國書店,1986 年,頁 1024。

②③　《梅宛陵詩評注》,頁 437。

④　《梅宛陵詩評注》,頁 32。

⑤　李善注《文選》卷三〇,上海古籍出版社,1986 年,頁 1395。

⑥　《梅堯臣集編年校注》,頁 970。

⑦　夏敬觀《梅堯臣詩》,商務印書館,1940 年,頁 191。

⑧　《梅宛陵詩評注》,頁 318。

"我""此"①。作"我""此",于詩意殊不可解,當爲"與以""比之",上下句意思相同:來嵩畫像結束後,想給他酬勞,他不肯接受,就識別骨相來説,畫師可比作醫生、卜人,但來嵩卻並不像醫卜一樣接受酬謝。

《依韻和叔治晚春梅花》詩題"春",《律髓》作"見"。按,頷聯曰"常是臘前混雪色,卻驚春半見瓊姿",既曰"春半",則非晚春可知;常是"臘前"的梅花,如今"春半"驚見,便是"晚見",切題;又,該詩前二首《張法曹歸闕》"暮春余亦歸"(尚未暮春)、前一首《送張叔展北歸》"江南春候早",此詩後尚有《社前》《湖州寒食陪太守南園宴》"寒食二月三月交"。

《和梅芲》"時時不甘春著力,年年能占臘前芳","時時",《律髓》作"特特"。趙熙校曰:"'時時'二字誤否,存酌。"②按,"特特"乃梅詩中常語。又見《觀拽龍舟懷裴宋韓李》"馬特特"(馬蹄聲)、《中秋月下懷永叔》"特特乃多違"(特意)、《詠劉仲更澤州園中醜石》"君常誇於我,怪怪亦特特"(奇特)。梅花不甘春日怒放而搶先臘月綻放,可見其特意,宋人李彌遜《次韻趙表之道中見梅之作》"不是先爭特特開,只緣沙際欲春回",因襲其意。

以上六類,基本可據以定是非,但亦有兩存者。如《梅花》"已先群木得春色,不與杏花爲比紅"。正統本作"木",《律髓》作"卉"。按,李壁注《與微之同賦梅花得香字三首》引梅聖俞詩云:"已先群木得春色,不與杏花爲比紅",但李壁注成書晚于殘宋本,因此不能排除李壁注用殘宋本的可能,且該詩所屬第十二卷已佚,無從查證;如用"卉",便與對句"花"合掌,但堯臣又有"力錘頑石方逢玉,盡撥寒沙始見金",可見其並不回避合掌。

此外,"刊本"訛誤多因形近而訛,如《送番禺杜杆主簿》"山潤海雲交","潤"訛爲"闊",《觀水》"孤城閉板築","閉"訛爲"閑";亦有部分倒文,如《夢後寄歐陽永叔》"不趁常參久,安眠向舊溪",《律髓》訛爲"向安眠舊溪"。

綜上,"刊本"爲誤的情況,多易甄別。"兩存"之處,是源自詩人的修改、多次的結集③,還是傳抄、刊刻帶來的訛變?雖然目前研究難下定論,但還是保留了上述研究角度的可能。"刊本"異文,不僅在內容上,切合史實、人事,乃至宋人語境、堯臣用語習慣,與詩意更爲吻合,而且體現了堯臣對詩藝的追求。此外,通過異文和方回評語所揭示的"刊本"信息,以殘宋本爲基點,在六十卷本系統的鏈條上,對上可窺篇目名稱的原始面貌,向下可見明刊本對篇目的刪削、篇次的篡改,以及刪減集內和詩等操作。因此,《律髓》所據"刊本"異文在梅集校勘中應得到充分的重視。

---

①　《梅堯臣集編年校注》,頁468。按,朱東潤于《梅堯臣集編年集注》"叙論"中言分別以殘宋本和萬曆本(殘宋本佚失部分)爲底本,但在正文中,常常有根據校本修改底本的現象,如《和滕公遊穿山洞》(頁105),殘宋本佚,"風雷莫肯扶",萬曆本作"有"(正統本亦作"有"),宋犖本作"肯",詩歌正文徑錄爲"莫肯扶"。雖此校勘行爲有礙規範,但亦體現出朱東潤對異文的取捨。

②　《梅宛陵詩評注》,頁126。

③　按,據筆者考證,殘宋本之前梅堯臣詩文結集情況如下:明道元年(1032)歐陽修過録本《梅聖俞稿》、慶曆六年(1046)謝景初編十卷本《梅聖俞詩集》、嘉祐六年(1061)歐陽修選編十五卷本《梅聖俞詩集》、嘉祐六年(1061)四十卷本文集《宛陵集》、元符二年(1099)宋績臣編十卷本《梅聖俞詩外集》。

四、結　語

　　現存最早的梅集版本爲殘宋本,僅存半璧三十卷,通行本明正統本、萬曆本、宋犖本皆源自殘宋本。因此,現存梅集的版本系統較爲單一。在没有新資料發現的前提下,本文試圖通過《律髓》來"打撈"現已佚失的版本,並審視藉選本得以保存的吉光片羽之價值。本文所得結論如下:

　　第一,通過方回評語和所録詩文,可推知《律髓》所用梅集"刊本"雖亦爲六十卷本,但並非殘宋本。

　　第二,將《律髓》選詩復原到正統本卷次,發現本該按順序呈現的選目,在某些門類下卻偶有"混亂"。我們當然不能排除如此大型的分類分體選本有體例不嚴的情況,但是多數門類仍按順序排列,爲我們進一步推論提供了基礎。本文重點關注了一個特殊現象:同卷次按順序排列的幾首詩,或者相鄰卷次排列的幾首詩中,"插花"了一首非鄰近卷次詩歌。面對此種費解現象,朱東潤所繪"《宛陵文集》分卷年表"所顯示的第一條綫後半段與第二條綫在時間上若合符契的現象,提示了一個解釋角度:即"刊本"的這兩部分是作爲一個整體出現的。

　　第三,《歐陽文忠公文集》周必大刻本保留了衆多異文,多數是歐公自我修改而留下的文本層次,梅堯臣作爲歐公摯友,詩文切磋甚多,且作詩頗爲刻苦,"未到二雅未忍捐"(《答裴送序意》),本該有其多次修改的痕迹。梅集生前及去世後曾多次結集,其中經多次傳抄,假以親友之手衆多,如是嚴肅認真的整理者,本該彙聚衆本,廣載異文。但就目前所見梅集版本,系統單一,早期異文並未得到保留。正基於此,《律髓》的大規模異文顯得十分寶貴。它不僅對於部分詩歌內容的理解至關重要,而且其提示的版本信息也可見明本對宋本的篡改。

【作者簡介】董雙,河北師範大學文學院講師,研究方向爲唐宋文學。

元至元間文壇盛事"雪堂雅集"考

求芝蓉

【提　要】　雪堂雅集是元世祖至元年間在大都南城雪堂普仁居所舉行的共有十九人參加的一次文人雅集。此前研究者對這次雅集有較高的評價,但都未明確雅集舉行的時間與具體參加者名單。本文由已知的雅集參加者王惲等人在至元年間的行迹,推斷出舉行的大致時間,並由此考證出參加者名單。在此基礎上,分析了普仁喜儒學、近縉紳這一不同於同時期北方僧人的特質,考察了雅集參加者的內在關聯以及雅集的政治背景,從而重釋雪堂雅集的獨特性與重要性。

【關鍵詞】　雪堂雅集　普仁　王惲　中州士大夫

一、問題緣起

　　"雪堂雅集"是元世祖至元年間在元大都南城一位僧人結庵之所舉行的一次文人雅集。這次雅集匯聚了一時中州士大夫之翹楚,是至元年間中州文壇難得的一次盛會。元代文學史研究者對此次雅集的評價頗高。有學者認爲其引領了當時詩壇的走向;有學者將雪堂雅集視爲元代館閣文人群體活動之始,將參加者稱爲"雪堂雅集詩派";甚至有學者認爲雪堂雅集體現出了南北交融的時代特徵①。實際上,關於雪堂雅集的基本史實如舉行年、參加者尚未考明,學術界的理解難免失之偏頗。

　　"雪堂"是临济宗高僧普仁之号,也是其禪室之名。普仁,字仲山,俗姓張氏,號雪堂,曾住持大同路豐州法藏院,"以經戒嚴、機鋒峻,越在雲朔,名動京師",後至大都,結庵于金永泰寺彌勒別院廢址之上,在皇孫甘麻剌的資助下建

---

① 參見楊鐮《元代文學編年史》,山西教育出版社,2005 年,頁 153;張滌雲《中國詩歌通論》,浙江大學出版社,2006 年,頁 193—194;傅秋爽《北京元代文學》,知識産權出版社,2012 年,頁 147—148;楊亮《宋末元初四明文士及其詩文研究》,中華書局,2009 年,頁 200—203;辛夢霞《元大都文壇前期詩文活動考論(下)》,《古典文學研究輯刊》,六編,第 5 册,花木蘭文化出版社,2012 年,頁 216—229。查洪德《元代詩壇的雅集之風》,《安徽師範大學學報(人文社會科學版)》,2013 年第 6 期,頁 669—677;葉愛欣《"雪堂雅集"與元初館閣詩人文學活動考》,《平頂山學院學報》,2006 年第 6 期,頁 31—34;王輝斌《論元代的詩派及其宗唐復古傾向》,《江淮論壇》,2012 年第 4 期,頁 165—171。

成天慶寺(舊址在今北京東城區東曉市街)①。普仁還曾擔任江淮福建等處釋教總統。至元二十四年(1287)王博文撰寫的《真定十方臨濟慧照玄公大宗師道行碑銘》就是由"前江淮福建等處釋教總統十八世孫雪堂野衲普仁立石"②。近年内蒙古包頭市燕家梁遺址考古中發現了一件青銅器,其銘文稱:"雪堂總統置古銅祭器,奉施古豐宣聖廟内,永遠供養,大德九年月日記。"③呼和浩特近郊在上世紀九十年代發現的一通汪古部石幢上也有"延祐甲寅(1314)雪堂總統大禪師并諸衙致仕閑官耆宿諸山合院疏請永住本寺"④之語。總之,普仁是元世祖、成宗乃至仁宗時期地位顯赫的臨濟宗高僧。

關於雪堂雅集,王惲在《大元國大都創建天慶寺碑銘並序》中稱:"時方之廬阜蓮社云,是亦將因儒釋僧之特達者也。宜其行業成就如此,固可以著金石而垂不朽矣。"⑤"廬阜蓮社",就是傳説中東晉慧遠大師在廬山與僧俗十八賢人同修净土,提倡念佛,所結之"蓮社",又稱"白蓮社"。這一傳説在宋代以降極爲流行。將雪堂雅集比作廬山蓮社,是極高的讚譽。

至大三年(1310),普仁將雪堂雅集相關詩文結集,請名士姚燧作跋。姚燧這篇《跋雪堂雅集後》是關於雪堂雅集最詳細的史料,爲下文論證方便,今不避絮煩,徵引如下:

> 釋統仁公見示《雪堂雅集》二帙,因最其目:序四,詩十有九,跋一,真贊十七,送豐州行詩九,凡五十篇。有一人再三作者,去其繁複,得二十有七人:副樞左山商公諱挺;中書則平章張九思,右丞馬紹、燕公楠,左丞楊鎮,參政張斯立;翰林承旨則麓庵王公諱磐、董文用、徐琰、李謙、閻復、王構,學士則東軒徐公諱世隆、李榮、王惲;集賢學士則苦齋雷君膺、周砥、宋渤、張孔孫、趙孟頫;御史中丞王博文、劉宣;吏曹尚書則夾谷之奇、劉好禮,郎中張之翰;太子賓客宋衜;提刑使胡祗遹;廉訪使崔瑄;皆詠歌其所志。

> ……又彼少連、罤者,豈足躡二十有七人之遺塵,而求安石、逸少、鑿齒之德之高之才,吾亦不能必其當者何人,況文乎哉? 其敢以靈運、明遠自居如柳州者,蓋不知其誰也。然此中予未之識四人,鎮、琰、好禮、瑄,然已皆物故,其存者,閻、李兩承旨而已,可爲人物眇然之歎。至大庚戌秋八月下弦日跋。⑥

① [元]王惲《秋澗集》卷五七《大元國大都創建天慶寺碑銘並序》,楊亮、鍾彦飛點校《王惲全集彙校》,中華書局,2013年,頁2546—2549。

② 劉友恒、李秀婷《〈真定十方臨濟慧照玄公大宗師道行碑銘〉淺談》,《文物春秋》,2007年第5期,頁48。

③ 參見唐彩霞、張紅星《包頭燕家梁遺址出土銅鋪銘文考略》,《内蒙古社會科學(漢文版)》,2014年第4期,頁62—65。

④ 李西樵《汪古部石幢淺釋》,《内蒙古社會科學》,1993年第1期,頁75。

⑤ [元]王惲《秋澗集》卷五七《大元國大都創建天慶寺碑銘並序》,《王惲全集彙校》,頁2548。

⑥ [元]姚燧《牧庵集》卷三一《跋雪堂雅集後》,《四部叢刊》本,葉10A—11A;參考查洪德編輯點校《姚燧集》,人民文學出版社,2011年,頁472,句讀略有不同。

此外關於雅集的記載,僅有王惲與胡祇遹在普仁請人繪製的"雅集圖"上的題詠,因收入各自文集而得以流傳至今①。

以往学者一般認爲姚燧《跋雪堂雅集後》中給出的二十八人(原文中誤算爲二十七人)即雅集參加者。然而,雪堂雅集參加者的具體數目,王惲在《大元國大都創建天慶寺碑銘並序》中已有記載:

> (雪堂普仁)嘗即寺雅集,自鹿庵(王磐)、左山(商挺)二大老已下,至野齋(李謙)、東林,凡一十九人,作爲文字,道其不凡。②

王惲明言,即寺雅集者共十九人。王惲《題雪堂雅集圖》一詩中有"應慚十九人中列"之句③,則表明他自己是這十九人中的一位。

姚燧未參加雅集,他給出的二十八人名單,只是二十餘年後他看到的兩卷《雪堂雅集》中收錄的作者名單。而這兩卷《雪堂雅集》,包括了"序四,詩十有九,跋一,真贊十七,送豐州行詩九"。很明顯,除了當時十九人雅集時所作詩外,該集還收錄了其他人所作詩文。所以並不能認爲《跋雪堂雅集後》中列出的二十八人都是雅集參加者。因此,也不能以二十八人中有半數爲翰林集賢兩院中人爲由,認爲世祖至元年間已經出現了館閣詩人群體。研究雪堂雅集的關鍵還是在於考證真正參加雅集的十九名公,然後,才能判斷這十九人能否被視爲館閣詩人,以及這次雅集的參加者能否被稱作一個"詩派"。本文首先要解決的是雪堂雅集舉行的時間,進而考證出十九位參加者,最後,將在此基礎上探討其政治史、文學史意義。

二、"雪堂雅集"年代考

"雪堂雅集"的年代,研究者多繫于至元二十年(1283)以後。特別是因爲趙孟頫至元二十三年(1286)才由程鉅夫自江南搜訪至京師,只要是認爲趙孟頫參加了此次雅集的研究者,多將雅集時間推至二十三年以後。更有研究者將時間模糊化,認爲雪堂普仁至元九年在大都結庵之後,就不時有即寺雅集④。

不可否認,雪堂普仁"禪悅餘暇,樂從賢士夫游,諸公亦賞其爽朗不凡,略去藩籬,與同形迹,以道義定交,文雅相接"⑤,其結庵之所應該常有類似的聚會。但是,十九名公齊聚一堂,被喻爲"蓮社"的"雪堂雅集",應當僅有一次。這次雅集的時間雖然沒有明文記載,但追尋相關文獻中的蛛絲馬迹,我們依舊能夠推測出大致時間段。其中最主要的綫索就是明確聲稱自己參加了雅集的

---

① 〔元〕王惲《秋澗集》卷一八,《王惲全集彙校》,第 863 頁。〔元〕胡祇遹《紫山集》卷二,《元朝別集珍本叢刊》本,魏崇武、周思成點校《胡祇遹集》,吉林文史出版社,2008 年,頁 25。

② 〔元〕王惲《秋澗集》卷五七《大元國大都創建天慶寺碑銘並序》,《王惲全集彙校》,頁 2547。

③ 〔元〕王惲《秋澗集》卷一八,《王惲全集彙校》,頁 863。

④ 楊鐮《元代文學編年史》,頁 153。

⑤ 〔元〕王惲《秋澗集》卷四三《雪堂上人集類諸名公雅制序》,《王惲全集彙校》,頁 2037。

王惲以及他所寫的《大元國大都創建天慶寺碑銘並序》與《題雪堂雅集圖》。

　　《大元國大都創建天慶寺碑銘並序》主要梳理了天慶寺創建的前因後果，以及住持雪堂普仁在至元年間的大致行迹。普仁至元九年（1272）至大都，駙馬高唐王闊里吉思出重金購買了前代永泰寺廢址的彌勒別院供其結庵居住。至元二十一年（甲申）冬，皇孫甘麻剌"出貨泉二千五百緡，泪名驃二，仍諭留守段禎、詹事丞張九思"就地爲雪堂構築新寺，"始於乙酉（二十二年，1285）之春，成於丙戌（二十三年，1286）秋仲"。"後三歲"，即至元二十六年（1289），雪堂"奉皇孫盦香，禮江浙名刹，起造藏經"，最終"得經四藏，計二萬八千餘卷，分貯大都之開泰、天慶；汴洛之惠安、法祥，及永豐法藏院"。因造藏經之事極爲重要，雪堂希望能夠立碑記錄，因此不遠千里，趕到福建，請當時爲福建閩海道提刑按察使的王惲爲之撰寫碑銘[①]。王惲因雪堂"憙儒學，有器識"，"是亦將因儒釋僧之特達者也"，樂意爲之撰碑銘。文中，王惲化用韓愈《送浮屠令縱西遊序》的文字，誇讚雪堂如令縱一般，雖爲釋子，心近儒學，而雪堂雅集最能表現雪堂這一特質，所以王惲將自己參與過的這一盛事寫進了碑銘。

　　在《題雪堂雅集圖》一詩的尾聯中，王惲明確點出自己是參加雪堂雅集的十九人之一："應慚十九人中列，開卷題詩又五年。"而這十九人，除了王惲，還能確定的有王惲在《大元國大都創建天慶寺碑銘並序》中列舉的"鹿庵""左山""野齋""東林"四人。根據傳世文獻與前人研究，可以確知"鹿庵"爲王磐，"左山"爲商挺，"野齋"爲李謙，"東林"不知爲何人之號，但從行文來看，鹿庵、左山爲一輩人，野齋、東林爲十九人中輩分較小的兩人，所以東林應該與野齋李謙同輩，或者更小。確定雪堂雅集的時間，我們可以從王惲、王磐、商挺、李謙四人在至元九年到至元二十五年之間的行蹤入手。四人同在大都之時便是一道即寺雅集之日。

　　王磐（1202—1293），字文炳，號鹿庵，金正大四年（1227）中經義進士，金末動亂，一度南投，北歸後授業于東平府學。中統元年（1260），拜益都等路宣撫副使，不久告病辭歸。又拜翰林直學士，累遷太常少卿，仕至翰林學士承旨。至元二十一年，乞骸骨以歸，以資德大夫致仕，仍給半俸終身，離京時，皇太子賜宴聖安寺，百官送出麗澤門[②]。

　　商挺（1208—1288），字孟卿，號左山。曾任教東平府學，中統元年與廉希憲擒殺阿蘭答兒等，僉陝西行省事，二年（1261）進參知政事。至元元年（1264）入爲中書參政，八年升樞密副使，九年爲安西王相，十六年坐事罷職繫獄，被抄家，是年冬出獄，居大都，二十年，復樞密副使，尋以疾免，二十一年，又因安西

---

　　① 此碑銘並序中有雪堂請求之語："山僧空疏，無足比數，以義氣以契，尚憲使與顧，以銘章貺之，始終之願畢矣！"既稱呼王惲爲憲使，又應該在至元二十五年以後，則當是王惲至元二十六年八月被任命爲福建閩海道提刑按察使之後所寫，且言雪堂是"不千里遠"來請，更可能是至元二十六年十一月王惲到任之後寫的

　　② 參見《元史》卷一一五《裕宗傳》，中華書局，1976年，頁2893；《元史》卷一六〇《王磐傳》，頁3755。

王事繫獄,百餘日乃釋,後閑居大都南城,二十五年卒①。

李謙(1234—1312),字受益,號野齋,出自東平府學,與閻復、徐琰、孟祺並稱“東平四傑”,曾爲東平府教授,王磐薦爲應奉翰林文字,至元十五年(1278),升待制,十八年,升直學士,爲太子左諭德,二十六年,以足疾辭歸②。

王惲(1227—1304),字仲謀,號秋澗,中統初由東平詳議官召爲翰林修撰,至元五年(1268)拜監察御史,九年升平陽路判官,十四年入爲翰林待制,十五年秋,充河北河南道提刑按察副使,十六年九月,改授燕南河北道提刑按察副使。十九年,授南臺治書侍御史,未能赴任。該年秋,至大都,寓大都道宮。二十年四月初,離開大都,六月底,改任山東東西道提刑按察副使,在任約一年。二十二年春,以左司郎中召,不赴,閑居在家著述,至二十六年八月被任命爲福建閩海道提刑按察使,十一月左右到任③。

綜合四人履歷可知,商挺至元二十五年卒,因此雪堂雅集必在此前。至元九年到二十五年之間,王磐與李謙都在翰林院任職,未曾離京。商挺至元九年至十六年在陝西任安西王相,十六年冬回到大都,直至二十五年十二月去世。王惲至元十四年曾入爲翰林待制,十五年秋之後或在外任職或閑居鄉里,但至元十九年秋,曾至大都,次年四月才離開。綜上可知,這四人均在大都的時間只有至元十九年秋至二十年四月,則雪堂雅集應該就是在這段時間內進行的。

三、“雪堂雅集”參加者考

既已確定雪堂雅集是在至元十九年秋至二十年四月這段時間內進行的,便可由此推出此次即寺雅集的十九位參加者到底是姚燧在《跋雪堂雅集後》中列出的二十八人中的哪幾位。

姚燧至大三年所見的《雪堂雅集》二帙收錄了二十八人的五十篇詩文,其中如“真贊”十七篇,“送豐州行詩”九篇明顯與此次雪堂雅集關係不大,而是雪堂普仁喜與縉紳遊的直接證據,因此也收錄其中。真正即寺雅集時所寫的大概只是“詩十有九”,與王惲給出的十九名公數目正好相合。至於剩下的四篇序和一篇跋,可能是爲雅集所作,也可能是爲雪堂普仁所寫。所以姚燧列出的名單,只是這五十篇詩文的作者名單,可以認爲是雪堂普仁主要結交的儒者文士名單,但不能斷定這些人互相之間都有交流,也不能斷定他們屬於同一個文人群體。

我們發現,姚燧所列二十八人中,至少有九人至元十九年、二十年應該不在大都,因此不可能參與雅集。這九人可分爲四類。

首先是已經致仕離京的一人。

---

①　參見《元史》卷一五九《商挺傳》,頁 3742。
②　參見《元史》卷一六〇《李謙傳》,頁 3767。
③　參考宋福利《王惲年譜》,河南大學 2013 年碩士論文。

　　(1) 徐世隆(1206—1285)，字威卿，號復齋、東軒①、宜山②，陳州(在今河南省周口市淮陽縣)西華人，金至大四年(1227)進士，大蒙古國時期曾任教東平府學，至元元年爲翰林侍講學士兼太常卿，至元十五年自山東道提刑按察使移江北淮東道，十七年召爲翰林學士，又召爲集賢學士，皆以疾辭，可以推測他在至元十六年左右已閑居東平③，至元二十二年去世，享年八十歲④。

　　其次是當時尚未出仕的江南人士兩人。

　　(2) 燕公楠(1241—1302)，字國材，號五峰，南康建昌(今江西省贛州市)人。宋末歷官贛州通判，宋亡，授吉州路同知，至元二十二年夏，應召至上都，奏對稱旨，賜名賽音囊加帶，除僉江淮行省事⑤。

　　(3) 趙孟頫(1254—1322)，字子昂，號松雪道人，吳興(今浙江省湖州市)人。南宋皇室，著名書畫家，至元二十三年，程鉅夫奉詔搜訪江南遺逸，趙孟頫被引薦給世祖⑥。

　　再者是辭官在家的一人。

　　(4) 雷膺(1224—1297)，字彥正，號苦齋，渾源(今屬山西省大同市)人。曾被史天澤辟爲萬户府掌書記，至元十八年，自山南湖北道提刑按察副使，轉淮西江北道提刑按察使副使，以母老辭，二十年，遷南臺侍御史，奉母之官。二十二年，丁母憂。雷膺七歲而孤，金末隨其母侯氏北歸渾源。其母"織絍以爲業，課膺讀書"，而"膺篤志於學，事母以孝聞"⑦。至元十九年左右，雷膺應該在故鄉渾源侍奉母親。

　　最後還有當時在外任職，應不在大都的五人。

　　(5) 胡祗遹(1227—1295)，字紹開，號紫山，磁州武安(今屬河北省邯鄲市)人。宋平，爲荆湖北道宣慰副使，十九年，爲濟寧路總管，尋升山東東西道提刑按察使⑧。所以至元十九年前後，胡祗遹應該不在大都。

　　(6) 劉宣(1233—1288)，字伯宣，潞州(今山西長治)人。以張德輝薦而爲

　　①　山東高唐清平的後唐明宗廟有徐世隆詩刻，畢沅《山左金石志》卷二二，録寫了其詩與元貞元年當地官民摹刻時的注文："故翰林學士復齋徐威卿先生真翰，迄今六十年矣。"(《石刻史料新編》第 19 冊，頁 14742。)可知徐世隆號復齋，又[元]張之翰《西巖集》卷一九《求復齋川行圖書》，請徐世隆爲《川行圖》作書，言"少補他日《東軒全集》"，可知復齋、東軒皆爲其號。(四庫全書本，葉 2B，鄧瑞全、孟祥静校點《張之翰集》，吉林文史出版社，2009 年，頁 210。)

　　②　此號目前僅見於《(乾隆)歷城縣志》(卷二四，葉 8B—9A)所録寫的濟南舜井徐世隆詩與張之翰跋文的石刻，詩名《舜泉》，署名爲"宜山徐世隆"，張之翰至元十八年的跋稱"今内相宜山先生"，而張之翰《西巖集》卷一八《跋舜泉詩後》則稱"今内相復齋先生"(葉 8B)。總之宜山與復齋同爲徐世隆之號。宜山可能是徐世隆退居東平後的號，所指可能是今山東萊蕪境内的宜山。

　　③　[元]王惲《秋澗集》卷一九《大卿徐先生挽章》，尾注："至元廿一年，予按部東平，拜公於私第之前堂。"《王惲全集彙校》，頁 910。

　　④　參見《元史》卷一六〇《徐世隆傳》，頁 3768；[元]蘇天爵輯撰，姚景安點校《元朝名臣事略》，中華書局，1996 年，頁 249。

　　⑤　參見《元史》卷一七三《燕公楠傳》，頁 4051。

　　⑥　參見《元史》卷一七二《趙孟頫傳》，頁 4018。

　　⑦　參見《元史》卷一七〇《雷膺傳》，頁 3990。

　　⑧　參見《元史》卷一七〇《胡祗遹傳》，頁 3992。

中書省掾，初命爲河北河南道巡行勸農副使。至元十二年（1275），入爲中書戶部郎中，改行省郎中，從平宋，知松江府，尋爲浙西宣慰同知，在官五年，升江淮行省參議，改江西湖東道提刑按察使。二十二年，安童復相，推薦他與張孔孫，因此得以入爲禮部尚書，尋遷吏部，除集賢學士。二十五年，出爲南臺御史中丞，忤江浙行省丞相忙古臺，被污繫獄，自殺而亡①。至元十九年左右，劉宣應該在江浙一帶任職，不太可能出現在大都。

（7）張孔孫（1233—1307），字夢符，號寓軒，隆安（今吉林省長春市農安）人。至元初受到安童賞識，授戶部員外郎，出爲南京總管府判官，之後基本在外爲官，歷任四川道提刑按察司僉事，湖北道提刑按察副使，遷浙西道提刑按察副使，改同知保定路總管府事，至元二十一年除南臺治書侍御史②。至元二十二年，安童復相，才與劉宣一道被薦，入朝爲禮部侍郎③。至元十九年到二十年，張孔孫應該還是保定路總管府同知，不在大都。

（8）張之翰（1243—1296），字周卿，號西岩，邯鄲（今河北省邯鄲市）人。至元十八年爲南臺監察御史，至元十九年，他在福建④。從他至元二十年重陽日所寫的《送王君朋益燕南憲司序》可知，當年他還在南臺監察御史任上⑤。

（9）張斯立，字可與，號繡江，濟南章丘人。至元十六年任南臺監察御史⑥，轉江浙行省員外郎、郎中，入爲戶部侍郎⑦。根據《元史·劉宣傳》可知至元二十五年張斯立爲江浙行省郎中⑧。所以至元十九年前後，張斯立不是在南臺任監察御史，就是剛轉爲江浙行省員外郎，不太可能到大都。

除去以上九人，餘下正好十九人，在數目上和雪堂雅集的參加人數相合，所以他們應該就是參加即寺雅集的十九名公。當然，爲了進一步確定，筆者還考察了王磐、商挺、王惲、李謙以外十五人在這兩年的行蹤，發現他們在雅集舉行的時間段內基本都在大都。

其中有十人，根據史料記載，可以判斷至元十九年前後，一定在大都：

（1）宋衜（？—1286），字弘道，潞州長子人。初入趙璧幕，中統三年

　①　《元史》卷一六八《劉宣傳》，頁3950。
　②　〔元〕張鉉《至正金陵新志》卷六下《官守志·題名·行御史台》所記的治書侍御史張某（朝請，至元二十一年上），應該就是張孔孫。（葉7B，《宋元方志叢刊》，中華書局，1990年，頁5596。）
　③　參見《元史》卷一七四《張孔孫傳》，頁4066。
　④　〔元〕張之翰《西巖集》卷一八《題留君衛家藏水林手澤後》："平宋之六年，余自江浙入閩。"《四庫全書》珍本初集本，葉3B，《元代別集叢刊》本，鄧瑞全、孟祥靜點校《張之翰集》，吉林文史出版社，2009年，頁199；同卷《書進齋進學圖後》："至元壬午（十九年，1282年），余由泉過建。"《四庫全書》珍本初集本，葉15A，《張之翰集》，頁206。
　⑤　〔元〕張之翰《西巖集》卷一四，葉6，頁169。
　⑥　張鉉《至正金陵新志》卷六下，《官守志·題名·行御史台·監察御史》："張斯立，至元十六年上。"葉14B，《宋元方志叢刊》，頁5600。
　⑦　〔元〕閻復《靜軒集》卷五《中書參知政事張公先塋碑銘》，葉52B，《元人文集珍本叢刊》，第二冊，新文豐出版公司，1985年，頁566。
　⑧　《元史》卷一六八《劉宣傳》，頁3950。

(1262)擢翰林修撰。至元十八年除秘書監,二十年遷太子賓客,二十三年卒①。

（2）王博文(1223—1288),字子勉,號西溪,東魯人。至元十九年下半年自陝西提刑按察使入朝爲禮部尚書,王惲《秋澗集》卷一《鶴媒賦》記載:"至元壬午冬,與禮部王兄子勉因話及此……"②可見王惲至元十九年冬天在大都時,王博文也已經入朝。後出爲大名路總管,二十三年遷南臺中丞,二十五年卒於揚州③。

（3）夾谷之奇(? —1289),字士常,號書隱,山東滕州人。曾就學東平府學。至元十九年,入爲吏部郎中,二十年,爲左贊善大夫,歷翰林直學士、吏部侍郎,拜侍御史。二十五年丁母憂,以吏部尚書起復,二十六年卒④。

（4）董文用(1223—1297),字彥材,號野莊。董俊第三子。至元十九年,召爲兵部尚書,次年轉禮部,遷翰林集賢學士,知秘書監。二十二年,拜江淮行省參知政事⑤。

（5）劉好禮(1227—1288),字敬之。至元十九年,入爲刑部尚書,俄改禮部,又改吏部,二十一年出爲北京路總管⑥。

（6）徐琰(? —1301),字子方,號容齋,"東平四傑"之一。至元十九年,因張九思、宋衜所薦,入爲中書左司郎中⑦。

（7）閻復(1236—1312),字子靜,號靜軒,"東平四傑"之一。至元二十八年(1291)出爲浙西道廉訪使前基本在翰林院供職。至元十九年升翰林侍講學士,二十年改集賢侍講學士⑧。

（8）馬紹(1239—1300),字子卿,號性齋。十九年,因宋衜推薦,被太子真金自東平召至京師,爲刑部尚書⑨。

（9）張九思(1242—1302),字子有。至元二年(1265)宿衛東宮,十六年授工部尚書,十九年遷詹事丞⑩。

（10）王構(1245—1310),字肯堂,號安野,東平人。弱冠以詞賦中選,爲東平行台掌書記。至元十一年(1274)授翰林編修,宋亡,與李槃南下杭州,遷

①　參見《元史》卷一七八《宋衜傳》,頁4146;王士點、商企翁編次《秘書監志》卷九《題名》,元代史料叢刊本,浙江古籍出版社,1992年,頁165。
②　[元]王惲《秋澗集》卷一,《王惲全集彙校》,頁24。
③　參見王德毅等編《元人傳記資料索引》,頁199。
④　參見《元史》卷一七四《夾谷之奇傳》,頁4061。
⑤　參見《元朝名臣事略》卷十四,《内翰董忠穆公》,頁279。
⑥　參見《元史》卷一六七《劉好禮傳》,頁3924。
⑦　參見《元史》卷一一五《裕宗傳》,頁2890;拙作《元初文臣徐琰生平考》,《元代文獻與文化研究》第三輯。
⑧　參見《元史》卷一六〇《閻復傳》,頁3772。
⑨　《元史》卷 七二《馬紹傳》,頁4052。
⑩　參見《元史》卷一六九《張九思傳》,頁3980;[元]虞集《道園學古錄》卷一七《徽政院(副)使張忠獻公神道碑》,葉2B。

翰林應奉,升修撰,至元十九年和禮霍孫爲相後,歷吏部、禮部郎中,改太常卿①。

其餘五人,雖然由於史料記載較少,無法完全確認他們在至元十九年前後的行蹤,但他們在大都的可能性較高,相關情況如下。

(1) 李槃,號韋軒,真定名士。與王磐、商挺爲同輩人,仕至翰林學士。曾與王構一道南下杭州,取三館圖籍、太常天章禮器儀仗。約至元二十二年後致仕②。

(2) 周砥(約1220—1292),字正平,號巢陵。《析津志》記載其爲集賢學士,至元二十四年,葉李曾舉薦其爲國子祭酒③。大約至元二十七年左右,年七十致仕還鄉④。

(3) 宋渤,字齊彦,號柳庵,宋子貞子,官至集賢學士,《析津志》有記載⑤。大德八年左右江西文人周南瑞所編《天下同文集》收錄了宋渤的四首詩,《永州黃溪遇雪》《舟過浯溪》《丙戌冬至衡陽食柑》《衡陽村院得杖寄徐容齋》⑥,皆爲其在湖南提刑按察司僉事⑦任上所作,其中《丙戌冬至衡陽食柑》詩中言:"三年江之南,光景去如失。"可知至元二十三年(1286,丙戌),宋渤已在湖南呆了三年,則宋渤出爲湖南僉事當在至元二十一年。至元十九、二十年,他應該尚在大都。

(4) 崔瑄,號閑齋,《析津志》記載爲"廉訪使"⑧。

---

① 參見《元史》卷一六四《王構傳》,頁3855;[元]袁桷《翰林學士承旨贈大司徒魯國王文肅公墓誌銘》,《清容居士集》卷二九,楊亮校注《袁桷集校注》,中華書局,2012年,頁1387—1389。

② 參見《元史》卷一六四《王構傳》,頁3855;[元]熊夢祥《析津志輯佚》,北京古籍出版社,1983年,頁153。參見党寶海《李槃與劉秉忠文集》,中國元史研究會編《元史論叢》第十四輯,天津古籍出版社,2013年,頁320—326。該文中論證:"約至元二十二年後,李槃自翰林院致仕返鄉。"(頁323)孟繁清認爲李槃至元二十六年還在翰林院任職,見氏著《韋軒李公考》,《中華文史論叢》2012年第4期,頁356。

③ 參見《析津志輯佚》,頁153;《歷代名臣奏議》卷一一五《學校》,臺灣學生書局影印本,1964年,頁1547。《廟學典禮》卷二《左丞葉李奏立太學設提舉司及路教遷轉格例儒户免差》,浙江古籍出版社,1992年,頁29。

④ [元]魏初《青崖集》卷二《送周集賢正平致仕東歸》,四庫全書本,葉13B;[元]張之翰《西巖集》卷三《送周學士致政南歸》,四庫全書本,葉5,《張之翰集》,頁22。巢陵即今山東聊城,可能是周砥鄉里。其致仕在李槃(韋軒)之後,魏初、張之翰皆在大都之時,很可能是至元二十六或二十七年。張之翰至元二十三年自江南北上出任户部郎中、翰林侍講學士,至元二十九年出爲松江知府。魏初至元二十一年出任南臺侍御史,約至元二十三年擢江西提刑按察使,後征拜侍御史,至元二十八年出爲南臺中丞。根據魏初《青崖集》卷三《素庵先生事言補序》,至元二十五年魏初尚在江西。(葉17B)[元]李謙撰《楊文鬱神道碑銘》中記載楊文鬱六十八歲時對妻子言:"故集賢學士周先生正平年七十棄官而歸。"(李修生《全元文》第九册,鳳凰出版社,2004年,頁99。)根據此神道碑銘,楊文鬱生卒年爲1225—1303,其68歲時爲1292年,即至元二十九年。所以周砥在至元二十九年時已經去世。

⑤ 參見《析津志輯佚》,頁153、155。

⑥ [元]周南瑞編《天下同文集》卷四五,《雪堂叢刻》本,葉146B—148A。

⑦ [元]王惲《秋澗集》卷八《送齊彦簽事湖南》,《王惲全集彙校》,頁296—297;[元]姚燧《牧庵集》卷三三《次韻齊彦提刑和余肖齋臘梅詩韻》,《姚燧集》,頁515—516。

⑧ 參見《析津志輯佚》,頁148。

(5) 楊鎮,字子仁,號中齋,严陵(今浙江桐庐)人,南宋駙馬。根據魏初《青崖集》卷一的兩首詩判斷,至元至元二十一年到二十三年前後,楊鎮出任江西行省左丞①。此前應該和南宋宗室一起在大都②。

以上五人中,李槃、周砥、宋渤三人任職翰林、集賢兩院,且與崔瑄、楊鎮俱見於《析津志·名宦》,應該都是長期居住大都之人。

參加雅集的十九名公,有長年在大都任職的翰林、集賢兩院學士如王磐、李槃、李謙、閻復、王構、周砥、宋渤,秘書監宋衡,詹事丞張九思,有至元十九年被召入京任職的王博文、夾谷之奇、董文用、劉好禮、徐琰、馬紹,有因事不得不北上大都的王惲,有閑居的商挺,更有南宋駙馬楊鎮。他們均爲一時名士。這十九人能够一起參加雅集,固然是緣于雪堂普仁的邀請,但他們必然有一定的内在聯繫。雖然不能貿然斷定他們是元代館閣詩人群體之初始,更不能擅自臆造一個"雪堂雅集詩派",但是我們可以發現,楊鎮之外的十八人,基本是"中州士大夫"。

"中州士大夫"並非筆者生造之語,而是 13、14 世紀史料中確實存在的一個稱呼③,其所指稱的群體大致爲出身於曾經的金朝統治區域,也即北方漢地的士大夫。元代"中州""中原"與"江南""東南""南州"並不僅僅是地理概念,還有政治、文化含義在其中。在政治上,"漢兒"比"南人"更接近統治核心,所以"中州"優於"江南";文化上,因長達一百五十年的疆土分裂,南北文化同源而異質,"文脈"與"道統"各有所崇④。因此"中州士大夫"與江南人物判然有別。"中州士大夫"作爲一個群體,有較爲一致的政治訴求,以及共同的文化傳承。

在至元十九年到二十年這個時間點,十八位"中州士大夫"的頂尖人物于大都相聚雅集,在元朝歷史上絕對是獨一無二,空前絕後,下文將對此次雅集的歷史意義略作分析。

---

① [元]魏初《青崖集》卷一《奉答楊左丞詩(并序)》:"左丞相公(公宋駙馬姓楊氏,名鎮,今江西行省左丞。)自江西來杭,不鄙不肖,以詩見視。"(葉1A)魏初在杭州的時間應該是他二十一年初出任南臺侍御史之後。江南行御史台由至元二十一年六月自揚州遷往杭州,至元二十二年正月罷南臺,二月復南臺,遷往江州,五月又復徙杭州,至元二十三年四月南臺又自杭州徙健康。所以楊鎮出任江西行省左丞的時間在至元二十一年六月以後,二十三年四月之前。而同卷《次韻答左丞楊中齋》(葉 22B)一詩,不僅在詩後有注:"子裕參政(楊居寬)已還中省,公又戒車北上。"且此詩最後一聯"明日洪都憲司去,不能無意失諸公",明確點出魏初即將出任江西提刑按察使,而楊居寬與楊鎮都已離開了江西。根據《元史》,楊居寬二十三年三月已經在中書省"典銓選",所以楊鎮北上的時間大概也在二十三年。

② 參見《析津志輯佚》,頁 149。

③ 參見筆者博士論文《元初"中州士大夫"與南北文化統合進程》,北京大學,2017 年

④ [元]永趾翁《题中州詩集后》:"迨夫宇縣中分,南北異壤,而論道統之所自來,必曰宗於某;言文脈之所從出,必曰派於某。"[元]蘇天爵《國朝文類》卷三八,《四部叢刊》影元至正杭州路西湖書院刊本,葉 10B—11B;《國學基本叢書》本《元文類》,商務印書館,1958 年,頁 509—510。

四、"雪堂雅集"的歷史意義

"雪堂雅集"之所以獨特,不僅是因爲主持者雪堂普仁是難能可貴的一位喜與縉紳游的北方高僧,還因爲此次雅集聚集起十八位"中州士大夫"的頂尖人物,需要天時地利人和,十分難得。

首先,對於雪堂雅集的主持者雪堂普仁,王惲、胡祇遹、姚燧三人都讚賞備至。這一點是前人研究幾乎未曾關注的。

三人對雪堂普仁的讚賞較爲一致,多著重于普仁親近儒士的行爲。王惲化用韓愈、柳宗元等人與佛門釋子往來的文章,將雪堂與唐宋時期著名的喜儒學、近縉紳的文暢、令縱、浩初、參寥子(宋僧道潛)進行比較,認爲"雪堂亦文暢、參寥子之流"①。胡祇遹《題雪堂和尚雅集圖》則如此描述:"主人學苦空,虛左天下士。衣冠固不同,氣味本相似。大道原於天,至性寧有二。小智徒自私,汝非而我是。"認爲儒釋衣冠不同,但本質相似,所以在一起能够"性理談天人,遊戲到文字",才有雪堂雅集這一堪比廬山蓮社的盛事:"三生白蓮社,千載修禊事。公案又一新,清詩挂名氏。不知幾千年,而復有茲會。"②而姚燧的《跋雪堂雅集後》,除了列舉了二十八位作者名單,主要内容就是稱讚雪堂,特别是雪堂"喜與縉紳遊"的特質。姚燧引用了柳宗元《送文暢上人登五臺遂遊河朔序》中對文暢的稱讚:"晋宋以來,桑門上首,道林、道安、慧遠、慧休,其所與遊,謝安石、王逸少、習鑿齒、謝靈運、鮑照,皆時之選。"③認爲柳宗元文中將顧少連、韓皋與謝安、王羲之等人作比,未免有阿諛奉承的嫌疑,但是文暢的確可以方之林安遠休等僧。姚燧感慨,雪堂普仁也是文暢一般的人物,不同的是,與文暢同時的還有靈徹、澄觀、重巽、浩初等等衆多樂意與士人交遊的僧人,而雪堂普仁卻是"獨行而無徒"④。

王惲、胡祇遹和姚燧不約而同地將雪堂普仁與東晋的慧遠,唐代的文暢、令縱、浩初,宋代的參寥子等親近儒士的僧人進行比較,認爲"其行業成就如此,固可以著金石而垂不朽矣"⑤。三人對雪堂普仁的推崇很大程度上是因爲他在當時北方(中州)具有一定的獨特性。縱觀元朝,江南有不少詩僧延續了宋代士僧交遊頻繁的傳統,留下了不少唱和、雅集的詩文,而北方僧人雖多參與政治,爲官作吏,卻很少與儒士唱和交往。因此樂與士大夫游的雪堂普仁成了北方僧人中特出的一位。也正是如此,雪堂雅集才成了中州文壇難得的盛

---

① [元]王惲《秋澗集》卷四三《雪堂上人集類諸名公雅制序》,《王惲全集彙校》,頁2037—2038。

② [元]胡祇遹《紫山集》卷二,《胡祇遹集》,頁25。

③ 原文應如下:"昔之桑門上首,好與賢士大夫遊。晋宋以來,有道林、道安、遠法師、休上人,其所與遊,則謝安石、王逸少、習鑿齒、謝靈運、鮑照之徒,皆時之選。"[唐]柳宗元撰,尹占華、韓文奇校注《柳宗元集校注》卷二五,《中國古典文學基本叢書》本,中華書局,2013年,頁1667。

④ [元]姚燧《跋雪堂雅集後》。

⑤ [元]王惲《大元國大都創建天慶寺碑銘並序》。

事,因爲只有雪堂普仁才能在自己的禪房中款待這些中州文士之翹楚,才有"佳客實滿門,亦起專酒食。性理談天人,遊戲到文字"①的盛況。有的研究者認爲,元大都的詩人們經常往來於寺院進行雅集②,但這並沒有什麽切實的史料依據。雪堂雅集在元初中州文壇幾乎可以稱得上是獨一無二的。

其次,之前的研究者未曾釐清雪堂雅集較爲確切的舉行時間,以及真正參加者的名單,因此無從判斷此次雅集與當時政治環境的關聯,更無法準確評估其在元代文學史上的地位。而本文的考證解答了上述兩個問題,從而得以從政治、文化方面考察此次雅集的意義。

中統三年(1262),因李璮謀反、時任平章政事的王文統作爲同謀被處死后,忽必烈日益疏遠中州士大夫。此後,中州士大夫中,年長一輩的金源遺士雖有潛邸從龍之功,但隨著年事漸高,慢慢退出了中央決策階層;而年輕一輩多在中統年間或至元初年方入仕途,與忽必烈少有接觸,加之忽必烈不喜儒臣,并不得重用。爲了自身的政治前途,中州士大夫群體自然將目光轉向了可能成爲下一任君主的太子真金身上。至元十九年三月,阿合馬被殺,隨後其黨羽遭清算,而真金作爲太子開始主持一些政事,這次朝政更迭成了中州士大夫重新崛起的最佳時機。被忽必烈疏遠了多年的中州士大夫群體,開始向真金靠攏。雙方一拍即合,不僅因爲真金自幼接觸漢地文化,東宮近臣多爲漢人,還因爲作爲元朝真正意義上的第一位太子真金需要有相對獨立的政治力量來穩固自身地位,與草原選舉君主的傳統相抗衡,甚至與日益老去的父親忽必烈相對峙。同時,在忽必烈處頗爲失意的中州士大夫群體,爲了自身的權益與可期的未來,也開始向真金進行政治投資。所以,至元十九年,真金大量啓用中州士大夫。王博文、夾谷之奇、董文用、劉好禮、徐琰、馬紹等人因此進京任職。胡祇遹至元二十年(1283)在《泗水縣重建廟學記》中言:"即今内外要職之人材,半出於東原府學之生徒。"③這昭示了中州士大夫的此次政治投資在短時間内獲得了極高的回報。

"東原府學",即嚴實父子在宋子貞等人的幫助下所創辦的東平府學,是大蒙古國時期北方文化重鎮,收容了大批金源文人,培養出了不少人材,是中州士大夫之淵藪。雪堂雅集的參加者,多半與東平府學有關係。王磐、商挺參與了東平興學,是李謙、閻復、徐琰、夾谷之奇、馬紹、王構等人的師長。宋渤是幫助嚴實父子創建府學的宋子貞的兒子,與東平府學也頗有淵源。而這些人與東宮之間的聯繫也甚爲緊密。王磐深受太子真金禮遇。至元二十一年,王磐告老歸東平,真金"官其婿于東平,以終養"④。張九思作爲首任詹事丞,向真金推薦了不少"東原府學之生徒",包括舉薦夾谷之奇、李謙爲東宮官屬,徐琰、

---

① 〔元〕胡祇遹《題雪堂和尚雅集圖》。
② 王輝斌《論元代的詩派及其宗唐復古傾向》。
③ 〔元〕胡祇遹《紫山集》卷一〇,《胡祇遹集》,頁273。
④ 《元史》卷一一五《裕宗傳》,頁2890。

馬紹入朝任職①。

　　與這些佔據內外要職的"東原府學之生徒"相比，同樣出自王磐門下，自認爲元好問弟子的王惲卻沒有那麽幸運。至元十五年秋，王惲自翰林待制出爲河北河南道提刑按察副使，十六年九月，改授燕南河北道提刑按察副使。十九年，王惲得授江南行臺治書侍御史，卻未南下赴任，反而北上大都，到二十年四月才離開，六月底左右方改任山東東西道提刑按察副使。在他至元二十年夏至日所寫的《僮喻》中他明確地將面臨的困窘告訴了自己的孩子："汝翁且自己卯（至元十六年，1279）秋，移官燕南，忽復四祀，以理將去，乃有維揚之命，夤緣投獻，遂致沚止。重叙一官，良爲匪易，其倖與否，汝等朝夕所親睹也。及南還滹上，復需後命，今又數月矣。"②就是說他改任燕南河北道提刑按察副使四年後，任期已滿，因此至元十九年大約三月之前，有了南臺治書侍御史的任命③。正在此時，朝中發生了阿合馬被殺事件，王惲可能與此有所關聯，因而未能成功前往揚州赴任。所以他北上大都，爲的就是"重叙一官"，以養家糊口，其中過程"良爲匪易"。他四月五日自大都"南還滹上"時，應該得到了當權者的應允，只是需要等待"後命"。這個當權者應該就是張九思，因爲王惲在至元二十年六月寫了《謝張詹丞書》④，而正是在六月底，他得到了山東東西道提刑按察副使的任命。

　　王惲北上大都求官，所憑藉者有二。其一爲至元十八年十二月他曾經進呈過的《承華事略》。這本專門爲教育太子所寫的書，顯然是他向太子進行的一次政治投資；其二是他的師友，王磐、商挺、李謙、閻復、徐琰、夾谷之奇、馬紹、王構等人，借助這些已經輸誠東宮的師友，他能够接觸到張九思，從而被引薦給真金。他也的確得到了張九思的引薦，在《西池幸遇詩》中有如此記載："壬午歲（至元十九年，1282）十月十二日，某以《承華事略》求見，引見者工部尚書張九思。"⑤而且他還爲張九思寫了《黃鵠下太液池歌贈張詹丞子有》《贈張詹丞子有二首》等詩。我們或許可以推測，王惲參加雪堂雅集的目的在於接觸張九思、宋衜等東宮官屬，從而能够"重叙一官"。此次雅集的參加者多與王惲有關，除了東平府學的師生，王博文與王惲及王旭並稱"三王"，董文用曾任衛輝路（王惲家鄉）總管，所以王惲很容易參與雅集。雖然因元代文人的文集散佚過多，我們無法看到其他參與者對這次雅集的描述，但是，唯王惲既有《題雪堂雅集圖》一詩，又在《大元國大都創建天慶寺碑銘並序》中對這次即寺雅集推崇至極，足以說明這次雅集對王惲而言非常重要。

　　① 參見《元史》卷一六九《張九思傳》，頁 3980；《元史》卷一一五《裕宗傳》，頁 2890；［元］虞集《道園學古錄》卷一七《徽政院使張忠獻公神道碑》，《四部叢刊》本，葉 2。
　　② ［元］王惲《秋澗集》卷四四，《王惲全集彙校》，頁 2100。
　　③ ［元］王惲《秋澗集》卷九，《義俠行》："時至元十九年壬午歲三月十七日丁丑夜也。……鐵面御史君其羞。（是時授南臺侍御史，故云。）"《王惲全集彙校》，頁 339。
　　④ ［元］王惲《秋澗集》卷三五，《王惲全集彙校》，頁 1760—1761。
　　⑤ ［元］王惲《秋澗集》卷二三，《王惲全集彙校》，頁 1146。

　　古代中國，政治精英一般而言在文學方面也有重要地位。楊鐮在《元代文學編年史》中認爲，姚燧《跋雪堂雅集後》中列舉的二十八人，再做一些增補，就是至元後期大都文壇主要作家的名單。雖然二十八人中，有九人不是實際參加者，但從一個側面説明這次雅集參加者皆爲當時文壇翹楚。

　　辨明參加即寺雅集的十九名公之後，可以發現前人以雪堂雅集爲元代館閣詩人群體之初始的觀點無法立足，"雪堂雅集詩派"更無從談起。所謂館閣，即掌管圖書經籍，編修國史的官署。世祖至元時期，能够稱得上館閣文人的應該就是翰林、集賢兩院以及秘書監。在這次雅集中，的確有七八位參加者在"館閣"任職，但其他十餘人身份各異，不能判定這是一次以館閣文人爲中心進行的雅集。

　　實際上，因爲中州士大夫的頂尖人物多憑文學入翰苑，甚至至元年間翰林院幾乎爲東平府學出身的士人所壟斷①，所以後人考察雪堂雅集時，容易產生"館閣文人群體"的錯覺②。這次雅集所聚集的，確實是主導至元時期中州文壇的一群人，但是他們引領的方向顯然不是館閣唱和，而是元好問所構建的"中州文統"。

　　金元之際，戰火頻仍，士人流離失所，文化幾乎無從傳承，但金朝文學之集大成者元好問在金朝流行的蘇學基礎上推崇古文、宗唐復古，將北方漢地的文化統緒上溯至韓愈，最終完成了"中州文統"的構建③。然後在壬辰北渡後的三十年內，在"斯文命脈，不絕如縷"④的時代，向後學晚進宣揚自己的主張，使"學者知所適從"⑤，"知所指歸，作爲詩文，皆有法度可觀"⑥。同時，一些漢地世侯庇護文人，興辦學校，使得"中州文統"成爲 13 世紀後半葉北方文壇的主流。有著東平府學背景的士人不僅在政治上大有作爲，在文學上也成了繼元好問之後的"中州文統"代表⑦。參加雪堂雅集的幾位東平相關人士中，王磐、商挺可謂至元時期中州文壇泰斗；李謙、閻復、徐琰與孟祺並稱"東平四傑"，且三人後來都官至翰林學士承旨；王惲的《秋澗集》是現存元代文人詩文別集中卷數最多、内容最豐富的；王構、馬紹、夾谷之奇等人雖然傳世詩文不多，但也是"中州士大夫"中的佼佼者。總體而言，這次雅集顯然是中州士大夫的聚會，

---

　　① ［元］袁桷《清容居士集》卷二四《送程士安官南康序》："朝廷清望官，曰翰林，曰國子監，職誥令，授經籍，必遴選焉。始命，獨平之士十居六七。"《袁桷集校注》，頁 1210。

　　② 查洪德《元代詩壇的雅集之風》認爲這次雅集是一個以東平士人爲中心的在朝文士的聯誼活動，參加者多爲辭章之士，而趙孟頫是南方辭章之士代表。這一觀點有一定的參考性。但是他認爲由於"以邢州爲中心的經濟之士和以懷衛爲中心的義理之士"無人參加，所以姚燧在《跋雪堂雅集後》中，對其中所收文章有否定傾向，這一觀點應該只是查氏對姚文的誤讀。

　　③ 關於元初"中州士大夫"與"中州文統"，參見筆者《元初"中州士大夫"與南北文化統合進程》，北京大學 2017 年博士論文。

　　④⑤ ［元］王惲《秋澗集》卷四三《西岩趙君文集序》，《王惲全集彙校》，頁 2048。

　　⑥ ［元］徐世隆《序》，《元好問全集》下册，附録，山西人民山版社，1990 年，頁 414。

　　⑦ ［元］陳櫟《上張郡守書》："近歲以來，中原文獻萃于東平。"《定宇集》卷一〇，葉 7B，《元人文集珍本叢刊》本，第四册，頁 376。

而並非"雪堂雅集詩派"①或者"館閣文人"②,所提倡的必然是宗唐復古的中州文統。

最後,至元十九年(1282),忽必烈已經 68 歲,真金也已 40 歲,在這個時間點,真金開始參與政務,顯然是爲繼位作準備。同樣,中州士大夫此時也面臨了代際交替。出生在 1200 年前後的金源遺士在 1282 年基本已經凋零,王磐、商挺兩人可算是碩果僅存。而他們的弟子一輩,李謙、閻復、徐琰、王惲、王構、馬紹、夾谷之奇等人則正當壯年,無論在政治上還是文學上都前途可期。雪堂雅集可以説是他們師徒兩代人最後一次較大規模的聚會,見證了元代前期中州士大夫的代際交替。

而雪堂雅集終成絕響。至元二十二年,真金去世,中州士大夫短暫的黄金期結束,受真金的啓用而聚集大都的衆人多半離開了中央。縱觀各位參加者在至元年間的行蹤,可以發現起碼有六人至元十九年以前不在大都,不是在外任官,就是閑居鄉里,而在大都的也多爲館閣閑職,少有掌握實權的。至元十九年,詹事院建立,張九思、宋衜、李謙、夾谷之奇等成爲東宮屬僚,王博文、董文用、劉好禮、馬紹、徐琰、王構等人進入中書省,至元二十年,商挺更是一度復任樞密副使。然而隨後,至元二十一年,王磐致仕,商挺入獄,劉好禮出爲北京路總管,二十二年,董文用出任江淮行中書省參知政事,王博文爲大名路總管,二十三年,徐琰南下任嶺北湖南道提刑按察使。更何況,接下來幾年,王磐、宋衜、商挺、王博文、夾谷之奇等人相繼去世,再也不可能有類似的大規模聚會了。

五、結　論

"雪堂雅集"是至元十九年冬到二十年春這段時間内,在大都南城雪堂普仁結庵居住之地的一次文人雅集。經本文考證,雪堂雅集的十九位參加者是王磐、商挺、李槃、宋衜、王博文、董文用、劉好禮、王惲、夾谷之奇、李謙、徐琰、閻復、馬紹、張九思、王構、宋渤、崔瑄、周砥、楊鎮。

雪堂雅集的主人雪堂普仁,是當時北方難得的喜好儒學的臨濟宗高僧。雪堂雅集這樣的即寺雅集也許在唐宋時期很常見,甚至在元代江南也並不稀缺,但是在至元時期,甚至有元一代,整個中州文壇都很難找出類似的例子。當然,普仁能够舉辦這樣的盛會,也是因爲他與皇室,特別是真金一脈關係密切,與中州士大夫有著較爲一致的政治利益。

真金之名是由大蒙古國時期"掌釋教事"③的臨濟宗高僧海雲印簡所起,

---

①　張滌雲《中國詩歌通論》,王輝斌《論元代的詩派及其宗唐復古傾向》。

②　楊亮《宋末元初四明文士及其詩文研究》,傅秋爽《北京元代文學》,葉愛欣《"雪堂雅集"與元初館閣詩人文學活動考》等。

③　《元史》卷三《憲宗紀》,頁 45。

海雲弟子劉秉忠又爲真金引薦了不少人才,如王倚、張九思等人①,足見真金與臨濟宗淵源不淺。普仁雖然並非海雲的傳人,但也是臨濟宗高僧,所以與東宮關係匪淺,其駐錫之地天慶寺就是由真金之子甘麻剌資助修建。而忽必烈即位之後,在教與禪之間偏向於前者。特別是至元十七年(1280)佛道辯論,道教被徹底清算後,佛教内部矛盾開始凸顯,忽必烈"崇教抑禪"的傾向性愈發明顯,禪宗不得不另尋保護者,與中州士大夫一樣向太子真金靠近。

至元十九年,阿合馬被殺,真金開始高度參與政事。親近東宮的禪僧雪堂普仁與太子的支持者中州士大夫一起進行如此規模的即寺雅集,也彰示著忽必烈與真金父子之間的政治博弈中,後者暫時佔據了上風。然而至元二十二年,真金去世,無論是中州士大夫還是禪宗,都失去了最大的倚仗。前者大量出任外官,後者則在至元二十五年迎來了教禪廷辯,隨後遭到了打壓②。普仁在至元二十六年時"奉皇孫齎香禮江浙名刹",也可能是受了廷辯的影響。

總之,中州士大夫因太子真金需要培養自己的力量而得以大量入朝爲官,相聚大都,並在親近東宮的臨濟宗高僧普仁的居所進行了雅集。此次雪堂雅集見證了金源遺士與元初"中州士大夫"的文壇代際交替,是至元時期"中州文壇"鼎盛的一個象徵。但是中州士大夫的黄金期在至元二十二年戛然而止,雪堂雅集也成了最後的絶響。

【作者簡介】求芝蓉,博士,北京大學歷史學系博士後研究員,專業領域爲蒙元史研究、中西交流史研究。

---

① 　孟繁清、楊淑紅《元大都名臣張九思史事考》,《元史論叢》,第 13 輯,天津古籍出版社,2010年,頁 04　05。

② 　參考陳高華《元代江南禪教之争》,《隋唐宋遼金元論叢》第 2 輯,上海古籍出版社,2012 年,頁350—360。

嚴復與陳三立交往事迹鉤沉編年

歐夢越

【提　要】　嚴復與陳三立農曆同年生，皆爲晚清革新派代表，爲"同光體"重要成員，雖相識較晚，但思想多契合，惺惺相惜，交遊頻繁。今人編制二人年譜中，叙述其交往事迹，已有基本輪廓，但不够系統完整。編制二人"合譜"爲一新視角和新體例，目前學界對二人交往事迹研究，多是偶爾涉及，不少材料尚未被發掘、利用，也存在一些模糊甚至錯誤認識。兹進行鉤沉考辨，繫年排列，直觀呈現二人密切關係和互動影響，還原歷史真相，爲進一步研究提供可靠的文獻依據。

【關鍵字】　嚴復與陳三立　交往事迹　鉤沉編年

引　言

嚴復，原名宗光，字又陵、幼陵，後改名復，字幾道，咸豐三年癸丑十二月十日（1854 年 1 月 8 日），生於福州南臺（今福州台江）；陳三立，字伯嚴，晚號散原老人，咸豐三年九月二十一日（1853 年 10 月 23 日），生於義寧（今江西修水）。按編制古人年譜通例，譜主年齡應按農曆計算，嚴復與陳三立農曆同年生，同歲。① 嚴復爲近代著名思想家、翻譯家、教育家、文學家，陳三立爲湖南巡撫陳寶箴長子，近代著名詩人。二人同爲晚清革新派代表，皆參與近代中國諸多重大事件，同爲"同光體"重要成員，雖相識較晚，但思想多契合，惺惺相惜，交遊頻繁。嚴復現存日記中没有直接記録與陳三立交往情況，需要研究者鉤沉繫聯。今人編制二人年譜中，叙述其交往事迹，已有基本輪廓，但不够系統完整②。二人或多人關係密切，可編制"合譜"③，此爲一新視角和新體例，可

---

① 孫應祥《嚴復年譜》，羅耀九、林平漢、周建昌《嚴復年譜新編》等，皆依當代通行方式，按陽曆計算年齡，則嚴復與陳三立相差 1 歲。

② 有關二人年譜，主要有：孫應祥《嚴復年譜》，福建人民出版社，2003 年；羅耀九、林平漢、周建昌《嚴復年譜新編》，鷺江出版社，2004 年；馬衛中、董俊珏《陳三立年譜》，蘇州大學出版社，2010 年；李開軍《陳三立年譜長編》，中華書局，2014 年。

③ "合譜"編制，學界已有先例，如洪本健《宋文六大家活動編年》，華東師範大學出版社，1993 年；孟醒仁《桐城派三祖年譜》，安徽大學出版社，2002 年。

更直觀呈現譜主之間密切關係和互動影響。目前,學界尚無嚴復與陳三立"合
譜",對其交往事迹研究,多是偶爾涉及,較爲零散,不少材料尚未被發掘、利
用,也存在一些模糊甚至錯誤認識。兹進行鉤沉考辨,繫年排列,同時重視二
人朋友圈"交集"①,全面呈現嚴復與陳三立交往事迹實情,還原歷史真相,爲
學界進一步探討和評價提供可靠的文獻依據。

光緒十七年辛卯(1891),三十九歲

六月十三日(7 月 18 日)

郭嵩燾(1818—1891)因病於湖南家中去世,享年七十四。嚴復悲愴不已,
特撰挽聯悼念:"平生蒙國士之知,而今鶴翅黦黦,激賞深慚羊叔子;惟公負獨
醒之累,在昔蛾眉謡諑,離憂豈僅屈靈均。"②感懷郭氏知遇之恩,爲其命運鳴
不平。陳三立《挽郭嵩燾聯》:"孤憤塞五洲之間,衆醉獨醒,終古行吟依屈子;
抗心在三代以上,高文醇意,一時絶學並船山。"③

光緒二十六年庚子(1900),四十八歲

四月

陳三立携家移居南京,無心仕途,辦學堂,常與友人以詩、古文辭相遣,始
讀嚴復譯著《天演論》等,極爲歎服,並有心得。《崝廬書所見》:"民有智力德,
昊穹錫厥美。振厲披進之,所由奠基址。列邦用圖存,群治抉症痞。雄强非偶
然,富教耀歷史。孰尸化育權,坐令儕犬豕。一漚知滔天,一塵測崦嵫。撫一
蟻蛭區,以驗俗根柢。鹵莽極陵夷,種族且斁圯。天道劣者敗,中夜起拊髀。
體國始經野,歌以俟君子。"④"民有智力德",源自嚴復《原强》《天演論》,"天道
劣者敗"即《天演論》中"物競天擇,適者生存"之義⑤。

六月二十六日(7 月 22 日)

陳寶箴病卒於南昌西山崝廬,享年七十。熊元鍔至西山憑吊,得以結識陳
三立,二人意趣相投,從此交往甚密,交相引重⑥。陳三立《南昌熊季廉墓誌
銘》:"先侍郎棄其孤西山別墅,君來吊,余始識君,由是交日密,言議意趣,益符
契無間,二人者交相引重,世亦頗知之。蓋余嘗略閲四方賢士,即吾鄉後起俊
髦,亦往往有聞焉,然欲得志高而學劭,識沉而魄毅,砥德業堪世變如君,其人
邈未之屢睹也。"⑦《四月初五日追悼會嚴幾道先生演説》:"季廉既領鄉薦,再

---

① 如嚴復、陳三立同受知於郭嵩燾,郭嵩燾因病去世,二人同撰挽聯悼念,二人皆與陳寶琛、鄭孝
胥、熊元鍔等關係密切,交往多以他們爲中介。
② 嚴璩《侯官嚴先生年譜》,王栻主編《嚴復集》(第五册),中華書局,1986 年,頁 1548。
③ 陳三立著,李開軍校點《散原精舍詩文集》(增訂本)中册,上海古籍出版社,2014 年,頁 740。
④ 陳三立著,李開軍校點《散原精舍詩文集》(增訂本)上册,頁 38。
⑤ 嚴復翻譯英國赫胥黎《天演論》,光緒二十二年(1896)譯成,正式出版於 1898 年,宣傳"物競天
擇,適者生存",問世即産生巨大社會反響。
⑥ 熊元鍔(1879—1906),譜名育鍔,號惠元,字季廉,易字師復,江西南昌人,近代教育家。
⑦ 陳三立著,李開軍校點《散原精舍詩文集》(增訂本)中册,頁 874。

游京師，海内名流，皆深相結，而尤傾心于義寧陳伯嚴，以志業相淬厲。"①

秋

熊元鍔至南京拜訪陳三立，商量問學嚴復事，得到陳三立首肯。陳三立《南昌熊季廉墓誌銘》：

> 君始爲學，好桐城方氏、湘鄉曾氏所爲書，故其志意皎然，論議文辭嶄嶄不苟。其後盡攬近人撰著譯述言新法者，獨服膺侯官嚴復氏之説，以謂淵鑒眇悟，根據道要，不爲剽獵偏曲寨淺，犁然當人心，無如嚴先生者也。於是君年廿三，過謀其友陳三立，孤身走上海，執贄嚴先生門下。嚴先生亦驚其英亮卓犖，深相愛重，君之學亦日邃而月變矣。②

熊元鍔赴上海，拜嚴復爲師，並改字師復，二人關係猶如父子，異常密切。姚永概《慎宜軒日記》："熊爲嚴入室弟子，情若父子也。"③二人見面經過，嚴復《熊生季廉傳》回憶："復之得交季廉也，以庚子……秋，季廉至海上，先以書自通，繼而執贄造吾廬，求得著籍爲弟子。丰采玉映，言論泉湧，灼然知其爲非常人也。叩其學，經史而外，歷舉明張太岳、王船山以對。講道籀學，相得甚歡。"④熊元鍔自與嚴復交往，由治舊學轉向嚴復學説，陳三立《南昌熊季廉墓誌銘》述其轉變。⑤

光緒二十七年辛丑(1901)，四十九歲

四月八日(5 月 25 日)

熊元鍔至南京拜訪陳三立，又往上海，陳三立賦詩爲別，《熊季廉之上海酬別》："眼中今有子，海内竟何歸。問道成孤往，憂天覺漸非。江風懸涕淚，花氣冷簾幃。世界龍又在，看看滿夕暉。"⑥熊元鍔此後於上海常參加嚴復、陳三立朋友如鄭孝胥、姚永概等宴會和遊樂活動。⑦

光緒二十八年壬寅(1902)，五十歲

夏

嚴復致熊元鍔書中表達心儀陳三立之情。《與熊季廉書》："義寧公子近況何如？想遊蹤仍在秣陵。有書問往還，祈代道念。僕與此老雖未經一謀面，然

　　① 嚴復《四月初五日追悼會嚴幾道先生演説》，《中外日報》1906 年 5 月 1 日。
　　② 陳三立《南昌熊季廉墓誌銘》，原題《清南昌熊季廉解元墓誌銘》，上海圖書館藏，民初版，無頁碼；復收入李開軍校點《散原精舍詩文集》(增訂本)中冊，頁 873。
　　③ 姚永概著，沈寂等校點《慎宜軒日記》，黄山書社，2010 年，頁 984。參見馬衛中、董俊珏《陳三立年譜》，頁 253。
　　④ 王栻主編《嚴復集》(第二冊)，中華書局，1986 年，頁 273。
　　⑤ 陳三立著，李開軍校點《散原精舍詩文集》(增訂本)中冊，頁 873。
　　⑥ 陳三立著，李開軍校點《散原精舍詩文集》(增訂本)上冊，頁 22。
　　⑦ 參見沈國威《嚴復與其門生熊元鍔》，《東アジア文化交涉研究》2010 年第 5 号，頁 213—223。

其相思也。"①嚴復與陳三立聯繫交往,熊元鍔爲中介,且嚴復主動結交陳三立。

七月八日(8 月 11 日)

嚴復致熊元鍔書中述及傾慕陳三立已經六年。《與熊季廉書》:"義寧公子,復心儀其人六年,於此有書去,深爲道念。千萬,千萬。"②

光緒二十九年癸卯(1903),五十一歲

正月三日(1 月 31 日)

嚴復致熊元鍔書中述及傾慕陳三立之情。《與熊季廉書》:"義寧公子,復夙所欽遲,而緣慳一面,其節操真足令人敬歎。曩小兒璩過秣陵,極蒙青睞,家書一再道之。愧負深知,無以仰答也。"③陳三立也稱賞嚴復。

六月(7 月)

熊元鍔至北京應試經濟特科,拜訪時任京師大學堂譯書局總辦嚴復,並將自己評點《老子》呈請嚴復指正。嚴復於熊元鍔眉批基礎上,刪減修改,並"附益千數百言"④。

十月十一日(11 月 29 日)

英國思想家約翰·穆勒政治學著作《論自由》,嚴復以《群己權界論》爲書名譯成中文,商務印書館 1903 年出版。嚴復及時郵寄熊元鍔,並請熊元鍔轉呈陳三立一份,陳三立爲最早閱讀《群己權界論》讀者之一。嚴復《與熊季廉書》:"《自繇釋義》易名《權界論》,已由商務印書館排印出版。昨得吾弟書,已囑就近郵寄一部奉呈,並以一份呈義寧矣。想早晚皆必到,勿慮。"⑤

十一月二十四日(1904 年 1 月 11 日)

陳三立稱賞嚴復所批點《老子》,嚴復《與熊季廉書》:"《老子》一册,當時隨所見妄有塗挤,不謂義寧目爲獨到,劉邕之癖正如此耳。"⑥

十二月二十三日(1904 年 2 月 8 日)

嚴復致熊元鍔書中稱賞陳三立詩,又感謝陳三立稱賞自己所批點《老子》。《與熊季廉書》:"義寧詩波瀾老成,毫髮無憾,而派、械、戒、敗四韻尤警。不圖此書所以入義寧者如是之深也。《老子》須見得窾卻方能著墨。既承來教諄

---

① 孫應祥、皮後鋒編《〈嚴復集〉補編》,福建人民出版社,2004 年,頁 232。

② 孫應祥、皮後鋒編《〈嚴復集〉補編》,頁 235。此書簡,馬勇《嚴復未刊書信選》(《近代史資料》第 104 號)定爲七月八日(8 月 11 日),孫應樣《嚴復年譜》考爲"八月八日"。書中有"昨由方九送到,六月廿二日書"語,知此書當作於七月,馬説是。嚴復心儀陳三立六年之久,據現存文獻,未見二人此前有書信往來,只是經過熊元鍔傳遞資訊。

③ 孫應祥、皮後鋒編《〈嚴復集〉補編》,頁 238。

④ 熊元鍔《〈侯官嚴氏評點老子〉序》,王栻主編《嚴復集》(第四册),頁 1101。參見王天根《評點〈老子〉與嚴復對立憲的檢視》,《安徽大學學報》2004 年第 4 期,頁 123—130。

⑤ 孫應祥、皮後鋒編《〈嚴復集〉補編》,頁 242。

⑥ 孫應祥、皮後鋒編《〈嚴復集〉補編》,頁 243。

諄,當爲老弟常翻此書,有所振觸、批導,便當注之眉端,不令錯過而已。"①

光緒三十年甲辰(1904),五十二歲。

二月

陳三立至南昌西山崝廬謁墓,山中讀訖嚴復所譯《社會通詮》,作《讀侯官嚴氏所譯社會通詮訖聊書其後》詩,高度稱讚:"悲哉天化之歷史,虬于穹宙寧避此。圖騰遞入軍國期,三世低昂見表裏。我有聖人傳作尸,功成者退惡可欺。蜕形范影視爐捶,持向神州呼籲之。"②

九月十七日(10月25日)

嚴復致熊元鍔書中再次致謝陳三立稱賞自己所批點《老子》,希望陳三立多加指教。《與熊季廉書》:

> 前者在都,蒙以《道德經》示讀,客中披覽,輒妄加眉評。我輩結習,初何足道。乃執事持示義寧,以爲得未曾有,遂復郵寄,囑便卒業。春夏之交,南奔猝猝,無須臾之閒。近者乃踐此諾,碌碌無異人者。然以公等嗜痂,兹持寄趙。義寧如有所教,乞告我也……走北遊已作罷論。巢痕新掃,無因至前。然使體力稍健,頗思載游白下,一訪伯嚴。(否則冬臘一歸故鄉省墓,並訪伯潛閣部。閑雲野鶴,來去盡可自由,亦不必指爲定議耳。)此今日元遺山,不可不晤也。③

十月二十五日(12月1日)

吳保初、丁惠康、熊元鍔招飲,夏曾佑、嚴復、陳三立、熊元鑒等同席。夏曾佑日記十月二十五日:"晚彥復、叔雅、季廉招飲,座有又陵、伯嚴、昭扆、菊生、慎始、楚卿、石芝、簡叔、諫臣。夜與昭扆、菊生至報館。"④

十月二十六日(12月2日)

嚴復將赴倫敦,陳三立招飲送行。姚永概《慎宜軒日記》十月二十六日:"同遊張園,晤伯嚴、彥復、叔雅、積孺。伯嚴招飲,爲幼老(嚴幼陵)送行,歸棧已三更。"⑤

十月二十七日(12月3日)

嚴復往倫敦,陳三立作詩送別。夏曾佑日記十月二十七日:"午刻,與菊公(張元濟)送又老(嚴又陵)登舟赴倫敦。"⑥陳三立《送嚴幾道觀察遊倫敦》:"鋪啜糟醨數千載,獨醒公起辟鴻蒙。撫摩奇景天初大,照耀微塵日在東。聊探睡

---

①　孫應祥、皮後鋒編《〈嚴復集〉補編》,頁245。
②　陳三立著,李開軍校點《散原精舍詩文集》(增訂本)上册,頁113。
③　孫應祥、皮後鋒編《〈嚴復集〉補編》,頁253。
④　楊琥編《夏曾佑集》(下),上海古籍出版社,2011年,頁771。
⑤　姚永概著,沈寂等校點《慎宜軒日記》,頁926。
⑥　楊琥編《夏曾佑集》(下),頁771。此年冬,發生開平礦務局訴訟事件,嚴復此次前往英國倫敦,幫助張翼與英方交涉。

驪向滄海,稍憐高鳥待良弓。乘桴似羨青牛去,指點虛無意未窮。"①

十一月(12 月)前後

陳三立至南昌西山謁墓,讀嚴復所譯約翰·斯圖爾特·穆勒(John Stuart Mill)*On liberty*(嚴復譯成《群己權界論》,今通譯《論自由》),寫詩讚揚,《讀侯官嚴復氏所譯英儒穆勒約翰群己權界論偶題》曰:

> 自有天地初,莽莽靈頑界。既久挺人群,萬治孕變怪。聖哲亦何爲,扶生披涸瘵。其義彌亭毒,日震聾與聵。吾國奮三古,綱紀非狡獪。侵尋狃糟粕,滋覺世議隘。夭閼縛制之,視息偷以憊。卓彼穆勒説,傾海挈衆派。砭懦而發蒙,爲我斧天械。又無過物憂,繩矩極顯戒。萌芽新道德,取足持善敗。復也雄于文,百幽竭一喙。揚爲曒日光,吐此大塊噫。玄思控孤誼,余痛托紹介。挑燈幾摩挲,起死償夙快。②

《群己權界論》宣揚西方民主和自由,陳三立讀後,認爲對中國政治、學術有"起死"之用。

光緒三十一年乙巳(1905),五十三歲

七月

陳三立子寅恪插班入復旦公學讀書③。

八月

陳三立敦促熊元鍔將嚴復《侯官嚴氏評點〈老子〉》一書刊行,熊元鍔遂將該書抄付日本東京活版印行。熊元鍔《侯官嚴氏評點〈老子〉序》叙述該書寫作及出版經過,曰:"癸卯,余在京師,出所評《老子》,就吾師侯官先生課正。先生爲芟薙十九,而以己意列其眉。久之,丹黄殆遍,以王輔嗣妙得虛無之旨,其説亦間有取焉,受而讀之,大喜過望,南旋,持示義寧陳子(陳三立),陳子亦絶歎,以爲得未曾有,促余刊行。後復請先生附益千數百言。頃來東瀛,遂鈔付活版公於世。並爲之叙曰……光緒乙巳秋八月,南昌熊元鍔叙於日本東京。"④

十月二十四日(11 月 20 日)

是年,安徽大學堂改稱安徽高等學堂。姚永概是日到達上海,於沈家弄嚴宅拜訪嚴復,將皖撫誠勛親筆信面呈嚴復,請赴安慶任安徽高等學堂會辦(校長),二人"久談甚歡"⑤。

十月二十九(11 月 25 日)

① 陳三立著,李開軍校點《散原精舍詩文集》(增訂本)上册,頁 138。
② 陳三立著,李開軍校點《散原精舍詩文集》(增訂本)上册,頁 83—84。
③ 張仲民《陳寅恪與復旦公學關係考》(《中國文化》第 37 期,2013 年 5 月)考證,陳寅恪所在復旦公學丁班名册記載,入學時間爲"乙巳七月",家住"南京中正街",乃插班入復旦公學讀書。蔣天樞《陳寅恪先生編年事輯》(增訂本,上海古籍出版社,1997 年)繫於光緒三十三年(1907)春,蔣説誤。
④ 《侯官嚴氏評點〈老子〉》,民國二十年(1931),商務印書館以《嚴復評點〈老子道德經〉》重排版發行,二卷。
⑤ 姚永概著,沈寂等校點《慎宜軒日記》,頁 968。

陳三立到達上海。姚永概《慎宜軒日記》:"聞伯嚴到滬。"①

十月三十日(11月26日)

姚永概拜訪陳三立,未遇。應姚永概之約,陳三立偕熊元鍔、夏敬觀往訪,允爲力勸嚴復赴安慶,應聘安徽高等學堂會辦。晚,張元濟於九華樓設宴招待陳三立、夏曾佑、熊元鍔、夏敬觀等。姚永概《慎宜軒日記》十月三十日:"早偕兩侄、彥矧訪伯嚴,不遇,留字約之。因至半間樓早飯。須臾,伯嚴與熊季廉師復、夏劍丞敬觀者同來暢談。伯嚴見余言皖人望幼老(嚴幼陵)之誠,許爲極力勸駕。"②夏曾佑日記十月三十日:"晴。陳伯嚴來,即去。訪叔績不遇,訪伯嚴亦不遇。歸,獨飲數杯。晚,菊生招飲九華樓,座有伯嚴、季廉、劍丞、昭扆、益齋、浩吾。飲散,至頌谷處,談至三更。"③

十一月一日(11月27日)

姚永概拜訪陳三立。夜,嚴復於上海一家春設宴招待姚永概。姚永概《慎宜軒日記》十一月一日:"訪伯嚴。夕幼老招飲於一家春。"④

十一月三日(11月29日)

姚永概拜訪陳三立,陳三立邀其入肆小飲。姚永概《慎宜軒日記》十一月三日:"訪伯嚴,伯嚴言幼老(嚴幼陵)已大爲感動,可赴皖席。伯嚴邀入肆小飲,余乃訪幼老。幼老居然允明正往,余長跪謝之。"⑤嚴復終爲姚永概、陳三立等人誠意所感動,同意應聘安徽高等學堂會辦⑥。

十一月五日(12月1日)

是日,姚永概於一家春設宴招待嚴復、陳寶琛、陳三立等。姚永概《慎宜軒日記》十一月五日:"邀幼老、弢庵、伯嚴、穗卿、惠卿、光炯、仲華、孟皋於一家春番菜館。寫詩五首示伯嚴。"⑦

十二月十三日(1906年1月7日)

宋恕向山東巡撫楊士驤推薦嚴復、陳三立爲國文學堂監督人選。宋恕《推薦國文學堂監督人選稟》:"吏部主事陳三立,係江西籍,爲已故巡撫陳公寶箴之子,學行之優,世所共信……候選道員嚴復,係福建籍,理解、文詞,皆能自立……以上十有四人,其品學既皆足起國文之衰,其地位又皆可充監督之乏,用敢不避越分,列舉以聞。"⑧

光緒三十二年丙午(1906),五十四歲

三月二十九日(4月22日)

①②④⑤　姚永概著,沈寂等校點《慎宜軒日記》,頁969。

③　楊琥編《夏曾佑集》(下),頁783。

⑥　參見周家華、吳春梅《嚴復與安徽高等學堂》,《安慶師範學院學報》2004年第5期,頁75—77+82;周家華《嚴復赴安徽高等學堂任職時間考》,《安慶師範學院學報》2005年第5期,頁57—59。

⑦　姚永概著,沈寂等校點《慎宜軒日記》,頁970。

⑧　宋恕,胡珠生編《宋恕集》(上册),中華書局,1993年,頁401。此文原注:"十二月十二日起稿,十三日定稿付鈔。"時宋恕任山東學務處議員兼文案。

熊元鍔參與復旦公學校務,因操勞過度,患肝病去世。陳三立《南昌熊季廉墓誌銘》:"浸尋復去,居上海,從嚴先生遊處講肄。會以贊江西鐵道及監復旦公學,勞累致疾益劇。光緒三十二年三月廿九日遂不起,得年廿八。卒後幾日,得君絕命書枕函中,絮話老母家人外,並及嚴先生與余云。"①可知熊元鍔與嚴復、陳三立交情深厚②。陳三立作詩哭悼熊元鍔,《哭季廉》:"萬鬼狰獰巨海隈,真成一夕碎瓊瑰。平亭學術歸孤憤,凋瘵鄉閭見此才。聽講祇餘殘月在,尋親應帶怒潮回。遺箋重疊藏塵篋,後有千秋未忍開。"③

四月五日(4 月 28 日)

復旦公學等單位在上海頤園舉行熊元鍔追悼會,熊元鍔親友、同事與復旦學生約 200 人出席追悼會。嚴復送挽聯《挽熊季廉》:"與君同爲國傷心,何期憔悴江潭,楚些翻成招宋玉;此業不蒙天所福,枉自張惶幽渺,玄經那更遇侯芭。"④追悼會上,嚴復發表追思演講,刊於《中外日報》⑤。《寰球中國學生報》發表三篇詩文悼念熊元鍔,伯嚴(陳三立)有《哭南昌熊季廉》⑥。

四月下旬

嚴復致熊元鏊(字季貞)書叙述熊元鍔生病時用西醫之前因後果,並請持示陳三立。《與熊季貞書》:"(前述熊元鍔用西醫之前因後果)義寧伯子想當一至南昌,見時乞以此書示之。心之精微,非筆所能達也。"⑦

五月二十五日(7 月 16 日)

陳三立於上海約請嚴復、鄭孝胥等。《鄭孝胥日記》:"(是日)嚴又陵、陳伯嚴、趙仲宣來。夜,赴陳伯嚴之約於迎春二秦美雲家,座惟又陵、仲宣及漢陽萬欣陶。"⑧

五月二十八(7 月 19 日)

晚,嚴復與鄭孝胥、張元濟至愚園,赴陳三立之約,商議維持復旦公學事。《鄭孝胥日記》:"(是日)晚,同張菊生詣愚園陳伯嚴約,議維持復旦學校事;復旦學生代表者爲葉仲裕、張躔五。"⑨

五月二十九日(7 月 20 日)

嚴復與陳三立在上海相見,感歎陳三立景況淒涼。嚴復《與熊季貞書、熊

---

①　陳三立著,李開軍校點《散原精舍詩文集》(增訂本)中册,頁 875。

②　熊元鍔維持復旦公學志向,也被嚴復、陳三立作爲熊元鍔遺願,努力維繫。

③　陳三立著,李開軍校點《散原精舍詩文集》(增訂本)上册,頁 182。

④　孫應祥、皮後鋒編《〈嚴復集〉補編》,頁 58。

⑤　嚴復追思演講發表時標題爲《四月初五日追悼會嚴幾道先生演説》,《中外日報》1906 年 4 月 30 日、5 月 1 日。

⑥　陳三立《哭南昌熊季廉》,後改爲《哭季廉》,收入陳三立著,李開軍校點《散原精舍詩文集》(增訂本)上册,頁 182。

⑦　孫應祥、皮後鋒編《〈嚴復集〉補編》,頁 276。此書簡,馬勇《嚴復未刊書信選》(《近代史資料》第 104 號)定爲光緒三十三年(1907)作,孫應祥《嚴復年譜》定爲本年作,馬説誤。參見李開軍《陳三立年譜長編》(中册),頁 724。熊元鏊,字季貞,江西南昌人,與兄熊元鍔皆與嚴復、陳三立等交遊唱和。

⑧⑨　鄭孝胥著,勞祖德整理《鄭孝胥日記》(第二册),中華書局,1993 年,頁 1049。

文叔書》：“復近以伏假，休沐滬上，義寧伯子亦在此，相見棖觸，淒涼可知。”①

陳三立借墊大洋一千元給復旦公學，並疏通兩江總督端方，爲復旦贏取經費支持②。

六月十六日（8 月 5 日）

嚴復致熊元鍔書，感謝陳三立大會同人，維持復旦之功。《與熊季貞書》：“義寧已於朔日返秣陵，已將電稿緘封要去。此老用情釀至，想其起舞不異復也……復旦前者勢頗危業，後經伯嚴來此，大會同人，爲籌維持之術。既資以款，復爲之解紛，使齟齬者無遂至於衝突。今而後，此校當不至離散也。”③

八月十一日（9 月 28 日）之前

清廷仿行憲政，籌設資政院，學部奏定嚴復、鄭孝胥等爲頭等諮議官，汪康年、陳三立等爲二等諮議官，陳三立推辭不就。《學部奏定諮議官名數》：“學部奏定頭等諮議官七人，爲張謇、湯壽潛、梁鼎芬、嚴復、鄭孝胥、劉若曾、王樹枏；二等諮議官二十人，爲陳三立、汪康年等。”④《鄭孝胥日記》八月十一日：“報言，學部已奏派張謇、湯壽潛、梁鼎芬、嚴復、鄭孝胥等爲頭等諮議官，陳三立等爲二等諮議官。”⑤

光緒三十三年丁未（1907），五十五歲

十一月二十五日（12 月 29 日）

嚴復致熊元鍔書，認爲熊元鍔遺文不必問世。《與熊季貞書》：“義寧謂季廉得伸其志，不僅以文字見傳，此言絕痛。故鄙意亦謂尊處所抄集遺文，僅當載家乘中，不必問世，猶此意也。”⑥

光緒三十四年戊申（1908），五十六歲

二月二十四日（3 月 26 日）

嚴復致熊元鍔書，問及陳三立所作《熊季廉墓誌銘》已脱稿否。《與熊季貞書》：

　　廉兄家傳，前者累思下筆，輒以不勝哀而止。繼念隆命，必不可委諸

---

①　孫應祥、皮後鋒編《〈嚴復集〉補編》，頁 276－277。馬勇《嚴復未刊書信選》（《近代史資料》第 104 號）定爲光緒三十三年五月二十九日（1907 年 7 月 9 日），孫應祥《嚴復年譜》定爲光緒三十二年五月二十九日（7 月 20 日），馬説誤。參見李開軍《陳三立年譜長編》（中册），頁 733。

②　參見張仲民《陳寅恪與復旦公學關係考》，《中國文化》2013 年第 1 期，頁 166－173。

③　孫應祥、皮後鋒編《〈嚴復集〉補編》，頁 278。馬勇《嚴復未刊書信選》（《近代史資料》第 104 號）定爲光緒三十三年（1907），孫應祥《嚴復年譜》考爲本年，馬説誤。參見李開軍《陳三立年譜長編》（中册），頁 733－734。因馬相伯辭去復旦公學監督職，學校董事會成員間也矛盾重重，復旦公學瀕臨解散，經董事會諸人努力，特別是陳三立鼎力相助，復疏通江督端方，爲復旦公學贏得常年經費支持，復旦公學因人事更迭而導致危機得以化解。參見張仲民《嚴復與復旦公學》，《歷史研究》2009 年第 2 期，頁 133－146；張仲民《陳寅恪與復旦公學關係考》，《中國文化》2013 年第 1 期，頁 166－173。

④　《申報》，1906 年 8 月 11 日。

⑤　鄭孝胥著，勞祖德整理《鄭孝胥日記》（第二册），頁 1058。

⑥　孫應祥、皮後鋒編《〈嚴復集〉補編》，頁 278。

草莽;而鄙人蹤迹,此後南北不可知。則盡再口之力,謹成一篇;並如尊旨,草書寄上。伏乞商諸能者,察可用與否,然後付石印也。墓碣等已交蘇戡,渠今者方遊秣陵,想歸時當寫寄不誤。陳伯嚴藏幽文已脱稿否?可鈔一份寄示乎?甚盼,甚盼。①

五月二十五日(6 月 23 日)

復旦公學監督夏敬觀邀嚴復、陳三立、鄭孝胥宴飲於九華樓。《鄭孝胥日記》:"陳伯嚴來,余已去。夏劍丞邀至九華樓,又陵、伯嚴皆至。又陵言:叔伊在京出詩人榜,無第一,以余爲第二。評云:'恨無長篇,否則可爲第一。'伯嚴第三,伯潛第四,易實甫第十,餘人不能詳。高嘯桐能一一記之。"②

十二月十七日(1909 年 1 月 8 日)

熊元鰲托嚴復求鄭孝胥爲其兄熊元鍔書寫墓誌篆蓋,文乃陳三立所作。《鄭孝胥日記》:"(是日)熊元鰲季貞托嚴又陵求余爲其兄季廉墓誌篆蓋,文乃陳三立所爲也。"③

宣統元年己酉(1909),五十七歲

三月四日(4 月 23 日)

嚴復於上海設宴招待陳寶琛、鄭孝胥、陳三立等,爲陳寶琛(弢庵)等餞行。《鄭孝胥日記》三月四日:"晚,應嚴又陵之約,晤弢庵、伯嚴等。"④嚴復《己酉日記》三月四日:"餞弢庵等。"⑤

嚴復《即席呈諸君》似作於此年,詩曰:"絶代陳滄趣,彌天鄭海藏。義寧今作者,夏子亦升堂。國秀俱無忝,斯文各主張。齮唇餘兩齒,跋扈有王昌(謂王又點允晳)。"⑥

暑期後

陳三立子陳寅恪離開復旦公學,陳三立至上海送別⑦。陳寅恪一生始終

①　孫應祥、皮後鋒編《〈嚴復集〉補編》,頁 279。此書簡,馬勇《嚴復未刊書信選》(《近代史資料》第 104 號)、孫應樣《嚴復年譜》均定爲本年作。據陳三立《南昌熊季廉墓誌銘》"嚴先生既先爲家傳"句推測,此時墓誌銘尚未寫畢。參見李開軍《陳三立年譜長編》(中册),頁 803—804。

②　鄭孝胥著,勞祖德整理《鄭孝胥日記》(第二册),頁 1146。

③　鄭孝胥著,勞祖德整理《鄭孝胥日記》(第二册),頁 1172。熊元鍔堂兄熊育錫(1868—1942),字純如,也欽佩嚴復道德文章,書房懸挂一聯:"遠宗孔孟,近法王嚴。"宣統三年(1911),熊純如亦仿效熊元鍔,拜嚴復爲師。

④　鄭孝胥著,勞祖德整理《鄭孝胥日記》(第二册),頁 1187—1188。陳寶琛(1847—1935),字伯潛,號弢庵、橘叟、橘隱,晚號聽水老人,閩縣(今福建福州)人。

⑤　王栻主編《嚴復集》(第五册),頁 1492。

⑥　王栻主編《嚴復集》(第二册),頁 375。嚴復此年與陳寶琛、鄭孝胥、陳三立、夏敬觀、王又點頻繁聚會,見鄭孝胥著,勞祖德整理《鄭孝胥日記》(第二册),頁 1186—1188。

⑦　有關陳寅恪於復旦公學讀書情況,據中山大學檔案館藏陳寅恪個人檔案及陳寅恪自述,乃 1905 年秋季"插班入學",通行 1907 年入學説不確。陳寅恪離開復旦公學時間爲 1909 年暑期後,未畢業,畢業離校説不確。參見張仲民《陳寅恪與復旦公學關係考》,《中國文化》2013 年第 1 期,頁 166—173。

堅守"獨立之精神""自由之思想",可看出受嚴復和父親陳三立思想影響①。

宣統三年辛亥(1911),五十九歲

九月初

陳三立避亂由南京移居上海,與嚴復相見②。

民國元年壬子(1912),六十歲

三月三日(4月19日)

嚴復時任京師大學堂總監督,將京師大學堂經、文二科合爲一科,致函熊育錫,言及欲聘陳三立爲大學堂文科監督,屬熊氏代爲勸駕。《與熊純如書》:

> 比者,欲將大學經、文兩科合併爲一,以爲完全講治舊學之區,用以保持吾國四五千載聖聖相傳之綱紀彝倫道德文章於不墜,且又悟向所謂合一爐而冶之者,徒虚言耳,爲之不已,其終且至於兩亡。故今立斯科,竊欲盡從吾舊,而勿雜以新;且必爲其真,而勿循其僞,則嚮者書院國子之陳規,又不可以不變,蓋所祈嚮之難,莫有逾此者。已往持此説告人,其不瞠然於吾言者,獨義寧陳伯子,故監督此科者,必得伯子而後勝其職。而爲之付者,曰教務提調,復意屬之桐城姚叔節。得二公來,吾事庶幾濟,此真吾國古先聖賢之所有待,而四百兆黄人之所托命也。伯嚴其亦怦然乎?更有進者,古聖賢人所講學而有至效者,其大命所在,在實體而躬行,今日號治舊學者,特訓詁文章之士已耳。故學雖成,其于社會人群無裨力也。以云躬行實踐,吾陳伯子其庶幾乎?所謂雖不能至,心嚮往之,故宜督斯科,莫伯子若。去歲復南至滬,曾一晤伯子,今不知何往矣,在滬乎?在贛乎?抑在寧乎?書無由徑達伯子,竊意賢弟必於其蹤迹稔。今之爲此書者,欲執事轉致,且勸駕期使必來,此事義無所讓,且去開學近無時日,伯子果來,必以一電諗我,且就近要姚叔節克期偕行,乃爲中理。分科監督,月廩二百金,教務提調則百五十金,是區區者,或不足以養二賢,然日日言爲國犧牲,臨義而較量豐嗇者,此又伯子所必不出可決也。今此信由急遞奉寄,至日,望賢弟從速施行,必慰渴盼。③

三月十七日(5月3日)

是日,嚴復《與熊純如書》:"伯嚴已堅辭不來,可謂善自爲謀矣。"④陳三立不願仕民國,堅辭不就任京師大學堂⑤。

---

①　參見林怡《後生需被定誰賢——論陳寅恪對嚴復思想的繼承與超越》,《福州大學學報》2012年第1期,頁70—83。

②　嚴復下年作《與熊純如書》:"去歲復南至滬,曾一晤伯子。"

③　王栻主編《嚴復集》(第三册),頁605。

④　王栻主編《嚴復集》(第三册),頁605—606。

⑤　參見李開軍《陳三立年譜長編》(中册),頁957。

八、九月間

馬良(相伯)、章太炎、嚴復、梁啓超等倡議仿效法蘭西學院,設立"函夏考文苑",整理研究國學,提倡學風。馬相伯《仿設法國阿伽代米之意見》殘稿末尾附親筆書寫《考文苑名單》,共十九人,首列馬相伯、章炳麟、嚴復、梁啓超四人,其餘十五人均加注學術專長,入選後須"躬與苑議"。其中擬請陳三立擔任"文辭"科講授與研究①。

似此年,嚴復作《題胡梓方詩册並寄陳散原》,亦名《題胡梓方詩本並寄陳伯嚴》②。

十二月十日(1913 年 1 月 16 日)

嚴復六十壽誕,陳三立以詩賀壽。《贈嚴幾道六十生日》:

> 羲紐日陵遲,萌蘖因梏桎。不睹萬派歸,奚緣綜道術。夫子實先覺,觀海動顏色。雅記張九家,寶書辨百國。道論貫異文,咀華返其質。呵氣彌大千,中有化人出。風霧震電交,金臂回眸疾。恍惚與接構,驚喜恣筆述。學子識津涯,功與疏鑿匹。運殊競怪迂,屹立尊守黑。玩世娛景光,商歌四洋溢。眴眼定何祥,禹鼎峙胸臆。緬想椿楸姿,摩霄有餘力。余忝錫名歲,先甲占月日。飛遊視鵬鷃,蓬心還自失。撼薦猶龍言,抱一天下式。③

民國二年癸丑(1913),六十一歲

三月三日(4 月 9 日)

梁啓超於北京召集舊友新朋四十餘詩友,在西郊萬牲園(又稱萬生園,即今北京動物園)舉行癸丑上巳修禊,模仿蘭亭故事,與會者有王闓運、趙爾巽、陳三立、熊希齡、嚴復、鄭孝胥、陳寶琛、林紓等,吟詩作賦,盡遣雅興④。嚴復作《癸丑上巳梁任公禊集萬生園,分韻流觴曲水四首》⑤。

夏

嚴復自京師寄詩給陳三立,《寄散原》:"已回春雁數鱸魚,目斷南雲少尺書。可有園林成獨往,倘緣花月得相於。江湖無地棲饑鳳,朝暮何年了眾狙?

---

① 見《函夏考文苑文件十種》,收入朱維錚主編《馬相伯集》,復旦大學出版社,1996 年,頁 124—137。參見方豪《馬相伯先生籌設函夏考文苑始末》,《方豪六十自定稿》,臺灣學生書局,1969 年,頁 1993—2012;樊洪業《馬相伯與函夏考文苑》,《中國科技史料》1989 年第 4 期,頁 39—43;張榮華《"函夏考文苑"考略》,《復旦學報》1992 年第 5 期,頁 49—53。

② 王栻主編《嚴復集》(第二册),頁 380。

③ 陳三立著,李開軍校點《散原精舍詩文集》(增訂本)上册,頁 340—341。嚴復六十歲生日將至,長子嚴璩請求嚴復好友作賀壽詩。《鄭孝胥日記》十一月一日(12 月 9 日):"嚴伯玉來,求爲其父六十壽詩。"十一月二日:"作嚴幾道六十詩五律二首。"見鄭孝胥著,勞祖德整理《鄭孝胥日記》(第三册),頁 1445。陳三立賀壽詩當是應嚴璩之請而作。

④ 參見陸胤《民國二年的"癸丑修禊"——兼論梁啓超與舊文人的離合》,《現代中文學刊》2010年第 4 期。

⑤ 王栻主編《嚴復集》(第二册),頁 381—382。

説與閉門無已道,去年詩句太勤渠。"①詩曰"去年詩句太勤渠",當指去年陳三立壽嚴復六十詩。陳三立作詩以答之,《答嚴幾道京師見寄》:"霰急曾窺海屋燈,拂衣小別夢層層。神山那見金銀闕,鬼斧虛劃日月棱。自葬幽憂親死蠹,剩移涼味作癡蠅。插胸宇宙懸屍影,煮石牽蘿病未能。"②

民國三年甲寅(1914),六十二歲

正月二十一日(2月15日)
嚴復《寄伯嚴》一詩刊於《庸言》報第 25、26 號合刊。

民國七年戊午(1918),六十六歲

二月十九日(3月31日)
嚴復致書熊育錫,舉呂增祥、陳寶琛、陳三立等人,謂學問行誼、性情識度令自己"低首下心"。《與熊純如書》:"舊懷呂君止五律一首如左……復平生師友之中,其學問行誼,性情識度,令人低首下心,無閑言者,此人而已……餘則已去者,如郭侍郎、吳冀州、君家季廉,其猶在者,則陳太保、陳伯嚴、海鹽張菊生,寥寥數公而已。且其人雖皆各具新識,然皆游於舊法之中,行檢一無可議。"③

民國十年辛酉(1921),六十九歲

九月十六日(10月16日)
嚴復認爲現代八家文,若不選王闓運,自當首先補選陳三立,自謙無資格入現代八家文之列。《與熊純如書》:"現代八家文,若失王湘綺,而謀補闕之人,自當首陳散原。至於鄙人零篇之作絕少,似宜棄擇,而取姚叔節耳。"④
九月二十七日(10月27日)
嚴復於福州郎官巷逝世,陳三立有挽詩,《挽嚴幾道》:"死別猶存插海椽,救亡苦語雪燈前。埋憂分臥蛟蛇窟,移照曾開蟣蠓天。衆噪飛揚成自廢,後生霑被定誰賢。通人老學方追憶,魂濕滄波萬里船。"⑤嚴復與陳三立友誼善始善終。

【作者簡介】歐夢越,復旦大學歷史學系歷史文獻學專業博士研究生,研究方向爲近代歷史文獻、嚴復翻譯及近代學術思想史。

---

① 王栻主編《嚴復集》(第二册),頁 383。《寄散原》,孫應祥《嚴復年譜》題作《寄伯嚴》,頁 424。
② 陳三立著,李開軍校點《散原精舍詩文集》(增訂本)上册,頁 372。
③ 王栻主編《嚴復集》(第三册),頁 684。
④ 王栻主編《嚴復集》(第三册),頁 717。
⑤ 陳三立著,李開軍校點《散原精舍詩文集》(增訂本)中册,頁 616—617。

英文目録